Outdoor Kompass

Kanada
Yukon Territory

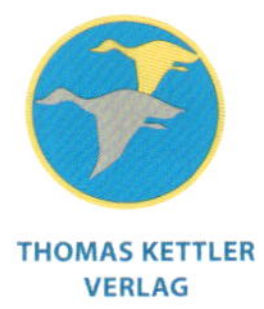

THOMAS KETTLER
VERLAG

Impressum

Von-Hutten-Str. 15
D-22761 Hamburg
Tel. +49 (0)40 39 10 99 10
Fax +49 (0)40 390 68 20
www.thomas-kettler-verlag.de

2. aktualisierte Auflage Juni 2016
Text: Nils Bohn
Fotos: Fotos Nils Bohn,
Titelfoto: *Teslin River,* Nils Bohn
Karten: Katrin Schneider, Carola Hillmann
Illustrationen: Carola Hillmann
Layout & Satz: Carola Hillmann, Thomas Kettler Verlag
Druck: Werbedruck GmbH Horst Schreckhase, Spangenberg

Weitere Bildnachweise:
Fotos Seite 118, 156, 227: Maren Rickmann
Seite 43 @ Thomas & Kelly de Jager, www.yukonwide.com
Seite 59: Pam & Bernie, Historical Guest House, www.yukongold.com
Seite 223: Outdoor-Archiv /Andi Hutter
Seite 32: Kartverket (Kart_og_kompass Uploaded by Arsenikk) **
Seite 42: @ Gareth Sloan from Montreal, Canada (Yukon River (Winter)) **
Seite 46: @ By U.S. National Park Service [Public domain], via Wikimedia Commons**
Seite 178: David Adamec (Own work) [Public domain], Wikimedia Commons**
Seite 180: Spencer David, U.S. Fish and Wildlife Service [Public domain], via Wikimedia Commons**
Seite 182: Hans-Jürgen Hübner (Eigenes Werk) [GFDL (http://www.gnu.org/copyleft/fdl.html)*
Seite 186: By Adam Jones, Ph.D. (Own work)*
Seite 188: PierreWiki in Wikipedia auf Englisch [Public domain], via Wikimedia Commons**
Seite 208: Rick McCharles from Calgary, Canada (IMG_1673.JPG)**
Seite 212 oben: BlindGoofy at the English language Wikipedia*
Seite 212 unten, 217, 238: Anthony DeLorenzo from Whitehorse, Yukon, Canada**
Seite 218: Alec Knowles (Own work)*

Die Deutsche Nationalbibliothek verzeichnet diese Publikation in der Deutschen Nationalbibliografie; detaillierte bibliografische Daten sind im Internet über *http://dnb.d-nb.de* abrufbar.

ISBN 978-3-934014-56-5

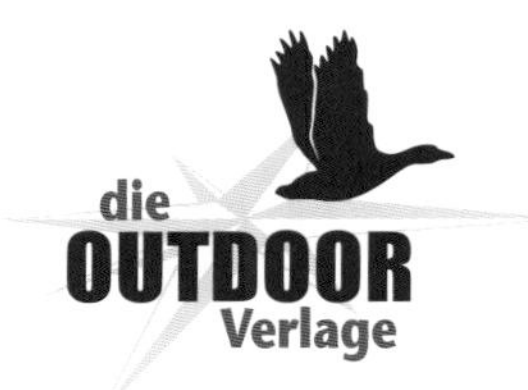

Outdoor Kompass

Die schönsten Kanu- und Trekkingtouren

Kanada
Yukon Territory

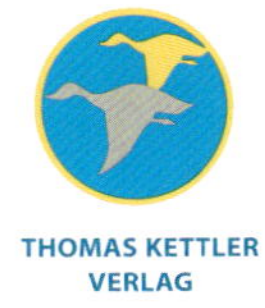

THOMAS KETTLER
VERLAG

Reiseinfos von A-Z

Stadttelegramme

Infokästen

Kleiner Naturführer

Sonstiges

Die Touren

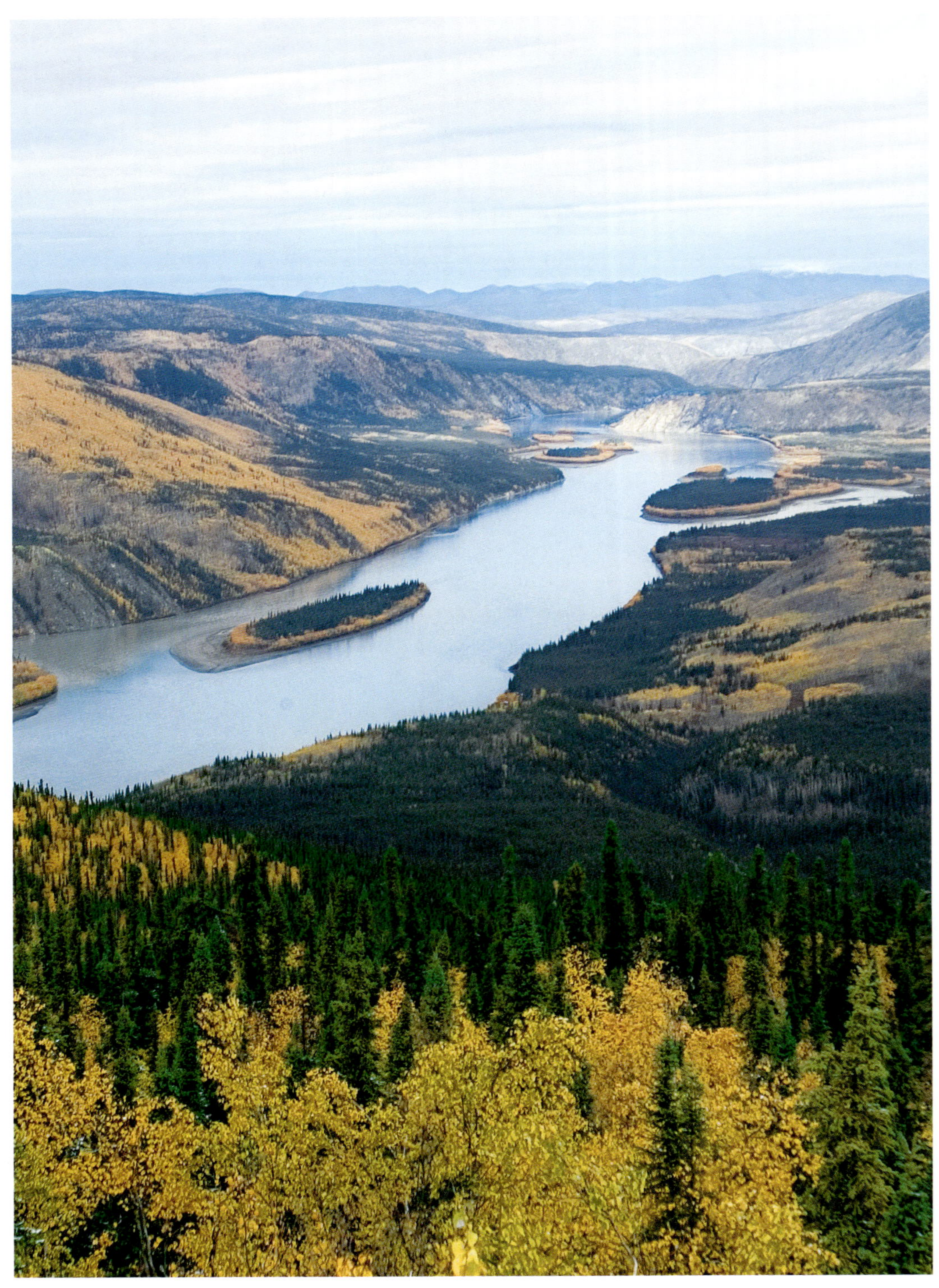

Der Yukon River bei Dawson City.

Vorweg

i

Wenige Gebiete unserer Erde sind heute noch so ursprünglich und wild wie das Yukon-Territorium im Nordwesten Kanadas. Nur eine Handvoll Straßen durchzieht ein Gebiet von der 1,5 fachen Fläche Deutschlands; direkt am Straßenrand beginnt die Wildnis. Raue Gebirgsmassive und tiefe Bergseen prägen die Landschaft. Das Auge wandert über unendliche Wälder, baumlose Tundra und mächtige Gletscher. Im Herbst und Winter flackern die bunten Lichtschleier des Polarlichts über den Nachthimmel, während im Sommer die Mitternachtssonne die Nacht zum Tage macht.
Es ist diese Mischung aus Ruhe und Wildheit, aus Romantik und Abenteuer, die Jahr für Jahr eine große Anzahl Outdoor- und Naturbegeisterte in das Hinterland zieht. Die meisten von ihnen erleben unvergessliche Momente, werden infiziert vom Virus des Nordlandfiebers.

Dieses Buch soll helfen, eine Tour im Yukon zu planen und zum unvergesslichen Erlebnis werden zu lassen. Es soll informieren und vor allem auf Grundlage des Erfahrungsstandes der Teilnehmer behilflich sein, eine geeignete Tour auszuwählen. Allzuoft kommt es vor, dass Kanuten oder Wanderer mit falschen oder unvollständigen Informationen in die Wildnis ziehen und plötzlich mit unerwarteten Schwierigkeiten konfrontiert werden.
Bei Benutzung dieses Buches sollte man sich stets vor Augen führen, dass die Trails und Flüsse des Yukon den ständigen Veränderungen der Natur ausgesetzt sind. Vor allem Neulinge im Yukon sollten niemals eine Tour an der Grenze ihres Könnens planen, sondern immer eine gewisse Sicherheitsreserve mit einkalkulieren. Auch sollte sich jeder Besucher bewusst sein, dass er Gast in einem weitgehend unberührten Lebensraum ist und somit auch eine gewisse Verantwortung trägt. Wer sich in der Wildnis respektlos und unbedarft verhält, schadet nicht nur diesem empfindlichen Ökosystem, sondern ist auch verantwortlich für weitere Gesetzesauflagen und Gebietssperrungen in der Zukunft.

Zu guter Letzt möchte ich noch auf das Spendenkonto der Canadian Park und Wilderness Society hinweisen. Diese Organisation hat sich unter anderem die Erhaltung der Wildnisgebiete im Yukon zur Aufgabe gemacht. Die Nutzung der Natur des Yukon ist kostenlos. Ihre Erhaltung ist es nicht.

www.cpaws.org

Nils Bohn

Reiseinfos von A-Z

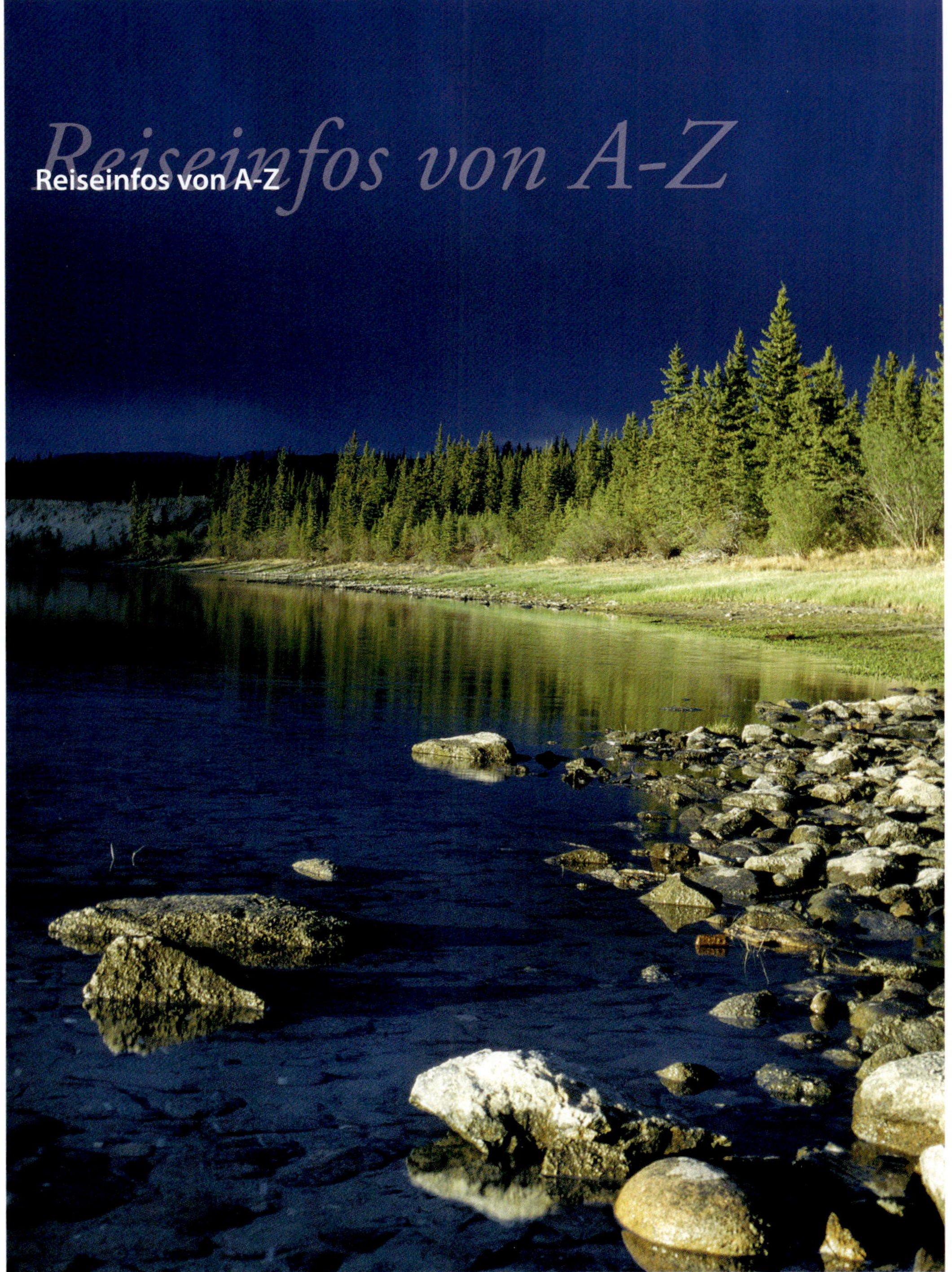

Gewitterstimmung am Yukon River unterhalb vom Lake Laberge.

i

Anreise

Derzeit (2016) gibt es einen Direktflug von Frankfurt nach Whitehorse. Von Mai bis Oktober starten die Maschinen von Condor *(Thomas Cook-Airline)* in Frankfurt/Main und erreichen schließlich nach ca. 8,5 Stunden Flug Whitehorse. Wer Glück hat und einen Fensterplatz erwischt, kann unterwegs manchmal einen Blick auf die Fjorde und Gletscher Grönlands werfen. Auch die arktischen Inseln Kanadas werden auf dieser Route überflogen. Auf dem Rückweg machen diese Maschinen einen Zwischenstopp in Anchorage oder Fairbanks (Alaska). Leider ist dort dann auch die etwas aufwendige US-amerikanische Transitabfertigung fällig. Nach Abgabe der Fingerabdrücke und einem Foto der Augen geht es schließlich zurück nach Deutschland.
Das zulässige Freigepäck für diesen Flug beträgt ein Gepäckstück a 23kg. Bei Buchung der Premium Class ist ein Gepäckstück bis 32kg frei und in der Business Class zwei mal 32kg. Besonders interessant ist die Möglichkeit z.B. ein Hartschalen-Kanu, ein Kajak oder Schlauchkanu bis 20 kg als Sportgepäck anzumelden.
Filme und Laptops immer im Handgepäck transportieren, um Strahlungsschäden durch die großen Röntgenmaschinen zu vermeiden.
Die Einreise für deutsche und österreichische Staatsbürger und Schweizer ist relativ unkompliziert. Erforderlich ist ein maschinenlesbarer Reisepass, der noch mindestens sechs Monate gültig ist.

Tipp: Eine Gefahr bei Langstreckenflügen ist die Bildung von Thrombose in den Beinen durch Bewegungsmangel. Vorsorglich hilft hier: Möglichst viel im Flugzeug bewegen, viel trinken und vielleicht im Vorfeld eine Aspirin zur Blutverdünnung. Wer besonders anfällig ist, kann sich beim Hausarzt beraten lassen. Antithrombosespritzen und Kompressionsstrümpfe sind in solchen Fällen sinnvoll.

Condor Flugdienst GmbH
Am grünen Weg 1-3
D-65451 Kelsterbach
Service Center: Tel. +49 (0)6171 65 36 02
reservation@condor.com
www.condor.de

In der Hauptsaison sind die Direktflüge oftmals schon frühzeitig ausgebucht.
Eine weitere Möglichkeit, um den Yukon per Flugzeug zu erreichen, ist die Anreise über Vancouver. Viele Airlines fliegen Vancouver von Europa aus an. Einen Anschlussflug mit Air North und Air Canada von Vancouver nach Whitehorse gibt es mehrmals täglich. (ca. 200 Dollar).

Air North
150 Condor Road
Whitehorse, Yukon
Canada Y1A 6E6
Tel. +1 (867) 668-2228,
Fax +1 (867)-668-6224
Kanada kostenfrei 1-800-661-0407
office@flyairnorth.com
www.flyairnorth.com

Air Canada, Deutschland
Hahnstraße 70
D-60528 Frankfurt a. M.
Tel. +49 (0)69-27115-0
reservationfra@aircanada.ca
www.aircanada.com

Ausrüstung

Generell ist zu sagen, dass die Ausrüstung für Touren in der Wildnis hohen Ansprüchen genügen muss. Im Extremfall hängt viel von der Qualität einzelner Ausrüstungsgegenstände ab. Besonders bei Zelten, Schlafsäcken und Regenbekleidung ist gute Qualität ein Muss! Eine hervorragende Qualität muss natürlich nicht

i

unbedingt das Teuerste und Neueste auf dem Markt sein. Vielmehr sind bewährte und einfach robuste Ausrüstungsgegenstände vielfach neuen „Ultra-Hightech-Spielereien“ vorzuziehen. Jeder sollte seine Ausrüstung nach den Ansprüchen der entsprechenden Tour und vor allem nach seinen persönlichen Vorlieben zusammenstellen. Das ultimative Zelt, die beste Jacke oder der perfekte Schlafsack existieren wohl nur in den Fachsimpeleien am abendlichen Lagerfeuer.
Neu erworbene oder länger nicht benutzte Ausrüstungsgegenstände werden am Besten noch Zuhause auf Herz und Nieren getestet, um Schwachstellen frühzeitig zu erkennen. Die meisten Angebote einiger Lebensmitteldiscounter haben in der Wildnis nichts zu suchen! Was auf dem heimischen Campingplatz vielleicht noch eine gute Figur abgibt, kann im harschen Klima Nord-Kanadas schnell zur Spaßbremse oder schlimmstenfalls zum Sicherheitsrisiko werden. Wer größere Investitionen im Vorfeld scheut oder nicht mit großen Mengen Ausrüstung im Flugzeug unterwegs sein möchte, kann sich bei einigen Outfittern in Whitehorse mit Leihausrüstung versorgen.

Literaturtipp: **Outdoor-Praxis,**
Rainer Höh, Reise Know-How Verlag

Outdoor-Equipment ist in Kanada teilweise deutlich billiger als in Deutschland.
Eine ordentliche Auswahl findet man in:

Whitehorse

Coast Mountain Sports im Hougen Center
Yukon's Largest Outdoor Store!
4th Ave & 309 Main Street
Tel. +1 (867) 667 - 40 74
www.cmsyukon.ca
gut sortiertes Ladengeschäft mit gängigen Marken wie Arc'terix, The North Face, Mountain Hardwear, Marmot...)

Canadian Tire
Industriegebiet am Two Mile Hill
18 Chilkoot Way
Tel. +1 (867) 668 - 36 52
www.canadiantire.ca

Up North Adventures
103 Strickland St.
Tel. +1 (867) 667 - 70 35
upnorthadventures.com

Kanoe People LTD
1147 Front Street Ecke Strickland St.
Tel. +1 (867) 668 - 48 99
www.kanoepeople.com

Dawson City

Dawson Tranding Post
Front Street
Tel. +1 (867) 993-53 16
(Nur Grundsortiment)

Bekleidung

Hier muss das Hauptaugenmerk dem Schutz vor Regen, Moskitos und Sonne gelten. Eine Regenjacke sollte nicht nur 100% wasserdicht und robust sein, sondern nach Möglichkeit auch noch atmungsaktiv. Hier bieten sich besonders Materialien wie z.B. Gore-Tex an. Wichtig ist auch, dass die Regenbekleidung beim Kanufahren und Wandern richtig sitzt. Die Kapuze einer Jacke sollte nach Möglichkeit einen kleinen Schirm haben und gleichzeitig auch bei Kopfbewegungen ausreichend Blickfreiheit bieten. Außerdem sollte eine Jacke lang genug geschnitten sein und im Sitzen oder beim Anheben der Arme nicht hoch rutschen. Eine Regenhose ist ebenfalls ein Muss! Hierbei sollte genauso viel Wert auf Qualität gelegt werden. Mit einem nassen Hintern wird jede Tour zur Tortour! Besonders praktisch sind Modelle mit durchgehendem Reißverschluss an den Beinseiten. Sie passen auch über die

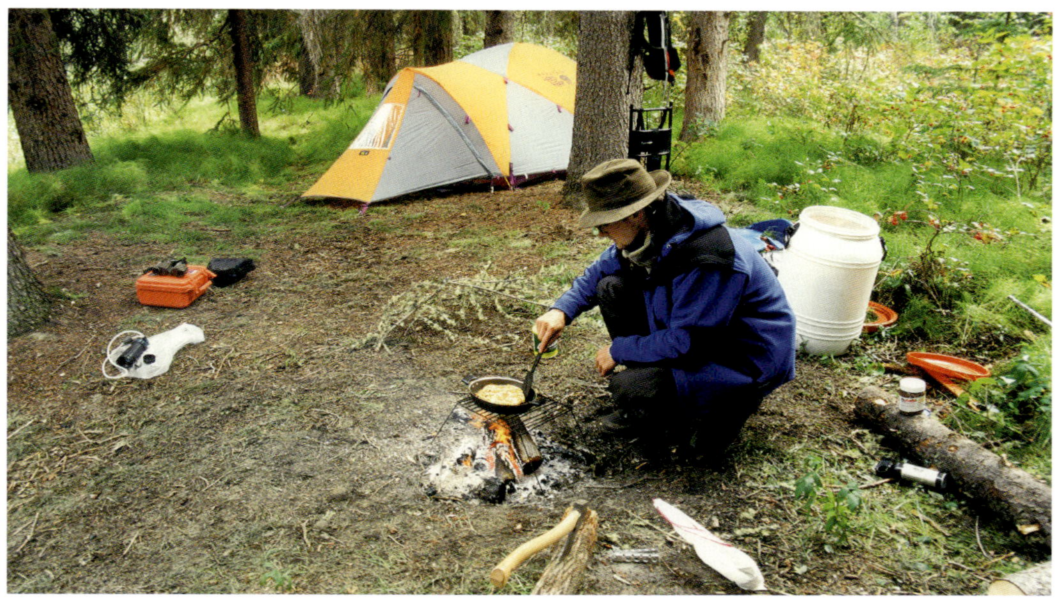

Campleben am Big Salmon River.

Wanderschuhe oder sind selbst im Kanu leicht anzuziehen.

Im Sommer ist der Schutz vor stechenden Insekten ein wichtiges Thema, das im Kapitel „Moskitos“ auf Seite 37 behandelt wird. Wer auf dem Wasser unterwegs ist, hat meistens Ruhe vor den sirrenden Quälgeistern. Dafür holt man sich durch die langen Sonnenstunden in den Sommermonaten leicht einen Sonnenbrand. Luftige Sommerkleidung und eine Kopfbedeckung mit Schirm oder breiter Krempe und eine gute Sonnenbrille bieten den besten Schutz. Ansonsten haben sich besonders Fleecejacken, Trekkinghosen und Unterwäsche aus Kunst- oder Mischfasern bewährt. Kunstfaser trocknet deutlich schneller als Baumwolle oder Wolle und leitet damit deutlich schneller Feuchtigkeit vom Körper ab.

Schuhwerk

Schon bei vielen Wanderungen auf den offiziellen Wanderpfaden, erst recht aber bei einer Tour im weglosen Hinterland sind gute, wasserdichte und stabile Trekkingstiefel mit höherem Schaft unumgänglich! Leichteres Schuhwerk erhöht die Gefahr des Umknickens auf rutschigen Wegen, losem Geröll oder sumpfiger Tundra. Gamaschen sind vor allem in alpinen Zonen mit losem Schotter, in der Tundra und auf schlammigen Wegen sinnvoll. Sollte sogar eine Bachdurchquerung anstehen, ist die Mitnahme von einem zusätzlichen Paar Trekkingsandalen oder Turnschuhen sehr zu empfehlen. Ein Wasserlauf niemals barfuß durchqueren! Nur allzu leicht rutscht man dabei auf den algenbewachsenen Steinen aus und verletzt sich die Füße.

Bei einer Kanutour gibt es verschiedene Schuhtypen, die ihre Anhänger haben. Neben klassischen (wasserdichten) Trekkingstiefeln, Paddelschuhen aus Neopren und einfachen Turnschuhen sieht man auch immer wieder Liebhaber des hochwertigen Gummistiefels. Vor allem im Herbst sollte das Schuhwerk zum Paddeln dick genug gefüttert sein, um kalten Füßen im Boot vorzubeugen.

i

Zelt

Besonders beim Zelt sollte man keine Kompromisse eingehen. Nur absolut sturmstabile und regendichte Modelle kommen für eine mehrtägige Tour in die Wildnis in Frage. In den Sommermonaten ist zudem auf gute Reißverschlüsse und ein lückenlos dichtes und feinmaschiges Moskitonetz zu achten. Besonders der feine Sand auf Flussbänken kann einem angeschlagenen Reißverschluss schnell den Rest geben und den wichtigen Moskitoschutz damit unbrauchbar machen. Für Wander- oder Kanutouren im Yukon sind vor allem Tunnel- oder Kuppelzelte geeignet. Tunnelzelte sind leicht, schnell aufzubauen und haben oftmals einen besonders großzügigen Vorraum. Sie benötigen aber eine sichere Verankerung zum Abspannen. Viele Kuppelzelte sind dagegen freistehend konzipiert und bieten Vorteile auf felsigem Boden oder weichem Sand. Für eine Wandertour ist vor allem das Gewicht entscheidend, während im Kanu mehr Platz ist und mehr Wert auf Komfort gelegt werden kann.
Zur moskitofreien, aber kalten Zeit im Herbst haben besonders unter den Kanufahrern auch die Zelte in Tipi-Bauart ihre Fangemeinde. Dieser Zelttyp bietet guten Komfort; einige Modelle können sogar mit einem kleinen Ofen beheizt werden.
Neben einer Zeltunterlage und dem Beutel mit unterschiedlichen Heringen gehören auch ein bis zwei Reparaturhülsen für das Zeltgestänge zum Zubehör! Da in Bärengebieten das Kochen im Zelt tabu ist, haben wir immer ein Tarp für Schlechtwetter dabei.

Schlafsack

Aufgrund eines möglichen Wettersturzes ist auch im Hochsommer ein guter, für drei Jahreszeiten tauglicher Schlafsack erforderlich, der auf die eigene Körpergröße abgestimmt ist. Im Frühjahr und Herbst sollte ein Modell gewählt werden, das auch bei minus 10 Grad noch einen komfortablen Schlaf ermöglicht. Ob ein Kunstfaserschlafsack oder ein Schlafsack mit Daunenfüllung gewählt wird, ist jedem selbst überlassen. Kunstfaserfüllungen isolieren im Gegensatz zu Daunen auch in feuchtem Zustand noch recht ordentlich. Sie sind meist etwas billiger, schwerer und haben ein größeres Packvolumen als ein Daunenmodell mit gleichem Temperaturbereich. Wer sich für einen Daunenschlafsack entscheidet, muss um so penibler darauf achten, dass die Füllung keinesfalls feucht wird. Dafür aber sorgt das Naturmaterial Daune für den Luxus des geringen Gewichts und Packvolumens sowie ein angenehmeres Schlafklima. Generell sollte ein Schlafsack so oft wie möglich ausgelüftet werden und absolut wasserdicht verpackt transportiert werden.
Auch der beste und teuerste Schlafsack entfaltet kaum seine wärmende Wirkung ohne eine gute Isomatte. Geeignet sind Matten aus geschlossenzelligem Schaum (z.B. Evazote) oder luftgefüllte Matten mit Schaumkern oder Daunenfüllung. Die luftgefüllten Modelle sind natürlich deutlich komfortabler und bieten auf grobem Flusskies oder Baumwurzeln im Wald noch einen halbwegs entspannten Schlaf. Entsprechendes Flickzeug nicht vergessen!

Kocher

Auch hier gibt es zahllose gut geeignete Modelle auf dem Markt. Während viele Wanderer ihre eher schlichten Mahlzeiten auf kleinen und leichten Gasbrennern erhitzen, sind bei größeren Kanugruppen oder Bootsbesatzungen mit Gourmetveranlagung auch schon riesige zweiflammige Gas- und Benzinkocher gesichtet worden. Grundsätzlich unterscheidet man Gas-, Benzin- und Spirituskocher.
Gaskocher sind häufig sehr leicht. Sie brennen sauber und effektiv. Kochen auf Gas ist jedoch relativ teuer, und die leeren Kartuschen müssen entsorgt werden. Einflammige Benzinkocher sind ausgesprochen vielseitig und günstig im

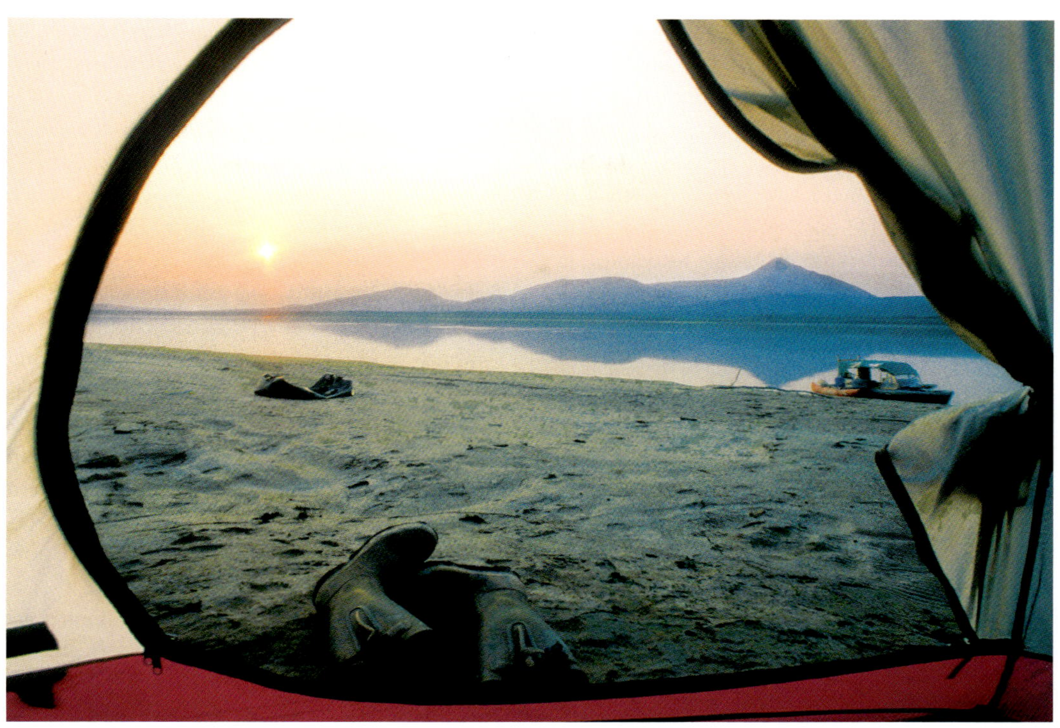

Gute Ausrüstung ist die Vorraussetzung für eine sichere und entspannte Tour.

Verbrauch, müssen jedoch vor dem Einsatz vorgeheizt werden. Der klassische Trangia brennt mit Spiritus und hat aus gutem Grund eine treue Fangemeinde. Er ist quasi unzerstörbar und kann nicht verstopfen. Auch ist der Windschutz perfekt gelöst und er steht sehr sicher auf unebenem Untergrund. Leider ist der Trangia recht groß und lässt sich nur schlecht regeln. Spiritus hat einen recht geringen Heizwert und bei Temperaturen um und unter dem Gefrierpunkt wird es immer schwieriger bis schließlich unmöglich, den Brenner anzuzünden. Hier hilft manchmal nur ein kleiner Docht aus Papier, um den Kocher zu entzünden.

Die handelsüblichen Gas-Schraubkartuschen und gereinigtes Benzin (White GAZ) sind in den Outdoorgeschäften in Whitehorse erhältlich. Brennspiritus für den Trangia bekommt man normalerweise unter dem Namen Fondue-Fuel oftmals nur im Canadian-Tire. Es ist auch schon vorgekommen, dass aufgrund von Lieferschwierigkeiten in ganz Whitehorse keine Standartkartuschen oder kein Spiritus erhältlich waren. In solchen Fällen ist man natürlich mit Benzinkochern oder so genannten Multifuelkochern, die mehrere verschiedene Brennstoffe akzeptieren, immer auf der sicheren Seite. Wer verrußte Töpfe nicht scheut und es etwas romantischer liebt, sollte zusätzlich einen kleinen faltbaren Grillrost dabei haben (siehe „Lagerfeuer“ Seite 34).

Die Fluggesellschaften sind wirklich pingelig, wenn es um die Mitnahme von Kochern und leeren Brennstoffflaschen im Flugzeug geht. Sobald etwas Treibstoffgeruch zu vernehmen ist, wird beides von der Mitnahme ausgeschlossen. Hier hilft nur gründliches Reinigen und Auslüften. Brennbare Flüssigkeiten und Gasdruckbehälter dürfen natürlich sowieso nicht mit in die Linienmaschine.

i

Reparatur & Wartung

Ein kleines Päckchen mit Reparaturmaterial hat mir schon so manches Mal aus der Patsche geholfen. Als Inhalt hat sich folgendes bewährt: eine Tube Seam-Grip Kleber, einige Meter Gewebeklebeband (Duck-tape), Nähzeug, etwas Draht, Sicherheitsnadeln, zwei Kabelbinder, ein Stück Heißkleber, Kocher-Wartungskit und, bei langen Touren, etwas Schuhwachs.

Kanutouren

Die namhaften Outfitter im Yukon vermieten Kanadier (manchmal auch Seekajaks und Wildwasserkajaks) unterschiedlicher Firmen. Old Town, Mad River oder ähnliche hochwertige Marken sind in der Regel Standard. Kürzere Kanadier mit gebogener Kiellinie eignen sich aufgrund ihrer Drehfreudigkeit besonders für Kleinflüsse und leichtes Wildwasser, lange Boote mit geradem Kielverlauf bieten auf längeren Seestrecken und großen Flüssen mehr Komfort durch den besseren Geradeauslauf und die höhere Endgeschwindigkeit. Wer unsicher ist, lässt sich am besten von den Outfittern beraten. In der Bootsmiete sind normalerweise Paddel, ein Ersatzpaddel, Schwimmwesten, Bootsschwamm und Bootsleine inklusive, während eine Spritzdecke extra gemietet werden muss. Solokanadier sind im Yukon meist nur schwer aufzutreiben. Wer auf sein eigenes Boot nicht verzichten möchte, kann ein Kanu oder Kajak auch als Sportgepäck von zuhause mitbringen. Das gleiche gilt natürlich für ein Faltboot oder ein hochwertiges Schlauchkanu (siehe Anreise Seite 9).

Besonders die faltbaren Ally-Kanadier sind aufgrund ihres geringen Gewichts und Packmaßes sehr beliebt. Sie sind erstaunlich robust und auch in leichtem Wildwasser sehr gut zu handhaben. Ein weiterer Pluspunkt ist der große, leicht zu erreichende Stauraum. Die klassischen (hochwertigen) Faltkajaks eignen sich durch den guten Geradeauslauf und die Seetüchtigkeit hervorragend für etwas größere Flüsse und Seen. Faltkajaks sind sehr kippstabil und nehmen auch größere Mengen an Ausrüstung problemlos auf (z.B. Klepper, Poucher, Nautiraid, Feathercraft). Alle Faltboote haben eigentlich nur auf sehr flachen Bächen und Flüssen durch ihre empfindlichere Außenhaut einige Nachteile. Passendes Flickzeug nicht vergessen!

Auf Wildwasserflüssen werden sehr häufig auch aufblasbare Schlauchkanadier wie z.B. das Grabner Outside gefahren. Diese ungeheuer robusten und wildwassertauglichen Boote haben sich auch auf Gepäcktouren bewährt und bieten große Sicherheitsreserven im wuchtigen Wildwasser. Dafür sind sie recht langsam und extrem windanfällig.

Neben dem persönlichen Paddel, das auf den Bootstyp, den Gewässercharakter und die Körpergröße angepasst sein sollte, gehört zur Bootsausrüstung in jedem Fall auch ein Ersatzpaddel. Während der Fahrt sollte es sicher, aber leicht erreichbar am Boot befestigt werden, um bei einem Kentern nicht verloren zu gehen. Die Schwimmweste ist auch ohne Wildwasser und bei gutem Wetter nicht zum Draufsetzen da – bitte anziehen! Ein Schwamm und eine Schöpfkelle halten den Bootsboden trocken und sauber. Als Bootsleine benutze ich persönlich einen Wurfsack mit zwei Karabinern, wie er eigentlich zur Bergung im Wildwasser verwendet wird.

Bei der Auswahl der weiteren Ausrüstungsgegenstände für eine Kanutour ist nicht unbedingt das Gewicht entscheidend. Eine gute Qualität ist aber auch hier Garant für die Sicherheit.

Eine ausreichende Anzahl wasserdichter Säcke und Tonnen sollten die Ausrüstung und Verpflegung aufnehmen und immer solide am Boot befestigt werden. So wird der gefährliche Ausrüstungsverlust bei einem Kentern minimiert (gilt auch für Flüsse ohne Wildwasser!); gleichzeitig dient das Gepäck als zusätzlicher Auftriebskörper.

Sollten bei einer Flusstour längere Umtragungen anstehen, ist die Lastenkraxe eine tolle Sache. Mit ihr lassen sich auch sperrige Ausrüstungsgegenstände und sogar das Boot komfortabel bis zum Ende des Portagetrails bringen.

Wandertouren, Rucksack

Der Trekkingrucksack muss einfach perfekt passen! Und wenn er noch so schick aussieht und auch noch von der Lieblingsfirma ist: Was schon beim Anprobieren zwickt, wird spätestens nach zwei Stunden auf dem Trail zur Qual!
Vor dem Kauf eines Rucksacks liegt deshalb immer der Weg zu einem oder mehreren guten Outdoor-Fachgeschäften. Nur hier bekommt man (hoffentlich) die erforderliche Beratung und kann unterschiedliche Modelle mit entsprechender Beladung ausprobieren. Bei der Auswahl sollte man sich ruhig Zeit nehmen und nach Möglichkeit nicht den Preis, sondern die Passform entscheiden lassen. Den Packsack lieber zu groß als zu klein wählen. Einige Modelle sind sogar zu klein, um die im Kluane Nationalpark vorgeschriebenen bärensicheren Verpflegungsbehälter aufzunehmen (Durchmesser 23 cm, Länge 30 cm, ca. 1,2 Kilogramm). Außerdem sollte vermieden werden, Ausrüstungsgegenstände außen am Packsack festzubinden. Dort schlackern sie meist unangenehm hin und her. Zudem steigt die Gefahr, die Ausrüstung zu verlieren oder damit im Busch hängen zu bleiben und einen Sturz zu provozieren. Zum Rucksack gehört eine passende Regenhülle. Bei extrem schlechtem Wetter oder einer Route mit Bachdurchquerungen empfiehlt es sich, die Ausrüstung oder zumindest den Schlafsack im Rucksack durch dünne, wasserdichte Packsäcke vor Feuchtigkeit zu schützen. Da der Yukon nun einmal Bärenland ist, gibt es auch hier wieder einige Vorsichtsmaßnahmen zu beachten. So sollte im Packsack das Käsebrot natürlich nicht gerade neben dem Schlafsack gelagert werden, um die Übertragung von Gerüchen zu vermeiden. Alle Lebensmittel und Toilettenartikel gehören auch hier wieder separat und möglichst geruchsdicht verpackt. Das Bärenspray gehört in eine Beintasche der Trekkinghose, oder, noch besser, in ein Holster, das direkt am Bauchgurt getragen wird.

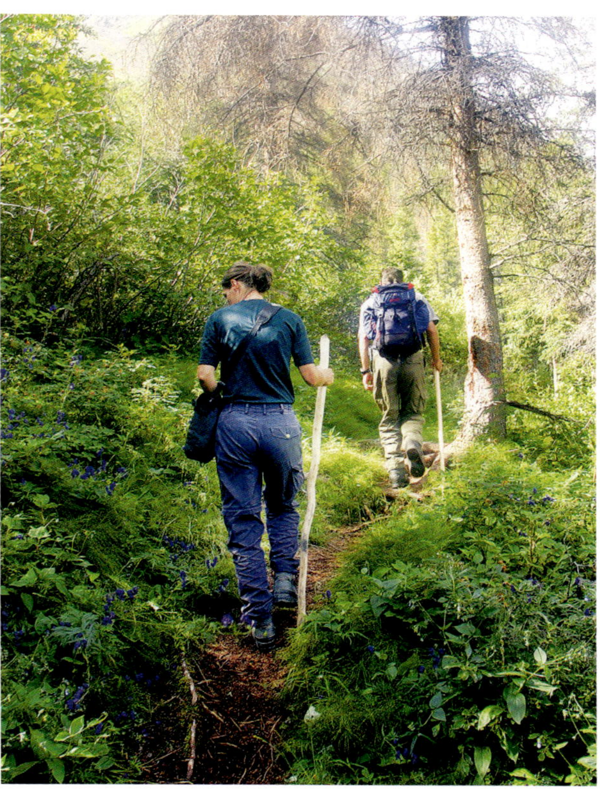

Eine Tagestour im Kluane National Park.

Auf einer Trekkingtour zählt jedes Gramm! Entsprechend leicht also die Ausrüstung wählen. Ein paar Treckkingstöcke sind bei mir ebenfalls immer mit dabei. Trekkingstöcke machen nicht nur Flussdurchquerungen sicherer, sie sorgen auch auf schwierigem Terrain für Balance und entlasten erheblich die Knie beim Bergabgehen.

i

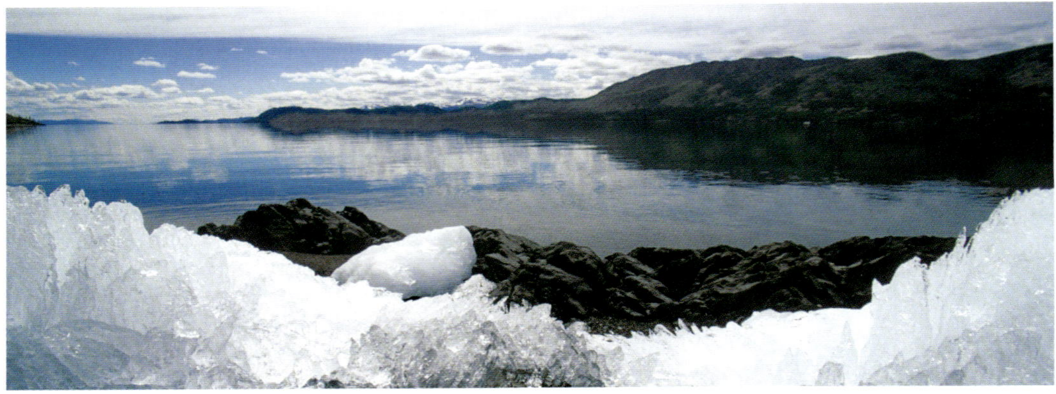

Wintertouren

In den Wintermonaten ist eine ungeführte Tour in die Wildnis nur sehr erfahrenen Winterfreaks zu empfehlen. Von November bis März kann die Temperatur durchaus über längere Zeit auf minus 40 Grad oder sogar darunter fallen. Wenn es dazu auch noch windig ist, stößt auch die beste Ausrüstung schnell an ihre Grenzen.

Besonders an die Kleidung wird angesichts der extremen Temperaturen ein hoher Anspruch gestellt. Sie besteht zunächst aus mehreren Lagen (Funktionsunterwäsche, Fleece) und wird je nach Temperatur mit einer Gore-Tex-, Windstopperfleece- oder speziellen Daunenjacke und einer entsprechend dicken Hose kombiniert.

Daunenbekleidung für derartige Temperaturen ist nicht ganz billig; es bietet sich an, diese von einem Outfitter zu mieten.

Wichtig sind ebenfalls spezielle Handschuhe und Stiefel, eine warme Mütze und eine isolierende Gesichtsmaske. Dazu kommt dann noch ein polartauglicher Schlafsack, eine sehr warme Isomatte und ein wintertaugliches Zelt.

Freistehende Kuppelzelte sind leichter im Schnee abzuspannen und sollten Schneelasten und Stürme problemlos überstehen. Bei sehr niedrigen Temperaturen kommen eigentlich nur noch Benzin- oder Petroleumkocher sowie das gute alte Lagerfeuer zum Zubereiten der Mahlzeiten in Frage. Gas- und Spiritusbrenner quittieren in der Kälte genauso ihren Dienst wie die handelsüblichen Batterien in Kopflampen, Fotoapparaten oder GPS-Geräten. Sie sollten durch frostunempfindlichere Lithiumbatterien ersetzt werden. Auch LCD-Anzeigen können durch den Frost vorübergehend unleserlich werden.

Diplomatische Vertretung

z. B. beim Verlust des Reisepasses

Generalkonsulat der Bundesrepublik Deutschland
Suite 704, World Trade Centre
999 Canada Place
Vancouver, BC V6C 3E1 Canada
Tel. +1 (604) 684 83 77
Fax: +1 (604) 684 83 34
www.vancouver.diplo.de
Mo-Fr 9-12 Uhr
***Notfall-Telefon außerhalb der Dienstzeiten, bis 24 Uhr:** (604) 218 1390*

Österreichische Botschaft
445 Wilbrod Street,
***Ottawa, ON K1N 6M7** Canada*
Tel. +1 (613) 789 14 44
Fax: +1 (604) 681 35 78
www.austro.org

i

Schweizer Generalkonsulat
Suite 790, World Trade Centre
999 Canada Place
Vancouver, BC V6C 8E1
Tel. +1 (604) 684 22 31
Fax: +1 (604) 684 28 06
www.eda.admin.ch/canada

Kanadische Botschaften bei uns:

Deutschland:
Leipziger Platz 17
10117 Berlin
Aus Deutschland (ohne Ländervorwahl):
Tel. +49 (0)30 203 12-0
Fax: +49 (0)30 203 12-590
www.kanada.de

Österreich:
Laurenzerberg 2
A-1010 Wien
Aus Österreich (ohne Ländervorwahl):
Tel. +43 (0)1 531 38 30 00
Fax: +43 (0)1 531 38 33 21
www.kanada.at

Schweiz:
Kirchenfeldstr. 88
CH-3005 Bern
Aus der Schweiz (ohne Ländervorwahl):
Tel. +41 (0)31 357 32 00
Fax: +41 (0)31 357 32 10
www.dfait-maeci.gc.ca/switzerland

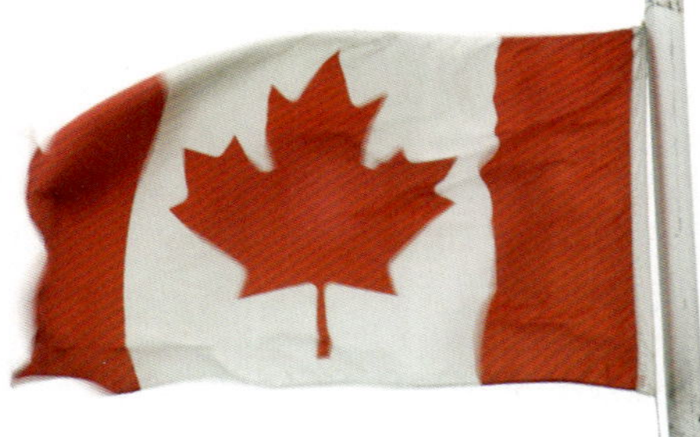

Fakten

Zeitverschiebung

Yukon Time = MEZ minus 9 Stunden
(Alaska Time = MEZ minus 10 Stunden)

Gesamtfläche des Yukon

483 000 qkm

bewaldete Fläche

281 030 qkm

unbewaldete Fläche (Tundra, Gletscher usw.)

197 940 qkm

Seen und Flüsse

4480 qkm

Höchster Berg

Mount Logan 5959 m (höchster Berg Kanadas)

Größter See

Kluane Lake 409 qkm

Zum Vergleich

Deutschland: 357.000 qkm
Deutschland: 230 Einwohner pro qkm
Yukon: 1 Einwohner pro 16 qkm

Yukon Einwohnerzahlen

Einwohner gesamt:	ca. 37.000
Beaver Creek:	122
Burwash Landing:	107
Carcross:	491
Carmacks:	554
Dawson City:	2038
Destruction Bay:	46
Faro:	371
Haines Junction:	899
Marsh Lake:	663
Mayo:	480
Old Crow:	480
Mount Lorne:	410
Pelly Crossing:	385
Ross River:	402
Tagish:	260
Teslin:	476
Watson Lakes:	1469
Whitehorse:	27.690
Rest:	150
Besucher:	ca. 365.000 pro Jahr

i

Stromversorgung

110Volt/60HZ. Vor der Tour einen Nordamerika-Adapter besorgen!

Maße und Gewichte

In Kanada gilt das metrische System. Maße werden in Metern und Zentimetern, Entfernungen in Kilometern, Temperaturen in Celsius ausgedrückt; getankt wird in Litern. Durch den Einfluss der USA wird man im jedoch auch im Yukon immer wieder mit US. Gallonen oder Meilen konfrontiert:

1 inch	2,54 Zentimeter
1 foot	30,48 Zentimeter
1 yard	91,44 Zentimeter
1 Meter	3,2808 feet
1 mile	1,61 Kilometer
1 Kilometer	0,62 miles
1 fluid ounce	29,57 Milliliter
1 pint	0,47 Liter
1 quart	0,95 Liter
1 imperial gallon	4,5460 Liter
1 Liter	0,2201 imperial gallon
1 U.S. gallon	3,7853 Liter
1 Liter	0,2642 U.S. gallon
1 ounce	28,35 Gramm
1 pound	0,454 Kilogramm
1 Kilogramm	2,205 pound

Feiertage

1. Januar	Neujahrstag
24. Februar	Heritage Day, Kultur und Geschichts-Feiertag
Karfreitag	Good Friday
Ostermontag	Easter Monday
Montag vor dem 25. Mai	Victoria Day, Queen Victorias Geburtstag
1. Juli	Canada Day, Nationalfeiertag
1. Montag im August	Provincial Holiday
21. August	Discovery Day, Jahrestag der ersten Goldfunde am Klondike
1. Montag im September	Labour Day, Tag der Arbeit
1. Montag im Oktober	Thanksgiving, Erntedankfest
11. November	Remembrance Day, Gedenktag für die Kriegsgefallenen
25. Dezember	Christmas Day, Weihnachten
26. Dezember	Boxing Day, zweiter Weihnachtstag

First Nations

Schon vor der Ankunft der ersten Weißen hatten die Indianer im Yukon kein einfaches Leben. Im Sommer lebten die Gruppen und Familienverbände meist in Fishcamps. In den übrigen Monaten stand die Jagd auf Karibu und Elch, aber auch auf Kleintiere wie Stachelschweine, Kaninchen und Vögel im Vordergrund. Mitunter waren weite Wanderungen nötig, um den Herden der Karibu oder anderen Tieren zu folgen. Oftmals wurden intensive Handelsbeziehungen zwischen einzelnen Gruppen unterhalten.

Im traditionellen Glauben spielen geheimnisvolle Kräfte, die sogenannten „Spirits“, eine große Rolle. Spirits können in Allem und Jedem vorkommen. Es gibt gute, schlechte, starke und schwache Spirits und jede Tierart, jede Pflanze, jeder Berg und jeder Fluss birgt seine eigenen Kräfte, die respektiert werden müssen. Besondere Kräfte werden dem Raben zugesprochen. In den alten Geschichten ist er der Schöpfer der Welt und gleichzeitig ein Spieler, Trickser und unberechenbarer Zeitgenosse. Das Weitergeben von Wissen an die nächste Generation erfolgte in der Regel durch die Erzählung von Geschichten und Legenden. Mit Ankunft der ersten weißen Siedler sollte sich das Leben der First Nations grundlegend ändern. Eingeschleppte Seuchen rafften viele dahin. Die Kirche verbot den traditionellen

Glauben und die Sprache und sorgte für eine Zwangserziehung der Kinder. Als vollwertige Mitglieder der Gesellschaft nicht anerkannt und der eigenen Wurzeln beraubt, wurde von vielen die entstandene Leere in der Identität mit Alkohol gefüllt. Noch heute sind Alkoholmissbrauch und Selbstmord ein großes Problem der indianischen Minderheit im Yukon. In den letzten Jahren wurden viele der traditionellen Fischcamps wieder in Betrieb genommen. Es scheint einen langsamen Trend zurück zu Traditionen und Bräuchen zu geben.
Heute beinhaltet das Gebiet des Yukons die traditionellen Jagdgründe von acht verschiedenen Indianerstämmen:

Gwich'in (Old Crow),
Han (Dawson City),
Upper Tanana (Beaver Creek),
Northern Tutchone (Mayo, Carmacks, Fort Selkirk, Pelly Crossing),
Southern Tutchone (Whitehorse, Haines Junction, Burwash Landing, Champane),
Tagish (Tagish),
Kaska (Ross River, Watson Lake, Upper Liard) und *Tlingit* (Teslin, Carcross).

www.yfnta.org

Gefahren, Sicherheit

Bei der Planung einer Tour im Yukon sollte immer bedacht werden, dass es im Hinterland wirklich keinerlei Infrastruktur in Form von Handy-Sendemasten oder ähnlichem gibt. Ein gesundes Maß an Vorsicht ist nicht nur beim Wandern oder Paddeln, sondern auch bei Camparbeiten wie Holzhacken, Fische ausnehmen und Kochen angebracht. Verletzungen und Verbrennungen passieren oftmals durch unbedachtes Verhalten in alltäglichen Situationen. Bei einer Tour immer auf „ungute Gefühle“ achten und gegebenenfalls einen Berganstieg auslassen oder eine „komische Stelle“ im Fluss umtragen. Ein derartiges Handeln ist kein Zeichen von Schwäche, sondern zeigt Weitsicht und Verantwortungsbewusstsein. Sicherheit geht vor! Vor jeder Tour in die Wildnis sollte man jemanden über die Aufenthaltsdauer und die geplante Route informieren.

Wetter

Verglichen mit dem Wetter in Mitteleuropa herrscht im Yukon ein Klima der Extreme vor. Schnelle Wetterwechsel mit starken Temperaturschwankungen können jederzeit auftreten und sollten stets bei der Routen- und Camp-Platzwahl bedacht werden. Heftige Gewitter, Nachtfröste im Juni und starker Wind sind nur einige der Bedingungen, mit denen Wanderer oder Kanufahrer rechnen müssen. Eine qualitativ hochwertige Ausrüstung, die den wechselhaften und rauen Bedingungen gerecht wird, erhöht nicht nur den Komfort, sondern trägt auch gleichzeitig einen bedeutenden Teil zur Sicherheit bei. Ein Camp-Platz sollte immer so gewählt werden, dass er auch bei plötzlichen Wetterverschlechterungen noch ausreichend Schutz bietet. Bei Unwettern können Bäche und Flüsse schnell ansteigen.

Trinkwasser

Auch wenn das Wasser noch so klar und sauber aussieht: es sollte nie unbehandelt getrunken werden. Die Erreger des „Biberfiebers“ wurden auch in den nördlichen Gebieten des Yukons nachgewiesen. Im Yukon wird diese Krankheit vor allem durch Biber übertragen und durch den fast weltweit vorkommenden Erreger „Giardia Lambia“ hervorgerufen. Von der Infizierung mit den Erregern bis zu den ersten Krankheitssymptomen vergehen ein bis zwei Wochen. Eine Erkrankung äußert sich dann durch Bauchschmerzen, Durchfall, Übelkeit und allgemeine Schwäche und dauert zwei bis sechs Wochen. Als Medikamente kommen spezielle Antibiotika zum Einsatz; in

i

jedem Fall sollte ein Arzt konsultiert werden. Während einer Infektion mit Giardia sollten Milchprodukte und zuckerhaltige Lebensmittel gemieden werden.
Wer nicht das Risiko eingehen will, sich mit dem Biberfieber anzustecken, sollte sein Trinkwasser abkochen oder mit chemischen Mitteln wie Micropur behandeln. Ein Keramikfilter mit auswaschbarer Filterpatrone ist ebenfalls sehr gut geeignet und verändert den Geschmack des Wassers (im Gegensatz zu den chemischen Mitteln) kaum. Das stark sedimenthaltige Wasser der großen Flüsse oder das getrübte Wasser nach starken Regenfällen kann die Filterpatrone jedoch relativ schnell verstopfen. Daher nutzt man am besten das klare Wasser von einmündenden Bächen oder man lässt das Wasser für längere Zeit stehen, bis sich der größte Teil der Schwebstoffe auf dem Boden abgesetzt hat.

Waldbrände

Die Monate Juli und August sind Hauptsaison für die meist auf natürliche Weise entstehenden Wald- und Buschfeuer. In manchen Jahren brennen riesige Waldflächen und hüllen weite Landstriche in dichten Rauch. Vor allem bei windigem Wetter können sie sich sehr schnell ausbreiten. Der sicherste Platz bei einem Waldbrand ist eine große Kiesbank an einem größeren Fluss. Wanderer versuchen am besten, größere Wasserflächen aufzusuchen. Eine weitere Möglichkeit ist es, quer zum Wind und somit zur Hauptausbreitungsrichtung zu gehen, um auf diese Weise sicheres Terrain zu erreichen. Bei sehr starker Rauchentwicklung sollte durch ein feuchtes Tuch geatmet werden.
Eine Auskunft über die aktuellen Waldbrände bekommen Sie von ihrem Outfitter, der Telefonnummer 1-800-826-4750 oder unter: *www.community.gov.yk.ca/firemanagement/index.html*
Waldbrände unter der kostenlosen Telefonnummer 1-888-798-3473 melden!

Tiere

Wer zu Fuß unterwegs ist, sollte immer einen ordentlichen Sicherheitsabstand zu großen (und kleinen) Wildtieren halten. Aber auch so mancher, der sich auf der Jagd nach dem perfekten Foto im Kanu einer Elchkuh mit Kalb näherte, musste wenig später feststellen, dass selbst eineinhalb Meter Wassertiefe wenig Schutz vor einer aufgebrachten Elchkuh bieten... Solange man Wildtiere nicht bedrängt, geht von ihnen wenig Gefahr aus.

Neben denen im Buch beschriebenen Tierarten Elch und Bär sind die folgenden Arten zumindest potenziell gefährlich:

Vielfraß (Wolverine): Nicht besonders groß, aber außerordentlich kraftvoll und furchtlos! Diesen kleinen Muskelpaketen geht man am besten aus dem Weg! Probleme mit diesen Tieren sind jedoch sehr selten.

Bison (Wood Bison): Eine auf ca. 700 Exemplare geschätzte Bisonherde lebt im Bereich des Aishihik Lake zwischen Whitehorse und dem Kluane Nationalpark. Dass man einen 1000 kg schweren Bisonbullen besser nicht reizen sollte, versteht sich wohl von selbst!

Moschusochse (Muskox): Etwa 150-200 Tiere leben in den Tundraebenen an der Eismeerküste. Moschusochsen können reizbar sein, also besser reichlich Abstand halten.

Baumstachler (Porcupine): Vorsicht! Ein in die Enge getriebener Baumstachler kann überraschend und kraftvoll mit seinem Schwanz ausschlagen. Dabei können die mit feinen Widerhaken bewehrten Stacheln durchaus solides Schuhwerk durchdringen und schwere Verletzungen und Entzündungen hervorrufen. Eingedrungene Stacheln müssen sofort entfernt werden, da sie sich durch ihre besondere Oberflächenstruktur immer weiter ins Gewebe

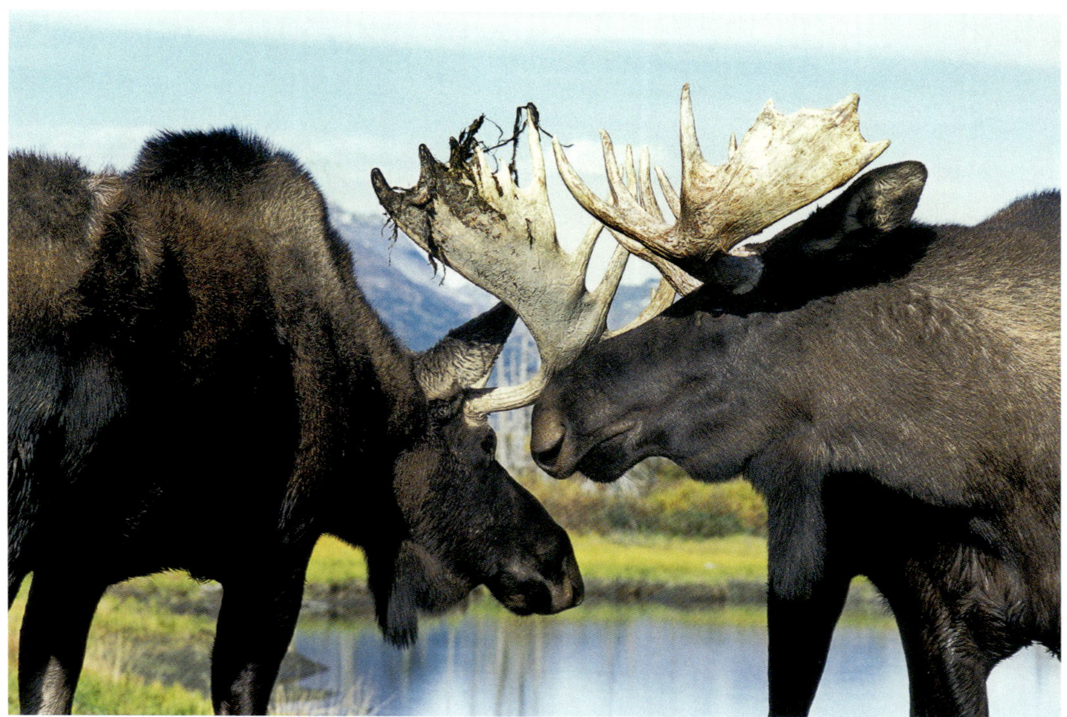

Elchbullen in der Brunftzeit.

bohren und auch nach Tagen schwere innere Verletzungen hervorrufen können. Besonders gefährlich für freilaufende Hunde! Verletzte Hunde müssen oftmals eingeschläfert werden.

Puma (Cougar): Mit nur 25 Pumasichtungen im Yukon seit dem Jahr 1944 ist die Chance, mit einer dieser faszinierenden Großkatzen aneinander zu geraten, wohl als sehr gering einzustufen. Zuletzt wurde im Jahr 2000 ein toter Puma in der Nähe von Watson Lake gefunden. **Alle Pumasichtungen sollten der Environment Yukon gemeldet werden:**
Tel. +1 (867) 667-52 21

Wolf (Wolf): Äußerst gefährlich für Karibus und Elchkälber – aber nicht für den Menschen! Es gibt zwar viele Horrorgeschichten, doch in den letzten Jahrzehnten keine bewiesenen Angriffe auf Menschen in Nordamerika!

Eichhörnchen und Erdhörnchen (Redsquirrel, Arctic ground squirrel): So manche Tour wurde schon mit knurrendem Magen beendet, weil die frechen Hörnchen einen Weg in die Proviantkiste gefunden hatten…

Elch (Moose): Statistisch gesehen ist es das gefährlichste Tier im Yukon. Besonders im Frühjahr und im Sommer kommt es immer wieder zu vermeidbaren Unfällen. Die Elchkühe bekommen zu dieser Jahreszeit ihren Nachwuchs auf Flussinseln und in Weidendickichten und verteidigen die Kälber mit kraftvollen Fußtritten gegen Raubtiere und allzu neugierige Menschen. Im Herbst beginnt die Brunftzeit der Elche. Die geschlechtsreifen Bullen können zu dieser Zeit reizbar sein. Elche (und natürlich auch alle anderen Wildtiere) sollten nie in die Enge getrieben werden. Sie sind Fluchttiere. Wenn man sich rechtzeitig bemerkbar macht

i

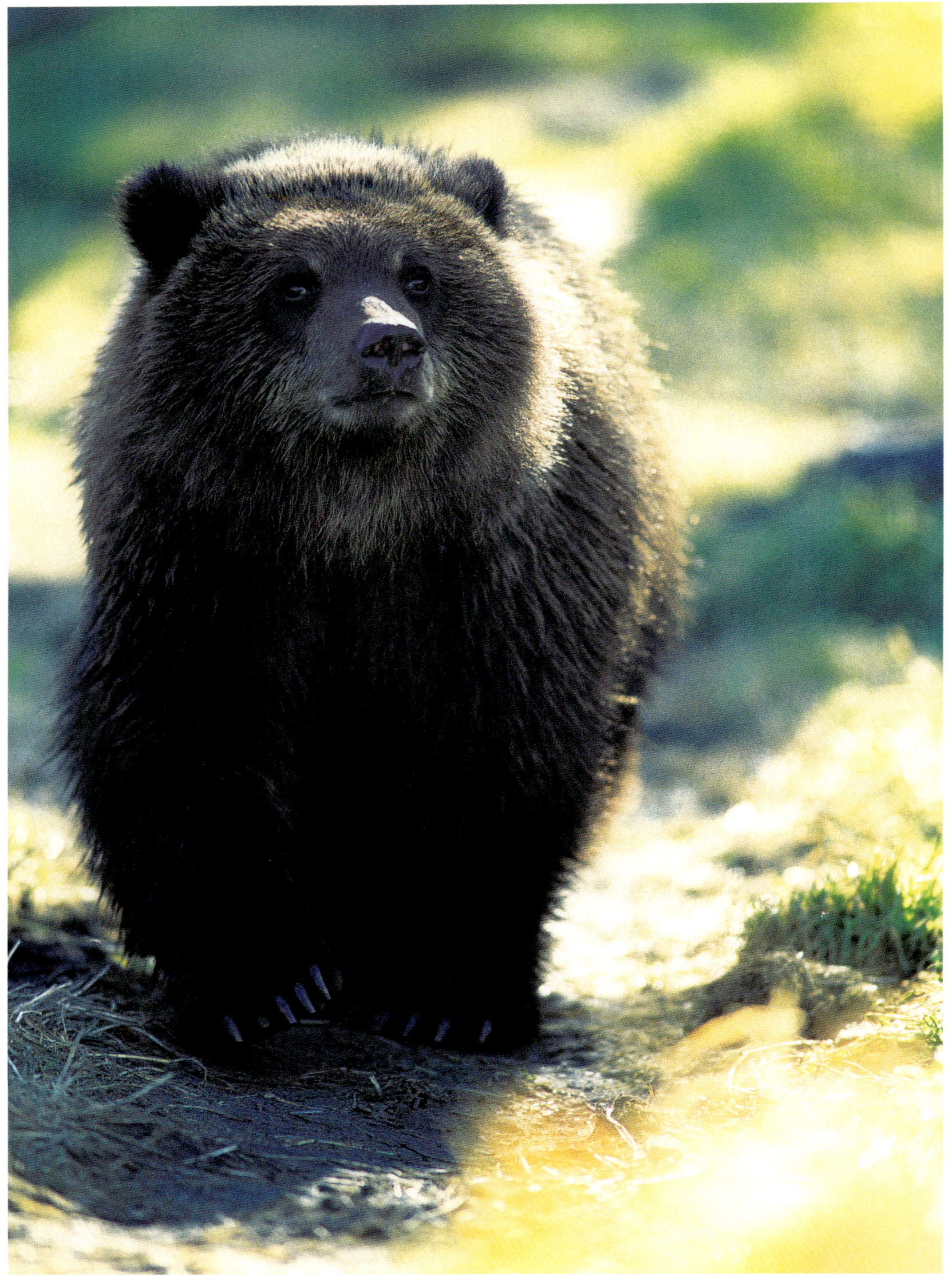

und ihnen genug Raum zum Rückzug gelassen wird, sind Begegnungen mit diesen riesigen Tieren weit mehr beeindruckend als gefährlich.

Bär (Bear): Bären sind wirklich ein riesiges Thema im hohen Norden! Es gibt unzählige Bücher über Bärenangriffe und noch mehr Geschichten, die abends am Lagerfeuer die Runde machen. Einige dieser Geschichten sind wahr, viele andere sind es nicht oder nur teilweise. Der Mythos der wilden Bestie verkauft sich nun mal gut! Natürlich ist ein Bär potentiell sehr gefährlich! Ein Bär ist und bleibt ein unberechenbares Raubtier, und viele Unfälle in der Vergangenheit lassen keinen Raum für Verharmlosung. Statistisch gesehen zeigt sich jedoch schnell, dass es weitaus größere Gefahren im Busch gibt. Eigene Dummheit, Selbstüberschätzung, schlechtes Wetter, ja selbst die so beliebten Elche fordern jedes Jahr deutlich mehr Todesopfer in Nordamerika. Wenn es nachts jedoch laut im Wald knackt und raschelt, ist dieses Wissen plötzlich nur noch graue Theorie! Fakt ist, dass solche Situationen anscheinend tief verwurzelte Ängste in fast jedem wecken. Und das ist auch gut so, denn Angst heißt in diesem Fall auch Respekt! Bären sind intelligent und dabei so verschieden wie Menschen. Jeder hat einen eigenen Charakter; es gibt ebenso ängstliche wie verspielte oder neugierige Bären. Daher ist es auch schwierig, allgemein gültige Verhaltensregeln aufzustellen. Eine Begegnung zwischen Bär und Mensch dauert in den meisten Fällen nur so lange, wie der Bär zur Identifizierung des Menschen braucht. Danach zieht der Bär sich zurück. Es heißt, Bären seien kurzsichtig. Daher kann es vorkommen, dass er zunächst den Menschen umkreist, um Wind von ihm zu bekommen. Ein Bär, der sich auf die Hinterbeine stellt und mit der Nase herumwedelt, versucht nur sein Gegenüber zu identifizieren und ist nicht aggressiv. In solchen Situationen wird meist dazu geraten, ruhig mit dem Bären zu sprechen und dabei langsam rückwärts zu gehen, um ihm das Identifizieren seines Gegenübers zu erleichtern. Wirkliche Problemsituationen mit Bären sind zwar sehr selten, kommen aber immer wieder vor. Besonders an stark frequentierten Campingplätzen ist Vorsicht geboten. Hier treten immer wieder Problembären auf, die an menschliche Nahrungsreste gewöhnt sind und auch einen Teil ihrer natürlichen Scheu verloren haben. Normalerweise betrachten Bären den Menschen nicht als Beute. Nur relativ wenige Fälle sind bisher bekannt, bei denen ein Angriff aus Beutetrieb erfolgte. Probleme mit Wildnisbären treten fast immer im Zusammenhang mit Jungtieren (Mutterschutz), gerissener Beute (Nahrungsverteidigung) oder überraschten Zusammenstößen in unübersichtlichem Gelände auf.

Einige grundlegende Verhaltensregeln machen das Reisen im Bärenland zum Erlebnis und nicht zum Risiko.

Die wichtigste Grundregel heißt: Respekt!!! Selbst ein kleiner Schwarzbär von der Größe eines Schäferhundes kann verdammt pampig werden, wenn er respektlos für ein Foto in die Enge getrieben wird!

Keine Lebensmittel, aromatisierten Getränke, Kosmetikartikel oder andere riechenden und parfümhaltigen Dinge mit in das Zelt nehmen. Niemals und unter keinen Umständen!!

Lebensmittel usw. separat von der Ausrüstung aufbewahren, um eine Übertragung von Gerüchen zu minimieren.

Lebensmittel immer außerhalb des Camps lagern. Das vielfach empfohlene Aufhängen der Lebensmittel scheitert im Yukon oftmals aus Mangel an geeigneten Bäumen und am Gewicht der Verpflegung für mehrere Tage. Außerdem müsste die Verpflegung dabei schon in ausreichender Höhe mit einigem Abstand zum nächsten Baum hängen. Schwarzbären erklettern schließlich mit Leichtigkeit auch

i

glatte Baumstämme. Wasserdichte Kanutonnen sind weitgehend geruchsdicht und eignen sich daher besonders zur Aufbewahrung der Lebensmittel und Toilettenartikel. Es gibt auch bärensichere Behälter, die speziell zur Lebensmittellagerung entwickelt wurden. Auf Kanutouren haben sich diese kleinen und nicht wasserdichten Tonnen kaum bewährt. Eine Alternative sind die leichten Kevlarsäcke der Firma Ursack. Sie werden z.B. an einem Baum festgebunden und sind zahn- und krallensicher. Im Kluane Nationalpark sind bärensichere Behälter Pflicht und können bei der Registrierung gleich mit gemietet werden. Auch im Tombstone Territorial Park wird ihre Nutzung empfohlen.

Benutzte Damenbinden und Tampons sofort verbrennen oder in einer luftdichten Plastiktüte verpacken (und später verbrennen). Einige Bücher raten dazu, das eigene Lager rundum mit Urin zu markieren. Frauen in der Menses sollten jedoch lieber in einiger Entfernung zum Camp Wasser lassen, da der Urin Blut enthalten kann.

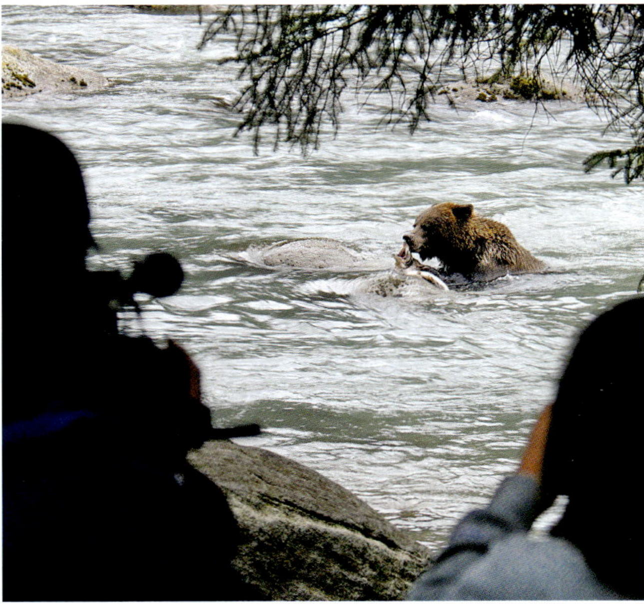

Ein fischender Grizzly in Haines, Alaska.

Niemals in unmittelbarer Nähe zum Zelt kochen oder das Messer an der Hose abwischen.

Keine Fische in der Nähe des Camps ausnehmen. Unterwegs gefangene Fische sofort ausnehmen und in einer Plastiktüte mit Clip verstauen. Kontakt mit Ausrüstung und Boot vermeiden.

Abwaschwasser nicht im Lager auskippen. Teflonbeschichtete Töpfe sind besser zu reinigen. Eine fettige Pfanne kann über Nacht in flachem Wasser versenkt werden, um die Geruchsbildung zu verhindern (ggf. mit einer Schnur gegen Verlust sichern).

Reisen in größeren Gruppen ist deutlich sicherer. Noch nie wurde eine Gruppe von vier oder mehr Personen angegriffen.

Bear-Spray kann bei einem Outfitter gemietet oder in einem Outdoor-Geschäft in Whitehorse gekauft werden. Diese großen Pfefferspraytanks haben schon oftmals allzu neugierige oder aggressive Bären in die Flucht geschlagen. Der Inhalt dieser Spraycontainer ist reiner Cayennepfeffer und wird mit einer Sprühdauer von 4 - 6 Sekunden entleert. Dabei muss der Pfeffernebel gegen Augen und Schleimhäute gerichtet werden. Es sollte nicht bei Gegenwind benutzen werden!!!

Eine Schusswaffe muss zum wirksamen Schutz vor Bären ein Kaliber mit sehr hoher Stoppwirkung haben und unbedingt mehrschüssig sein. Wer eine solche Waffe trägt, muss natürlich auch mit ihr umgehen können und entsprechend verantwortungsvoll handeln. Der Kauf ist in Kanada ohne kanadischen Waffenschein nicht möglich. Bären sind extrem schusshart und fallen manchmal selbst nach einem Herzschuss noch nicht um, sondern sind erstaunlicherweise noch sekundenlang gut bewegungsfähig. Da ein entsprechendes Gewehr schwer und sperrig ist, kommt es wohl nur für Kanutouren in Frage. Kurzwaffen (Pistolen und Revolver) sind in Kanada generell verboten; ebenso das Mitführen von Schusswaffen in den Nationalparks. Wer einen Bären in Notwehr erschießt, muss sofort die Behörden verständigen, sonst drohen hohe Geldstrafen. Bei einem anschließenden „Verhör" wird der Sachverhalt der Notwehr dann überprüft. Statistiken haben ergeben, dass bei einem direkten Angriff der Gebrauch von Bear-Spray sogar sicherer für den Menschen (und für den Bären) ist als eine Schusswaffe.

Aas ist auf jeden Fall zu meiden! Bären verteidigen ihre Beute! Wenn man auf einer Wandertour auf einmal Aasgeruch feststellt, geht man am besten zügig den Weg zurück, den man auch gekommen ist.

Bei einer Wandertour machen laute Geräusche wie Rufen oder Klatschen Bären (und Elche) auf die Anwesenheit von Menschen aufmerksam. So werden überraschende Begegnungen auf kurze Distanz vermieden. Besonders beim Wandern in dichtem Busch und an laut plätschernden Bächen ist diese Vorsichtsmaßnahme sehr wichtig! Das Tragen von kleinen Glöckchen, die die Bären auf die Anwesenheit von Menschen aufmerksam machen sollen, spaltet die so genannten Experten in zwei Lager. Die einen sind von der abschreckenden Wirkung überzeugt, wahrend andere behaupten, dass das relativ leise permanente Klingeln die Bären eher anlocken würde. Wahrscheinlich ist beides richtig und wiederum vom Charakter des jeweiligen Bären abhängig. Ich persönlich bevorzuge Rufen und gelegentliches Klatschen in die Hände (auch weil mir das ständige Gebimmel mächtig auf die Nerven geht!).

Das Zelt auf einem Wildwechsel aufzubauen, kann zu ungewolltem nächtlichen Besuch führen...

An Lachsflüssen ist zur Laichzeit besondere Vorsicht geboten.

Sollte es trotz aller Vorsichtsmaßnahmen doch einmal zu einem ernsten Konflikt mit einem aggressiven Bären kommen, wird Folgendes empfohlen:

Stehen bleiben! Weglaufen könnte den Beuteinstinkt des Bären reizen.

Gruppen sollten dicht zusammenrücken, dabei dem Bären nicht einen möglichen Fluchtweg versperren.

Rufen und laut in die Hände klatschen.

Im Notfall Bärenspray benutzen.

Ein Bär, der sich auf die Hinterbeine stellt, ist nicht aggressiv, sondern versucht, sein Gegenüber zu identifizieren.

Einen erhöhten Standplatz suchen und/oder mit Hilfe von Gegenständen (Paddel, Rucksack) die eigene Person größer erscheinen lassen.

Die meisten Angriffe von Bären sind Scheinangriffe.

In der Vergangenheit wurde teilweise empfohlen, bei einem direkten Angriff gegen einen **Schwarzbären** zu kämpfen und sich bei einer **Grizzlyattacke** tot zu stellen. Glücklicherweise verfüge ich in diesem Fall über keinerlei persönliche Erfahrungen. Neuere Forschungen sollen aber ergeben haben, dass totstellen keine besonders gute Lösung ist. Auch bei einem direkten Grizzlyangriff wird also aggressives Verhalten gegenüber dem Bären empfohlen (wer das wohl ausprobiert hat?). **Eisbären** kommen im Yukon an den Küsten des Polarmeeres vor, sind aber sehr selten. Eisbären sind deutlich aggressiver als Schwarzbären oder Grizzlys und sollten mit äußerster Vorsicht behandelt werden!!

Bärensichere Tonnen:
www.backpackerscache.com
www.volker-lapp.de

Bärensichere Säcke: www.ursack.com

Infoseite über Bären: www.bearsmart.com

Literaturtipp: **„Sicherheit in Bärengebieten"**, *R. Höh,* Reise Know-how Verlag

i

Bach- und Flussdurchquerungen

Nach einer geeigneten Stelle suchen! Am besten sind flache, breite Abschnitte, oder Stellen, an denen sich der Wasserlauf in mehrere Arme aufspaltet.

Nie barfuß einen Wasserlauf durchqueren. Trekkingsandalen oder Turnschuhe mitnehmen.

Bei flachem Wasser reichen mitunter Gamaschen.

Trekkingstöcke oder einen Wanderstock zum Festhalten und Testen der Wassertiefe einsetzen. Der Stock bzw. die Stöcke werden dabei immer stromaufwärts eingesetzt.

Beim Durchqueren eines Wasserlaufs immer stromaufwärts schauen und diagonal stromaufwärts gehen.

Rucksackgurte lösen!

Kentern

Durch vorsichtiges und vorausschauendes Paddeln ein Kentern im Vorfeld vermeiden!

Bei einem Kentern sollten erst die Menschen, dann das Boot geborgen werden!

In Flüssen sollte man direkt nach einem Kentern möglichst schnell versuchen, stromaufwärts des Bootes zu gelangen. Schon bei mäßiger Strömung kann ein vollgelaufenes, nachtreibendes Boot einen Schwimmer auf ein Hindernis drücken und schwer verletzen oder einklemmen.

Einer möglichen Unterkühlung durch sofortiges Wechseln der Kleidung und Entfachen eines Feuers entgegenwirken.

Alle Seen und auch die großen Flüsse im Yukon können sich innerhalb von Minuten von einer spiegelglatten Oberfläche in ein Meer aus Wellen und Schaumkronen verwandeln. An Seen sollte man es deshalb unbedingt vermeiden, offene Wasserflächen zu überqueren oder große Buchten einfach abzukürzen. Wer ufernah paddelt, kann bei einer Wetterverschlechterung rechtzeitig Schutz suchen. Besonders die großen Seen heizen sich im Sommer nur wenig auf. Das kalte Wasser macht längere Schwimmstrecken unmöglich.

An den Flüssen sind Bäume eindeutig die größte Gefahr. Besonders in Außenkurven hängen oftmals unterspülte Bäume dicht über der Wasseroberfläche. Diese so genannten „Sweeper“ sind an kleinen Flüssen manchmal nicht einfach zu umfahren. Früher oder später wird aus einem „Sweeper“ ein im Wasser treibender Baumstamm. In Außenkurven und vor Inseln verkeilen sich diese Baumleichen schließlich zu großen Haufen. Diese „Log Jams“ können mitunter den gesamten Flusslauf blockieren und sind extrem gefährlich! Das Wasser fließt durch sie hindurch, so dass ein Boot oder ein Paddler angesaugt und unter Wasser festgehalten werden kann. „Logjams“ sollten auch bei langsamer Strömung immer in respektvollem Abstand umfahren werden!

Wildwasser: Wer in der Wildnis unterwegs ist, sollte im Wildwasser nicht an die Grenzen seiner Fähigkeiten gehen. Eine Stromschnelle sollte nicht „überlebt“, sondern beherrscht und kontrolliert durchfahren werden. Die Gefahr, das Boot zu beschädigen oder gar zu verlieren, ist in starker Strömung nicht zu unterschätzen. Wildwasserstellen vor der Befahrung besichtigen!

Helm, geeignete Kleidung und Spritzdecke nicht vergessen! Bei einem Kentern im Wildwasser flach auf dem Rücken und mit den Beinen stromab schwimmen.

Auch bei warmem Wetter und auf kleinen Flüssen sollte eine Schwimmweste getragen werden. Außerdem ist es immer ratsam, die Ausrüstung (und das Ersatzpaddel) im Boot festzubinden. So geht bei einem versehentlichen Kentern nichts verloren. Die wasserdichten Säcke und Tonnen wirken als zusätzliche Auftriebskörper, und das Boot kann komplett geborgen werden.

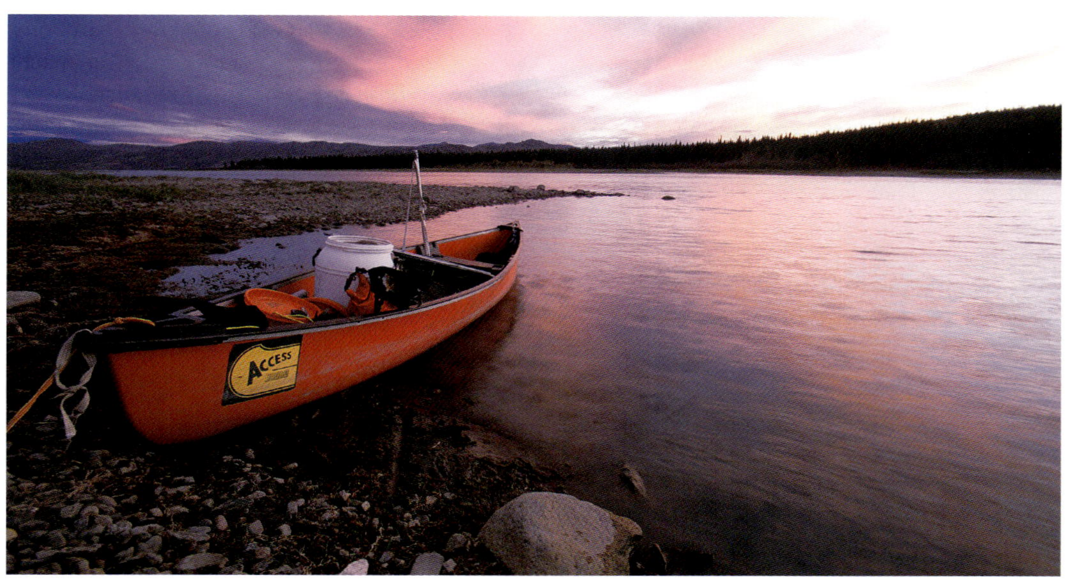

Kanu im Abendlicht auf der Flussstrecke Thirty Mile unterhalb des Lake Laberge.

Alle Flüsse im Yukon fließen in einem natürlichen Flussbett, das ständigen Veränderungen durch die Kraft des Wassers ausgesetzt ist. Innerhalb kürzester Zeit können sich Sandbänke und Treibholzverblockungen aufbauen, verlagern oder verschwinden. Außenkurven werden langsam abgetragen, Erdrutsche verändern den Lauf, und manchmal sucht sich ein Fluss gar ein ganz neues Bett. Dies ist vor allem bei der Verwendung einer Flusskarte zu beachten. Gefahrenstellen können überall und unvermittelt auftauchen!

Wenn trotz aller Vorsichtsmaßnahmen das Kanu verloren gegangen ist, bleibt man in den meisten Fällen am besten einfach, wo man ist, und wartet auf Hilfe. An Flüssen wie dem Yukon oder Big Salmon wird es im Sommer meistens nicht lange dauern, bis andere Kanus den Fluss hinunterkommen. Im Herbst und auf abgelegenen Flüssen kann es jedoch ziemlich lange dauern, bis Hilfe kommt. Trotzdem ist Warten eigentlich immer besser als zu versuchen, querfeldein die nächste Straße zu erreichen. Das Tragen eines kleinen, wasserdicht verpackten Survival-Kits am Körper macht bei einer Kanutour in der Wildnis durchaus Sinn. Bei mir enthält diese kleine Dose zwei Feuerzeuge, Feuerstarter, einige Meter dünne, aber starke Schnur, Moskitokopfnetz und Rettungsdecke. Dazu habe ich immer ein kleines Fläschchen mit Moskitomittel in der Tasche und ein gutes Messer am GürTel.

Literaturtipps:

„Handbuch Kanu", *R. Höh,* Reise Know-how Verlag

„Wildwasserfahren" und **„Stechpaddel-Fahrschule"**, beide Thomas Kettler Verlag

Wintergefahren

Lawinengefährdete Gebiete meiden und keinesfalls dort campen.

Vorsicht bei Eisüberquerungen! Die extremen Wintertemperaturen lassen zwar auf einigen Flüssen und Seen selbst die Befahrung mit schweren LKWs zu. An Stellen mit starker Strömung, an Bacheinmündungen usw.

i

kann die Eisdecke jedoch trotzdem gefährlich dünn sein. Auch dicke Schneeschichten können Eis gegen die Kälte isolieren und schwächen. An manchen Bächen kann der so genannte „overflow" auftreten. Hierbei gefriert der Bach an manchen Stellen bis auf den Grund. Das nachfließende Wasser drückt an die Oberfläche und ist manchmal nur von einer dünnen Eisschicht bedeckt.

Extrem tiefe Temperaturen können leicht zu Erfrierungen und Unterkühlungen führen. Bei tiefen Minustemperaturen drohen unbedeckten Hautflächen schnell Gewebeschäden durch Erfrierungen. Geeignete Kleidung sollte auch eine Gesichtsmaske und gute Handschuhe beinhalten. Bei Wind oder Fahrtwind steigt die Gefahr beträchtlich, sich Erfrierungen zuzuziehen! Ausreichend trinken und das Berühren von Metallteilen mit nackter Haut vermeiden! Bei Temperaturen unter -30 Grad können durchaus Erfrierungen in der Lunge auftreten. Starke Anstrengungen sollten in dieser Zeit vermieden werden. Bei tiefen Temperaturen hilft eine fettreiche Ernährung, die Körpertemperatur hoch zu halten.

Bei sonnigem Wetter immer eine gute Sonnenbrille zur Vorbeugung gegen Schneeblindheit tragen.

Medizinische Probleme

Alle möglichen und unmöglichen medizinischen Notfälle aufzuführen, ist im Rahmen dieses Buches nicht möglich. Eine gut abgestimmte Reiseapotheke sollte jedoch die meisten Fälle in den Griff bekommen.

Vor allem in den ersten Tagen sollte man eine Tour langsam angehen, um Überlastungserscheinungen vorzubeugen. Auftretende Verletzungen oder Krankheiten sollten keinesfalls auf die leichte Schulter genommen werden. Zu leicht kann aus einer verschleppten Erkältung eine Lungenentzündung oder aus einer schlecht gereinigten Wunde eine ernsthafte Infektion werden. Der wohl meistgefürchtetste Notfall im Busch ist eine Blinddarmentzündung. Symptome für einen akuten Fall sind: Schmerzen im Bauchnabelbereich, die sich innerhalb von wenigen Stunden in den rechten Oberbauch verlagern. Dazu meistens Übelkeit, Erbrechen und erhöhte Körpertemperatur.

Literaturtipp:

„Wo es keinen Arzt gibt", *David Werner,* Reise Know-How Verlag

Die wichtigste Grundregel für Notsituationen jeder Art lautet:

Keine Panik! Mit Ruhe und Überlegung sollten sachliche und logische Entscheidungen gefällt werden.

Geld

Im Yukon gilt der **Kanadische Dollar** – er wird oft auch „buck" genannt. Auch kleine Bankfilialen haben meist einen Geldautomaten, dadurch gibt es in fast jedem noch so kleinen Dorf einen **Geldautomaten**. Es ist problemlos möglich, an den meisten kanadischen Geldautomaten mit einer **Kredit- oder EC-Karte** *(mit Maestro-Zeichen)* Geld zu bekommen *(Gebühren für Auslandsabhebung beachten!).*

Größere Geldbeträge vorab zu Hause zu wechseln ist also nicht zwingend notwendig. Man kann auch fast überall mit einer **Kreditkarte** (Visa, Master usw.) **bezahlen**, so dass man eigentlich kaum größere Barbeträge mit sich führen muss. Eine Kreditkarte ist sogar Voraussetzung, wenn man ein Auto mieten möchte.

Reiseschecks in Kanadischen Dollar werden ebenfalls fast überall akzeptiert. Das Wechselgeld wird dann bar ausgezahlt.

In fast allen Geschäften und Lokalen wird neben dem Kanadischen auch der US-Dollar akzeptiert. In Lokalen und Restaurants ist es üblich, 10-20% vom Rechnungsbetrag als **Trinkgeld** *(engl. „tip")* aufzuschlagen.

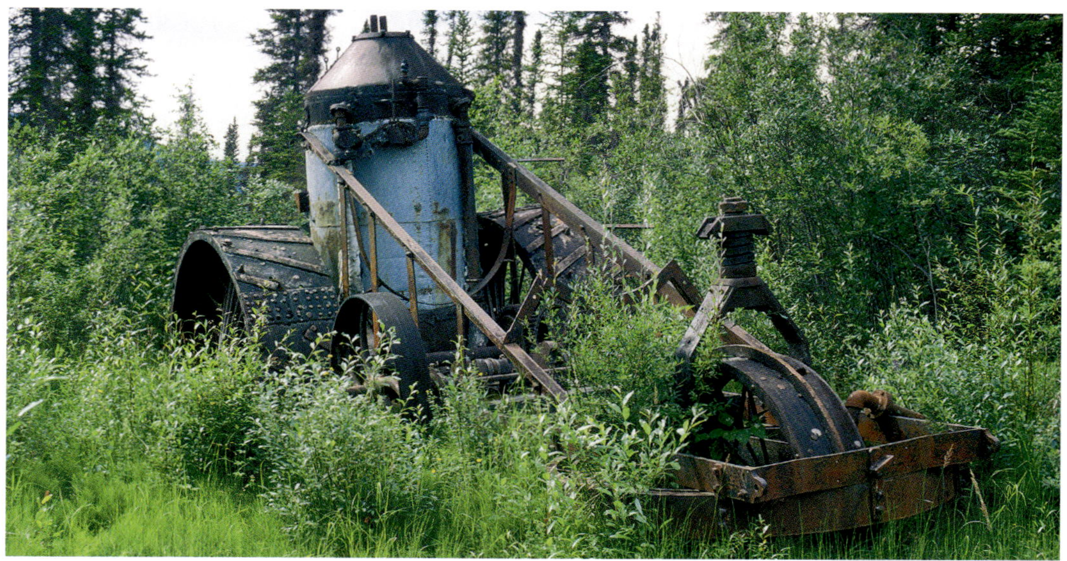

Ein alter Traktor, Yukon-Charley Rivers National Preserve.

Außerdem ist es üblich, die Preise im Yukon ohne **Umsatzsteuer** anzugeben. Dies hat zur Folge, dass noch **5% Steuer** auf die ausgezeichneten Preise fällig werden.

Wichtige Münzen sind 1 Dollar *(auch „loonie" oder „huard" genannt)* und 25 Cent *(auch „quarter"genannt)*. Sie passen in die meisten Automaten wie Waschmaschinen, Einkaufswagen, Gepäckwagen usw. Je weiter man sich von Whitehorse entfernt, umso höher steigen auch die Preise für Lebensmittel, Benzin usw.

Wechselkurs (Mai 2016)

1 Euro = 1,44 CAD;
1 CAD = 0,69 Euro.

Geschichtliches

Soweit bekannt, begann die Besiedlung des heutigen Yukon-Territoriums vor 25 000 bis 40 000 Jahren über die Bering-Landbrücke. Eine Kaltzeit verursachte starke Vergletscherungen und sorgte damit für ein deutliches Absinken des Meeresspiegels. Eine Landbrücke tat sich zwischen Nordasien und dem heutigen Alaska auf und ermöglichte den asiatischen Ureinwohnern sowie zahlreichen Tierarten den Zugang zu diesem neuen Lebensraum. Mammuts weideten auf den endlosen Steppen und auch andere, heute längst verschwundene Tierarten wie z.B. Riesenfaultiere, Kamele, Pferde, Säbelzahntiger und sogar bis zu 300 kg schwere Biber bevölkerten das Land.

Ureinwohner

Wenn man den traditionellen indianischen Geschichten und Legenden glauben schenkt, lebten die Vorfahren der heutigen First Nations im Gebiet des Yukon, seit der Rabe die Welt und seine Bewohner erschuf. Aus Sicht der Archäologen wird angenommen, dass die ersten Menschen in der letzten Eiszeit die damals trockengefallene Beringstaße überquerten und aus Asien einwanderten. An den Küsten siedelten sich die Vorfahren der heutigen Inuit an. Ihre Lebensweise war im höchsten Maße an die harten Bedingungen der arktischen Meere angepasst. Die Wal- und Robbenjagd bildete die Nahrungsgrundlage und spielt auch heute noch eine bedeutende Rolle im Leben der Inuit.

i

Das riesige Hinterland durchstreiften die nomadischen Vorfahren der heutigen Tlingit- und Athabasken-Indianerstämme. Ihre Lebensgrundlage war der Fischfang, die Karibu- und Elchjagd sowie der Fang von Kleintieren mit Schlingen aus Sehnen und Wurzeln. Auch ein dichtes Netz von Handelsbeziehungen zu anderen Indianervölkern war Teil der Kultur.

Neuzeit

Lange war das Gebiet des heutigen Yukon ein weißer Fleck auf der Landkarte.
Der erste weiße Mann, der je einen Fuß auf Yukon-Boden setzte, war der berühmte Polarforscher John Franklin. Während seiner zweiten Polarexpedition im Jahre 1826 passierte er die Küste und benannte unter anderem auch Herschel Island. Im Jahre 1839 erreichte dann Robert Campbell über den Liard-, Frances-, Pelly- und Yukon-River den zentralen Teil des Yukons. Im Auftrage der Hudson´s Bay Company sollte er nach neuen Pelzgründen und möglichen Handelsrouten suchen. Ein großer Teil der Ortsnamen geht auf ihn und seine Expedition zurück. Ab etwa 1880 kamen dann langsam weitere Entdecker sowie die ersten Trapper und Goldsucher in das raue Land. Erst der Goldrausch von 1896-1899 sorgte dafür, dass sich Tausende aufmachten, um am Klondike nach Gold zu waschen. Viele der ortsansässigen Indianerstämme wurden durch eingeschleppte Krankheiten schnell dezimiert. Die Indianer arbeiteten als Träger, Führer oder Jäger für die Goldsucher. Im Jahre 1942 wurde der Alaska Highway fertiggestellt und somit eine verlässliche und schnelle Verbindung zum Rest Kanadas und Alaskas hergestellt.

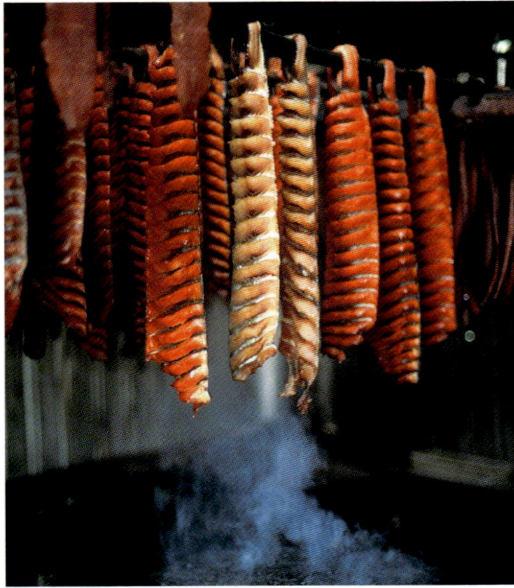

Auch heute noch wird Lachs auf traditionelle Weise geräuchert und getrocknet

Geschichtliches über den Yukon unter
www.yukonheritage.com www.yfnta.org

Gesundheit

Die allgemeinmedizinische Versorgung im Yukon entspricht etwa europäischem Standard. Whitehorse und Watson Lake haben Krankenhäuser, die rund um die Uhr besetzt sind. In den kleineren Ortschaften sind gut eingerichtete Tageskliniken mit Krankenschwestern und Ärzten vorhanden. Spezialisten sucht man im Yukon meistens vergeblich; kompliziertere Fälle werden z.B. nach Vancouver ausgeflogen. Nach einem Arztbesuch muss die Rechnung sofort bar oder per Kreditkarte bezahlt werden. Besuchern von Kanada (und den USA) wird dringend empfohlen, vor Abreise in Europa eine Reisekrankenversicherung abzuschließen. Sie ersetzt den Betrag nach Vorlage der Rechnung.

Reiseapotheke

Vor einer längeren Tour in der Wildnis sollte der Hausarzt aufgesucht werden. Er kann bei der Zusammenstellung einer Reiseapotheke beraten. Bei längeren Aufenthalten in der Wildnis ist die Mitnahme eines Breitbandantibiotikums sehr empfehlenswert!
Die Grundzusammenstellung einer Reiseapotheke finden Sie unter „Checkliste", Seite 54.

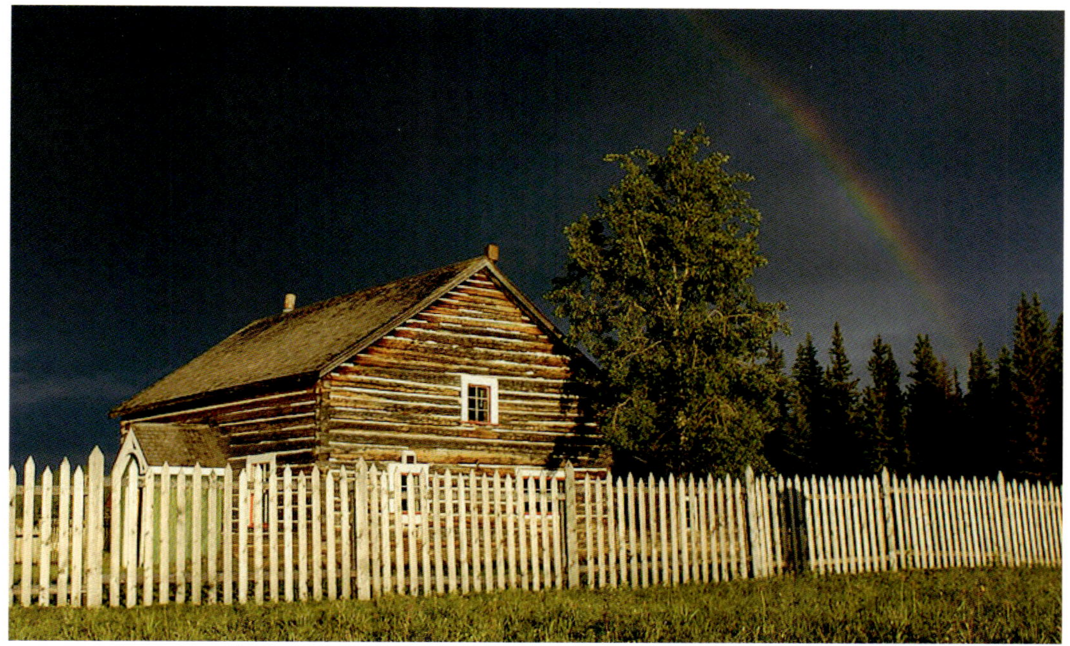

Fort Selkirk am Yukon River.

Karten & Orientierung

Für einige der Touren in diesem Buch gibt es hervorragende Fluss- und Trailkarten verschiedener Autoren.
Es gibt eine Serie topografischer Karten des gesamten Yukons in den Maßstäben 1:250.000 und 1:50.000. Einige dieser Kartenblätter sind jedoch lange nicht aktualisiert worden und teilweise nur in schwarzweiß erhältlich. Preis pro Kartenblatt: ca. $ 11.45. Vorsicht ist auch bei einer Positionsfindung mittels Koordinaten angesagt. Teilweise ist das Kartendatum von Blatt zu Blatt unterschiedlich (z.B. nad83, nad27…).
Die kompletten 1:50.000 und 1:250.000 Karten sind auch in digitaler Version mit einigen Funktionen für PC und MAC erhältlich. Der komplette Yukon wird dabei von 3 DVD-Sätzen (je ca. 110 Dollar) abgedeckt (E-Topo Maps). Alle Kartenblätter sowie die Karten DVDs sind im Buchladen „Mac´s Fireweed Books" in Whitehorse *(203 Main Street)* oder online über www.yukonbooks.com erhältlich.

Bei einer Onlinebestellung ist auch eine Lieferung nach Europa möglich. Man sollte sich dabei aber auf längere Wartezeiten einstellen.

Flusskarten

Hervorragend sind die Flusskarten von **Mike Rourke.** Der Maßstab beträgt etwa 1:65 000; fast jeder größere Felsen ist eingezeichnet!
Im **Rivers North Verlag** erschienen sind bisher folgende TiTel. Nisutlin River, Teslin River (bis Carmacks), Ross River, Pelly River (auch auf Deutsch), South MacMillan River, Yukon River (Marsh Lake bis Circle in Alaska), Yukon River (Whitehorse bis Carmacks), Yukon River (Carmacks bis Dawson City) und Yukon River (Dawson City bis Circle in Alaska).
Des Weiteren sind einige **Flusskarten** von **Gus Karps** und anderen Autoren erhältlich.

i

In Deutschland sind einige dieser Karten online erhältlich bei:

Arktis Verlag
Keselstr. 1a
D-87435 Kempten
Tel. +49 (0)831 56 56 56 36
www.arktisversand.de
www.arktis-verlag.de

Bei einer Kanutour sind in der Regel die topografischen 1 : 250.000-Karten ausreichend für eine Positionsbestimmung. Vorsicht, nicht alle Stromschnellen sind immer und bei allen Flüssen richtig eingezeichnet! Für eine Wanderung sollten es schon die 1 : 50.000-Blätter sein, um eine sinnvolle Kompassarbeit zu ermöglichen.
Wer vorhat, mit Karte und Kompass abseits der offiziellen Trails zu navigieren, sollte natürlich auch mit beidem umgehen können. Anders als in Mitteleuropa wird die Kompassnadel durch die so genannte Missweisung teilweise beträchtlich von der tatsächlichen Nordrichtung abgelenkt!!
Mittlerweile sind auch GPS-kompatible, topografische Digitalkarten für den Yukon (Garmin Topo Kanada) erhältlich. Mit ihnen wird die Orientierung natürlich kinderleicht. Am heimischen PC können die Karten zunächst in Ruhe studiert werden. Dann kann die ausgearbeitete Route mitsamt der detaillierten Karte in das Handgerät übertragen werden. Unterwegs können dann jederzeit Wegpunkte gesetzt, Strecken aufgezeichnet und Routen neu berechnet werden. Es ist jedoch zu bedenken, dass so ein elektronisches Gerät relativ empfindlich ist und die Batterien nicht ewig halten. Aus Sicherheitsgründen sollte das GPS also nur zur sinnvollen Ergänzung der klassischen Papierkarte eingesetzt werden.
Das Knowhow, um mit Karte und Kompass arbeiten zu können, sollte also auch bei der Nutzung von GPS-Geräten unbedingt vorhanden sein.

www.maps.google.de

Hier wird eine sehr detailreiche Weltkarte angeboten, in die beliebig hineingezoomt werden kann.

Literaturtipps:

„Orientierung mit Karte, Kompass, GPS“, *W. Linke,* Delius Klasing Verlag

„GPS auf Outdoor-Touren: Praxiswissen vom Profi für die GPS-Navigation“, *U. Benker,* Bruckmann Verlag

„GPS Outdoor-Navigation“ und **„Orientierung mit Kompass und GPS“**, *R. Höh,* Reise Know-How

„Karte, Kompass, GPS“, *R. Kummer,* Conrad Stein Verlag

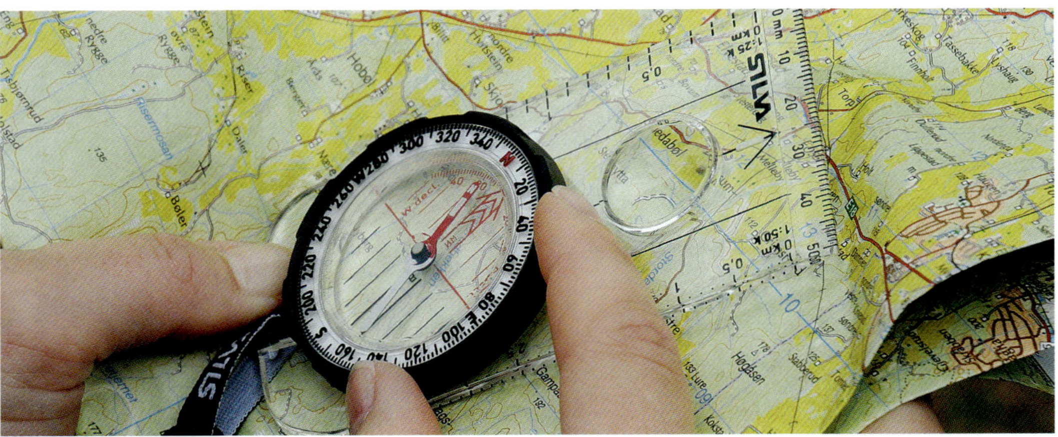

Klima, Wetter

Vom Nord-Pazifik durch die massive Bergkette der Saint Elias Mountains abgeschirmt, herrscht im südlichen und mittleren Yukon ein überwiegend kontinentales Klima vor. Typisch ist dabei das extreme Temperaturgefälle zwischen Sommer und Winter. Im kleinen Ort Mayo beispielsweise beträgt die Differenz zwischen der Rekordhöchsttemperatur (+36,1 Grad Celsius) zur Rekordtiefsttemperatur (-62,2 Grad Celsius) beeindruckende 98,3 Grad Celsius! Der Sommer ist in der Regel kurz aber intensiv. Nachtfröste können noch bis weit in den Juni hinein für Frösteln im Schlafsack sorgen. Es folgt in der Regel ein wechselhafter Sommer mit Spitzentemperaturen um +30 Grad Celsius. Jederzeit muss aber auch mit kräftigen Gewittern, Temperaturstürzen und kühlen Regentagen gerechnet werden. "Wenn dir das Wetter nicht gefällt, dann warte einfach 5 Minuten..." Diesen Satz hört man im Yukon nur allzu oft.
Ende August läuten in der Regel die ersten Nachtfröste den kurzen Herbst ein. Ende September oder Anfang Oktober kann schon mit den ersten Schneefällen und Dauerfrösten gerechnet werden. Im äußersten nördlichen Yukon wird das Wetter deutlicher von der nahen Barentssee geprägt. Dort ist der Sommer in der Regel deutlich kühler und feuchter als im Süden.
In wie weit die beginnende Klimaerwärmung das Wetter im Yukon verändern wird, bleibt abzuwarten. In den letzten Jahren hat es sowohl extrem trockene und heiße Sommer gegeben, wie auch kühle und verregnete.

Aktuelle Wetterdaten:
www.weatheroffice.gc.ca
www.meteowhitehorse.ca

Whitehorse Wetter: +1 (867) 668-84 24

Durchschnittstemperaturen (Whitehorse)

Januar	-18.7
Februar	-13.1
März	-7.2
April	+.03
Mai	+6.6
Juni	+11,6
Juli	+14
August	+12.3
September	+7.3
Oktober	+0.7
November	-10
Dezember	-15.9

Tageslicht in Stunden (Whitehorse)

Januar	6
Februar	8
März	10.5
April	13.5
Mai	16
Juni	18
Juli	19
August	17
September	14
Oktober	11.5
November	8.5
Dezember	5.5

Frost (Durchschnittswerte)

Frost Free Period (days):	82
Last Frost (spring):	June 8
First Frost (fall):	August 30

i

Durchschnittliche Niederschläge			
	Total (mm)	**Regen (mm)**	**Schnee (cm)**
Dawson	324.3	199.9	160.0
Mayo	312.9	205.3	147.0
Teslin	343.3	203.7	148.2
Old Crow	265.5	144.2	129.3
Watson Lake	404.4	255.2	196.5
Whitehorse	267.4	163.1	145.0

	Tagestemperatur Mittelwerte		**Rekorde**	
	Jan.	**Juli**	**Hoch**	**Tief**
Dawson	-26.7	15.6	34.7	-55.8
Mayo	-25.7	16.0	36.1	-62.2
Teslin	-19.2	13.9	33.3	-52.8
Old Crow	-31.1	14.6	32.8	-59.4
Watson Lake	-24.2	15.1	33.9	-58.9
Whitehorse	-17.7	14.1	34.4	-52.2

Lagerfeuer

Ein Lagerfeuer ist das Zentrum eines Camps und spendet Wärme und Gemütlichkeit. Am Feuer lässt man den Tag ausklingen, kocht und erzählt sich Geschichten. Gleichzeitig stellt das Feuer aber auch ein erhebliches Gefahrenpotential dar. Machen Sie Feuer nur auf geeignetem Untergrund, nutzen sie schon vorhandene Feuerstellen und lassen sie nichts als kalte Asche zurück (fühlen!!). Leicht können glimmende Holzstücke oder im Boden verborgene Wurzeln noch nach Tagen einen Waldbrand verursachen. Jedes Jahr gehen so riesige Waldflächen verloren. Vorsicht auch auf Humus oder torfhaltigen Böden oder unter Bäumen und überhängenden Ästen.

Als Brennmaterial eignet sich trockenes Treibholz oder stehendes Totholz besonders gut. Es ist an vielen Campplätzen an Flüssen und Seen verfügbar. An häufiger frequentierten Lagerplätzen ist Holz oftmals etwas knapp. Hier muss man vielleicht etwas in der weiteren Umgebung umherstreifen, um fündig zu werden. Lebende Bäume zu fällen ist nicht nur aus Naturschutzgründen nicht zu empfehlen; frisches Holz brennt auch noch extrem schlecht! Das Holz von alten Blockhütten oder Gerätschaften zu verwenden ist nicht nur unmoralisch, sondern auch strafbar! Die Hölzer der im Yukon vorherrschenden Baumarten haben teilweise recht unterschiedliches Brennverhalten. So produziert das Holz der Schwarz- und Weiß-Fichten durch den

hohen Harzgehalt knisterndes, rußiges Lagerfeuer, das zum Funkenflug neigt. Pappel, Weiden und Erlen verbrennen sauberer, haben aber einen relativ geringen Heizwert. Birkenholz hat den höchsten Heizwert – ist aber nicht überall verfügbar. Zum Kochen eignet sich etwa daumendickes Holz besonders gut. Dünnes Holz erleichtert die Feuerregulierung und bringt die Hitze gezielter auf den Punkt.
Auch wer nach einem regnerischen Tag etwas durchgefroren ist, braucht nicht auf die wärmende Kraft eines Lagerfeuers zu verzichten. Selbst nach einigen Tagen mit Dauerregen kann man noch trockenes Holz im Kern von dickeren Tot- oder Treibholzholzstämmen finden. Die dickeren Stämme sollten mit einer scharfen Säge zerteilt und dann mit der Axt gespalten werden. Als Zunder eignen sich dann fein gespaltene Scheite und geschnittene Holzlocken aus dem trockenen Kern. Die äußere papierartige Rinde der Birke ist der perfekte natürliche Feuerstarter für solche Situationen. Durch die öligen Inhaltsstoffe brennt Birkenrinde sogar in feuchtem Zustand. Ebenso sind an feuchten Tagen die unteren toten Äste von Fichten oftmals noch trocken und ein ausgezeichneter Feuerstarter. Ordinäre Grillanzünder sind natürlich ebenso geeignet und leicht in Whitehorse zu beschaffen.
Ich persönlich errichte eine Feuerstelle möglichst immer ein gutes Stück vom Zelt entfernt. Zum einen vermeide ich so Brandlöcher im Zelt durch Funkenflug.
Zum anderen koche ich gern mit Hilfe eines selbststehenden Grillrosts auf den offenen Flammen. Selbst kleine Fettspitzer, Gewürzpartikel oder Nahrungsreste an der Feuerstelle könnten später in der Nacht das Interesse von Tieren wecken. Die benutzte Alufolie oder Konservendosen brenne ich grundsätzlich im Feuer aus. Dadurch wird das Mitführen eines stinkenden Müllsacks vermieden, der ebenfalls sehr attraktiv auf hungrige Wildtiere wirken kann. Zum Ausbrennen gehört natürlich auch,

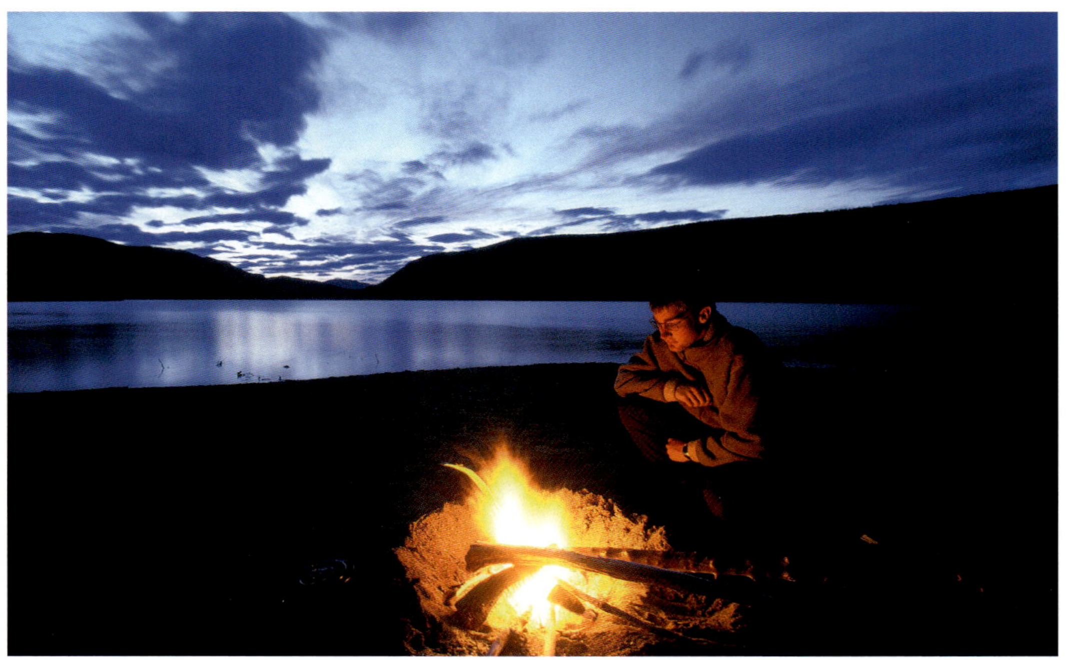

Lagerfeuer am See Sandy Lake. Big Salmon Range.

i

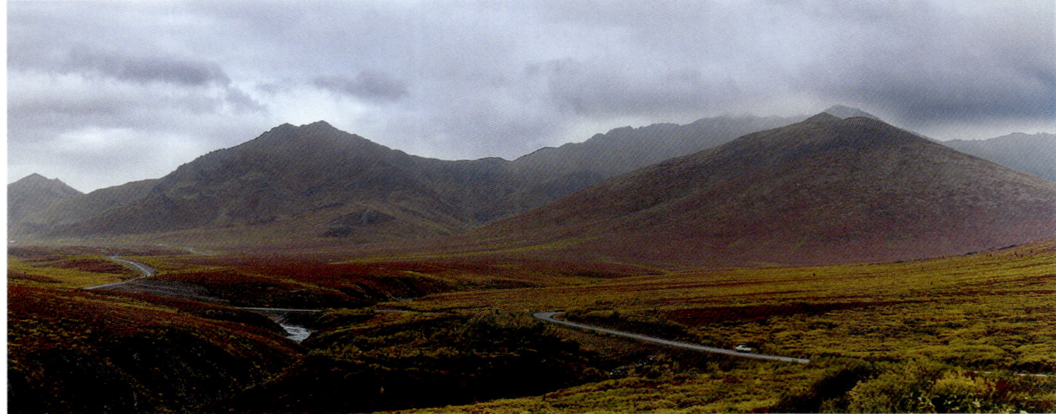

die Feuerstelle beim Verlassen des Platzes peinlich genau z.B. von Alufolienresten zu reinigen. Das „perfekte" Lagerfeuer brennt in einer länglichen Grube im feinen Uferkies einer großen Sandbank. Hier kann es kaum Schaden anrichten, und am nächsten Morgen reichen wenige Schaufeln (Paddel) voll Sand und die Feuerstelle ist verschwunden.

Es ist eine nette Sitte, an fest etablierten Lagerplätzen wie z. B. am Yukon River etwas Feuerholz für die nächsten Benutzer zurückzulassen. „Naturcamps" sollten beim Verlassen jedoch in den vorgefundenen Zustand (oder besser) zurückversetzt werden. Hierzu gehört es auch, die Feuerstelle zu verwischen und das übrig gebliebene Feuerholz zu zerstreuen.

Landschaft

Der Yukon bietet dem Besucher eine Vielzahl von unterschiedlichen Landschaftsformen. Unendliche Wälder dominieren im südlichen und zentralen Yukon das Bild. Weiß- und Schwarzfichten, Kiefern, Pappeln und Birken kommen hier mit dem vorherrschenden Klima gut zurecht. Etwa auf Höhe des Polarkreises beginnen die weiten Tundra-Gebiete, die sich bis zum Eismeer erstrecken. Bereits im mittleren Yukon findet man Gebiete mit Permafrost. Das Erdreich in diesen Arealen taut auch im Sommer nur oberflächlich auf. Im Norden des Landes reicht der Permafrost sogar bis in 300 Meter Tiefe.

Im Yukon gibt es kaum große Ebenen; zum größten Teil wird das Landschaftsbild von abgerundeten Bergketten, weiten Tälern und großen Seen geprägt. Die gewaltigen Gletscher vieler Eiszeiten formten weite Teile des Landes und erzeugten überwiegend weiche und fließende Konturen.

Geologisch gesehen, teilt der Tintina Trench den Yukon in zwei Hälften. Diese Erdfalte erstreckt sich in nordwestlicher Richtung in Höhe von Dawson City, Stewart Crossing und Ross River. Die uralten Gebirge und Landstriche nördlich davon werden überwiegend aus Sedimentgesteinen wie Sand und Kalkstein gebildet. Südlich des Tintina Trench erstrecken sich unterschiedlich alte Felsformationen. Eine Besonderheit bildet dabei das gewaltige Bergmassiv der Saint Elias Mountains im Südwesten. Durch die Kollision zweier Erdplatten entstanden, erhebt es sich zu schroffen Gipfeln und weiten Gletscherplateaus. Der 5959 m hohe Mount Logan ist die höchste Erhebung dieses wilden und spektakulären Gebirges und dabei auch der höchste Berg Kanadas. Mit dem größten außerpolaren Gletscherfeld der Welt (etwa die Größe der Schweiz) bieten die Saint Elias Mountains einen weiteren Superlativ.

i

Literatur

Allgemeine Reiseführer

Kanada, der ganze Westen mit Alaska, *Erika u. Klaus Därr*

Kanadas großer Westen, *H.&B. Wagner, H. R. Grundmann*
beide Reise-Know-How Verlag

Kanada von innen: Der Westen und Yukon Territory, *Joy Fraser,* Sieben-Verlag

Alaska & Kanadas Yukon, *Wolfgang Weber,* Vista Point Verlag

Outdoor

Paddling in the Yukon
Ken Madsen, Primrose Publishing

The Yukon Hiking Guide
Curtis Vos, Borealis Books

Bildbände

Das Kanada Buch: Highlights eines faszinierenden Landes, Kunth Verlag

Alaska und Yukon, *Gerhard Kraus,* Bergverlag Rother

Reiselektüre

Wir zwei allein in der Wildnis: Ein Vater-Sohn-Abenteuer im Yukon-Territory,
H.C. & Max Behrens, Grenzgänge Verlag

„Yukon: 3000 Kilometer im Kanu durch Kanada und Alaska“, *Dirk Rohrbach*

„Blockhausleben“, *K. Gallei, G. Hermsdorf*

„Mitternachtssonne über Alaska: Im Kajak westwärts zum Beringmeer“, *D. Kreutzkamp*

„Mit Kanu, Kind und Karibu: Familienleben in der Wildnis Kanadas“, *D. Amos*
alle vier Malik - National Geographic

Ein Blockhaus in der Einsamkeit: Kanadas Wildnis als Lebensweg, *N. Lischewski,*
360° medien mettmann

„Alltag in der Wildnis des kanadischen Yukon Territoriums“ und
„Familienleben in der Wildnis des kanadischen Yukon Territoriums: Von Kindesbeinen an“,
M. Zeitlhofer, CreateSpace: Self Publishing

„Das Schneekind“, *N. Vanier,* Piper Verlag

„Blockhüttentagebuch“,
„Zwei Greenhorns in Alaska“,
„Abenteuer Yukon: 3.000 Kilometer mit dem Kanu durch Kanada und Alaska“
alle drei *FernwehSchmöker,* C. Stein Verlag

Lockruf des Goldes, *Jack London,* dtv Verlag

Moskitos

Um es vorweg zu sagen: Moskitos sind nicht die einzigen blutsaugenden Insekten im Yukon. Black Flies, Non-see-ums und Horse Flies vervollständigen die Palette der Quälgeister, die von den Einheimischen einfach als "Bugs" zusammengefasst werden. Die Bugsaison beginnt in der Regel im Juni. Im Juli erreicht sie ihren Höhepunkt, um dann Ende August/Anfang September mit dem ersten Frost ein jähes Ende zu finden. Ebenso variiert die Häufigkeit der einzelnen Arten von Jahr zu Jahr und von Monat zu Monat. Es gibt "gute" Moskitojahre, schlechte Black Fly-Jahre usw.

Im Sommer vermeidet man am besten Camps in sumpfigem Wald, in Busch oder Tundra und hält etwas Abstand zu Tümpeln und kleinen, stehenden Gewässern. Offene Sand- oder Kiesflächen ohne Deckung sind der beste Garant für ein ungestörtes Abendessen. Hier hilft meist auch der Wind, die Blutsauger in Schach zu halten. Aus den gleichen Gründen sind auf dem Wasser ebenfalls kaum Moskitos anzutreffen. Erst wenn die Sonne sinkt und der Wind sich legt, sind Moskitos bereit, auch etwas weitere Entfernungen zurückzulegen, um ein Opfer zu finden.

i

Wer sich nicht vollständig mit ungesundem Moskitoabwehrmittel einschmieren möchte, kommt zu manchen Zeiten wohl nicht um eine dicht gewebte lange Hose, ein langärmeliges Oberteil und evtl. sogar ein Kopfnetz herum. Während einige Textilien kaum ein Hindernis für die kleinen Saugrüssel darstellen, bieten andere recht guten Schutz. Materialien wie G-1000 von Fjällräven, dickere Fleecebekleidung und Leder bieten einen guten Schutz gegen lästige Stiche. Gegen besonders dichte Moskitowolken und an heißen Tagen kann man auf ein „Bugshirt" zurückgreifen. Es handelt sich hierbei um ein langärmliges, luftiges Oberteil mit Kopfhaube, das komplett aus Moskitonetz hergestellt wird (erhältlich in den Outdoorgeschäften in Whitehorse). Ein Moskitonetz sollte von sehr feinmaschiger Qualität sein, da die winzigen Non-see-ums durch ein gröberes Netz einfach hindurchkrabbeln.
In fast allen Supermärkten, Outdoorgeschäften, Tankstellen usw. kann man die notwendigen und recht wirksamen chemischen Abwehrmittel gegen die fliegenden Blutsauger kaufen. Marken wie „OFF" oder Muskol haben sich bewährt und sind als Spray oder als Lotion erhältlich. Einige der europäischen Marken sind im Yukon nicht besonders wirksam; es ist daher kaum ratsam, hiermit zu experimentieren. Im Sommer gibt es wohl kaum Einheimische, die sich ohne ein oder zwei Dosen „Bugdope" ins Hinterland wagen. Bei der Verwendung ist jedoch zu beachten, dass die Inhaltsstoffe die Augen und Schleimhäute beim Kontakt stark reizen können. Vor allem Menschen, die zu Allergien neigen, oder Outdoor-Enthusiasten mit empfindlicher Haut sollten erstmal direkt nach dem Kauf vorsichtig testen und gegebenenfalls nach Alternativen („Bugshirt") suchen, bevor es in die Wildnis geht. Beim Einsprühen tut man gut daran, auf die Windrichtung achten. Da Moskitospray beim Kontakt auch verschiedene Plastiksorten anlöst, sollte es sicherheitshalber von Kunststoffsonnenbrillen, GPS-Displays, Regenjacken, Zelten oder Ausrüstungsgegenständen schnell wieder abgewischt werden. Eine Abhilfe bieten hier die dickflüssigen Lotionen zum Einreiben. Weiter ist zu beachten, dass Moskitosprays in der Regel brennbar und nicht wasserfest sind.
Allgemein sollten Insektenstiche zur Linderung immer gekühlt werden. Kratzen fördert nicht nur den Juckreiz, sondern kann auch zu Infektionen führen. Bei besonders unangenehmen Fällen bringen „Afterbite"-Stifte (erhältlich in Whitehorse) oder Salben wie Fenistil-Gel Linderung. Die regelmäßige prophylaktische Einnahme von Kalzium (z.B. Trinktabletten) kann Schwellungen bei empfindlichen Menschen oder in extremen Fällen lindern (und bei Sonnenbrand helfen).

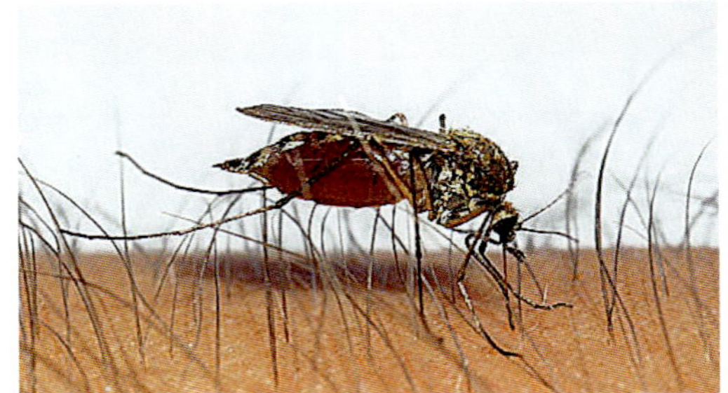

Moskitos

Sie sind unserer heimischen Mücke sehr ähnlich. „Mossies" lieben Wärme und dichtes Unterholz (Weidengebüsch, Tundra...). Sie meiden in der Regel offene Sandbänke, Wasserflächen und windige Stellen und sind vorwiegend in der Dämmerung aktiv. Moskitos reagieren auf Gerüche und folgen auch dem CO2, das in der Atemluft ihrer Opfer enthalten ist. Einige Moskitos überwintern an geschützten Plätzen und sorgen erst im folgenden Jahr für Nachwuchs. So lästig diese „Pest des Nordens" manchmal auch sein mag, so bildet sie doch ein wichtiges Glied in der Nahrungskette der arktischen und subarktischen Gebiete und ernährt eine Vielzahl von Fischen, Vögeln und Insekten.

Black Flys

Kleine schwarze Fliegen mit weißen Beinen, die später im Jahr manchmal massenhaft auftreten. Teilweise sind sie dann auch auf offenen Sandbänken und Wasserflächen zu finden. Black Flys sind zwar zum Glück nicht immer in Stechlaune, dafür aber sehr lästig und krabbeln häufig in Augen und Ohren, wobei Moskitospray dann manchmal völlig wirkungslos ist (Kopfnetz tragen). Wenn sie stechen, schwellen die Stiche häufig zu kleinen verhärteten „Gnubbeln“ an.

Non-see-ums

Die winzigen schwarzen Fliegen ähneln der deutschen Kriebelmücke (Gnitze). Der Name heißt übersetzt soviel wie „Du siehst sie nicht“ – und wirklich, das mysteriöse Kopfhautjucken beim Abendessen oder der gerötete Sockenansatz („Nanu, da war doch die Hose drüber“?) gehen meistens auf das Konto dieser fliegenden schwarzen, fast unsichtbaren Punkte. Non-see-ums krabbeln auch durch kleinste Ritzen, grobmaschiges Moskitonetz und Reißverschlussenden (Reißverschlusszipper richtig schließen!).

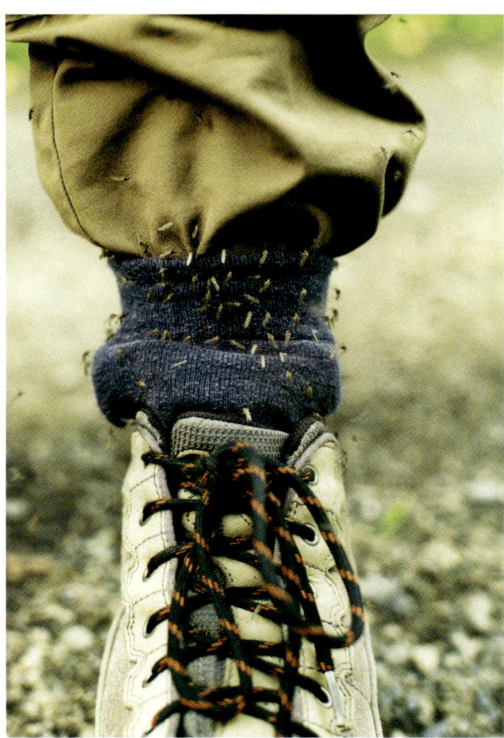

Zum Glück sind die Moskitos nicht immer so durstig...

Horse Flys

Sie ähneln Blindfliegen oder Bremsen in Europa, sind allerdings etwas größer und schwerfälliger. Sie sind besonders an heißen Sommertagen aktiv; ihr Biss kann manchmal recht schmerzhaft und mit starken Schwellungen verbunden sein (kühlen! Kalziumtabletten). Zum Glück sind Horse Flys nicht besonders sportlich veranlagt und ziemlich lahm und laut. Nach einem lauten „Klatsch“ hat man wieder seine Ruhe und auch einen recht guten Äschenköder.

Notruf

Innerhalb der Zivilisation ist im Yukon die Abgabe eines Notrufes recht simpel. Einfach die entsprechende Notrufnummer wählen und die Hilfe ist unterwegs... Aber bald nachdem eine Ortschaft verlassen ist, wird das Ganze schon schwieriger. Nicht nur, dass keine Nottelefone oder ähnliches an den Highways oder im Busch zu finden wären, es gibt auch keinerlei Handyempfang jenseits der dauerhaft bewohnten Gebiete. An der Straße ist man also auf die Hilfe von anderen Verkehrsteilnehmern angewiesen. Zum Glück sind die Yukoner sehr hilfsbereit, und viele „Locals“ haben sogar ein Satellitentelefon dabei. Bei Notfällen im Busch ist man zunächst auf sich selbst gestellt oder kann vielleicht noch andere Menschen auf sich aufmerksam machen. Die einzige Möglichkeit, um Hilfe von draußen zu bekommen, ist ein Satellitentelefon oder ein satellitengestützter Notsender.

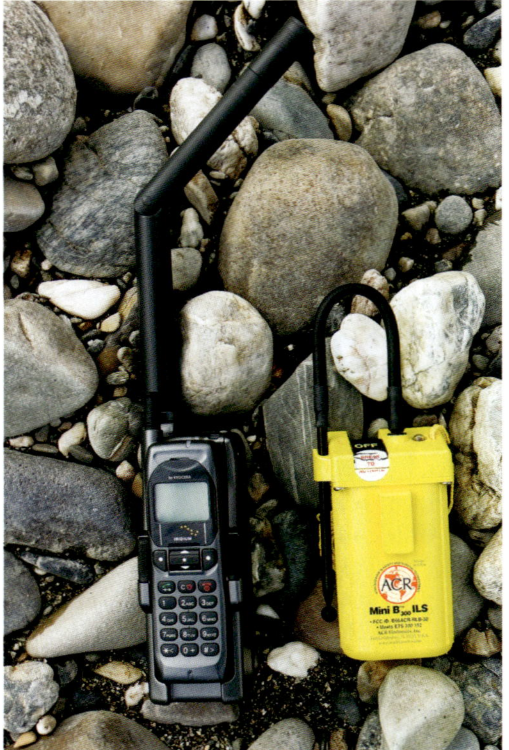

Satellitentelefon und Notsender.

Satellitentelefone funktionieren im Grunde genommen ähnlich wie ein normales Handy. Das Telefon kommuniziert jedoch nicht mit einem Sendemast auf der Erde, sondern direkt mit einem überfliegenden Satelliten. Viele Outfitter, aber auch einige Firmen in Deutschland vermieten Satellitentelefone. Die Preise der deutschen Firmen sind mit 50-60 Euro pro Woche dabei teilweise deutlich günstiger als die Angebote der Outfitter im Yukon. Wer sich selbst ein solches Gerät anschaffen möchte, kann sich auf ca. 1000 Euro für ein Iridium Satellitenhandy einstellen. Die Satellitenabdeckung im Yukon scheint bei den Iridium Modellen deutlich besser zu funktionieren als bei anderen Anbietern. Beim Absetzen des Notrufes per Satfon ist eine genaue Standortbestimmung natürlich Voraussetzung.

Vermietung von Iridiumhandys in Deutschland:

www.satrent.de
www.satfon.de

Eine weitere Möglichkeit, in der Wildnis einen Notruf abzusetzen, bietet ein satellitengestützter Notsignalsender. Diese kurz ELT (emergency location transmitter), PELT (personal emergency location transmitter) oder PLB (personal locator beacons) genannten Handgeräte senden auf Knopfdruck ein automatisches Notsignal aus, das von überfliegenden Satelliten aufgefangen und angepeilt wird. Günstige Geräte, die nur auf der Frequenz 121,5/243 MHz ein schwaches Signal aussenden, sind im Yukon nur bedingt empfehlenswert. Viel besser sind moderne Geräte, die auf der Frequenz 406 MHz ein starkes Signal (mindestens 5 Watt) aussenden. Die besten Geräte senden auch gleich noch den genauen Standort durch die eingebaute GPS-Einheit. Speziell für den Wintereinsatz sind auch Modelle mit einem Einsatzbereich bis -40 Grad Celsius erhältlich. Wer den hohen Anschaffungspreis von 600 - 1500 Euro für ein hochwertiges Gerät scheut, kann auch hier wieder auf ein Mietgerät zurückgreifen.

Vermietung von Notsendern:

Klemann & Kreutzfeldt Gmbh
Bernsteindreherweg 6
D-23556 Lübeck
Tel. +49 (0)451 209 712 73
www.kk2.de

Beim Kanufahren machen Satfon oder PLB natürlich nur Sinn, wenn sie wasserdicht verpackt sind und direkt am Körper getragen werden. Beide Gerätetypen benötigen einen möglichst freien Himmel, um fehlerfrei arbeiten zu können. Dichter Wald oder steile Bergflanken können das Signal abschirmen, egal ob ein Satfon oder ein PLB zum Absetzen des Notrufes verwendet wird. Bis zum Eintreffen des Rettungshubschraubers oder des Buschflugzeuges wird je nach Entfernung zum Stützpunkt immer einige Zeit vergehen! Schlechtes Wetter könnte die Luftretter sogar mehrere Tage am Boden halten. Dazu kann eine Rettung beträchtliche Kosten verursachen. Unfallvermeidung ist also oberstes Gebot und steht immer vor Abenteuerdrang und Risikobereitschaft! Viel wichtiger als der beste Notsender ist es, seine eigenen Fähigkeiten richtig einzuschätzen und auf vermeidbare Risiken zu verzichten. Sehr viele Unfälle in der Wildnis sind auf Selbstüberschätzung zurückzuführen.

Bis zum Eintreffen der Rettungskräfte sollte die Zeit genutzt werden, um einen möglichen Landeplatz von Hindernissen zu befreien und zu markieren. Ein stark rauchendes Feuer hilft dem Piloten ebenfalls beim Auffinden des Standorts.

Einige Klubs wie z.B. der Deutsche Alpenverein (DAV) enthalten in ihrer Mitgliedschaft eine Bergekostenversicherung.

Wer kein satellitengestütztes Notrufsystem dabei hat oder zusätzlich auf Nummer sicher gehen will, dem bleiben noch die klassischen „Lowtech"- Methoden. Die Buchstaben SOS oder HELP mit Steinen oder Treibholz ausgelegt, alarmiert niedrig fliegende Flugzeuge. Beide Arme ausgestreckt in Y-Form über dem Kopf ist das Notsignal für Luftrettung. Nur ein Arm über dem Kopf und ein Arm nach unten bedeutet soviel wie „Nein" oder „Ich brauche keine Hilfe". Bei guter Sicht ist ein stark rauchendes Signalfeuer über große Entfernung sichtbar (grüne Fichtenzweige oder feuchtes Moos). Ein Signalspiegel funktioniert nur bei Sonnenlicht.

Wichtige Notrufnummern:

911	Notrufe aller Art
993-22 22	Feuer
993-44 44	medizinische Notfälle
993-55 55	Royal Canadian Mounted Police (Polizei)
1-888-798-3473	Waldbrandzentrale
1-800-826-4750	aktuelle Waldbrandsituation

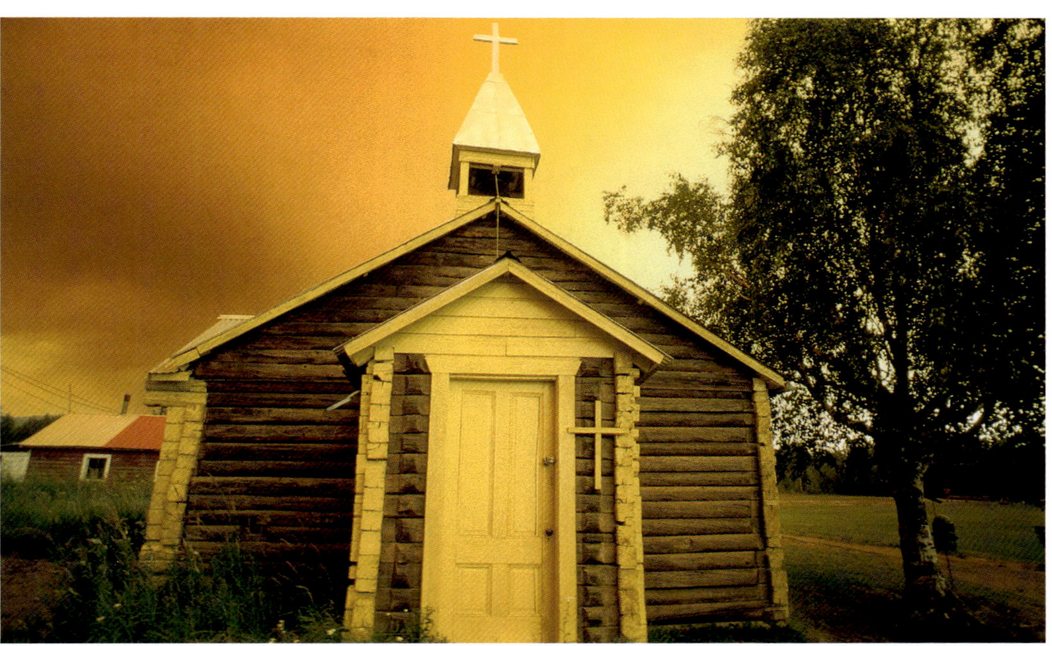

Waldbrand in Eagle, Alaska.

i

Outfitter (Vermietung, Transfers, geführte Touren)

Deutschsprachige Veranstalter:

Abenteuer Reisen Yukon Wild Ltd.
Rainer Russmann & Elisabeth Weigand
P.O. Box 40132, Whitehorse, Yukon, Y1A 6M8
Tel. +1 (867) 668 55 11
www.yukon-wild.de

- Kanu- und Ausrüstungsvermietung, Komplettservice inkl. Lebensmitteleinkauf
- Geführte Kanu-, Wander-, Reit- und Individualtouren in kleinen Gruppen
- Langjährige Tourenerfahrung auf allen Zuflüssen des Peel River wie Blackstone, Wind, Snake und Hart River.
- Betreuung nur durch erfahrene lokale Yukonguides
- Rustikale Blockhüttenvermietung
- Blockhausbau-Schnupperkurse
- Winter: Blockhüttenvermietung mit geführten und individuellen Schneeschuhwanderungen. Ski- und Schneeschuhtouren auf dem Yukon Quest Trail.
- Eisfischen und Polarlicht-Erlebnis

Wolf Adventure Tours
Wolf und Jaana Schall
Box 2140, Marsh Lake, Yukon, Y0B 1Y2
Tel. +1 (867) 660-47 23
Mobil: +1 (867) 332-54 50
www.wolf-adventure-tours.de

- Wolf Schall ist Spezialist für den Big Salmon River, den er bereits 37 mal als Guide gepaddelt hat.
- Geführte Kanutouren, Vermietung von Kanus und Kajaks sowie sämtliche Campingausrüstung inclusive Satellitentelefon.
- Nova Craft Royalex Kanus sind komplett für Wildwassertouren ausgerüstet (Wildwasser-Spritzdecke und Wurfsack)
- Yukonweiter Transportservice zu und von den Flüssen für bis zu 14 Gäste in einem Fahrzeug
- Vermietung von Blockhütten am Marsh Lake und im Big Salmon Lake.
- Motorboot mit 40 PS für 4 Personen

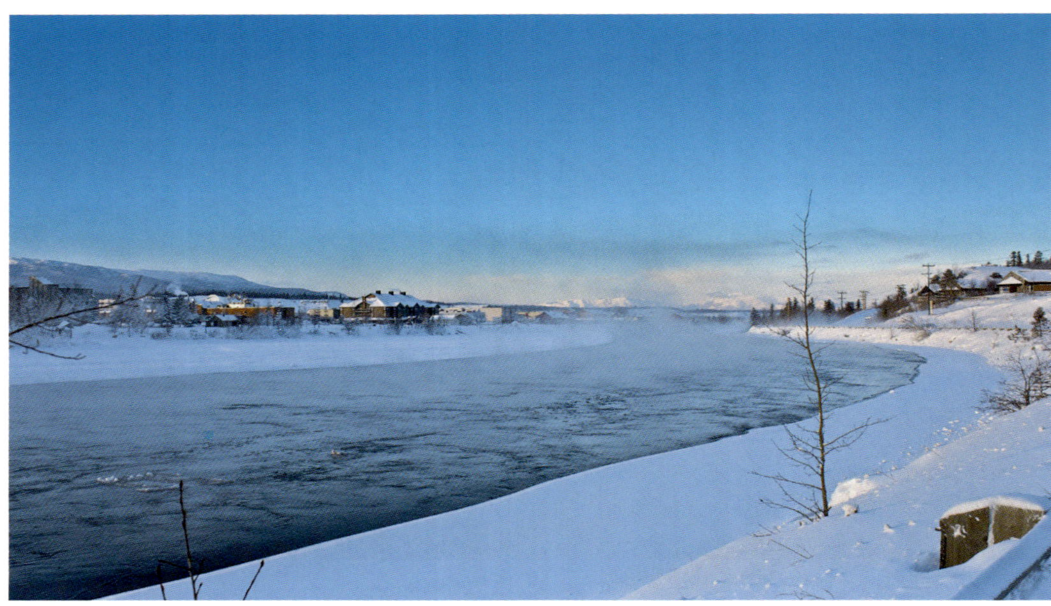

i

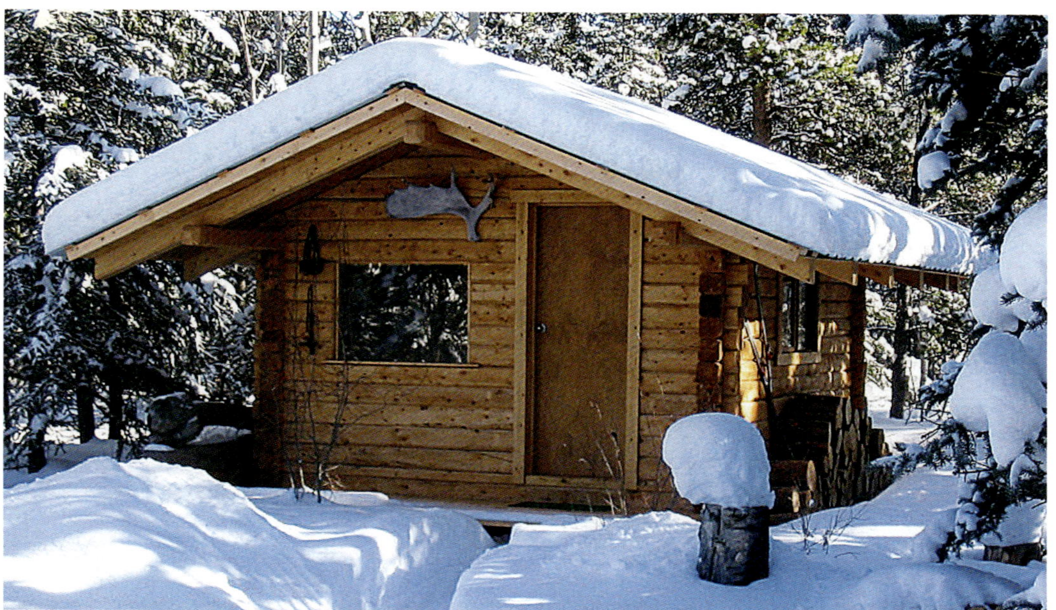

Yukon Wide Adventures
Thomas & Kelly de Jager
Downtown Whitehorse, 102 Lambert St.
P.O.Box 20036, Whitehorse, Yukon Y1A 7A2
Tel. & Fax: +1 (867) 393-21 11
www.yukonwide.com

- Kanu- & Kajakvermietung *(auch 2er Kajaks)*
- Ausrüstungsvermietung
- Kanu-, Wander- und Quadtouren
- Blockhütten- und Wohnmobilvermietung
- Yukonweite Transfers & Fly-in Organisation
- Fahrradvermietung
- Schneemobiltouren & Winteraktivitäten

Nature Tours of Yukon
P.O. Box 31187, Whitehorse, Yukon Y1A 5P7
Tel. +1 (867) 667-48 68
Deutsches Büro: Josi Leideritz
Tel. +49 (0)481 12 61 53 78
www.naturetoursyukon.com

- Geführte Kanu-, Wander-, Wohnmobil- und Fototouren sowie Winterreisen
- Organisation von Individualreisen

Glanzmann Tours
Eva & Beat Glanzmann
P.O.Box 2107, Haines Junction, Yukon Y0B 1L0
Tel. +1 (867) 634-20 01
www.yukon-glanzmanntours.com
www.beatglanzmann.com

- Kanutouren: Liard, Wind, Pelly & Yukon
- Fototouren, Indian Summer Touren
- Schlittenhund- und Schneeschuhtouren
- Herbst-Wander-Fotoreise Yukon & Alaska
- Blockhütten am Kluane Nationalpark

Tagish Cabins B&B and Tours
Stefan Landfried
PO Box 31342, Whitehorse, Y1A 5P7
211 Main Street
Tel. +1 (867) 399-30 40
www.tagish-cabins.com

- Blockhüttenvermietung beim Targish Lake
- Kanu- und Angeltouren, Kanuvermietung
- Hundeschlitten-, Ski- und Langlauftouren, Eisangeln, Nordlicht-, Schneemobiltouren
- Transporte & Transfers *auch per Motorboot*

i

Weitere Outfitter:

Up North Adventures
Mark Stenzig
103 Strickland Street
Whitehorse, Yukon Y1A 2J6
Tel. +1 (867) 667-70 35
www.upnorth.yk.ca

Kanoe People Ltd.
P.O. Box 31149, Whitehorse, Yukon Y1A 5P7
1147 Front Street
Tel. +1 (867) 668-48 99
www.kanoepeople.com

Canadian Wilderness Travel
P.O. Box 114, Carmacks, Yukon, Y0B 1C0,
Tel. +1 (867) 863-54 04
www.canwild.com

Yukon Wilderness Expeditions
P.O. Box 10546, Whitehorse, Yukon, Y1A 7A1
Tel. +1 (867) 393-22 32
www.shadowlake.ca
-U.a. Vermietung von Rafts, Motorbooten

Ruby Range Adventure Ltd.
PO Box 30107
208 Strickland Street
Whitehorse, Yukon Y1A 5M2
Tel & Fax: +1 (867) 667-22 09
www.rubyrange.de

Dawson City River Hostel
Dieter Reinmuth
Box 32, Dawson City , Yukon Y0B 1G0,
Tel. +1 (867) 993-68 23 nur im Sommer
www.yukonhostels.com

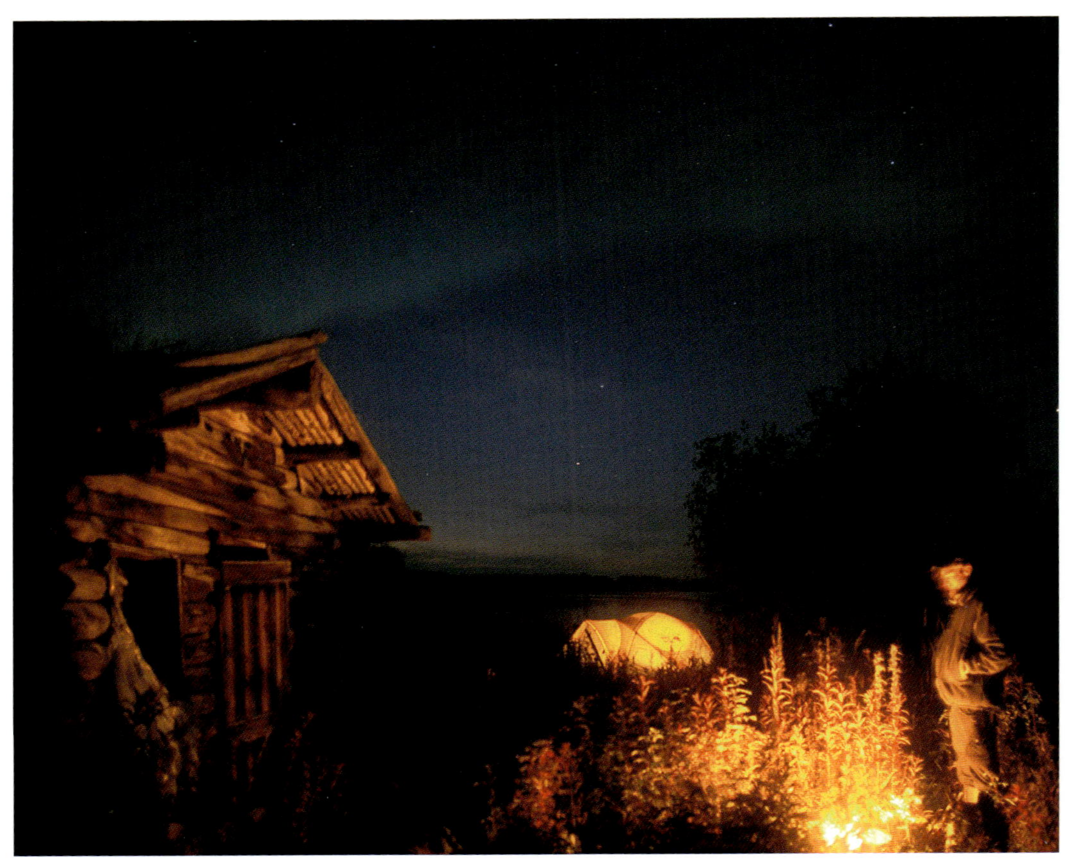

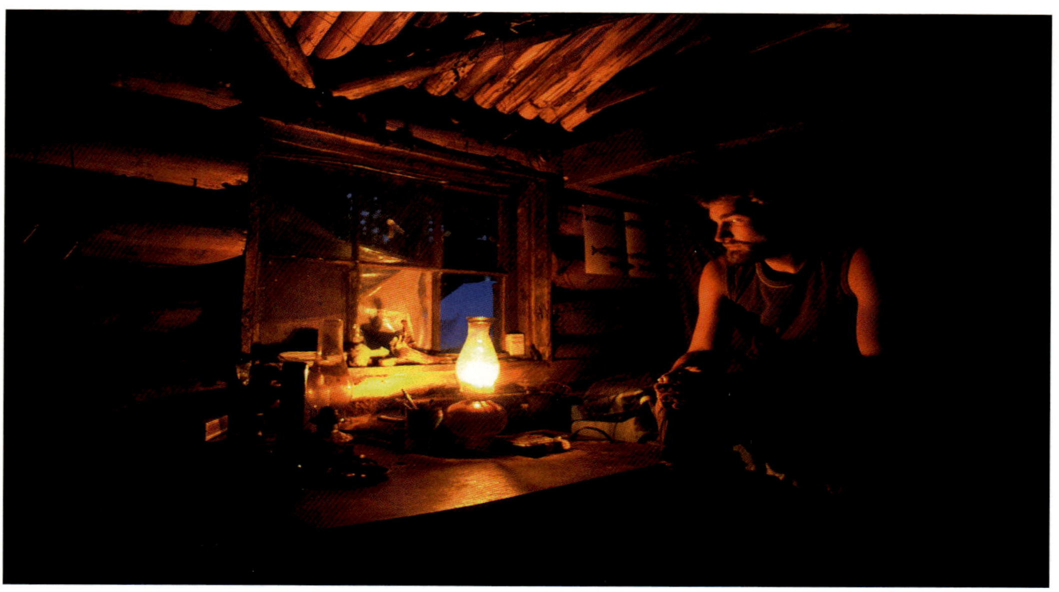

Blockhüttenurlaub

Neben einer klassischen Kanu- oder Trekkingtour gibt es die Möglichkeit die Natur im Yukon auf eine besonders ruhige und intensive Art zu erleben.

Wer träumt nicht davon mal ein paar Sommertage in einer gemütlichen Blockhütte in der Wildnis zu verbringen oder gar die perfekte Stille des arktischen Winters in der Einsamkeit zu erleben?

Bei einem Blockhausurlaub geht es nicht um sportliche Höchstleistungen oder spektakuläre Höhepunkte, sondern vielmehr um die Entschleunigung des Alltags oder einfach nur Holz für das Feuer zu hacken.

Für viele stressgeplagte Menschen in unser schnelllebigen Zeit ist ein besonderes Erlebnis auch mal ohne Handy, Internet und Verpflichtungen den Tag zu gestalten und stattdessen die Klarheit und Ruhe der Wildnis in sich aufzunehmen.

Einige Outfitter *(Adressen siehe Seite 42-45 und Websites rechts)* bieten eine Anzahl von unterschiedlichen Blockhäuser zur Vermietung an.

Dabei reicht das Angebot vom der einsamen Hütte am See, nur mit Wasserflugzeugtransfer zu erreichen, bis hin zum gemütlichen und komfortablen Blockhaus in Straßennähe.

Einige Häuser können auch im Winter gebucht werden und dienen dabei oftmals als Basecamp für unterschiedliche Winteraktivitäten wie Schneeschuhwandern, Skilanglauf, Eisfischen, Nordlichtbeobachtung oder Hundeschlittentour. Oder wie wäre es mit Entspannung in der Wildnissauna nach einem kalten Wintertag?

Einige Blockhüttenvermieter

www.yukon-glanzmanntours.com
www.yukon-wild.de
www.tagish-cabins.com
www.thecabinyukon.com
www.yukonwide.com
www.wolf-adventure-tours.de
www.foxbayretreat.com
www.franceslake.ca

i

Reisezeit

Frühjahr

Das Wetter kann noch recht kalt und unbeständig sein. Letzte Nachtfröste in der Regel Ende Mai. In hohen Lagen tauen langsam die Altschneefelder. Die Flüsse führen Hochwasser. Mitte Mai bis Anfang Juni ist Eisaufbruch an den großen Seen (Lake Laberge, Marsh Lake, Teslin Lake…).

Sommer

Der Sommer kann zwischen „heiß und trocken" bis „kühl und verregnet" alle Facetten zeigen. Bei trockenem Wetter steigt die Waldbrandgefahr und die Flusspegel sinken langsam. Der 21. Juni ist der längste Tag des Jahres. Oberhalb des Polarkreises herrscht jetzt die Mitternachtssonne. Aber auch in Whitehorse kann nachts um zwei Uhr Zeitung gelesen werden. Sonnencreme nicht vergessen! Moskitozeit!

Herbst

Ende August beginnt mit dem ersten Frost der kurze, aber intensive Herbst. Es beginnt die Zeit der faszinierenden Polarlichter. Im goldenen September leuchten die Farben des Indian Summers. Die Flüsse führen normalerweise Niedrigwasser. Mitte September können die Nächte durchaus minus 10 Grad kalt werden. Schneefall ist jederzeit möglich. Ab Anfang Oktober bleibt der Schnee liegen.

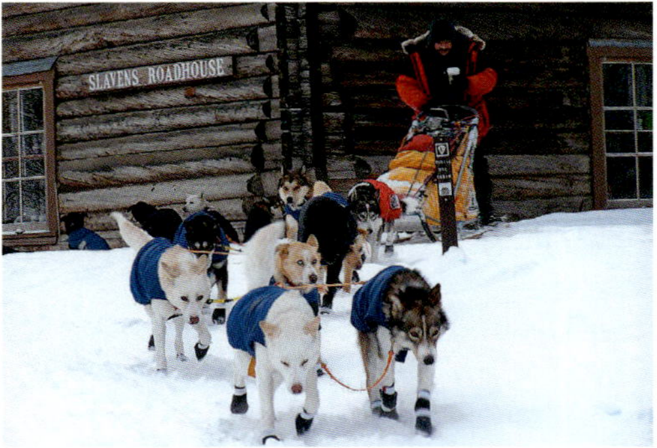

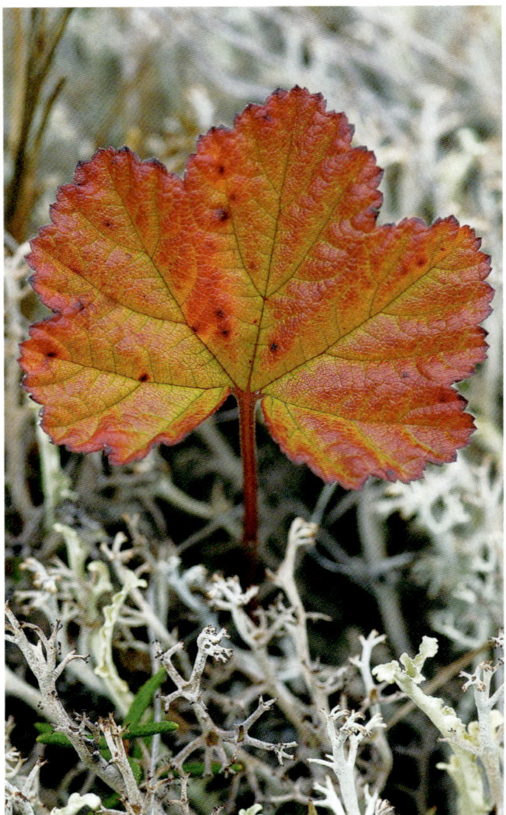

Herbststimmung in der Tundra.

Winter

Die Zeit der klirrenden Kälte beginnt. Polarlichter werfen ihre grünen Reflexe auf zugefrorene Seen und verschneite Wälder. Aufgrund der extremen Temperaturen und der Abgelegenheit sind selbst organisierte Touren nur sehr erfahrenen Personen anzuraten. Spezialausrüstung für Temperaturen unter -40 Grad Celsius ist unbedingt erforderlich! Einige Outfitter bieten den ganzen Winter über organisierte Polarlicht- und Hundeschlittentouren an. Die beliebteste Zeit für einen winterlichen Besuch ist der März. Die Temperaturen sind nicht mehr so extrem kalt, und es ist relativ lange hell. Hundeschlittenfahrten, Tourenski, Schneeschuhtouren und Eisfischen sind jetzt angesagt.

Solotouren

Wer Alleinsein untrennbar mit dem Gefühl der Einsamkeit verbindet, ist in der Wildnis eindeutig besser in einer Reisegruppe aufgehoben. Andererseits ist eine Solo-Tour in der menschenleeren Wildnis schon ein besonderes Erlebnis. Neben dem unglaublich intensiven Naturerlebnis stärkt eine solche Erfahrung das Selbstbewusstsein und schärft die Sinne. Es sollte nur bedacht werden, dass beispielsweise nächtliches Knacken im Unterholz oder ein Unwetter deutlich bedrohlicher wirken, wenn man alleine ist. Bei einer vierzehntägigen Tour nach dem vierten Tag festzustellen, dass man den Herausforderungen einer Solo-Tour nicht gewachsen ist, kann fatale Folgen haben.

Grundsätzlich sind natürlich alle Touren in diesem Buch auch als Solo-Touren durchführbar und geeignet. Angesichts der extremen Abgelegenheit einiger Wildnisgebiete sollte aber keinesfalls eine Tour gewählt werden, die den Paddler oder Wanderer an die Grenzen seines Könnens bringt. Was für Gruppen gilt, sollte für den Alleinreisenden natürlich selbstverständlich sein. Eine Sicherheitsvorsorge wie z.B. eine üppige Reiseapotheke und das Mitbringen oder Mieten eines Notsenders oder Satellitentelefons ist wirklich sehr zu empfehlen. Auch sollte jeder, der im Yukon eine Solotour unternimmt, unbedingt jemanden über seine genauen Pläne informieren.

Wer vorhat, im Spätherbst abseits der belebteren Trails zu wandern oder wer seltener befahrene Flüsse wie z.B. den South McMillan River, den Liard River oder den Porcupine River allein paddeln möchte, sollte neben der entsprechenden Wildniserfahrung und körperlichen Fitness auch über ausreichend psychische Stabilität verfügen.

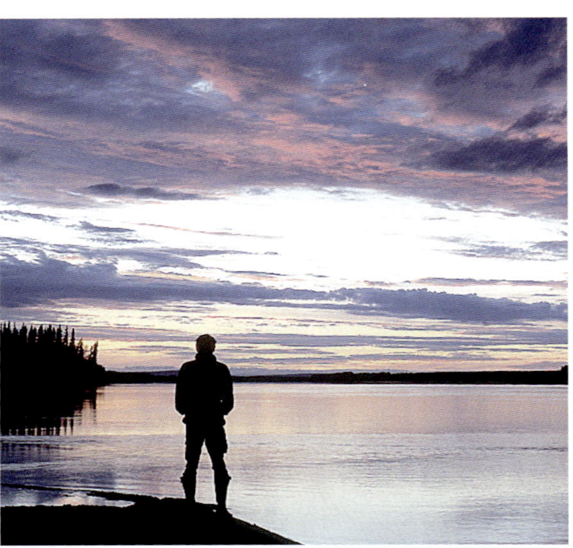

Telefonieren & Internet

Für Gespräche aus dem Yukon nach Deutschland zuerst den Ländercode 011-49 wählen
für die Schweiz 011-41
für Österreich 011-43.
Dann die Ortsvorwahl ohne Null und schließlich die Telefonnummer.
Beispiel: Die Deutsche Nummer (04793) 123 45 würde also zu 011-49-4793-123 45.

Verschiedene Telefongesellschaften bieten die sogenannten Calling Cards (Guthabenkarten für ein Telefongesprächs-Kontingent) an. Sie sind in vielen Geschäften, Tankstellen und Hotels erhältlich. Calling Cards sind mit unterschiedlichen Guthaben zwischen 5 und 50 Dollar ausgestattet und funktionieren von allen öffentlichen und privaten Telefonen. Eine Optimum Calling Card für 20 Dollar bietet beispielsweise mehrere Stunden Gesprächszeit nach Deutschland.

Für Gespräche aus Deutschland in den Yukon erst den Ländercode 001 (meist +1 geschrieben) für Kanada und die Yukonvorwahl 867, dann die Telefonnummer wählen.
Beispiel: Die Yukonnummer 456-1234 würde also zu 001-867-456-1234.

i

Bei Gesprächen innerhalb des Yukon immer die Yukonvorwahl 867 weglassen!

Telefonieren vom Hotelzimmer aus kann unter Umständen teuer werden. Vorher unbedingt die geltenden Tarife erkunden!

Europäische Handys funktionieren nicht oder nur bedingt im Yukon. Auch die Netzabdeckung ist meist begrenzt auf die direkte Umgebung der Ortschaften. Zum Telefonieren (und auch für Notrufe!) in der Wildnis eignen sich nur die sogenannten Satellitentelefone.

Internet

Kostenfreien Internetzugang bieten die öffentlichen Büchereien (Public Library) in den Ortschaften. Auch in den Hotels ist das Internet für die Gäste manchmal kostenlos, oder es wird ein W-LAN-Zugang angeboten.

Transport

Transfers

Die Outfitter im Yukon bieten neben der Vermietung von Kanus und Ausrüstung auch einen Transferservice zu allen Trails und Flüssen, die auf dem Straßenweg zu erreichen sind. Preislisten sind teilweise auf den Webseiten zu finden (siehe „Outfitter“ Seite 42).
Nicht nur die Kilometer, sondern auch der Zustand der Straße bestimmen den Preis eines Transfers.
Die Preise beziehen sich meist auf das Auto; erst ab einer bestimmten Anzahl von Personen muss nachbezahlt werden (vorher erfragen!).

Flugzeug

Linienflüge: Dawson City, Old Crow und Inuvik in den Northwest Territories werden von der ***Air North*** und ***Alkan Air*** im Linienverkehr regelmäßig angeflogen. Ausrüstung kann auch als so genanntes Cargo Gepäck befördert werden.

Air North Cargo-Gepäck:
2,23 Dollar/kg Whitehorse – Dawson City
3,86 Dollar/kg Whitehorse – Old Crow

Air North
150 Condor Road
Whitehorse, Yukon, Canada, Y1A 6E6
Tel. +1 (867) 668-22 28
Canada Toll Free: 1-800-661-04 07
www.flyairnorth.com

Alkan Air
105 Lodestar Lane
Whitehorse, Yukon, Canada, Y1A 6E6
Tel. +1 (867) 668-21 07
www.alkanair.com

Wasserflugzeug

Auch für sogenante Fly in-Touren gibt es eine Anzahl von Firmen, die mit ihren Wasserflugzeugen für einen Charter zur Verfügung stehen. Von der winzigen dreisitzigen Cessna bis hin zur großen Otter stehen dabei verschiedene Flugzeugtypen zur Auswahl. In Whitehorse haben diese Firmen ihre Flugzeuge am Schwatka Lake stationiert.

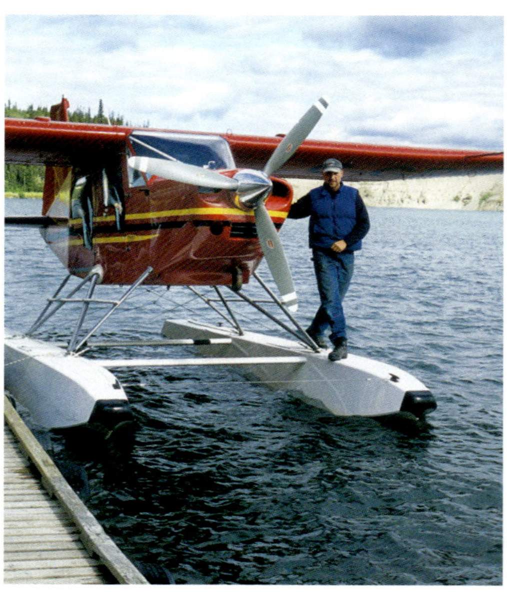

Whitehorse:

Alpine Aviation
P.O. Box 6
Whitehorse, YT Y1A 2BO
Tel. +1 (867) 668 - 77 25
www.alpineaviationyukon.com

***Alkan Air** Siehe Linienflüge*

Whitehorse und Mayo:

Black Sheep Aviation
P.O. Box 4087
Whitehorse, YT Y1A 3S9
Tel. +1 (867) 668 - 77 61
www.flyblacksheep.ca

Bus

Einige Buslinien verbinden die wenigen Orte im Yukon. So gibt es in der Hauptsaison fast täglich eine Busverbindung zwischen Whitehorse über Carmacks und Dawson City (Stand 2016).

Dawson City-Whitehorse:
Husky Bus
Box 336, Dawson City Y0B 1G0
Tel. +1 (867) 993 - 38 21
www.huskybus.ca

Anchorage-Talkeenta-Denali-Fairbanks & Alaska-Dawson City-Whitehorse:
Alaska Shuttle, Yukon Trails & Alaska's Parks Highway Express
P.O. Box 84278, Fairbanks, Alaska 99708
Tel. 1-888-600-6001
www.alaskashuttle.com

Auf dem Alaska Highway pendeln die Busse der berühmten Greyhoundlinie:

Whitehorse-Watson Lake-Vancouver:
Greyhound Canada
2191-2nd Avenue, Whitehorse, Y1A 3T8
Tel. +1 (867) 667 - 22 23
www.greyhound.ca

Taxi

Wer pünktlich zum Flughafen muss, tut gut daran, sich ein Taxi schon am Vorabend zu bestellen. Wegen der begrenzten Verfügbarkeit kann es sonst zu längeren Wartezeiten kommen.

Whitehorse Taxi
Tel. +1 (867) 393 - 65 43

Yellow Cab
Tel. +1 (867) 668 - 48 11

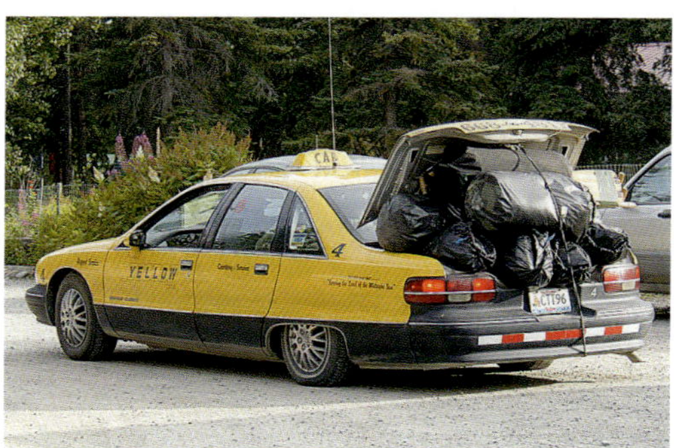

Mietwagen

Mehrere Firmen in Whitehorse bieten Mietwagen an. Dabei reicht die Palette vom sparsamen Kleinwagen bis hin zum riesigen Pick-Up mit 350 PS. Geländewagen, Pick-Ups und Busse haben den Vorteil einer erhöhten Sitzposition und besserer Sicht. Ein nationaler Führerschein wird in der Regel akzeptiert.
Eine Kreditkarte ist zur Kautionshinterlegung immer notwendig.
Der Fahrer muss mindestens 21 Jahre alt sein.
Nicht alle Autovermietungen erlauben mitunter die Fahrt auf „unbefestigten“ Straßen wie dem Dempster Highway. Andere erlauben auf diesen Strecken nur die Nutzung von SUVs oder Pickups.
Auf den Straßen und Schotterpisten im Yukon gibt es häufig Steinschläge; sie können meist durch eine, allerdings teure, Glas- und Reifenversicherung abgedeckt werden; in Erwägung ziehen, zusätzliche Ersatzreifen zu mieten.

i

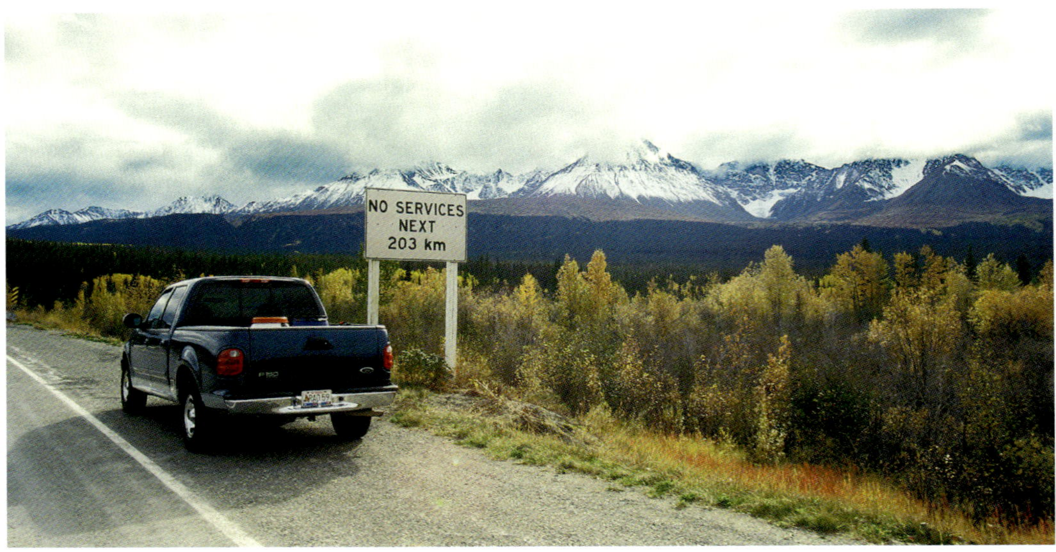

Mietwagenanbieter in Whitehorse:

Budget
4178 4th Avenue
Tel. +1 (867) 667-62 00
info@budget-yukon.com
www.budget-yukon.com

K&K Truck Rentals
4211 4th Avenue
Tel. +1 (877) 459-21 21
rentals@kandk.ca
www.kandk.ca

Driving Force
213 Range Road
Tel. +1 (867) 668-21 37
NHryniuk@drivingforce.ca
www.drivingforce.ca

Wichtige Nummern & Internet für Autofahrer:

Straßenzustände: +1 (867) 456-76 23

Dempster Highway Straßen- und Fährenreport (kostenlos): 1-800-661-0752

Fahren im Yukon: www.driveyukon.com

Wohnmobil

Ein Wohnmobil zu mieten ist zwar nicht ganz billig, bietet aber eine tolle Möglichkeit, das Straßennetz im Yukon zu erkunden. Mit ihm dürfen in der Regel alle größeren Straßenn und Schotterpisten befahren werden. Die größeren „RVs“ sind mit einem eigenen Stromgenerator ausgestattet und zu recht günstigen Preisen sogar im Winter verfügbar!

Canadream Inc.
17 Burns Road
Whitehorse
Tel. +1 (867) 668 - 36 10
Fax: +1 (867) 668 - 37 95
res@canadream.com
www.canadream.com

Fraserway RV Rentals
9039 Quarz Road
Whitehorse
Tel. +1 (867) 668 - 34 38
Fax: +1 (867) 668 - 34 49
fraserway@fraserway-rv.com
www.fraserway.com

i

Wichtige Infos für Autofahrer

- Fußgänger haben in Ortschaften jederzeit das Recht, die Fahrbahn zu überqueren und daher immer „Vorfahrt".
- Mit Blinklichtern signalisiert ein Schulbus einen baldigen Halt. Das Blinklicht bedeutet außerdem ein totales Überhol- und Passierverbot auch auf der Gegenfahrbahn.
- „Four stopp"-Kreuzungen sind eine weitere Besonderheit im Straßenverkehr. An einer solchen Kreuzung steht an jeder Straße ein Stoppschild. Es gilt hier: Wer zuerst sein Stoppschild erreicht, darf (nach einem kurzen Halt) auch zuerst fahren.
- An roten Ampeln darf (nach einem kurzen Halt) immer rechts abgebogen werden, sofern keine anderen Verkehrsteilnehmer oder Fußgänger gefährdet werden. Entsprechende Schilder können diese Regel aufheben.
- Wer Benzin (Gas) tanken möchte, hat meistens die Wahl zwischen „Regular Gas" (Bronze) und Super (Premium). Die Preise für Benzin und Diesel lagen 2016 bei ca. 1,00 CAN$ pro Liter in Whitehorse und bis zu 1,35 CAN$ in den kleinen Ortschaften. Vor dem Tanken muss die Zapfsäule entriegelt werden. Hierzu legt man nach Entnahme der Tankpistole meistens zusätzlich einen Hebel um.
- Viele europäische Automobilclubs arbeiten mit der kanadischen „motor association" *(CAA)* zusammen, so dass deren Mitglieder im Yukon kostenlose Pannenhilfe in Anspruch nehmen können. **CAA Tel. +1-800-222-43 57**
- Auf Landstraßen und außerhalb von Ortschaften darf zum Anhalten oder Parken nur der Seitenstreifen benutzt werden.

Übernachten

Im Busch ist die Sache relativ einfach. Campen darf man überall dort, wo man möchte, sofern es sich nicht um ausgewiesenen Privatbesitz handelt (siehe „*Verhalten in der Wildnis*"). In den Ortschaften nutzt man in der Regel die angebotenen ***Campgrounds*** (10-15 Dollar), ***Jugendherbergen*** (Hostels) oder ***Hotels***. Selbst in kleinen Ortschaften wie Carmacks oder Pelly Crossing gibt es gute Campgrounds, die mit Duschen und Toiletten ausgestattet sind. Dazu kommt noch die große Anzahl staatlicher Campgrounds, die sich entlang der Straßen, aber auch z.B. in Dawson City befinden. Duschen und fließendes Wasser sucht man auf ihnen oftmals vergeblich. In der Platzgebühr, die in einen Briefkasten geworfen wird, ist aber in der Regel gesägtes Feuerholz eingeschlossen.

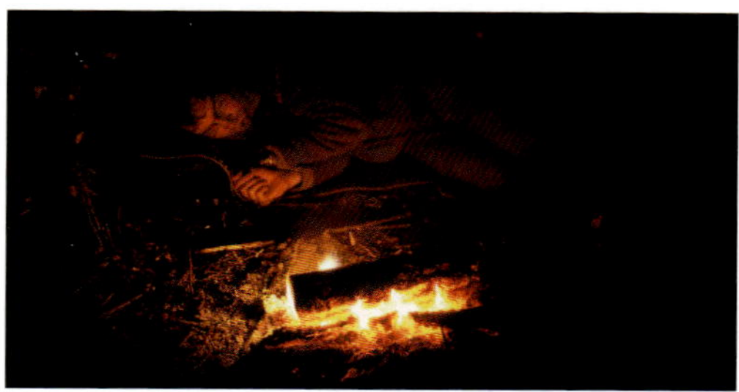

Verhalten in der Wildnis

Der Yukon bietet dem Reisenden das unschätzbare Privileg, eines der letzten großen Wildnisgebiete unserer Erde zu erleben. Es sollte im Interesse eines jeden sein, diese wilde und unberührte Natur für uns und für die nach uns kommenden Generationen zu erhalten. Dazu gehört vor allem, dass jeder Reisende möglichst wenig Spuren seiner Anwesenheit hinterlässt.

- Am besten ist eine vegetationslose Stelle oder ein bereits eingerichtetes Camp zum Übernachten geeignet. An Flussläufen und Seen sind vor allem Sand- und Kiesbänke geeignete Camps, sofern sie hoch genug aus dem Wasser schauen. Stets ist mit einem steigenden Wasserspiegel zu rechnen. Immer das Boot weit genug aus dem Wasser ziehen und zusätzlich festbinden! Beim Wandern nicht in Bodensenken übernachten. Auf nächtliche Regenfälle achten.

- Nie in der Nähe von Vogelkolonien, Nestern, Beerenbüschen oder auf Wildwechseln campen! Auch Privatgrund ist zu respektieren.
- Keinen Müll in der Landschaft, am Lagerplatz oder in der Feuerstelle zurücklassen. Auch kleine Fetzen Alufolie, Papierschnipsel und anderen Kleinkram wieder mitnehmen!! Essensreste restlos verbrennen oder mitnehmen.
- Die Feuerstelle immer sorgfältig löschen. Auf Sand- und Kiesbänken eine Feuermulde ausheben und vor dem Verlassen wieder zuschaufeln. Übergebliebenes Feuerholz in der Umgebung verteilen. Siehe auch „Lagerfeuer" S. 34.
- Menschliche Hinterlassenschaften in einem kleinen Loch vergraben. Das Toilettenpapier verbrennen (Vorsicht bei trockenem und brennbarem Untergrund!), reichlich Abstand von Camps, Wegen und Gewässern einhalten.
- Wenig Seife und Shampoo benutzen. Biologisch abbaubare Seife ohne Parfüm schont die Umwelt und ist für Bären uninteressant.
- Trittempfindliche Vegetation meiden. Beim Wandern in der Tundra nebeneinander gehen.
- Respektvollen Abstand zu Wildtieren halten.
- Wildtiere nicht füttern.

Verpflegung

Die Supermärkte in Whitehorse bieten ein sehr gutes Angebot an Lebensmitteln. Die Preise sind mit denen in Deutschland vergleichbar. Die Verpflegung für eine Tour sollte nach Möglichkeit in Whitehorse eingekauft werden. Die übrigen Ortschaften haben zwar in der Regel auch Einkaufsmöglichkeiten, doch sind die Preise höher und das Angebot ist nicht immer vollständig. Frischfleisch und Käseprodukte sind im Yukon deutlich teurer; die Qualität der günstigen Wurst- und Käsesorten beleidigen so manchen verwöhnten europäischen Gaumen. Wer hier Wert auf Qualität legt, sollte auf die teureren Importprodukte zurückgreifen oder gleich im hochpreisigeren „The Deli" einkaufen. Dieses Feinkostgeschäft in der Hanson Street wird von einem deutschen Schlachter betrieben und lässt kaum einen Wunsch offen. Wer im Supermarkt vergeblich nach gutem Brot sucht, sollte sich das Angebot der Alpine Bakery in der Alexander Street ansehen. Alkoholische Getränke werden nur in den staatli-

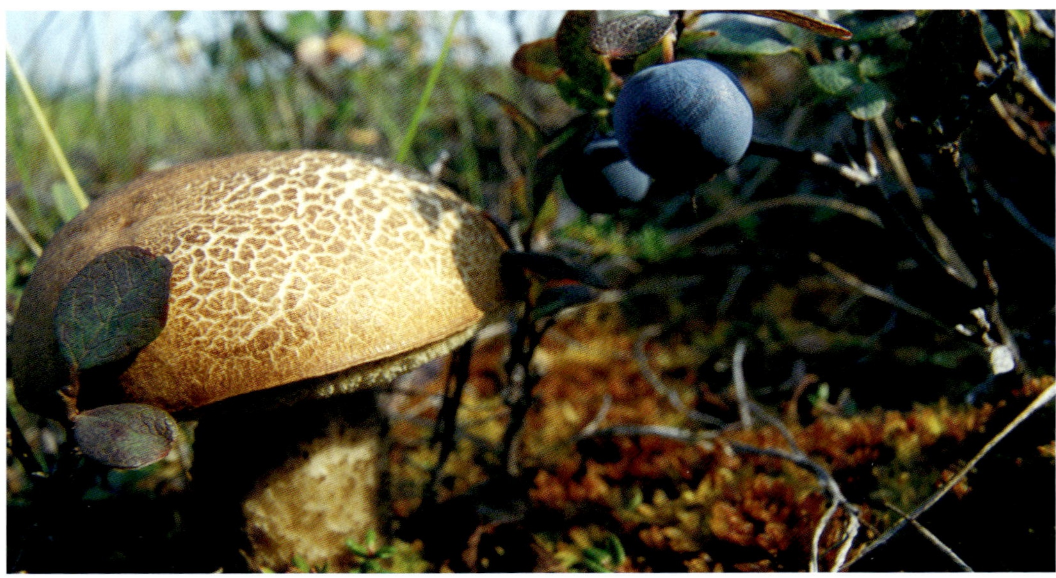

Pilze und Blaubeeren können im Spätsommer für Abwechslung im Speiseplan sorgen.

chen Liquor Stores verkauft. Der Genuss von Alkohol in der Öffentlichkeit ist verboten! Gewürze bringen wir meist schon aus Deutschland mit, denn die angebotenen Verpackungen sind häufig deutlich zu groß für eine Tour. Nach dem Großeinkauf hat es sich bewährt, die Lebensmittel in so genannte Ziploc-Tüten umzuverpacken. Diese wiederverschließbaren und wasserdichten Tüten sind auch im Supermarkt erhältlich. Sie verringern das Packvolumen und bieten einen zusätzlichen Schutz gegen Sand und Feuchtigkeit. Frischer Fisch, essbare Pflanzen, Beeren und Pilze sind zwar willkommene Zugaben aus der Natur, verlassen sollte man sich jedoch in keinem Fall darauf. Pflanzenteile, wilde Beeren und Pilze dürfen natürlich nur nach einer genauen Artenbestimmung gegessen werden. Im Zweifelsfalle – Finger weg!! Gute Bestimmungsbücher sind in Whitehorse im „Mac´s Fireweed Books" *(203 Main Street)* erhältlich. Zum Thema „Trinkwasser" siehe Kapitel „Gefahren" Seite 19.

Kanutouren

Ein Kanu kann beträchtliche Mengen an Ausrüstung und Lebensmitteln fassen. Wer mit ihm unterwegs ist, kann sich für die ersten Tage durchaus den Luxus von frischem Obst und Gemüse gönnen. Verderbliche Lebensmittel werden am besten in einer wasser- und geruchsdichten Tonne direkt auf dem Bootsboden gelagert. So kann das Wasser für die Kühlung sorgen und das meist hohe Gewicht stabilisiert das Boot.

Bei unseren Touren haben wir problemlos Kartoffeln, Zwiebeln, Paprika, Möhren, Gurken, Äpfel usw. mitgenommen. Auch Frühstücksspeck, Wurst und Käse halten sich normalerweise mehrere Tage. Frisches Fleisch haben wir immer nur für den ersten Tag eingeplant. Lieber kein Risiko eingehen! Eine Rolle Alufolie ist ein ständiger Begleiter auf unseren Kanutouren. Folienkartoffeln oder Arctic Graylig aus der Folie sind einfach zu lecker…

Für viele gehört das „Trapperbrot" Bannock einfach zu einer Tour dazu. Mehl, Salz und Backpulver werden zu einem festen Teig geknetet und in einer Bratpfanne ausgebacken (für beste Ergebnisse mit Alufolie abdecken). Dieses Trapperbrot kann in vielen Varianten zubereitet werden und schmeckt ausgezeichnet.

Ich persönlich bevorzuge die etwas aufwendigere Zubereitung mit Trockenhefe. Da hierbei etwas Wärme erforderlich ist, bietet sich Trockenhefe vor allem für eine Tour im Sommer an. Das Anrühren des Teiges geht am besten in einer Goldwaschpfanne oder einer Faltschüssel *(z.B. von der Firma Ortlieb)*.

Wandertouren

Hier sind Gewicht und Volumen entscheidend. Die gefriergetrockneten Beutel mit Trekkingmahlzeiten sind in den Outdoorgeschäften in Whitehorse erhältlich.

Eine große Auswahl von Studentenfutter, Müslimischungen und Fertiggerichten bieten die Supermärkte. Fast allen Reis- und Nudelfertiggerichten, die im Yukon erhältlich sind, müssen neben Wasser auch Milch(pulver) und Margarine zugefügt werden. Die Kochzeiten sind häufig relativ lang.

Wichtige Adressen

Tourism Yukon
P.O. Box 2703
Whitehorse, Y1A 2C6, Canada
Tel. +1 (867) 667-50 36
Fax: +1 (867) 667-35 46
www.touryukon.com

Die offizielle deutschsprachige Webseite zum Thema Yukon:
info@touryukon.de
www.touryukon.de

i

Besucherinformation

Whitehorse Visitor Information Center
Öffnungszeiten das ganze Jahr: Mo-So 8-20
100 Hanson St (at 2nd Avenue)
Whitehorse, Y1A 1C2, Canada
Tel. +1 (867) 667-30 84
www.travelyukon.com

Yukon's Visitor Information Centers (Mai-Sep):

Beaver Creek: Tel. +1 (867) 862-73 21
Alaska Highway (across Westmark Hotel)

Carcross: Tel. +1 (867) 821-44 31
Carcross Commons Commercial Village

Dawson City: Tel. +1 (867) 993-55 66
Front Street (at King Street)

Haines Junction: Tel. +1 (867) 634-23 45
Dä Kų Cultural Centre on Alaska Highway

Watson Lake: Tel. +1 (867) 536-74 69
Junction of Alaska & Robert Campbell Highway

Faro: Tel. +1 (867) 994-27 28

Western Arctic Regional Visitor Centre
284 MacKenzie Road, Inuvik
Tel. +1 (867) 777-72 37
www.inuvik.ca www.inuvikinfo.com

Webseiten zu Orten/Städten im Yukon:

Skagway (Alaska): *Tel. +1 (907) 983 - 28 54*
www.skagway.com

Haines (Alaska): *Tel. +1 (907) 766 - 22 34*
www.haines.ak.us

www.carmacks.ca www.villageofmayo.ca
www.watsonlake.ca www.oldcrow.ca
www.faroyukon.ca www.whitehorse.ca

Webseiten zum Thema „Reisen im Yukon":

www.yukonweb.com www.yukonhiking.ca
www.yukoninfo.com www.tc.gov.yk.ca
www.yukonvisitor.com

First Nation Infos unter www.yfnta.org

Tolle Website über die Natur im Yukon. Download von Broschüren und Karten.
www.environmentyukon.gov.yk.ca

Zollbestimmungen

Zollfrei bei der Einreise nach Kanada sind:
- 200 Zigaretten, 50 Zigarren oder 1000g Tabak
- 1 Liter Alkohol
- Geschenke im Einzelwert von bis zu $ 40

Tierische und pflanzliche Frischprodukte wie Obst, Gemüse, Wurst, Schinken usw. dürfen nicht eingeführt werden.

Aktuelle Einreisebestimmungen unter:
www.auswaertiges-amt.de

Einreise aus dem Yukon nach Alaska, USA: Keine Rindfleischprodukte und keine Zitrus- oder Tropenfrüchte, es sein denn, sie tragen ein „Made in USA"-Label.

Grenzinformationen: Tel. +1 (867) 862-72 30

Zur Ausfuhr von Wildtierteilen oder Produkten ist eine Genehmigung der Environment Yukon Behörde notwendig.

Checkliste

Kleidung

- ☐ Regenjacke *(GoreTex oder ähnliches)*
- ☐ Regenhose *(GoreTex oder ähnliches)*
- ☐ Fleece Jacke
- ☐ Isolationshose *(Fleece oder ähnliches)*
- ☐ Trekkinghose, Gürtel
- ☐ Funktions-T-Shirts
- ☐ Socken, Funktions-Unterwäsche
- ☐ Wanderstiefel
- ☐ Kopfbedeckung, Moskitokopfnetz
- ☐ Sonnenbrille

Campingausrüstung

- ☐ Zelt, Zeltunterlage, Heringe (für Sand & Fels)
- ☐ Isomatte, Schlafsack
- ☐ Säge und/oder Axt
- ☐ Taschenlampe oder Stirnlampe

Küche

- ☐ Topf mit Deckel, Pfanne, Pfannenwender
- ☐ Kocher, mehrere Feuerzeuge
- ☐ Brennstoffflasche oder Gaskartuschen
- ☐ Großer Löffel, Besteck
- ☐ Teller, Tassen *(evtl. Thermotassen)*
- ☐ Thermoskanne
- ☐ Dosenöffner oder Schweizer Messer
- ☐ Gewürzdosen mit Gewürzen
- ☐ Faltschüssel, Outdoor-Seife, Spülschwamm
- ☐ Wassersack
- ☐ Wasserfilter, chemische Mittel *(z.B. Micropur)*
- ☐ Alufolie
- ☐ Ziploc Tüten *(Plastikbeutel mit Zippverschluss)*
- ☐ Müllsäcke

Vor dem Flug

- *Ist der Reisepass noch mind. 6 Monate gültig?*
- *Bei Flug über die USA die neuen Bestimmungen beachten!*
- *Reisekrankenversicherung abschließen.*
- *Impfschutz überprüfen, evtl. Hausarzt aufsuchen Transfers, Übernachtungen usw. buchen.*

Sonstiges

- ☐ Gürtel- oder Taschenmesser, Tool
- ☐ Karten, GPS, Kompass
- ☐ Notsender und / oder Satellitentelefon
- ☐ Batterien
- ☐ Fernglas, Fotoausrüstung
- ☐ Angelausrüstung, Angelschein
- ☐ Reparaturmittel
- ☐ Nähzeug
- ☐ Gewebeklebeband
- ☐ Waschzeug, Lippenschutzcreme
- ☐ Sonnencreme, Feuchtigkeitscreme
- ☐ Moskitospray, Moskitokopfschutz
- ☐ Klopapier *(wasserdicht verpackt)*
- ☐ Toilettenschaufel, Klappspaten
- ☐ Tagebuch
- ☐ Tickets, Reisepässe
- ☐ Kreditkarten, Geld

Kanu

Bootsleine, Schwimmwesten, Paddel, Ersatzpaddel und Schwamm sind in der Regel in der Bootsmiete eingeschlossen. Auf Vollständigkeit bei der Übergabe achten!

- ☐ Tarp
- ☐ Paddelhandschuhe
- ☐ Gummistiefel oder Neoprenschuhe
- ☐ wasserdichte Packsäcke oder Tonnen
- ☐ Grillrost
- ☐ kleines Survival Pack *(Gürteltasche mit Rettungsdecke, Moskitospray, Medikamente, Feuerstarter, Feuerzeug, Kreditkarte. Messer am Gürtel tragen)*

Wandern

- ☐ Rucksack mit Regenhülle
- ☐ Schuhe, Sandalen für Flussdurchquerungen
- ☐ Trekkingstöcke
- ☐ Gamaschen
- ☐ wasser- und geruchsdichte Säcke oder bärensichere Behälter für Lebensmittel

Reiseapotheke

- ☐ Pflaster (wasserfest), bei Blasen „Compeed“
- ☐ Verbandsmull, sterile Wundauflagen
- ☐ Leukoplast Tape, Dreiecktuch
- ☐ Pinzette, Desinfektionsmittel
- ☐ Fieberthermometer
- ☐ Antiallergikum, Tabletten & Salbe
- ☐ Kopfschmerzmittel, Schmerzmittel
- ☐ Mittel gegen Durchfall, Erkältung
- ☐ Sportsalbe *(z.B. Voltaren Emulgel)*
- ☐ Salbe gegen (leichte) Verbrennungen, Sonnenbrand und Insektenstiche
- ☐ Magnesium Trinktabletten *(Muskelkrämpfe)*
- ☐ Kalzium Trinktabletten *(unterstützend gegen allergische Reaktionen, Insektenstiche, Sonnenbrand, Verbrennungen)*
- ☐ persönliche Medikamente nicht vergessen! Bei längeren Touren vom Hausarzt beraten lassen! z.B. Antibiotika, starkes Schmerzmittel,...

i

Dawson City

Noch heute lebt Dawson City vom Einfluss des großen Goldrausches von 1898 (einst 40.000 Einwohner). Nur sind es mittlerweile überwiegend Touristen, die die Kassen in den traditionsreichen Salons und Hotels klingeln lassen. Mit liebevoll restaurierten Fassaden, Schotterstraßen und Holzbürgersteigen bietet Dawson City auch heute noch einiges vom Flair vergangener Tage, als Tausende Goldsucher und Geschäftsleute die Straßen des „Paris des Nordens“ belebten.
Mit etwa 2038 Einwohnern ist die Stadt natürlich deutlich ruhiger geworden, aber noch heute sind Bars wie z.B. „The Snake Pit“ oder die Spielhalle „Diamond Tooth Gertie´s“ beliebte Adressen.
Neben den Bars, Restaurants und Hotels gibt es in Dawson City verschiedene Banken, eine Wäscherei mit Duschen, ein Internetcafé, zwei Kanuvermieter, zwei kleine Supermärkte sowie viele Souvenirshops. Ein beliebtes Mitbringsel aus Dawson sind Goldnuggets aus den örtlichen Minen.
Der ***Fortymile Goldstore*** an der *Ecke 3rd Ave. & York St.* bietet eine besonders schöne Auswahl von lokalem Gold, Mammutelfenbein und Kunsthandwerk (www.fortymilegold.ca).
Eine kleine Auswahl an ***Outdoor-Ausrüstung*** gibt es in der ***Dawson Trading Post*** (*Front Street).*

Infos

Dawson City Visitor Centre, *Front Street & King Street, Dawson City, Yukon, Y0B 1G0, Kanada,* Tel. +1 (867) 993-55 66, Fax: +1 (867) 993-72 98, www.dawsoncity.ca

Sehenswürdigkeiten

Dawson City Museum: Sehr schönes Museum mit einer vielseitigen Ausstellung. *595 Fifth Avenue,* www.dawsonmuseum.ca

Robert Service & Jack Londons´s Cabin: Die (teilweise) originalen Blockhütten der beiden Dichter und Schriftstellerlegenden befinden sich in Dawson City *(Eighth Ave. and Firth Street)* und können besichtigt werden *(Mai-Sep).*

Der Schaufelraddampfer "S.S. Keno" liegt unübersehbar in der *Front Street* auf dem Trockenen.

Dänojá Zho First Nation Cultural Center: Ausstellung und Info-Zentrum der First Nations. *Front Street.* www.trondekheritage.com

Dredge #4 und Free Claim #6 am Bonanza Creek: Der restaurierter Goldbagger und das kostenlose Goldwaschabenteuer liegen in den Goldfeldern außerhalb von Dawson City.

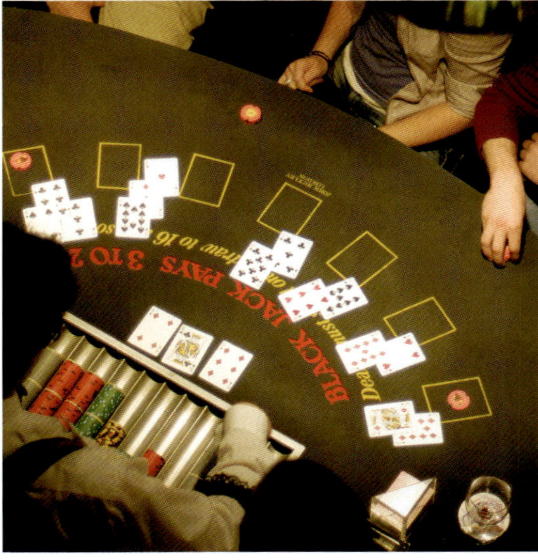

Die „Diamond Tooth Gerties Gambling Hall“ ist das einzige Spielkasino im Yukon.

Palace Grand Theatre: Wunderschönes historisches Gebäude aus der Goldrausch Ära. (2016 wegen Renovierung geschlossen). *King Street.*

Blick vom Midnight Dome: Der Gipfel von Dawson´s Hausberg ist über einen schönen Wanderweg *(Infos im Visitor Center)* erreichbar. Wer ein Auto hat, kann bequem auf der Midnight Dome Road bis zum Gipfel fahren. Beeindruckender Blick über den Yukon River, Dawson City und die Goldfelder!

i

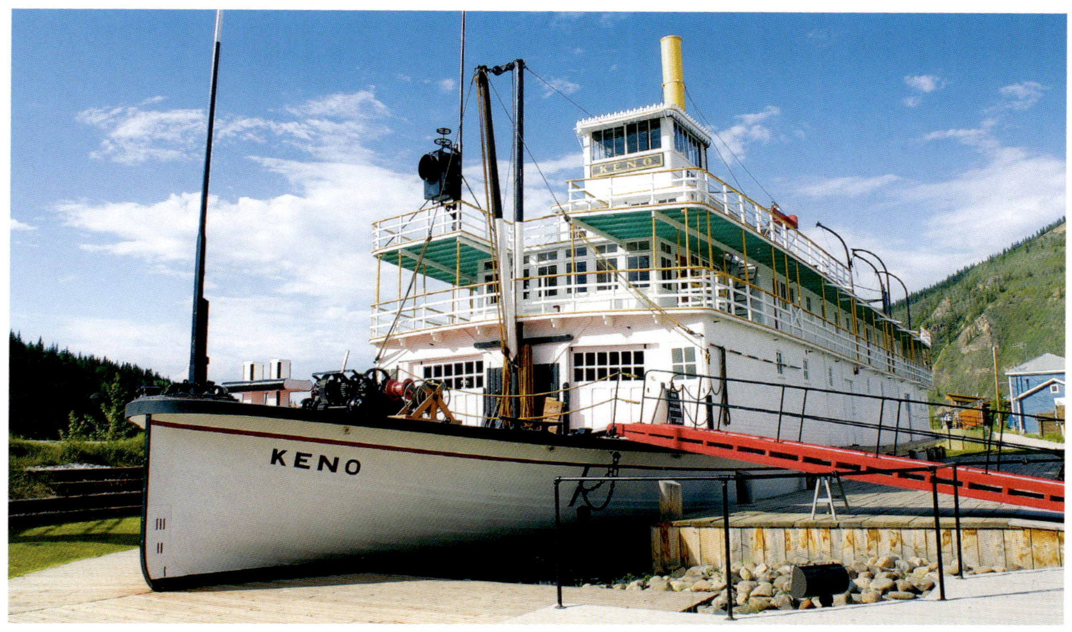

Heute liegt der Raddampfer „Keno" als National Historic Site of Canada auf dem Trockendock und ist zu besichtigen.

Veranstaltungen

Das **Dawson City Music Festival** am 3. Wochenende im Juli (2016: 22.-24. Juli), www.dcmf.com

Die Zieleinfahrt des **Yukon River Quest** (Kanumarathonrennen von Whitehorse bis Dawson City) Ende Juni /Anfang Juli (2016: 29. Juni bis 3. Juli), www.yukonriverquest.com

Yukon Quest *(Yukon Quest International Sled Dog Race),* Hundeschlittenrennen zwischen Whitehorse und Fairbanks im Februar. 1600 km durch Alaska und Kanada. Dawson ist der einzige Ort, an dem während des zehn- bis vierzehntägigen Rennens Proviant aufgenommen werden darf.

Campgrounds

Dawson City River Hostel (Zimmer, Schlafsaal, Zelten), gegenüber Dawson City auf der anderen Flussseite, Nähe Fähranleger George Black Ferry, Mai-Sep, Tel. +1 (867) 993-68 23, www.yukonhostels.com

Government Campgound, Selbstregistrierung, gegenüber von Dawson City auf der anderen Flussseite, unterhalb des Fähranlegers, *Top of the World Highway*, Tel. +1 (867) 667-56 48, www.env.gov.yk.ca

Gold Rush Campground RV Park, sehr zentral gelegen, jedoch in erster Linie für Wohnmobile ausgelegt, *5th Ave & York St.*, Tel. +1 (867) 993-52 47, www.goldrushcampground.com

Hotels und Bed & Breakfast

The Eldorado Hotel, Tel. +1 (867) 993-54 51, *902 3rd Ave & Princess Street,* www.eldoradohotel.ca

Aurora Inn, Tel. +1 (867) 993-68 60, *5th Ave & Harper St.,* www.aurorainn.ca

Downtown Hotel, Tel. +1 (867) 993-53 46, *1026 Second Ave,* www.americasbestvalueinn.com

***The Bunkhouse** (Mai-Sep),* Tel. +1 (867) 993-61 64, *Front & Princess Street,* www.dawsoncitybunkhouse.com

5th Avenue Bed & Breakfast, Tel. +1 (867) 993-59 41, www.5thavebandb.com

i

Whitehorse

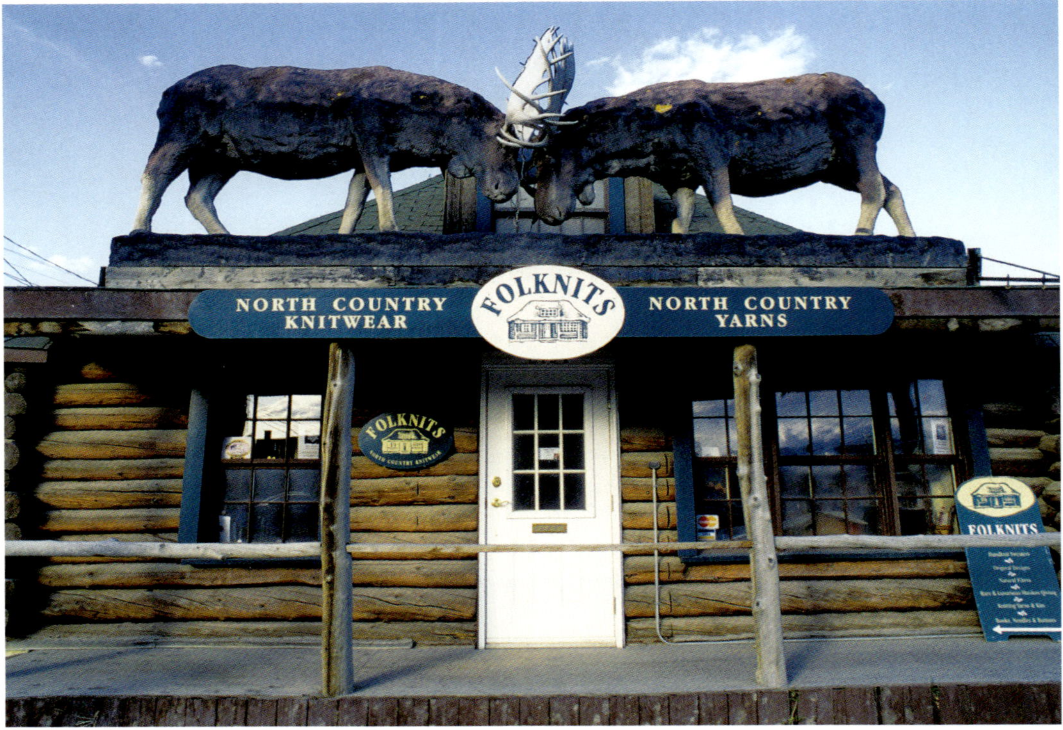

Ungewöhnliche Ladendekoration in der Second Avenue.

Entstanden während des Goldrausches von 1898, ist Whitehorse heute die weitaus größte Stadt im Yukon. Wo noch vor über einhundert Jahren die Goldsucher nach dem Passieren der gefürchteten White Horse Rapids ihre Habseligkeiten trockneten, liegt heute das kleine Städtchen an den Ufern des Yukon River. Mit etwa 23 000 Einwohnern ist Whitehorse seit 1953 die Hauptstadt des Yukon. Für den Reisenden ist die sympathische Kleinstadt zugleich das Tor zur Wildnis.

Whitehorse erstreckt sich, trotz der vergleichsweise wenigen Einwohner, über ein großes Areal und ist in verschiedene Ortsteile aufgeteilt.

Im Stadtkern liegt die Main Street mit einer Vielzahl von Geschäften, Hotels und Restaurants. Dieses Viertel ist klassisch amerikanisch aufgeteilt. Durchnumerierte Avenues laufen parallel zum Yukon River; die rechtwinklig dazu angeordneten Straßen haben dagegen Namen und bilden so ein Netz, in dem man sich leicht zurechtfindet. Wer nicht gerade einen Großeinkauf machen muss, kommt in der City gut zu Fuß von A nach B.

Ein paar hundert Meter nördlich beginnt ein ausgedehntes Industriegebiet mit riesigen Supermärkten und Geschäftskomplexen. Aufgrund der recht günstigen Preise und der großen Auswahl ist besonders der riesige Superstore eine beliebte Anlaufstelle für Großeinkäufe. In jedem Falle lohnt sich ein Besuch im Visitor Information Centre. Neben dem kostenlosen Whitehorse-Info-Büchlein mit Stadtplan bekommt man hier fundierte Informationen zu allen Belangen des Reisens im Yukon.

i

Infos

Visitor Information Center, 2ndAve & Lambert Street, Whitehorse, Yukon, Y1A 1C2, Canada, Tel. +1 (867) 667-30 84, www.travelyukon.com

Webseiten: www.city.whitehorse.yk.ca www.whitehorselife.com www.whitehorse.ca

Sehenswürdigkeiten

Das MacBride Museum bietet eine interessante Mischung aus Kultur, Naturgeschichte und Geologie. Tel. +1 (867) 667-27 09, *1124 1st Avenue & Wood Street,* www.macbridemuseum.com

Im Beringia Centre dreht sich alles um Mammuts, Riesenbiber und die vergangenen Eiszeiten. *Flughafennähe.* www.beringia.com

Yukon Transportation Museum. Alles über die Geschichte von Buschpiloten, Raddampfern und den Bau des Alaska Highway. *Flughafennähe.*

Whitehorse Fischleiter. Im Spätsommer eine interessante Adresse um den Lachsen bei ihrer Reise stromauf zuzusehen. *Am Yukon River Damm, Nisutlin Drive,* www.yukonenergy.ca

Yukon Brewing Company. Hier werden Biersorten wie Yukon Gold oder Arctic Red gebraut. Englischsprachige Führungen. *102 Cooper Road.* www.yukonbeer.com

Yukon Artists@Work Kunstatelier. Wer sich für Kunst interessiert, findet hier eine wirklich sehenswerte Kollektion lokaler Schnitzer, Maler und Fotografen. Südlich von Whitehorse im Ortsteil McCrae. Vom Alaska Highway ausgeschildert. www.yaaw.com

Campgrounds & Hostels

Robert Service Campground, am Ufer des Yukon, Tel. +1 (867) 668-37 21, *120 Robert Service Way,* www.robertservicecampground.com

Beez Kneez Bakpakers (Hütten, Zimmer, Schlafsaal), Tel. +1 (867) 456-23 33, **unbedingt vorher buchen,** *408 Hoge St,* www.bzkneez.com

Bed & Breakfast

Historical Guest House, Tel. +1 (867) 668-39 07, *5th Ave & Wood St.,* www.yukongold.com

RavensongBed&Breakfast, Tel. +1 (867) 667-40 59, *11 Donjek Rd.,* www.ravensongbb.com

Hidden Valley B&B (ausserhalb, 19 km nördlich), Tel +1 (867) 633-64 82, *40 Couch Rd,* www.yukonbedandbreakfast.com

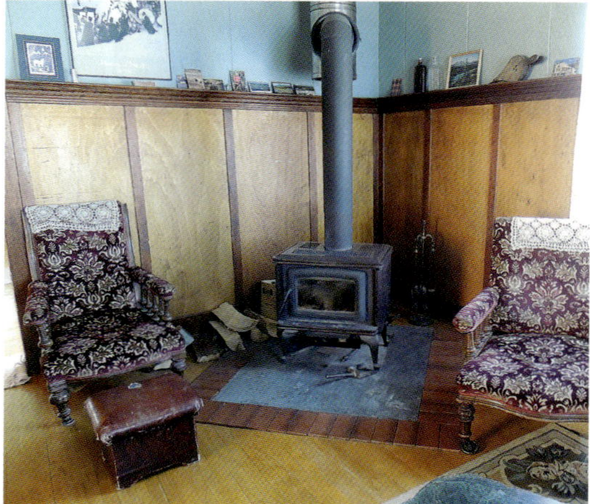

Gemütliche Unterkunft im „Historical Guest House".

Hotels

Yukon Inn, Tel. +1 (867) 667 25 27, *4220 4th Avenue,* www.yukoninn.com

BEST WESTERN Goldrush Inn, Tel. +1 (867) 668-45 00, *411 Main Street,* www.goldrushinn.com

Edgewater Hotel, Tel. +1 (867) 667-25 72, *101 Main Street,* www.edgewaterhotelwhitehorse.com

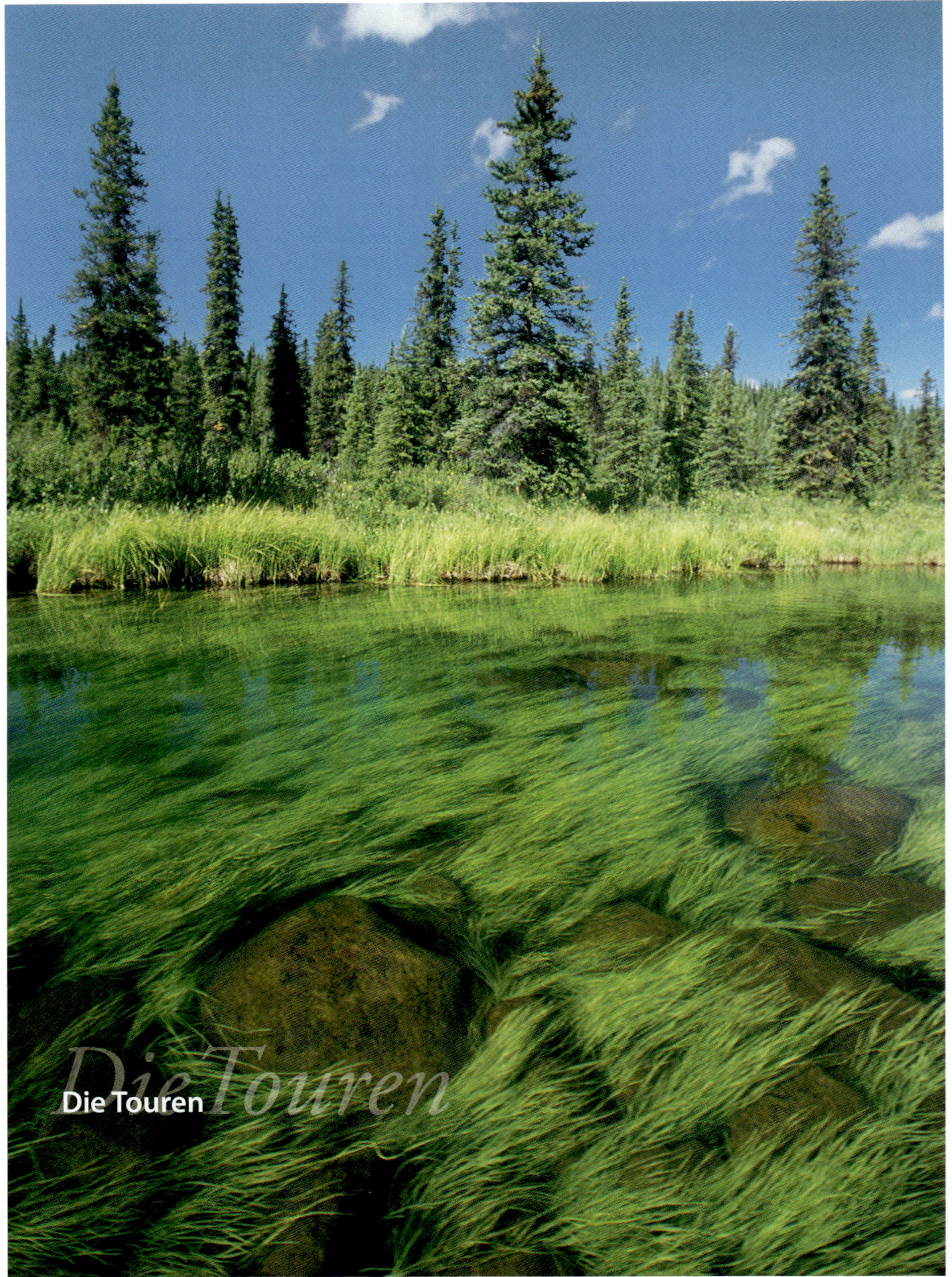

Die Touren

Der glasklare Caribou Creek am oberen Liard River.

Zu den Touren

Alle Touren in diesem Buch wurden über mehrere Jahre hinweg gepaddelt, gewandert oder gefahren. Durch diesen zeitlichen Rahmen, vor allem aber bedingt durch Jahreszeiten und die ständigen Veränderungen der Natur im Yukon, ist damit zu rechnen, dass die Bedingungen und viele Örtlichkeiten anders vorgefunden werden als bei unseren Reisen.
Die Auswahl der Touren ist so gewählt, dass vor allem die Klassiker unter den Kanu- und Wandertouren eingehend beschrieben werden. Da vor allem Neulinge im Yukon häufig Schwierigkeiten haben, eine Route nach ihren persönlichen Fähigkeiten und Interessen auszuwählen sind diese Touren eine gute Wahl um erste Erfahrungen in der Wildnis Nordkanadas zu sammeln. Wer sich trotzdem noch unsicher ist, hat die Möglichkeit fast alle der aufgeführten Touren als geführte Reise bei einem der Outfitter zu buchen. Die Länge der Tagesetappen basiert auf Durchschnittswerten. Sie sind bezogen auf eine durchschnittliche Kondition bei „normalen“ Bedingungen. Schlechtes Wetter, Hochwasser oder andere Umstände können die eine Tour verlängern oder einen Fluss „schneller machen.“
Die Karten in diesem Buch sind nur zur Planung gedacht. Für die Durchführung sind die entsprechenden topografischen Land- oder Flusskarten unerlässlich.
Öffnungszeiten haben wir so dargestellt: (Mai-Sep, Di-So 10-17), was heißen soll, dass von Mai bis September, Dienstag bis Sonntag von 10.00 Uhr bis 17.00 Uhr geöffnet ist.
Die hier im Buch angegebenen Telefonnummern haben die Ländervorwahl vorangestellt.
Kanada : +1, Deutschland +49.

Kartensymbole

 *Restaurant, Café*

Hotel, Pension

Zeltmöglichkeit

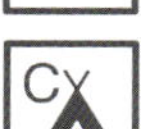 *Campingplatz*

 *Bed & Breakfast*

 *Rangerstation, Info*

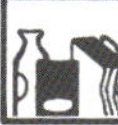 *Einkaufen*

 *Trockentoilette*

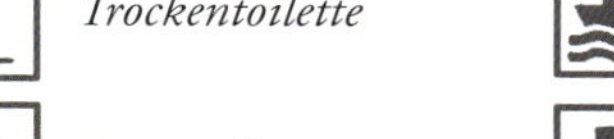

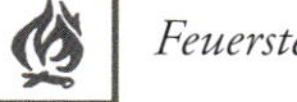 *Feuerstelle*

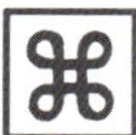 *Sehenswürdigkeit*

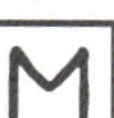 *Museum*

 *Aussichtspunkt*

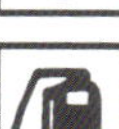 *Tankstelle*

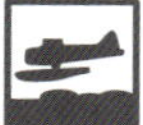 *Wasserflugzeug*

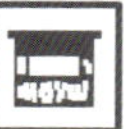 *Kiosk*

Flughafen

 *Fähre*

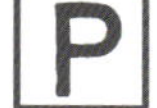 *Parkplatz*

 *Kanuvermietung*

 *Langlaufloipe*

 *Einsetzstelle bzw. Tourbeginn*

 *Aussetzstelle bzw. Tourende*

 *Ein- und Aussetzstelle bzw. Tourbeginn und -ende*

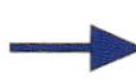 *Tourrichtung*

Tourverlauf

 *Berg*

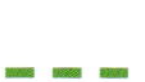 *Naturschutzgebiet*

 *Stromschnellen*

i

Tourenübersicht

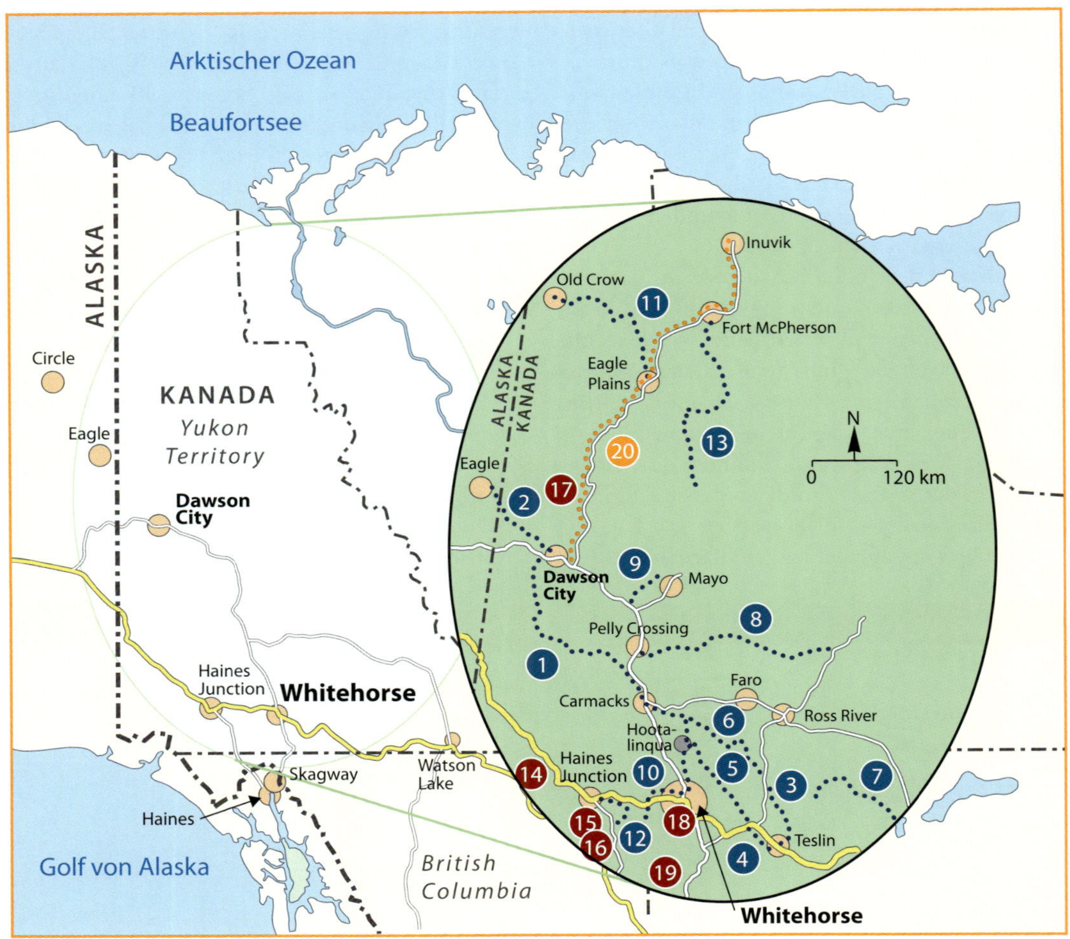

1 - Kanu: Yukon River 1, *Whitehorse – Dawson*
2 - Kanu: Yukon River 2, *Dawson – Eagle, Alaska*
3 - Kanu: Nisutlin River
4 - Kanu: Teslin Lake
5 - Kanu: Teslin River
6 - Kanu: Big Salmon River
7 - Kanu: Upper Liard River
8 - Kanu: South MacMillan River
9 - Kanu: McQuesten River
10 - Kanu: Takhini River
11 - Kanu: Eagle River, Porcupine River
12 - Kanu: Dezadeash River
13 - Kanu: Wind River
14 - Wandern: Slims West Trail
15 - Wandern: Auriol Trail
16 - Wandern: King´s Throne Trail
17 - Wandern: Grizzly Lake
18 - Wandern: Grey Mountain, Hidden Lakes
19 - Wandern: Chilkoot Trail
20 - Autotour: Dempster Highway

Yukon River 1 von Whitehorse bis Dawson City

Gold! Gold! Gold!

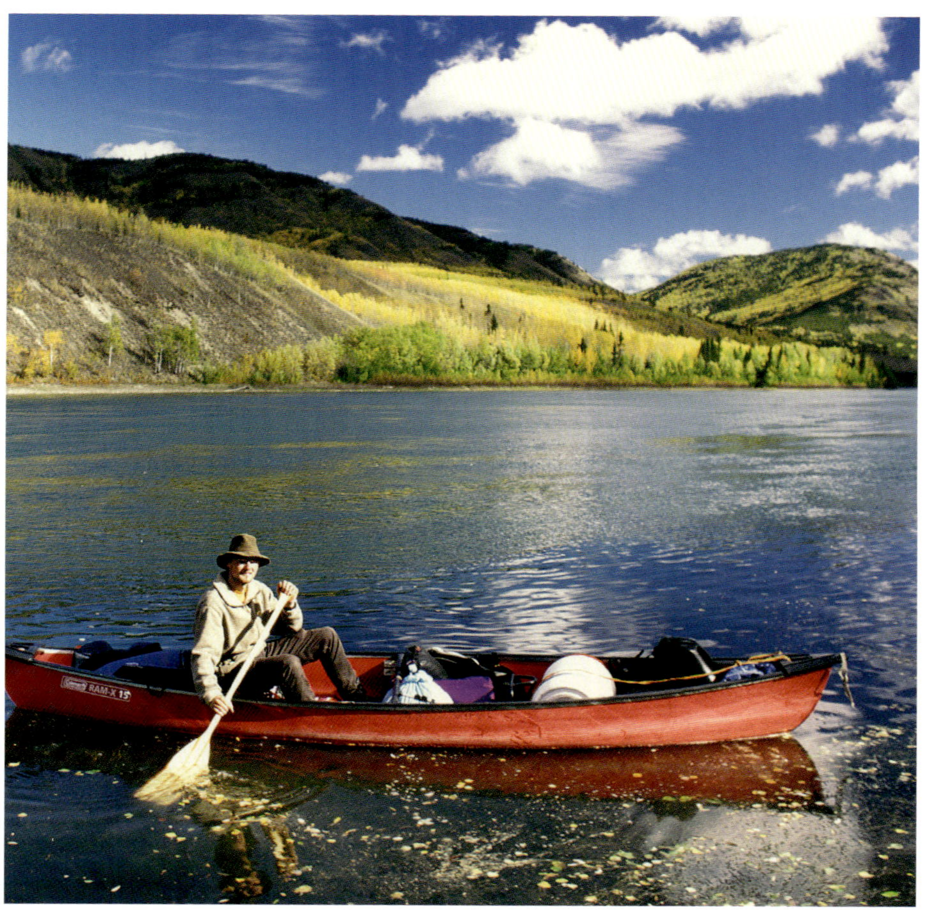

Tour 1

Infos Kanutour Yukon River 1 von Whitehorse bis Dawson City

Charakter der Tour

Der Yukon River ist der Outdoor-Klassiker und zugleich die bekannteste Kanutour im Norden Kanadas. Mit Recht, denn diese zweiwöchige Paddeltour hat neben sehenswerter Landschaft und möglichen Tierbegegnungen noch eine Vielzahl von historischen Siedlungen und Überbleibseln aus der Zeit des Klondike-Goldrausches zu bieten. Der Yukon River beginnt als relativ kleiner Fluss, durchfließt den 50 Kilometer langen Lake Laberge und vervielfacht dann im weiteren Verlauf die Wassermenge, bis er zu einem mächtigen Strom herangewachsen ist. Die Strömungsgeschwindigkeit, weitgehend abhängig vom Wasserstand, ist mit 5-12 km/h aber im ganzen Flussverlauf recht schnell. Zwischen Mitte Mai und Anfang Juni bricht in der Regel das Eis auf dem Lake Laberge.

Wildwasser & Gefahren

WW I-II. Der Yukon River hat kein schwieriges Wildwasser. Die zwei Stromschnellen unterhalb von Carmacks stellen bei normalem Wasserstand und der richtigen Fahrroute kaum eine Gefahr für offene Kanus dar. Die weitaus größte Gefahr sind die unberechenbaren Winde auf dem langgezogenen Lake Laberge. Hier können sich innerhalb von Minuten hohe Wellen aufbauen und die Weiterfahrt unmöglich machen.

Kartenmaterial & Literatur

Yukon River, Marsh Lake bis Carmacks, *Mike Rourke*, Rivers North Publications, 1 : 50 000
Yukon River, Carmacks bis Dawson City, *Mike Rourke*, Rivers North Publications, 1 : 65 000
Yukon River, Marsh Lake bis Dawson City, *Mike Rourke*, Rivers North Publications
Der Obere Yukon River, Teil 1 Whitehorse bis Carmacks, *Gus Karpes,* Allgeyer Verlag
Der Obere Yukon River, Teil 2 Carmacks bis Dawson City, *Gus Karpes*, Allgeyer Verlag
„Abenteuer Yukon“, *M.Hanke & S. Reimann*; **„Yukon Kanu- und Floßtour“**, *D. Reinmuth*;
„Zwei Greenhorns in Alaska“, *M. Aßhauer & E. Glock*; alle drei Conrad Stein Verlag

Länge der Tour:
Whitehorse bis Carmacks ca. 320 Kilometer, 7-10 Tage.
Carmacks bis Dawson City ca. 410 Kilometer, 5-8 Tage.
Whitehorse 640 m ü.N.N., Dawson City 320 m ü.N.N., Gefälle 0,5 m/km

An- und Abreise:
Kanuvermietung und Transfer siehe auch Outfitter Seite 42-45.
Fast alle Paddeltouren auf dem Yukon River beginnen direkt in **Whitehorse** oder in **Carmacks**.
Die **Rückreise** von **Carmacks** oder **Dawson City** erfolgt per Transfer mit einem Outfitter, mit dem Bus *(Fahrzeiten vorher erkundigen!)* oder per Flugzeug von Dawson City nach Whitehorse.
Weitere Punkte mit Straßenzugang *(mögliche Aussetzstelle)* gibt es am Marsh Lake, am Takhini River, am westlichen Ufer vom Lake Laberge, bei Little Salmon und bei Minto.
Carmacks bis Whitehorse, ca 180 km. Transfer ca. 310 Dollar.
Dawson City bis Whitehorse, ca 540 km. Transfer ca. 900 Dollar.

Infos & wichtige Adressen:
Dawson City siehe Seite 52, **Whitehorse** S. 54. *Whitehorse Visitor Information Center*, 100 Hanson St (at 2nd Avenue), Mai-Sep tgl. 8-20 sonst Mo-Fr 8.30-17, Tel. +1 (867) 667-30 84, www.travelyukon.com
Carmacks: www.carmacks.ca www.hotelcarmacks.com **Fort Selkirk:** www.virtualmuseum.ca *Fort Selkirk.*

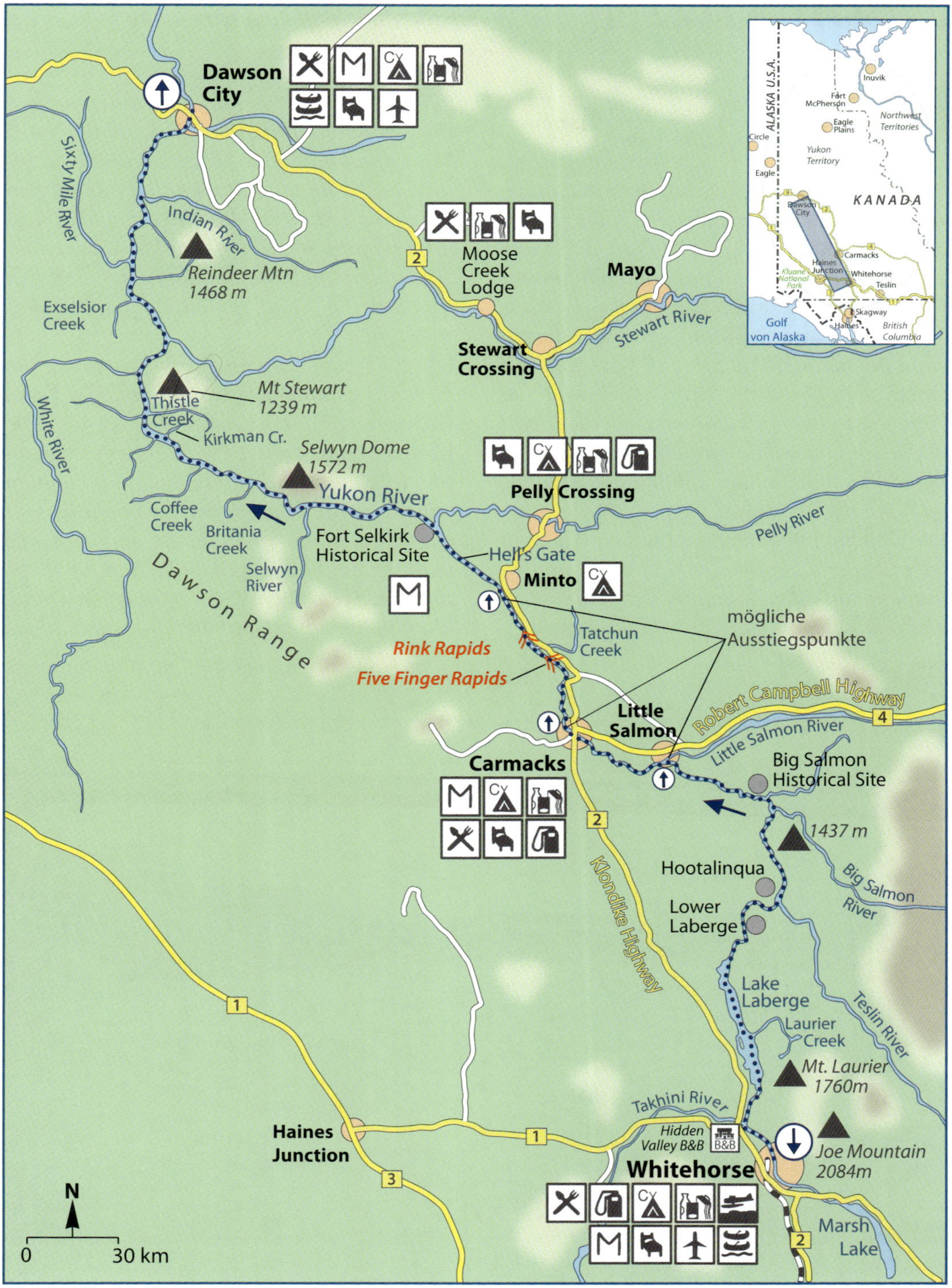

Dawson City

Sixty Mile River

Indian River

Reindeer Mtn
1468 m

Exselsior
Creek

Moose
Creek
Lodge

Mayo

Stewart River

Stewart
Crossing

Mt Stewart
1239 m

Thistle
Creek

White River

Kirkman Cr.

Selwyn Dome
1572 m

Yukon River

Pelly Crossing

Pelly River

Coffee
Creek

Britania
Creek

Selwyn
River

Fort Selkirk
Historical Site

Hell's Gate

Minto

Dawson Range

mögliche
Ausstiegspunkte

Tatchun
Creek

Rink Rapids

Five Finger Rapids

Little
Salmon

Robert Campbell Highway

Little Salmon River

Carmacks

Big Salmon
Historical Site

1437 m

Big Salmon
River

Hootalinqua

Lower
Laberge

Klondike Highway

Lake
Laberge

Laurier
Creek

Teslin River

Mt. Laurier
1760m

Takhini River

Haines
Junction

Hidden
Valley B&B

B&B

Whitehorse

Joe Mountain
2084m

Marsh
Lake

N

0 30 km

ALASKA U.S.A.

Inuvik

Fort
McPherson

Northwest
Territories

Eagle
Plains

Circle

Yukon
Territory

Eagle

KANADA

Dawson
City

Carmacks

Haines
Junction

Kluane
National
Park

Whitehorse

Teslin

Skagway

Haines

Golf
von Alaska

British
Columbia

Yukon River 1 von Whitehorse bis Dawson City

Tag 1

Es ist Anfang Juni. Die Nachmittagssonne brennt vom Himmel. Schmelzwasser tropft von den letzten Eisschollen, die die Pfähle des alten Anlegedocks am Yukon River umklammern. Hier, direkt an der Uferpromenade von **Whitehorse** oder etwas oberhalb am Robert Service Campground, starten wohl die meisten Paddler ihre Kanutour auf einem der berühmtesten Paddelflüsse der Welt. Nur etwa 45 Kilometer oberhalb von Whitehorse, am Marsh Lake, beginnt der Yukon River seine über 3000 Kilometer lange Reise zur Beringsee.

Die großen, fjordähnlichen Quellseen, Marsh Lake, Tagish Lake und Lake Bennett werden wiederum von den Gletschern der Küstenberge zwischen Alaska und British Columbia gespeist. Bevor das grünblaue Wasser schließlich Whitehorse erreicht, durchfließt es noch den Miles Canyon, dessen ehemals tosende Stromschnellen durch den künstlich angelegten Schwatka Lake gezähmt wurden, und treibt die Turbinen des Whitehorse-Staudammes an. Direkt unterhalb des Staudammes befinden sich einige beliebte Spielstellen für Wildwasserkajaks.

Ich checke noch einmal, ob das ganze Gepäck sicher im Boot verstaut und das Kanu richtig getrimmt ist; dann geht es los. Die letzten Häuser in der Front Street ziehen an mir vorbei, und ich lenke das Boot langsam auf die rechte Flussseite. Die erste Insel teilt den Fluss in zwei Kanäle. Im linken Kanal hängt eine Fußgängerbrücke relativ dicht über der Wasseroberfläche, so dass die rechte Durchfahrt die bessere Wahl ist. Bald darauf

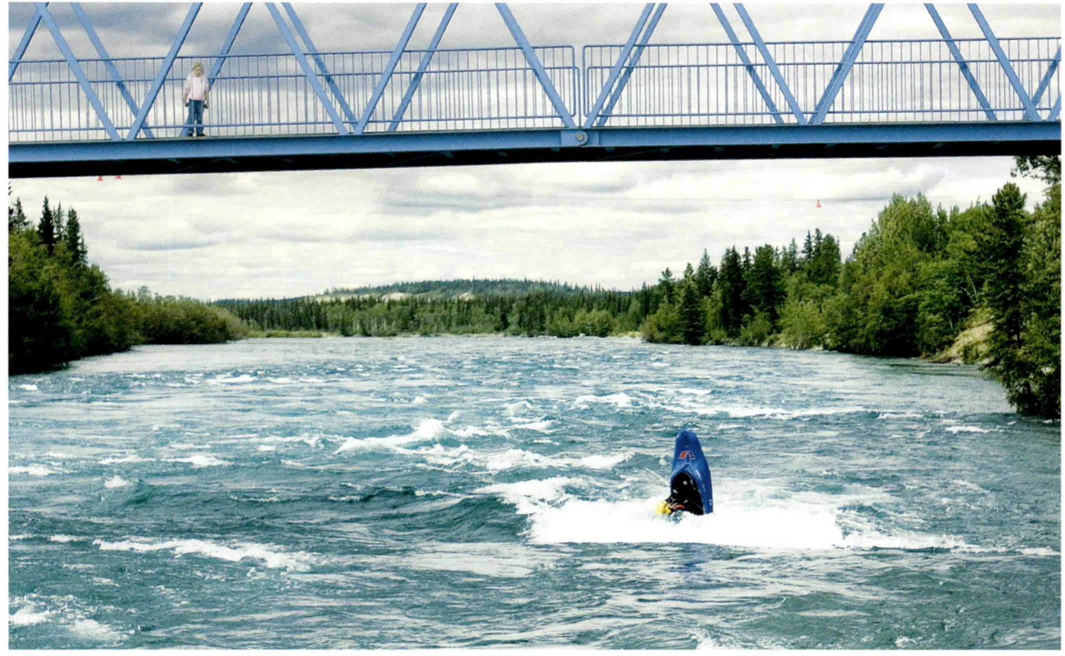

Wildwasserspiele am Yukon River Staudamm.

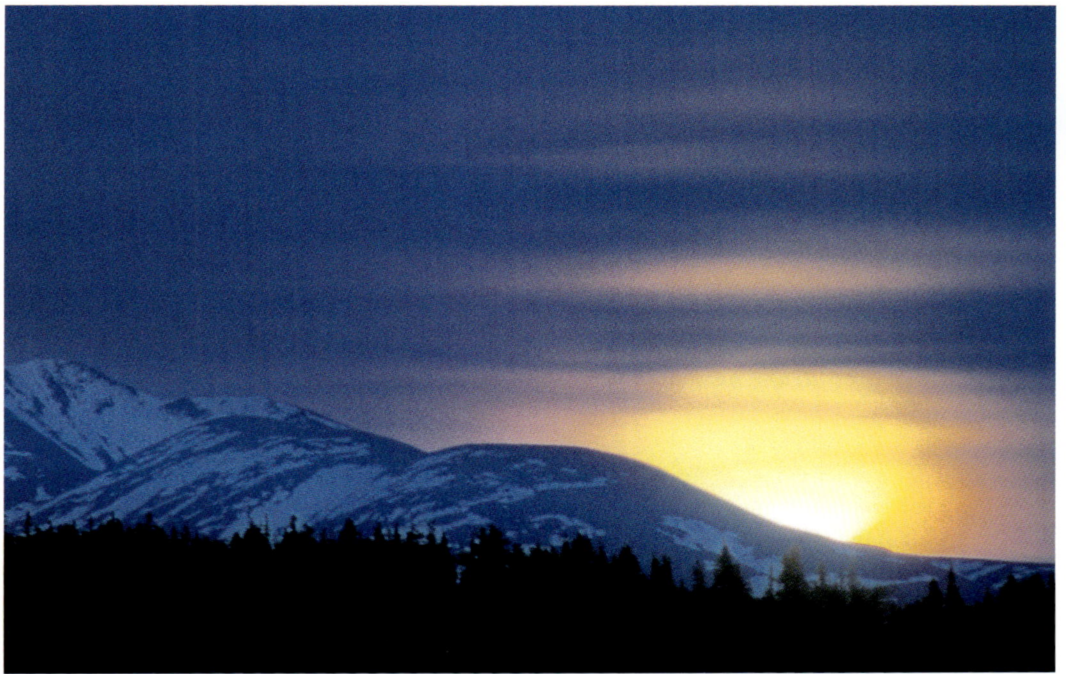

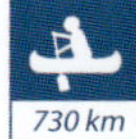

Mondaufgang über den letzten Schneefeldern.

lasse ich auch die letzten Häuser hinter mir. Fichten säumen von nun an die Ufer und sandige Steilhänge, von deren Abbruchkante ein Weißkopfseeadler zu mir herabschaut. Willkommen in der Wildnis! Genau genommen ist der 40 Kilometer lange Flussabschnitt bis zum Erreichen des Lake Laberge noch keine „echte" Wildnis. Vom Fluss aus sind die wenigen Häuser und Farmen kaum zu sehen. Nach zweieinhalb Stunden erreiche ich die **Mündung des Takhini Rivers** und damit die offizielle Stadtgrenze von Whitehorse. Oberhalb der Einmündung überquert der Klondike Highway den Takhini River und böte somit die Möglichkeit, die Paddeltour hier wieder zu beenden. Ich setzte die Fahrt natürlich fort und bin fasziniert von dem einerseits klaren Yukonwasser und dem sedimenthaltigen Wasser, das der Takhini River mit sich führt. Beide fließen noch ein ganzes Stück nebeneinander her, bis sie sich schließlich vereinen. Die Dämmerung ist schon lange hereingebrochen, als ich kurz vor Mitternacht mein Lager auf der letzten großen Flussinsel vor dem Lake Laberge aufschlage. Sie liegt in einer scharfen Linkskurve und wird regelmäßig als Camp genutzt. In diesem Jahr bin ich jedoch einer der ersten auf dem Fluss, denn erst vor drei Tagen ist das Eis auf dem Lake Laberge aufgebrochen und den Yukon River hinuntergetrieben.

Tag 2

Der **Lake Laberge** liegt auf ca. 620 m ü.N.N., ist etwa 50 Kilometer lang und bis zu sechs Kilometer breit. Die Einfahrt in den See ist nicht ganz einfach. Die Sedimentfracht des Yukons lässt in der Mündung weite Sandbänke entstehen. *Zu Zeiten der Raddampfer wurde das Wasser aus diesem Grund mit*

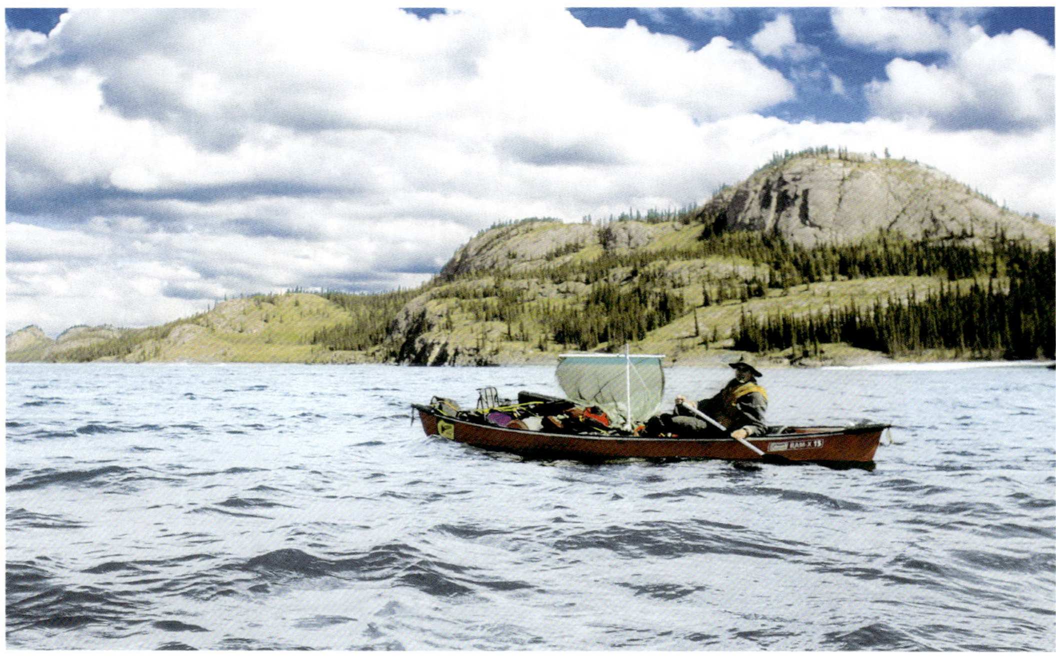

„Segeln" auf dem Lake Laberge.

einer Reihe Holzpfählen kanalisiert um eine Fahrrinne frei zu spülen. Die Pfähle sind noch heute zu sehen, doch mangelnde Wartung in den letzten Jahrzehnten hat das Delta wieder versanden lassen.

Ich paddle zunächst ein gutes Stück zwischen den Pfahlreihen, folge dann rechts einer breiten Öffnung und halte mich, von einem leichten Rückenwind getrieben, immer möglichst dicht am Ufer, sofern die Wassertiefe dies zulässt. Bei starkem Wind sollte man am besten gar nicht erst auf den See hinausfahren, da das flache Wasser zu einer Route relativ weit vom Ufer entfernt zwingt, wo sich schnell hohe Wellen aufbauen.

Heute ist der See zum Glück ruhig. Bei früheren Touren habe ich schon mehrfach mit den Tücken des Sees Bekanntschaft gemacht und gelernt, dass es am besten ist, jede Minute einer guten Wetterlage auszunutzen. Der Wind ist auf diesem See wirklich unberechenbar. Während mein Paddel in ruhigem Rhythmus kleine Wirbel in den See zeichnet, genieße ich den Sonnenschein und die Aussicht auf die umliegenden Bergrücken. Auf der linken Seite begleiten die bis zu 2000 Meter hohen **Gipfel der Miners Range** den See. Rechts ist besonders der 1779 Meter hohe **Mount Laurier** eine auffällige Landmarke. Dichter Wald bedeckt die Berghänge und reicht bis an den Kiesstrand hinab. Kleine und große Buchten säumen das Ufer; fast immer ist die Sicht bis zur nächsten Landzunge begrenzt. Gefühlsmäßig scheint die eigentlich langgezogene Seenetappe dadurch in viele kürzere Abschnitte zu zerfallen. *Soweit das Auge reicht, ist dieses Land das traditionelle Stammesgebiet der Ta'an Kwäch'än First Nations (southern Tutchone). Die Übersetzung dieses indianischen Namens bedeutet soviel wie „Leute des Sees". Schon lange bevor das Gold die ersten Weißen in dieses Gebiet führte, unterhielten die Leute des Sees Handelsbeziehungen zu vielen anderen*

Stämmen und eine Vielzahl von Transportpfaden. An der **Mündung des Laurier Creeks**, den ich nach gut vier Stunden erreiche, war der Anfang eines solchen Trails. Hier mache ich einen kurzen Stopp, um eine Äsche für das Abendessen zu fangen, und paddle dann noch zwei Stunden, bis ich mein Lager auf einer schönen Landzunge aufschlage.

Tag 3

Die Landzunge kenne ich bereits wie die eigene Westentasche. Ein ausgewachsener Sturm zwang mich bei einer meiner früheren Touren, vier Tage hier auszuharren, während sich eineinhalb Meter hohe Wellenberge an den Strand warfen. In vergangenen Zeiten sind in solchen Stürmen sogar große Schaufelraddampfer gesunken; das kalte Wasser hat schon einige Opfer gefordert (auch schon unvorsichtige Kanuten!). Heute, am frühen Morgen, begrüßt mich jedoch ein spiegelglatter See. Beste Bedingungen also, um den rauen Mittelteil des Sees in Angriff zu nehmen. Häufig prägen hier Felsnasen und nackter Granit das Ufer. Die kahlen Granitkuppen der **Hancock Hills** zeugen mit rundgeschliffenen Kuppen und tiefen Kratzern im Gestein von der letzten Eiszeit. Seitdem sich die Gletscher zurückgezogen haben, ist kaum Humusboden entstanden. Heute streicht der Wind ungehindert über die trockenen Hänge und die schütteren Bäume sind vom Wetter gebeutelt. Für diesen Teil des Sees gilt die Grundregel: Wenn weiße Schaumkronen auf den Wellenkämmen stehen – runter vom Wasser! Es ist in solchen Fällen immer besser zu warten und vielleicht

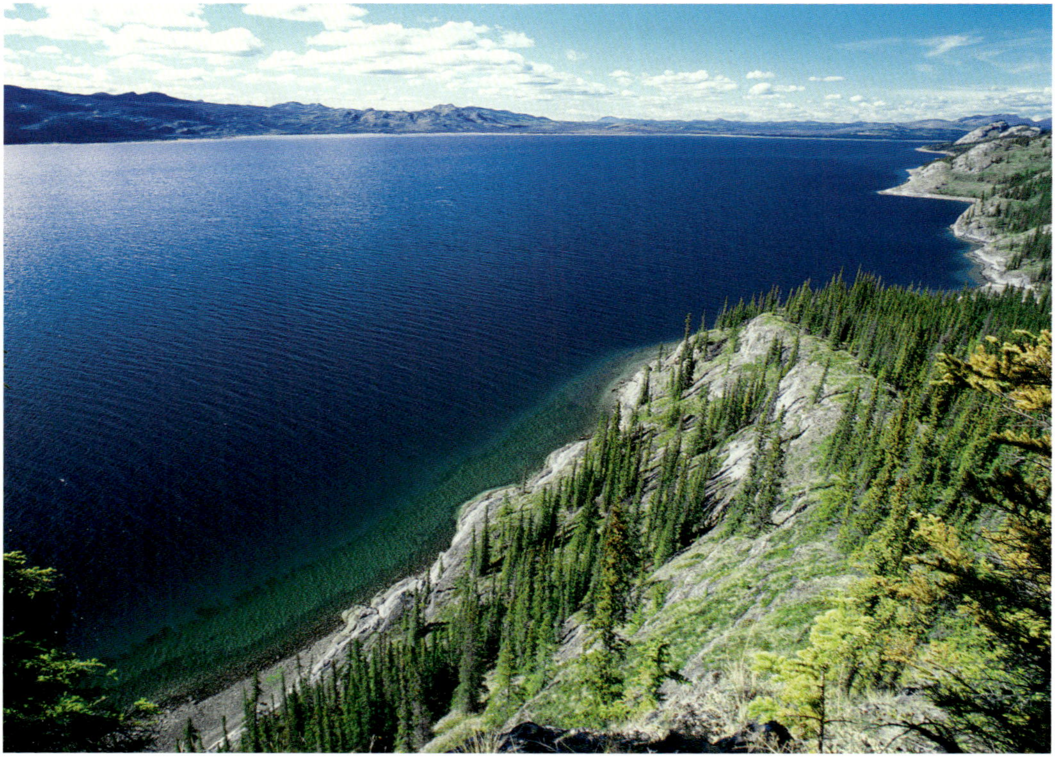

Blick über die letzten Kilometer auf dem See.

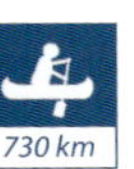

in den ruhigeren Abend- und Nachtstunden weiter zu paddeln. Für mich bedeutet die mittelstarke Brise, die mittlerweile aus Süden heraufweht, jedoch noch keine Gefahr; im Gegenteil. Mein Tarp funktioniere ich kurzerhand zum Segel um und von nun an geht es sogar mit einer ordentlichen Bugwelle dem nördlichen Ende des Sees entgegen. Einmal muss ich noch anhalten und eine Stunde eine sehr windige Phase abzuwarten, dann erreiche ich am Abend das Ende des Sees. Kaum wieder auf dem Yukon, taucht auch schon die verlassene Siedlung **Lower Laberge** am rechten Ufer auf. Direkt neben den Überresten des Schaufelraddampfers „Casca" baue ich mein Lager auf und erkunde danach die alten Blockhütten. *Die alte Telegrafenstation wird im Winter von einem Trapper zeitweise bewohnt und ist noch recht gut in Schuss. Im Inneren liegt eine besondere Stimmung über den alten Möbeln und Gebrauchsgegenständen. Alte Inschriften zieren die längst vergilbte Tapete. Ein schwerer, muffiger Geruch liegt in der Nase. Fast scheint es, als würde die Zeit zwischen den grauen Balken etwas langsamer ablaufen.*

Tag 4

Der Abschnitt vom Lake Laberge bis zur Einmündung des Teslin Rivers wird oft als das schönste Stück des gesamten Yukon bezeichnet. Dieser „30-Mile" genannte Flussteil ist noch nicht besonders breit. Das Wasser, das den See verlässt ist kalt, klar und schnell. Hohe Steilufer, viele Kurven und einige Stellen mit kleinen Wellen lassen im Boot kaum Langeweile aufkommen. Auch die Tierwelt ist hier gut vertreten. Äschen tummeln sich in den Kehrwassern und flüchten zwischen die Felsen, wenn ein Weißkopfseeadler seine Kreise über dem blauen Fluss zieht. Auch Grizzlys konnte ich schon häufiger hier beobachten.

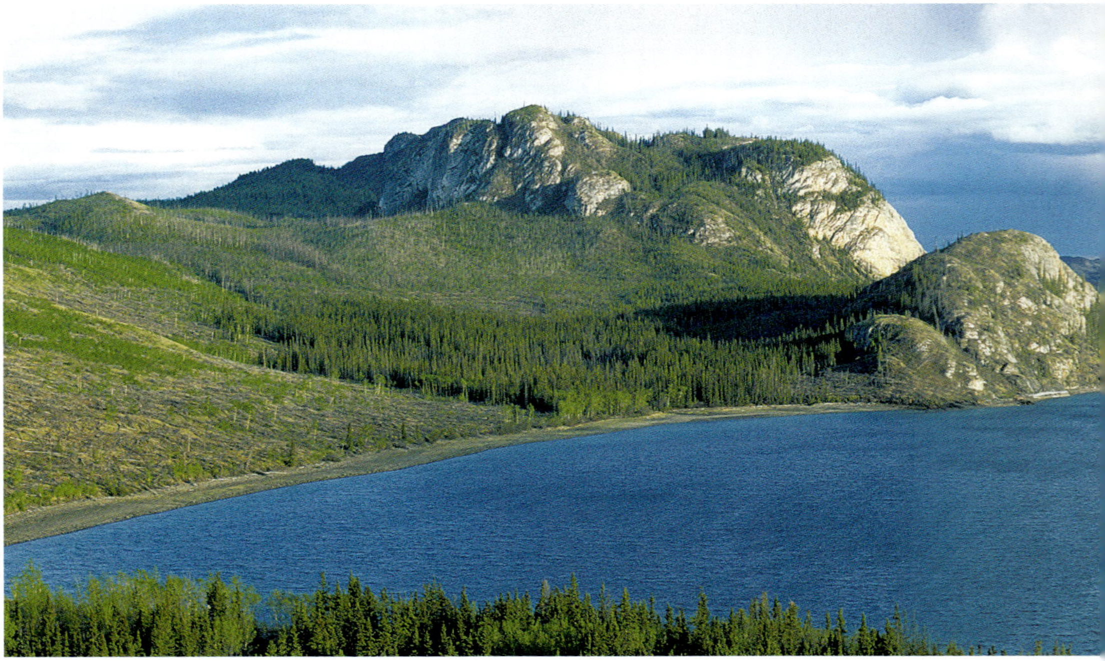

Landzungen und breite Buchten prägen die Ufer des Lake Laberge auf weiten Strecken.

An einigen Passagen fragt man sich ernsthaft, wie die bis zu 800 Tonnen schweren Raddampfer früher durch diese Engstellen manövrieren konnten. Tatsächlich tragen einige Stellen Namen wie z.B. Cape Horn oder die Namen von verlorengegangenen Schiffen.
Für mein Kanu stellen die flachen Stellen und engen Kurven keine größere Gefahr dar. Dafür macht mir aber ein aufziehendes Gewitter Sorgen. Immer wieder dringt grollender Donner aus der Wolkenfront stromabwärts. Die dunklen Gewitterwolken spiegeln sich im Fluss, und selbst die letzten aufgetürmten Eisschollen am Ufer leuchten in bedrohlichem Dunkelblau. Zwei Singschwäne fliegen eilig den Fluss hinauf; bald darauf erreichen mich die ersten Windböen.
Auf einem einladenden Campplatz suche ich Schutz vor den Naturgewalten. *Wie in Lower Laberge und in Hootalinqua weiter stromabwärts ist dieser Platz mit Bänken und sogar mit einer Trockentoilette ausgestattet. Hintergrund für diesen „Luxus" ist die Ernennung des „30-Mile" Flussabschnittes zum kanadischen Kulturfluss (Canadian Heritage River seit 1991) aufgrund seiner landschaftlichen und geschichtlichen Bedeutung.*
Eine halbe Stunde später kann es endlich wieder weitergehen – nachdem ich mit beiden Händen die Hagelkörner aus dem Boot geschaufelt habe. Längst scheint wieder die wärmende Sonne vom Himmel, als nach etwa 50 Kilometern Tagesstrecke die verlassene Ortschaft **Hootalinqua** in Sicht kommt. *Gegenüber der Mündung des Teslin Rivers war Hootalinqua einst ein wichtiger Posten zu Versorgung der Flussschiffart und der Goldminen von Livingstone. Heute laden die alten Gebäude zur Besichtigung ein.*
Zwei Kanus liegen bereits am Strand, als ich mein Boot aufs Trockene ziehe und zusätzlich an den Weidenbüschen fest mache. Ein herzliches „Hallo!" schallt vom Zelt nebenan herüber.

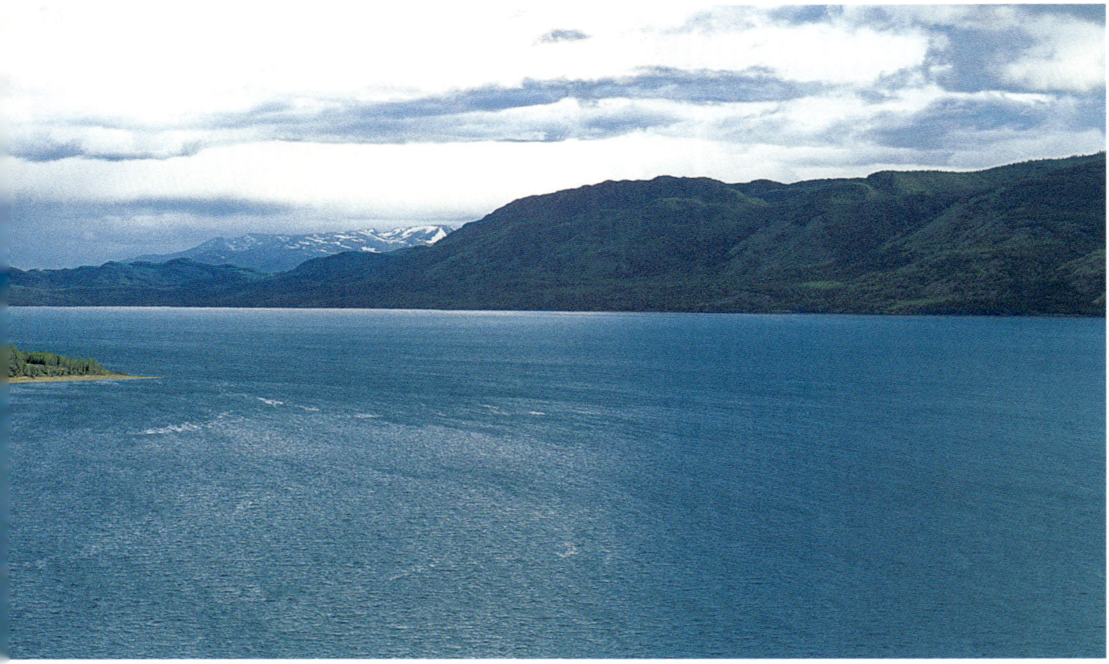

Es ist schon spät in der Nacht, als der Vollmond langsam über die Hügel kriecht, während fünf Gestalten um eine dampfende Kaffeekanne herum am Feuer sitzen.

Tag 5

Da das Wasser des Yukon bis zu diesem Punkt überwiegend aus von Gletschern gespeisten Quellseen stammt, erreicht der Obere Yukon erst spät im Juli seine Hochwassermarke. Der trübe **Teslin River** wird jedoch weitgehend von der Schneeschmelze beeinflusst. Um diese Jahreszeit ist er deutlich angeschwollen und spült fast im Minutentakt Treibholzstämme und ganze Bäume in den Yukon. Durch das Hochwasser ist auch die Strömung mit über zehn Stundenkilometern sehr schnell, und ich muss mich beeilen, die Hälfte des nun etwa 200 Meter breiten Yukon zu überqueren, um bereits an der rechten Seite der nächsten Insel wie-

Goldrausch

Schon bei den ersten Entdeckungsreisen im Yukon wurden Goldvorkommen festgestellt.
Eine kleine Zahl von Minern bearbeitete im Jahr 1886 das Gebiet um das heutige Dawson City. Was aber am 17. August 1886 am Rabbit Creek geschah, sollte in kürzester Zeit einen der größten und den wahrscheinlich berühmtesten Goldrausch aller Zeiten auslösen. Eine Version der Geschichte erzählt, dass George Carmack, Dawson Charlie und Skookum Jim die Entdecker des unglaublich goldhaltigen Baches waren. Eine andere besagt, dass George Carmacks Frau Kate ein funkelndes Nugget beim Abwaschen eines Kochtopfes entdeckte.
Nach dem Bekanntwerden des Fundes im Jahre 1897 machten sich Tausende auf den langen und strapaziösen Weg zum Klondike, unter ihnen auch der junge Schriftsteller Jack London. Die meisten schleppten die erforderlichen 1000 kg Verpflegung und Ausrüstung über den Chilkoot Pass in das Gebiet des heutigen Yukon. Vom Lake Bennett aus starteten die Goldsucher dann mit selbstgezimmerten Booten in Richtung Klondike. Über 200 Goldsucher verloren dabei allein in den damals gefürchteten Whitehorse Rapids ihr Leben – etliche mehr ihre Ausrüstung. Auch über andere Routen strömten die Menschen ins Land; bereits im Jahre 1898 war an der Mündung des Klondike Rivers in den Yukon River mit Dawson City die größte Stadt westlich von Winnipeg und nördlich von San Francisco entstanden. Von den über 30 000 Menschen wurden nur wenige wirklich reich. Die meisten schufteten unter härtesten Bedingungen auf fremden Claims. Ein weiterer großer Goldfund in Nome an der Beringstraße besiegelte das Ende dieser ereignisreichen Epoche. Von nun an waren es überwiegend die großen Minengesellschaften, die mit riesigen schwimmenden Goldbaggern die Goldfelder ausbeuteten. Noch heute werden in den Goldfeldern um Dawson City ein bis zwei Tonnen Gold jährlich gefördert.

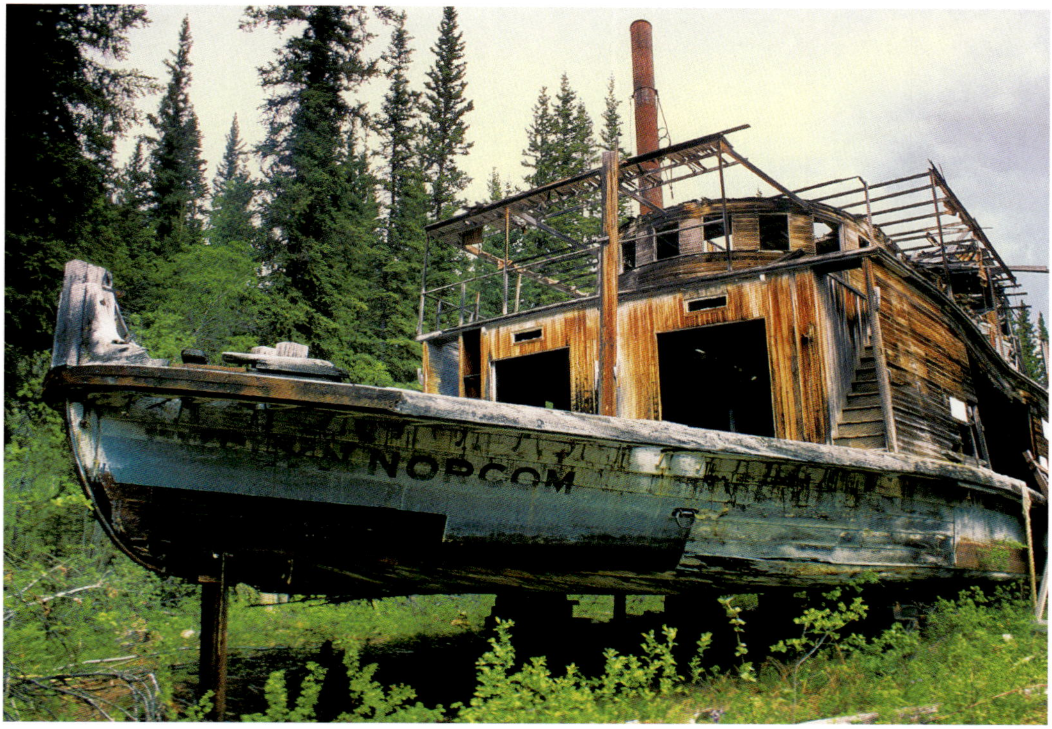

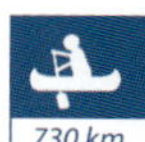

Auf Shipyard Island fand dieser Raddampfer seine letzte Ruhestätte.

der anzulegen. Auf **Shipyard Island** *wartet ein ganz besonderes Relikt aus der goldenen Zeit auf den Flussreisenden von heute. In der Mitte der Insel liegt der Raddampfer „Evelyn" auf dem Trockenen. Seit er außer Dienst gestellt und im Jahre 1931 mit Hilfe von Winden und Flaschenzügen auf seinen jetzigen Standplatz gezogen wurde, hat er zwar reichlich Farbe, aber nur wenig von seinem alten Charme eingebüßt.*

Auch auf den folgenden 60 Kilometer bis zur historischen Siedlung Big Salmon Village gibt es viel zu sehen. In einer Rechtskurve ragen (bei Niedrigwasser) die Überreste des **Dampfers Klondike I** aus dem Fluss.

Ein verfallenes Holzfällercamp und die auffällige **Cassier Bar** sind die nächsten interessanten Anlaufpunkte. *Diese stark goldhaltige Kiesbank wurde schon mehrfach umgegraben und hat mehr Gold hervorgebracht als alle anderen Stellen am Yukon River.*

Die starke Strömung bis Big Salmon Village macht das Paddeln fast unnötig. Ohne große Anstrengung erreiche ich nach sechs Stunden **Big Salmon Village** mit seinen grauen Blockhütten an der Mündung des **Big Salmon Rivers.**

Sofort ertönt der Alarmruf einiger Erdhörnchen, und die ganze Sippschaft verschwindet in ihren Löchern unter den Hütten. *So niedlich diese kleinen Nager auch sind, für die Kulturbehörde sind sie ein echtes Problem, denn durch ihre Erdarbeiten haben sie schon einige der historischen Blockhütten zum Einsturz gebracht. Im Jahr 1995 vernichtete ein großes Feuer den umliegenden Wald, verschonte aber zum Glück die alten Gebäude und den Friedhof.*

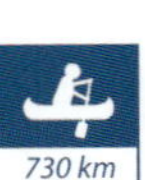

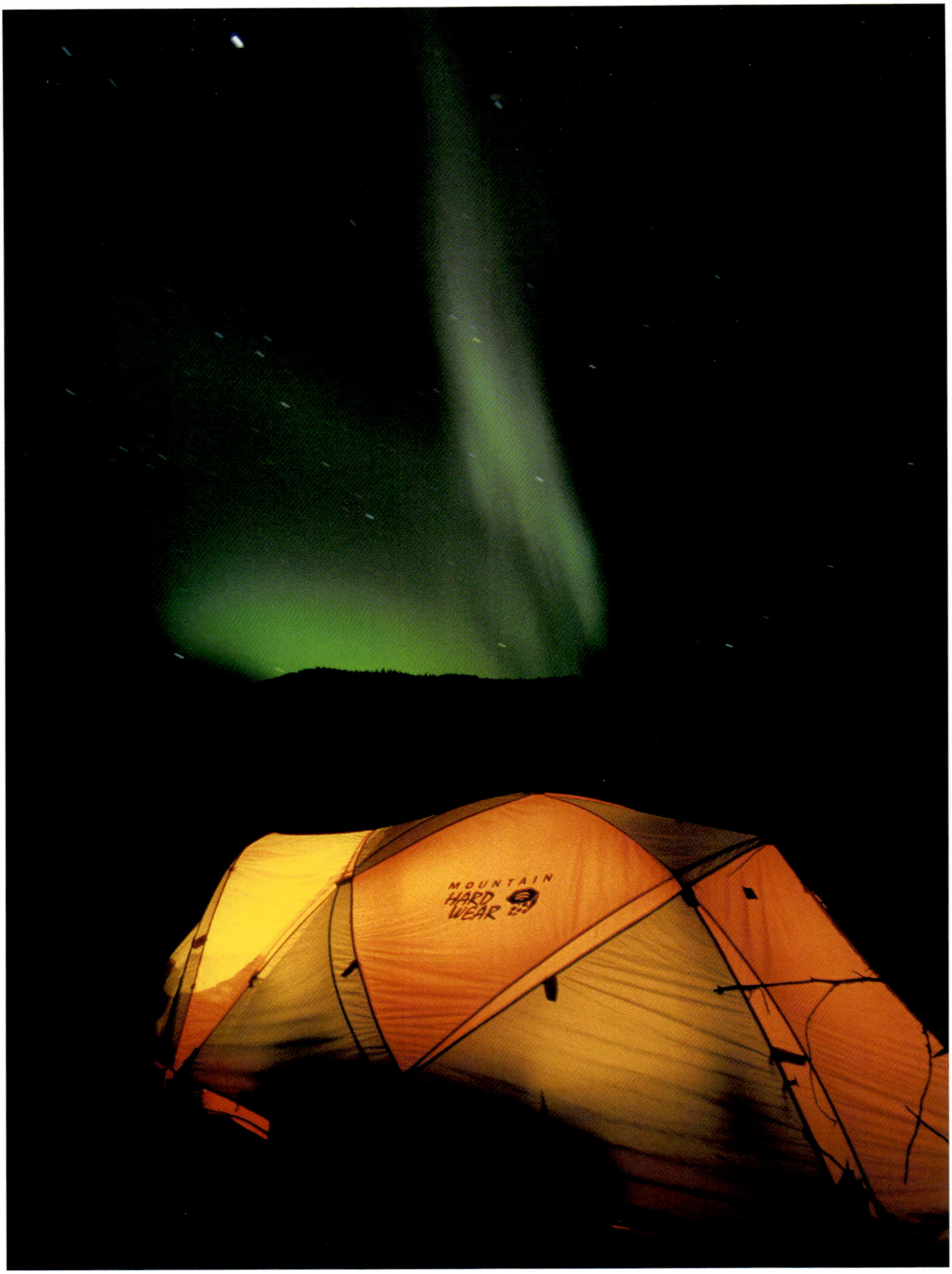

Polarlichter oberhalb von Carmacks.

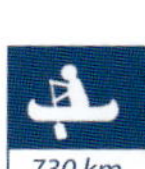

Tag 6

Wenn man heute die nahezu menschenleere Strecke vom Lake Laberge bis nach Carmacks zurücklegt, ist es schwer vorstellbar, dass der *Yukon River zwischen 1898 und 1950 eine Lebensader inmitten von endlosen Wäldern war. An vielen Stellen lebten damals Menschen am Fluss, und eine Telegrafenleitung begleitete ihn von Whitehorse bis nach Dawson City. Selbst im Hinterland und an großen und kleinen Nebenflüssen hatten sich einige Trapper ein Zuhause geschaffen.*
Ein großer Teil des Waldes entlang der Ufer wanderte im Laufe der Zeit in die Brennkammern der großen und kleinen Dampfer, die auch entlegene Posten im Busch anfuhren. Bis zum Bau des Klondike Highway im Jahre 1955 war die äußerst raue Dawson Road die einzige Alternative, um von Whitehorse nach Dawson City zu kommen.
Nach einer weitgehend kompletten Entvölkerung des Hinterlandes in den vergangenen fünf bis sechs Jahrzehnten sind es heute in erster Linie Kanufahrer, zur Lachssaison Indianer und im Herbst auch Jäger, die man auf dem Yukon River trifft. Unterhalb von Hootalinqua und Big Salmon Village kann es zur Hochsaison im Sommer auch schon mal etwas eng auf den Campplätzen werden, da auch die Kanus aus dem Teslin und Big Salmon River diesen Flussabschnitt befahren. Jetzt, zu Anfang der Saison, habe ich den Fluss und die meisten Campplätze noch für mich.
Ab **Big Salmon Village** verändert sich das Flusstal erneut. Durch die Zuflüsse hat der Yukon noch einmal an Breite zugelegt. Deutlich mehr Inseln tauchen auf; die Berge scheinen die meiste Zeit respektvoll vor dem Fluss zurückzuweichen. Imposante Steilufer und abgebrannte Waldflächen säumen das graue Wasser auf weiten Strecken. Nach knapp 20 Kilometern zieht mich die Strömung an der alten **Cry's Dredge** vorbei. *Im Jahr 1940 arbeitete dieser kleine Goldbagger nur 23 Tage lang, wurde dann wegen des einsetzenden Winters verlassen und nie wieder in Betrieb genommen.* In den letzten Jahren hat dem urigen Gefährt das Hochwasser leider stark zugesetzt und die Waschtrommel umgestürzt. Ein weiterer versunkener Goldbagger liegt oberhalb von **Erickson's Woodcamp** rechts in einem stillen Flussarm. *Erickson's Woodcamp war ein großes Holzfällercamp und einst eine bedeutende Tankstelle für die Flussdampfer.*
Beim Hechtangeln in der großen Bucht gegenüber der verfallenen Blockhütten entdecke ich einen jungen Elch im Dickicht. Viele abgebrannte Flächen entlang dieses Flussabschnitts fielen der Feuersbrunst von 1995 zum Opfer. Das nun neu gewachsene Grün ist beliebt bei den schlaksigen Tieren.
Auf der langen geraden Strecke nach dem Holzfällercamp scheint es fast so, als würde der 1200 Meter hohe **Grady Mountain** direkt aus dem Fluss wachsen. Kurz vor der 600 Meter hohen Bergflanke biegt der Yukon jedoch nach links ab. Weit oben kann ich einen kleinen schwarzen Punkt ausmachen. Erst das Fernglas macht aus dem Punkt einen Schwarzbären, der anscheinend faul in der Sonne liegt. Ein gutes Stück oberhalb der Mündung des **Little Salmon Rivers** schlage ich schließlich mein Lager auf einem kleinen unscheinbaren Campplatz auf.

Tag 7

Little Salmon Village, *an der Mündung des gleichnamigen Flusses, ist eine der ältesten Indianersiedlungen am Yukon. Schon lange bevor die ersten Weißen dieses Land betraten, war Little Salmon (wie auch Big Salmon Village und Hootalinqua) eine bedeutende Siedlung und Handelsposten der Little Salmon, Carmacks First Nations (northern Tutchone).*

Im Jahre 1917 raffte eine Grippeepidemie jedoch nahezu die gesamte Bevölkerung dahin. Seitdem wird der Ort fast nur noch im Sommer als Fishcamp genutzt. In den letzten Jahren ist ein deutlicher Trend der First Nations zurück zu den traditionellen Lebensweisen zu beobachten; im Sommer sind immer mehr Fishcamps an den Flüssen zu sehen. Little Salmon Village hat einen der größten Indianerfriedhöfe im Yukon. Sollte die Siedlung bewohnt sein, ist es besser, die Bewohner vor einem Besuch der bunten Grabhäuser um Erlaubnis zu bitten.

Die alte Siedlung ist auch der erste Punkt der Tour seit dem Lake Laberge, der einen Straßenzugang bietet. Von nun an begleitet der Campbell Highway den Fluss bis nach Carmacks. Etwa zehn Kilometer unterhalb von **Little Salmon** thront der eindrucksvolle **Eagle Rock** bis zu 200 Meter über dem Fluss. *Eine alte Legende über dieses Heiligtum der Indianer besagt, dass ein Flussreisender den Felsen schweigend passieren sollte oder sein Boot werde von einem Sturm versenkt.*

Unzählige solcher Geschichten und Legenden über das Land und die Lebewesen macht einen Großteil der schriftlich kaum überlieferten Kultur der hiesigen Indianervölker aus. Bis Carmacks breitet sich der Yukon nun endgültig in seinem Tal aus. Der Fluss wird durch viele Inseln geteilt; ich habe mit starkem Gegenwind zu kämpfen. Auf der linken Seite erstrecken sich Hügel und abgebrannte Waldflächen, rechts ist immer wie-

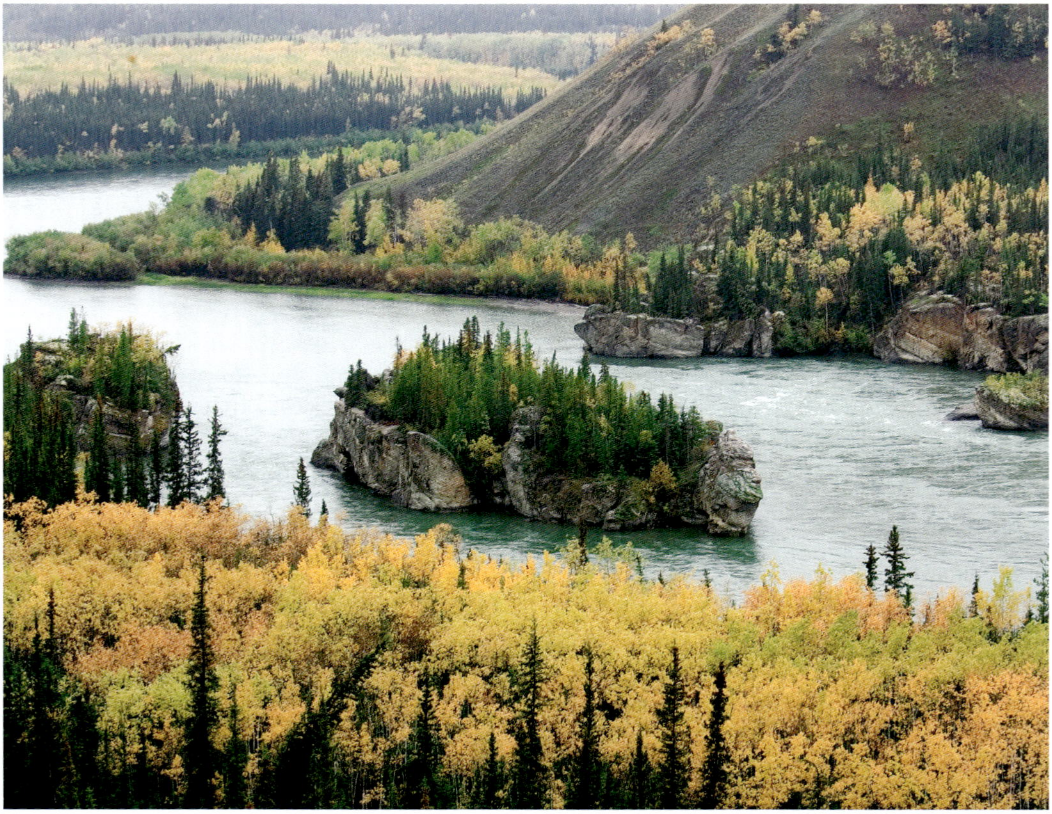

Die „five finger rapids“ im Herbst.

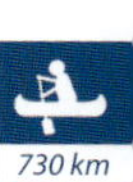

der die wenig befahrene Straße an den kahlen Grashängen zu sehen. *Dieser Flussabschnitt bildete im September 1906 das Szenario für eine der schlimmsten Dampferkatastrophen auf dem Yukon River. Der mit Vieh und drei Tonnen Sprengpulver beladene Dampfer Columbia war gerade auf dem Weg nach Carmacks, als ein versehentlich abgefeuerter Schuss das Pulver zur Explosion brachte. Sechs der 25 Besatzungsmitglieder verloren bei der Explosion ihr Leben. Das Schiff brannte komplett aus.*

Kurz vor **Carmacks** überquert eine Hochspannungsleitung den Fluss. Ich halte mich rechts, um den Anleger des **Coal Mine Campgrounds** (www.coalminecampground.com) nicht zu verpassen. Der eigentliche Ortskern liegt weiter stromab am linken Ufer, und am Fluss gibt es sogar einen staatlichen Campground. Dieser Platz hat wegen fehlender Duschen, des Verkehrslärms, der nahen Straßenbrücke und möglicher Langfinger jedoch nicht gerade den besten Ruf. *Ursprünglich gab es in Carmacks nur eine Kohlemine. Mit der abgebauten Kohle wurden die Flussdampfer befeuert, und es bildete sich nach und nach das Dorf Carmacks.*

Tag 8

Am Morgen nutze ich erst einmal ausgiebig die Annehmlichkeiten der Zivilisation. Frisch geduscht lasse ich mir einen Burger an der Fast Food-Bude des Campgrounds schmecken.

Danach paddle ich um die nächste Kurve und lege auf der linken Seite ein Stück hinter der Klondike Highway-Brücke wieder an. Von hier aus ist es nur ein Katzensprung bis zur Tankstelle, die zugleich als Lebensmittel- und Gemischtwarenladen fungiert und sogar einen Geldautomaten hat. Für längere Zeit lässt man sein Boot in Carmacks aber am besten nicht unbeaufsichtigt...

Von Carmacks sind es etwa 35 Kilometer bis zu den legendären Stromschnellen der **Five Finger Rapids**. *Die Felsen, die an dieser Stelle den Yukon in fünf Flussarme aufspalten, sind wahrscheinlich Überreste eines gewaltigen Wasserfalls. In der Vergangenheit hat es zahlreiche Dampfer- und Bootshavarien in dieser Engstelle gegeben.*

Für Kanufahrer ist die Stromschnelle meist problemlos zu befahren; empfehlenswert ist allerdings nur die Durchfahrt im Kanal ganz rechts. Die anderen Kanäle sind deutlich schwieriger; es hat hier auch schon tödliche Unfälle gegeben! *Die Wucht des Wildwassers im rechten Kanal ist vor allem vom Wasserstand abhängig und wird mit WW I, in extremen Wassersituationen mit WW II angegeben. Im allgemeinen bedingt ein hoher Wasserstand auch höhere Wellen zwischen den Felsen, und auch ein starker Wind stromaufwärts kann die Wellen zusätzlich aufbauen. Ein extrem niedriger Wasserstand kann durch Felsen unter der Wasseroberfläche zu Turbulenzen führen. Bei Mittelwasser sind die Five Finger Rapids kaum als Wildwasser zu bezeichnen. Die Fahrt durch die Stromschnelle erfordert keine schwierigen Steuermanöver. Schwer beladene Kanus sollten bei Hochwasser sicherheitshalber durch eine provisorische Spritzdecke (z.B. Tarp über der Bootsspitze) geschützt werden.*

Bevor ich nach vier Stunden die Five Finger Rapids in Angriff nehme, mache ich noch einen kurzen Stopp an der aufgegebenen **Five Finger Coal mine** und kontrolliere das Gepäck.

Die letzte S-Kurve vor den Rapids scheint kein Ende zu nehmen, dann kommen langsam die grauen Felstürme in Sicht. Ich halte mich zunächst dicht am rechten Ufer und steuere dann auf die Mitte des rechten Kanals zu. Durch das Hochwasser sind die stehenden Wellen relativ hoch und unregelmäßig, aber nur ein paar Spritzer landen im Boot. Nach ein paar Sekunden ist bereits alles vorbei,

und ich paddle links an der nun folgenden Insel vorbei. Nach einer kurzen Verschnaufpause wartet auch schon die zweite und letzte Stromschnelle hinter einer Rechtskurve. Bei der Anfahrt an **Rink Rapids** sieht es aus, als würden sich die weißen Schaumkronen über die gesamte Flussbreite erstrecken. Dann zeigt sich jedoch ein ruhiger, wildwasserfreier Kanal am rechten Ufer.
Nach den Rink Rapids wird der Yukon schlagartig sehr breit und fließt in vielen Kanälen zwischen Inseln hindurch. Einen dieser Kanäle teile ich mir kurzzeitig mit einer Elchkuh und ihrem jungen Kalb. Nur einen Steinwurf entfernt durchschwimmen sie vor mir den Fluss und verschwinden dann eilig im Weidengebüsch. Für mich wird es nun langsam Zeit, ein Camp aufzuschlagen. Das ehemalige **Rasthaus Yukon Crossing** liegt nur wenige hundert Meter voraus am linken Ufer. Dieser Platz ist wirklich einladend, im Sommer ist der sumpfige Wald in der Umgebung jedoch auch bei den Moskitos sehr beliebt. *Die Winterstraße von Whitehorse nach Dawson City überquerte hier den Yukon. Heute stehen neben verschiedenen Gebäuden sogar noch die grauen Reste eines zweistöckigen Blockhauses im hohen Gras.*

Tag 9

Fades Dämmerlicht kriecht durch die grüne Zelthaut. Ich bin hellwach. Es kracht laut im dichten Unterholz hinter dem Zelt, dann ist Ruhe. Wahrscheinlich bahnt sich ein Elch dort seinen Weg. Ich warte noch etwas ab, stehe dann auf und frühstücke in der kühlen Morgenluft. Auf dem Fluss wärmt mir die Sonne den Rücken. Es ist erst Mittag, als ich am **Minto Resort** vorbeipaddle. Bis vor einigen Jahren war dies ein beliebter Campplatz bei den Paddlern, das Geld bringen mittlerweile die großen Wohnmobile vom nahen Klondike Highway.

Etwas stromab sind noch die Überreste des ursprünglichen Dorfes **Minto Landing** am rechten Ufer zu sehen. *Einst ein wichtiges Indianerdorf, stehen heute nur noch einige Hütten und der Anleger eines Flusskahns, der die Gold- und Kupferminen in der Umgebung versorgt.*
Hinter Minto steigen rechts, fast direkt aus dem Yukon, einige Berge von etwa 450 Meter Höhe bis teilweise auf über 1000 Meter empor. Immer wieder kann man hier Dallschafe beobachten, die auf den höher liegenden Wiesen grasen. Ein Wanderfalke auf seinem rasenden Jagdflug schießt an mir vorbei, während die ersten Inseln der **Ingersol Islands** auftauchen. Auf den folgenden Kilometern fächert sich der Yukon River zu einem Gewirr aus kleinen und großen Inseln auf. Immerhin über 100 Eilande zeigt eine detaillierte Karte hier auf nur sechs Kilometer Flussstrecke. Nacheinander passiere ich Flussstellen mit eindeutigem Namen. **Devil's Crossing** und **Hell's Gate** *waren ernste Problemstellen für die einstigen Dampfer. Flaches, schnelles Wasser und sich ständig verlagernde Kiesbänke verlangten den Kapitänen damals alles ab. Durch den Bau eines Dammes auf der linken Flussseite wurde damals versucht, einen freien Kanal auszuspülen.* Noch heute sind die Inseln in diesem Bereich ständigen Veränderungen ausgesetzt. Von hier aus sind es noch etwa zwölf Kilometer bis zur Einmündung des mächtigen **Pelly Rivers** in den Yukon. Gegenüber seiner Mündung auf der linken Uferseite befindet sich mit **Fort Selkirk** die wohl interessanteste historische Stätte am Yukon River. *Schon vor 5000 Jahren nutzten First Nations Jäger und Fischer diesen strategisch günstigen Platz. Im Jahre 1848 erreichte Robert Campbell über die Liard/Pelly River Route diesen Platz und gründete den ersten Handelsposten am oberen Yukon River. 1852 wurde der Posten von Chilkat-Indianern zerstört, und Campbell machte*

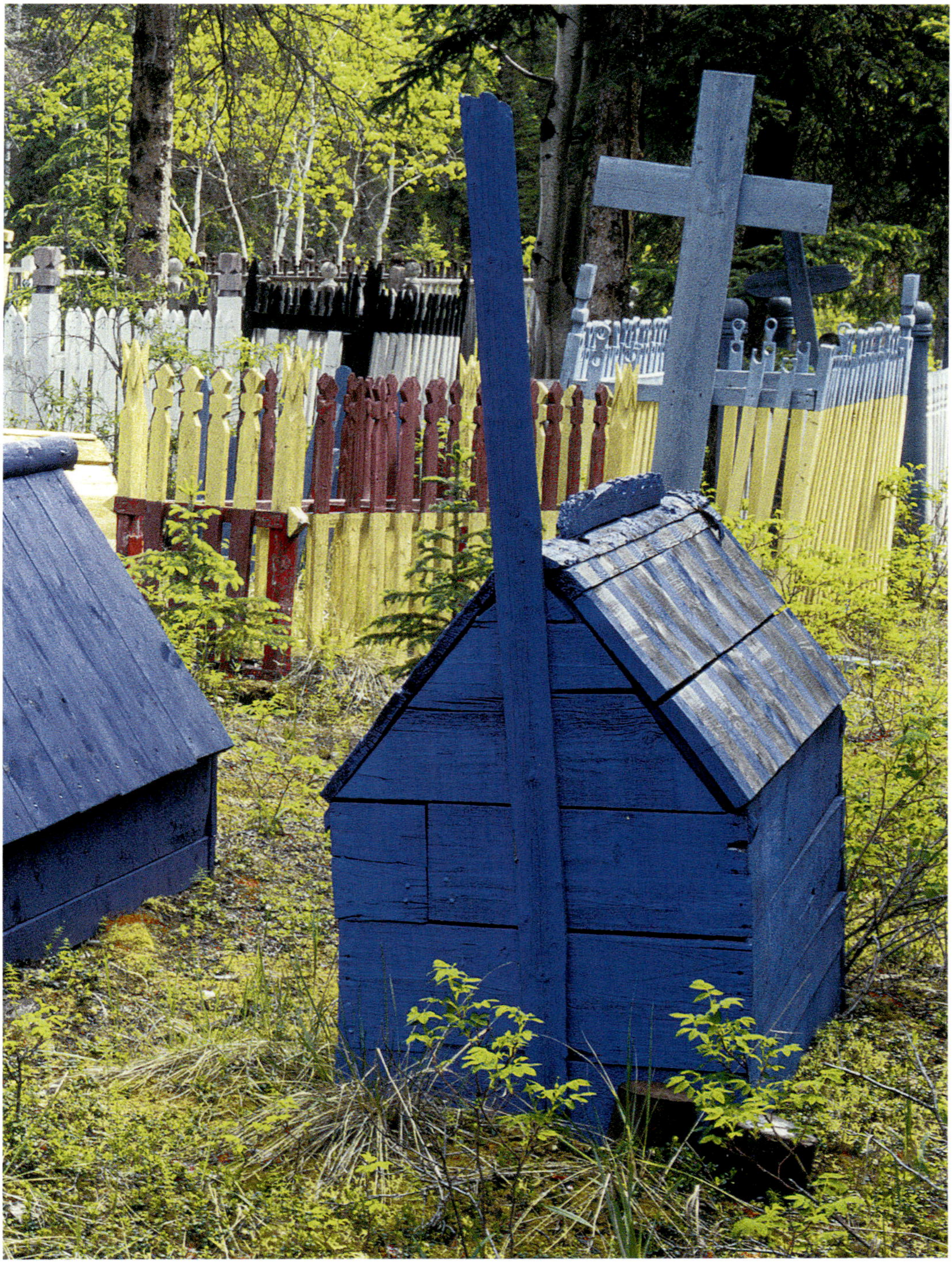

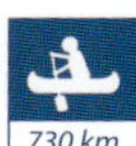

Totenhäuser auf einem Indianerfriedhof, Fort Selkirk.

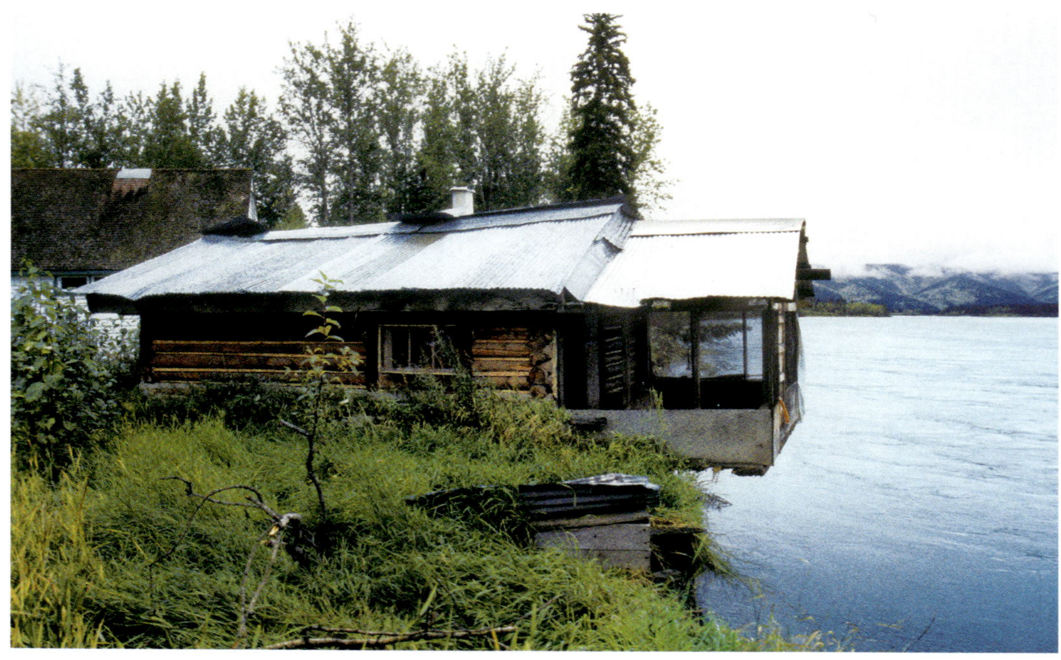

Dieses Blockhaus auf Steward Island ist schon lange ein Raub des Flusses geworden.

sich auf eine weitere berühmte Reise. Größtenteils auf Schneeschuhen kehrte er zurück nach Minnesota! 1892 wurde erneut ein Handelsposten gegründet, und bis zum Jahr 1950 war Fort Selkirk eine wichtige Station auf dem Weg nach Dawson City. Mit Vollendung des Klondike Highway wurde das Dorf aufgegeben; die Selkirk First Nations siedelten nach Pelly Crossing um. Heute ist Fort Selkirk ein sehr sehenswertes Museumsdorf mit über 30 teilweise hervorragend erhaltenen oder restaurierten Gebäuden, einem Aufenthaltshaus für Besucher und gelegentlichen Führungen durch First Nation Fremdenführer. Es gibt keinen Straßenanschluss. Fort Selkirk kann nur per Boot oder Flugzeug erreicht werden.

Tag 10

Etwa drei Stunden durchstreife ich am Morgen die alten Gebäude; *die beiden Kirchen, den alten Laden, die Schule und die zwei Friedhöfe. Viele Gebrauchsgegenstände sind noch an ihrem Platz, und zahlreiche Schautafeln informieren über das Leben damals und heute, die Geologie und die Natur der Region.* Ich kann mich kaum losreißen; erst gegen Mittag schiebe ich schließlich mein Kanu am Fuß des Steilufers wieder in den Fluss. Auf der rechten Uferseite wird der Yukon für die nächsten Kilometer von einem Steilufer aus vulkanischem Basalt begleitet. Die Berge rücken wieder nah an den Fluss heran, und von nun an fließt der **Yukon River** durch ein Gebiet, das in der letzten Eiszeit nicht vergletschert, sondern Teil der eisfreien Landmasse Beringia war. *Die Überreste von Mammuts, Riesenfaultieren und anderen längst ausgestorbenen Tierarten sind noch heute in den Permafrostböden der schattigen Bachtäler eingeschlossen und kommen heute durch Erdrutsche und Bergbauaktivitäten manchmal wieder zum Vorschein.*

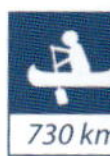

Leider habe ich heute nicht viel von der Aussicht auf diese urzeitliche Landschaft. Dichte Wolken ziehen die Berghänge entlang, und ein feiner, kühler Nieselregen weht den Fluss hinauf. Es ist ungemütlich auf dem Wasser. Nach einigen Stunden mit eingezogenem Hals und klammen Fingern beziehe ich ein Camp direkt oberhalb des **Selwyn Rivers**. Eine alte verfallene Blockhütte lugt aus dem Gebüsch und ist anscheinend das Zuhause eines zutraulichen Eichhörnchens. Am Abend wird das Wetter deutlich besser und ich streife etwas in der Umgebung umher. Eine dicke Moosschicht bedeckt stellenweise den Waldboden; faszinierende Orchideen blühen mit Wildrosen und verschiedenen Kräutern um die Wette. Der Wind ist mittlerweile vollständig eingeschlafen und eine unglaubliche Stille legt sich über den feuchten Wald.

Tag 11

Am Morgen strahlt die Sonne vom wolkenlosen Himmel. Es verspricht ein heißer Tag zu werden, also krame ich zunächst Sonnencreme, Schirmmütze und Sonnenbrille aus dem Gepäck, bevor ich ins Kanu steige. Ich lehne mich zurück und lasse mich einfach von der Strömung mitnehmen. Mit dem Fernglas suche ich die umliegenden Hänge ab, in der Hoffnung, einen Bären zu sichten. Tatsächlich gilt dieser Flussabschnitt als besonders reich an Schwarzbären und Grizzlys, und die Chancen stehen nicht schlecht, an den offenen Hängen einen „Petzi" zu entdecken. Bei **Coffee Creek** mache ich eine Pause und schlendere zwischen den Hütten umher.

Nach einer bewegten Vorgeschichte wurden die Hütten unterhalb des Coffee Creeks bis

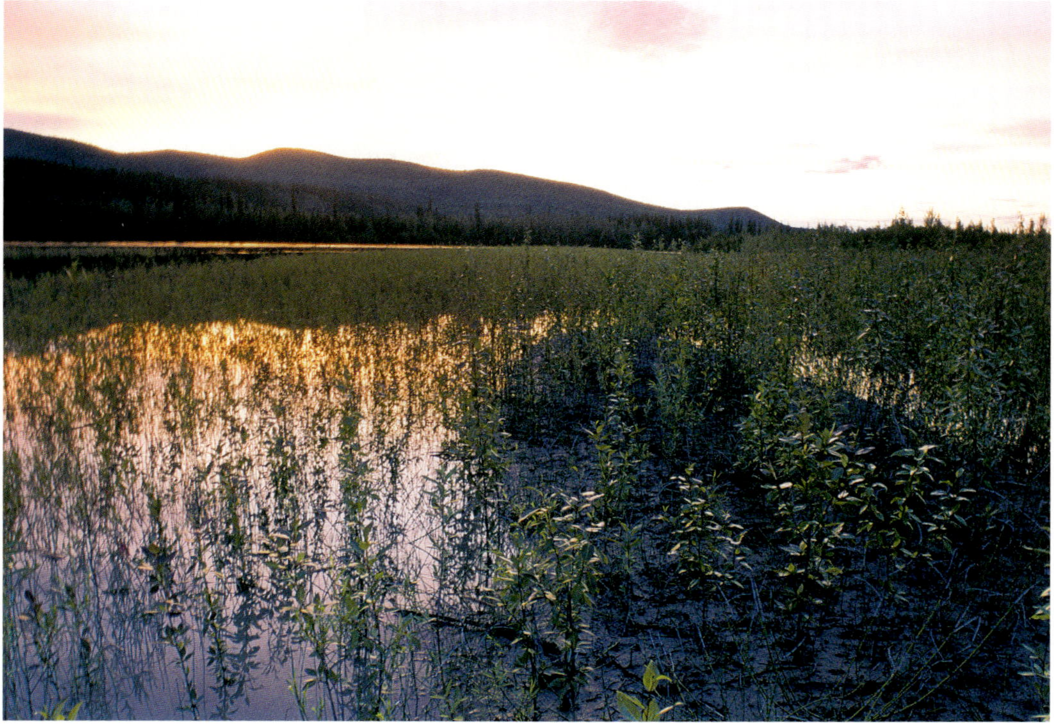

Frühjahrshochwasser.

vor einigen Jahren von einer US- amerikanischen Familie bewohnt. Ein Großteil ihrer Habseligkeiten sind noch immer in den Räumen vorhanden, während die Hütten langsam verfallen.

In der Vergangenheit war **Coffee Creek** als Camp nicht zu empfehlen, da viele Bären vom Müll der Vorbesitzer angezogen wurden. Auch danach schauten diese Bären immer wieder bei den campenden Paddlern vorbei. Mit den Jahren ohne neue Bewohner und ohne weiteren Müll, sollte sich dieser Zustand eigentlich wieder normalisieren. Wirklich empfehlen kann ich das Campen vor allem für Einzelpersonen und kleinere Gruppen jedoch nicht.

Zum ersten Mal seit dem Beginn der Reise sind auch die Moskitos sehr aufdringlich, und schon bald sitze ich wieder im Boot. Eine Stunde später entdecke ich eine einladende Insel oberhalb vom **Kirkman Creek.** Kurze Zeit später steht mein Zelt auf dem Kies und ein Treibholzfeuer knistert unter dem Teekessel.

Tag 12

Den ersten Zwischenstopp heute morgen mache ich an der **Mündung des Kirkman Creek**. *Hier wohnt in den Sommermonaten eine Familie, die Flussreisende gern willkommen heißt. Es gibt die Möglichkeit, an dieser Stelle zu campen, eine Blockhütte zu mieten und die Backkünste der Hausherrin zu genießen.* Leider ist gerade niemand zu Hause, und so muss ich mit leerem Magen die Reise fortsetzen.

Etwa zwei Stunden später erreiche ich die Mündung des **White River.** *Dieser breite Fluss hat seinen Ursprung in den Gletschern der St. Elias Mountains und führt unglaubliche Mengen an Sediment und Vulkanasche mit. Das Flussbett des White River ist ein unübersichtliches Wirr-warr aus Kanälen und Schlammbänken; das weißliche Wasser lässt auch unterhalb der Mündung in den Yukon River ausgedehnte Sand- und Schlammflächen entstehen. Die Asche, die dem White River seine Farbe gibt, stammt von einem gewaltigen Vulkanausbruch, der vor etwa 1200 Jahren die* **St. Elias Mountains** *erschütterte.*

Dieser Vulkanausbruch ist auch die Ursache für die weiße Ascheschicht, die große Teile des Yukonterritoriums bedeckte und noch heute an vielen Steilufern als weißes Band zu erkennen ist.

Seit der Mündung des White River begleitet mich ein intensives Knistern am Bootsbo-

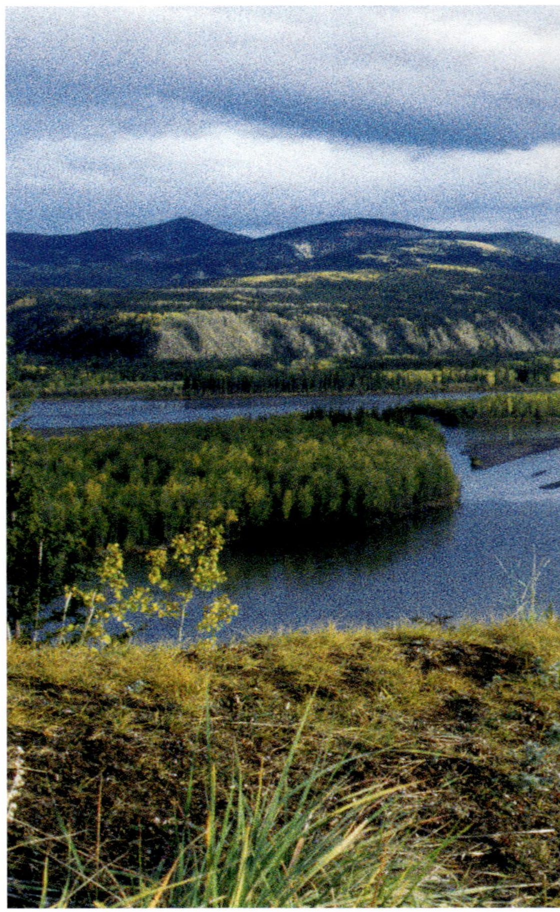

den, das durch die im Wasser enthaltenen Sandkörner verursacht wird. Etwa 17 Kilometer weiter mündet schließlich auch der letzte große Zufluss bis Dawson City in den Yukon. Etwas unterhalb der Mündung des **Steward River** liegt **Steward Island**. *Bis vor wenigen Jahren war diese Flussinsel bewohnt, und es gab sogar ein kleines Museum. Der Yukon River beanspruchte jedoch die Insel für sich und trug immer schneller das Ufer ab. Mehrfach wurden die historischen Gebäude mit Hilfe eines Raupenschleppers verschoben, bis sie letztlich doch ein Raub des Flusses wurden.*

Tag 13

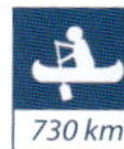

Yukon ist ursprünglich ein indianisches Wort und bedeutet soviel wie „großer Fluss“. Spätestens nach der Einmündung des Steward River wird er diesem Namen mehr als gerecht.

Aus dem Yukon ist endgültig ein großer Strom geworden. Auf den letzten 112 Kilometern bis nach Dawson City ist er oftmals mehr als einen Kilometer breit. Wer kein Freund von großen, offenen Wasserflächen ist, kann auch in diesem Flussabschnitt immer wieder auf ruhige Nebenkanäle ausweichen.

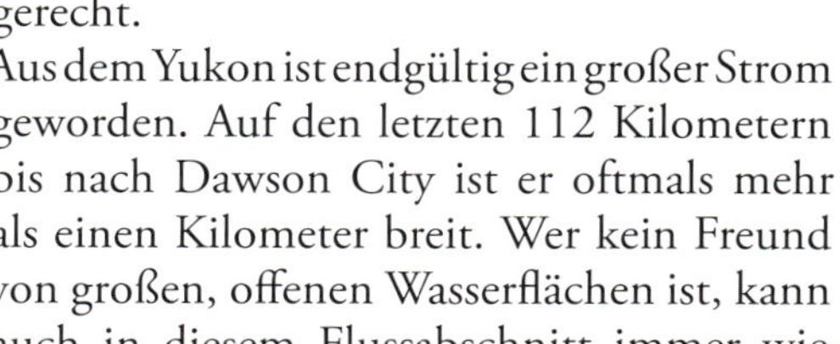

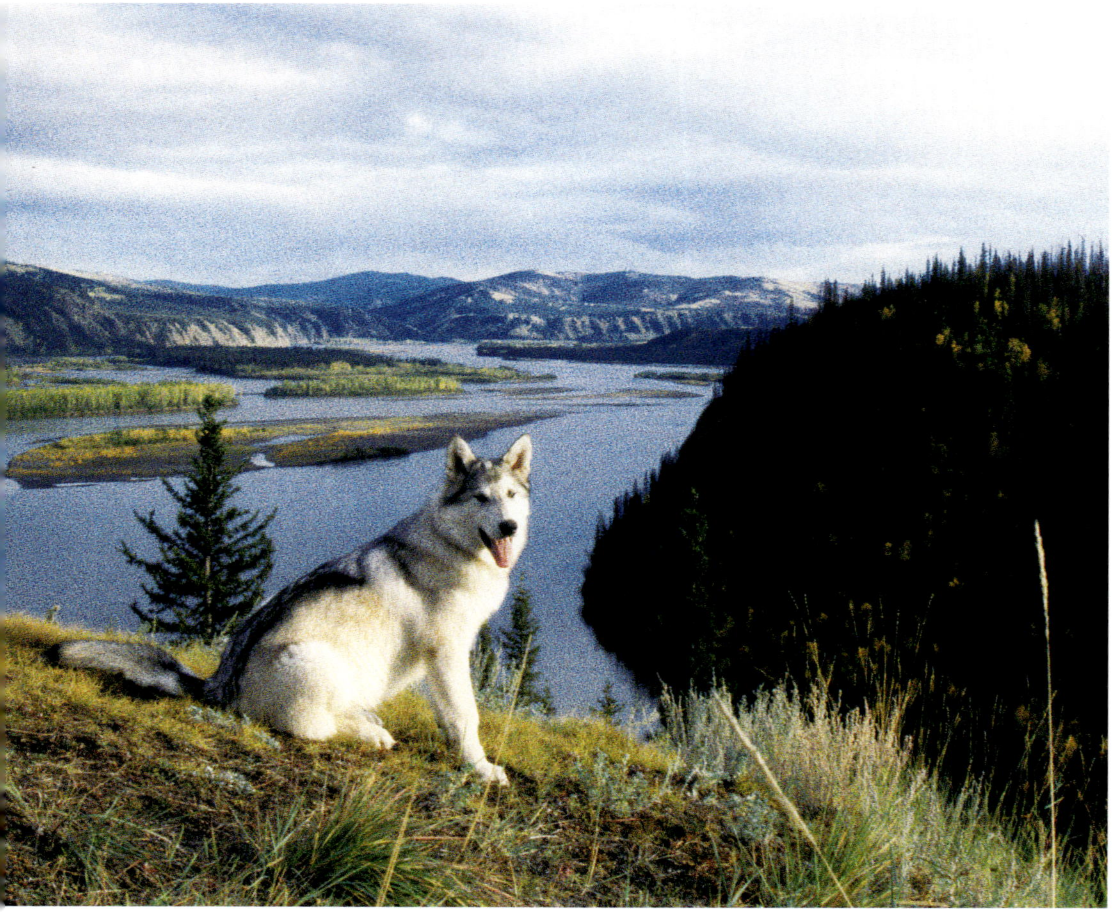

Ein Husky am Yukon River.

Hier ist die Strömung zwar langsamer als im Hauptstrom, dafür ist man geschützter vor dem Wind und kann häufiger mit Tierbegegnungen rechnen. Viele Paddler legen die 112 Kilometer lange Strecke zwischen dem Steward River und Dawson City in einem (sehr langen) Tag zurück. Die Hauptströmung ist auch auf dieser Etappe recht flott; fest einplanen sollte man diese Tagesstrecke jedoch besser nicht. Der Wind hat im offenen Flusstal freies Spiel und kann derartige Pläne leicht zunichte machen.
Auch ich habe heute wenig Glück mit dem Wetter. Dunkle Gewitterwolken ziehen am Horizont auf und senden bald die ersten Sturmböen den Fluss hinauf. Etwa 40 Kilometer oberhalb von Dawson City wird mir die Sache schließlich zu heikel. Auf einer Kiesbank mit einigen Metern Sicherheitsabstand zu den Weidenbüschen baue ich mein Zelt auf. Noch während ich das Boot entlade, wird es dunkel um mich herum, und die ersten Blitze zucken aus den Wolkentürmen über mir. Nur Minuten später rollen hohe Wellen den Fluss hinauf, und der Wind peitscht Schaum von den grauen Wellenspitzen zu mir hinüber. Die ganze Nacht über ziehen starke Gewitter über das weite Flusstal und erst am frühen Morgen beruhigt sich das Wetter langsam wieder.

Tag 14

Als ich frühstücke, deutet kaum etwas auf das Unwetter von letzter Nacht hin. Nur eine dünne Rauchfahne, die von einem der umliegenden Hügel aufsteigt, ist als Zeugnis eines nächtlichen Blitzeinschlags geblieben. Auch früher schon sind am Yukon River weite Flächen von Flammen zerstört geworden. Doch meist war es deutlich trockener als in diesem Jahr, und so besteht eine sehr gute Chance, dass dieser Brandherd im feuchten Wald langsam ausglüht und schließlich erlischt. Sicherheitshalber notiere ich mir noch die genaue Position, um sie im Visitor Center in Dawson City zu melden, dann bin ich wieder auf dem Fluss unterwegs. Es ist windstill. Der leichte Brandgeruch begleitet mich noch einige Kilometer den Fluss hinab. Ein gutes Stück, bevor **Dawson City** schließlich in Sicht kommt, kann man bei diesen Bedingungen, nach langen Tagen der Stille, die Stadt schon hören. Wer in Dawson z.B. ein Hotel gebucht hat, hält sich am besten schon frühzeitig am rechten Ufer, um dann am Bootsanleger unterhalb der Einmündung des auffallend klaren **Klondike Rivers** auszusteigen. Ansonsten hält man sich am besten dicht am linken Ufer und geht am Ende des felsigen Steilufers gegenüber von „Downtown“ Dawson an Land.
Direkt oberhalb des Fähranlegers ist der Anleger für jene, die Unterkunft im **Dawson City River Hostel** (www.yukonhostels.com) beziehen möchten. Dieses Hostel ist bei Flussfahrern sehr beliebt, obwohl es etwas höher am Berg liegt. Es gibt jedoch Bootswagen, um Boot und Gepäck zum Campground zu befördern. Es besteht die Möglichkeit zu zelten, eine Hütte zu mieten oder günstig im Schlafsaal zu nächtigen. Außerdem wird eine Gemeinschaftsküche, Aufenthaltsräume und ein Waschhaus geboten. Etwas unterhalb des Fähranlegers, nahe am Fluss, liegt ein öffentlicher Campground. Er bietet jedoch lediglich Toiletten und war in der Vergangenheit bei Langfingern immer wieder ein beliebtes Ziel. Zwischen diesem Ufer und Downtown Dawson City auf der gegenüberliegenden Flussseite verkehrt rund um die Uhr die kostenlose **George Black Fähre**. Ich freue mich bereits auf ein leckeres Essen im Klondike Kates, auf ein Bier im Snake Pit und auf einen netten Abend in der Diamond Tooth Gerties Spielhalle. Und darauf, wieder alte Freunde zu treffen in der einmaligen Atmosphäre des einstigen „Paris des Nordens“.

Yukon River 2 von Dawson City bis Eagle, Alaska

North to Alaska

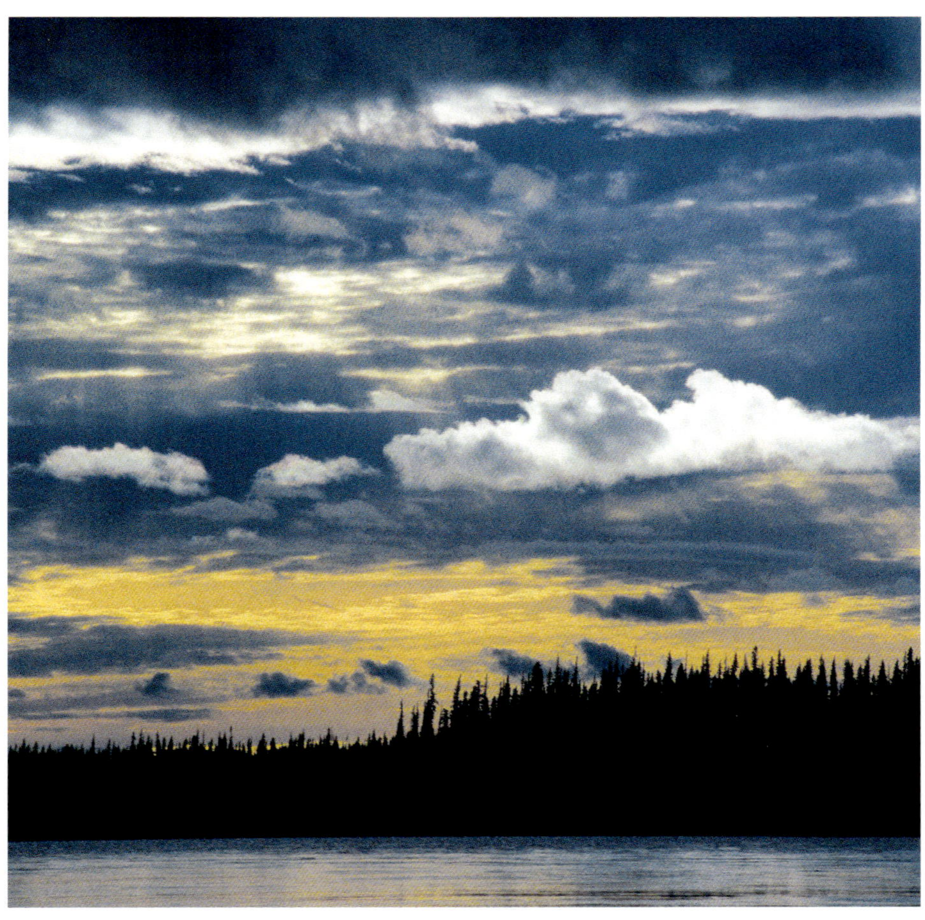

Tour 2

Infos Kanutour Yukon River 2 von Dawson City bis Eagle, Alaska

Charakter der Tour

Der Yukon River unterhalb von Dawson City ist deutlich weniger befahren als die populäre Strecke am Oberlauf. Grund dafür ist nicht die mangelnde Attraktivität der Strecke, sondern die kompliziertere und teurere Logistik dieser Paddeltour. Landschaftlich gehört der Flussabschnitt von Dawson City bis Circle eindeutig zu den schönsten Strecken am gesamten Yukon River. Der breite Strom fließt an eindrucksvollen Felsformationen vorbei, und das offene Tal bietet ein ständig wechselndes Panorama. Weitere Highlights sind die alten Goldsucher-Dörfer und Hütten auf dieser Strecke. Zwischen Eagle und Circle durchfließt der Yukon River das Yukon-Charley Rivers National Preserve. Auch hier sind die großartigen Landschaftseindrücke und ein noch fast intakter Goldbagger die Hauptattraktionen.

Wildwasser & Gefahren

WW: Der Yukon River hat zwar kein Wildwasser auf diesem Teilstück. Die große, offene Wasserfläche ist jedoch anfällig für starke Winde. Die Folge eines Kenterns in der Mitte des Flusses währe wahrscheinlich eine sehr lange Drift- und Schwimmstrecke. Auch bei gutem Wetter Schwimmweste tragen!

Kartenmaterial & Literatur

Yukon River, Marsh Lake to Circle, *Mike Rourke,* Rivers North Publications
Yukon River, Dawson City to Circle, *Mike Rourke,* Rivers North Publications 1 : 250 000
„Abenteuer Yukon", *M.Hanke & S. Reimann*; **„Yukon Kanu- und Floßtour",** *Dieter Reinmuth*; **„Zwei Greenhorns in Alaska",** *M. Aßhauer & E. Glock*; alle drei Conrad Stein Verlag.

Länge der Tour:
Von Dawson City bis Eagle in Alaska, ca. 168 Kilometer, 3-5 Tage.
Von Dawson City bis Circle City in Alaska, ca. 411 Kilometer, 7-10 Tage.
Dawson City 320 m ü.N.N., Circle ca. 190 m ü. N.N., Gefälle 0,3 m/km

---

An- und Abreise:
Kanuvermietung und Transfer siehe auch Outfitter Seite 42-45.
Anreise über den Yukon River von Whitehorse, Carmacks oder über einen der Nebenflüsse.
Anfahrt über den North Klondike Highway von Whitehorse bis Dawson City 540 Kilometer.
Transfer ca. 900 Dollar. Flugzeug von Whitehorse bis Dawson City.
Abreise von Eagle nach Whitehorse, ca. 780 Kilometer. Transfer ca. 1600 Dollar, oder Ausfliegen mit einem gecharterten Flugzeug nach Dawson City oder Fairbanks. (Siehe Fluginfos rechts).

Infos & wichtige Adressen:
Dawson City siehe Seite 52.
Fortymile Historical Village: www.fortymilegold.ca und www.yukonromance.ca
Eagle: *Eagle Besucherinformationen:* Tel. +1 (907) 547-23 25, www.eaglehistoricalsociety.com
Naturschutzgebiet Yukon-Charley River Preserve: *Eagle Visitor Center,* West end of 1st Avenue, Tel. Jun-Sep +1 (907) 547-22 33 sonst *Fairbanks Alaska Public Lands Information Center* Tel. +1 (907) 459-37 30, www.nps.gov/yuch

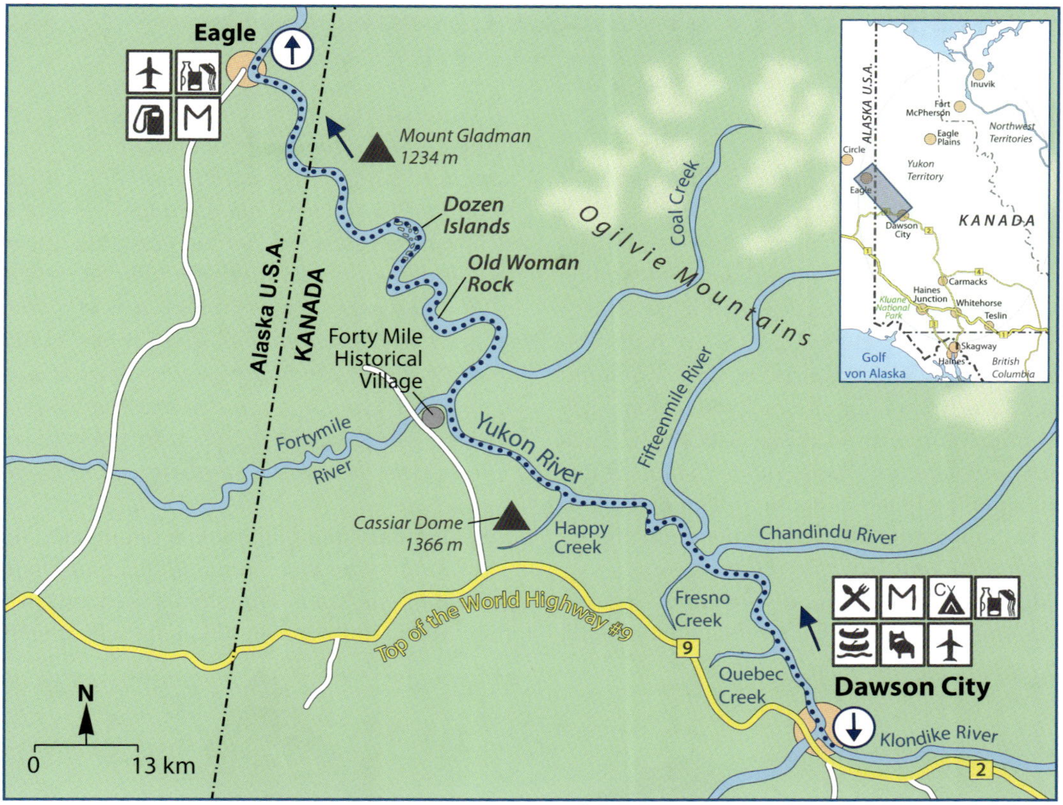

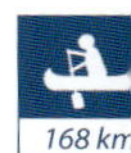

Eagle
Mount Gladman
1234 m
Dozen
Islands
Old Woman
Rock
Ogilvie Mountains
Coal Creek
Alaska U.S.A.
KANADA
Forty Mile
Historical
Village
Fortymile
River
Yukon River
Fifteenmile River
Cassiar Dome
1366 m
Happy
Creek
Chandindu River
Fresno
Creek
Top of the World Highway #9
9
Quebec
Creek
Dawson City
Klondike River
2
N
0
13 km

ALASKA U.S.A.
Inuvik
Fort
McPherson
Eagle
Plains
Northwest
Territories
Circle
Yukon
Territory
Eagle
Dawson
City
KANADA
Carmacks
Haines
Junction
Kluane
National
Park
Whitehorse
Teslin
Skagway
Haines
Golf
von Alaska
British
Columbia

Charter Flug Eagle – Fairbanks

Everts Air
Tel. +1 (907) 450-23 00
Tel. 1-800-434-3488
www.evertsair.com

Linienflug von Circle nach Fairbanks & Charter von Eagle nach Fairbanks

Warbelow's Air Ventures
Tel. +1 (907) 474-05 18
www.warbelows.com

Bus Fairbanks – Dawson City – Whitehorse

Alaska/Yukon Trails
Tel. 1-800-770-7275
www.alaskashuttle.com

Outfitter mit Kanuvermietung und Transfer

Eagle Canoe Rentals
P.O.Box 60864, Fairbanks, Alaska 99706
Tel. +1 (907) 374-44 91
www.eaglecanoerentals.com

Alaska Expedition Service
Peter Kamper (deutschsprachig)
P.O.Box 82897, Fairbanks, Alaska 99708
Tel. +1 (907) 479-92 01
www.angelfire.com/de/kanualaska

Dawson City River Hostel *(auch Fahrräder)*
Dieter Reinmuth (deutschsprachig)
Box 32, Dawson City, Yukon Y0B 1G0
Tel. +1 (867) 993-68 23 nur im Sommer
www.yukonhostels.com

Yukon River von Dawson City bis Eagle, Alaska

Tag 1

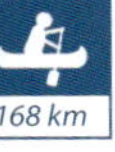

Gestern war der 21. Juni. Noch immer bin ich erschöpft von der Party, die alljährlich zur Mittsommernacht auf dem Gipfel des **Midnight Dome** hoch über den Straßen von **Dawson City** stattfindet. Heute scheint es so, als wäre ganz Dawson in Aufbruchstimmung. Viele Touristen und Einheimische sind extra für dieses Event nach Dawson gekommen und reisen wieder ab. Auch ich bepacke sorgfältig mein Kanu. Dabei summe ich leise einen Ohrwurm, den ich in den Souvenirgeschäften an der Front Street aufgeschnappt habe. *North to Alaska!*

Meine Fahrt beginnt direkt unterhalb der Autofähre am linken Ufer. Nach eineinhalb Kilometern mache ich noch einen kurzen Stopp am Raddampferfriedhof. Halb überwuchert und verfallen, haben hier einige der einst so stolzen Flussdampfer ihre letzte Ruhestätte gefunden. Schräg gegenüber liegt das Indianerdorf **Moosehide**. *Mit nur etwa 600 Mitgliedern ist der Stamm der Tr´ondek Hwech´in First Nations eine recht kleine Gruppierung. Ihr traditionelles Territorium wurde von der Grenze zu Alaska geteilt. Die letzten Mitglieder dieser Gruppe leben heute in der Gegend von Dawson City und in Eagle Village.*

Auf den nächsten Kilometern strömt der Yukon durch eine weitläufige Hügellandschaft. Von den höchsten Gipfeln reichen nur wenige über 1000 Meter, aber vielfach steigen

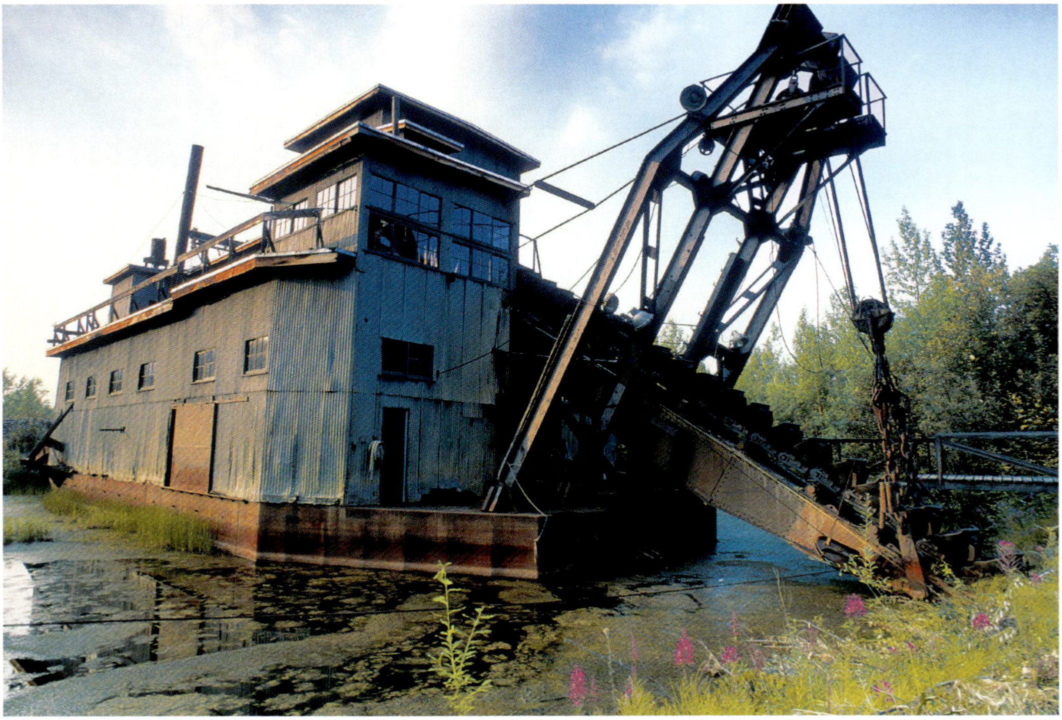

Der alte Goldbagger „Coal Creek Dredge“ am Coal Creek zwischen Eagle und Circle.

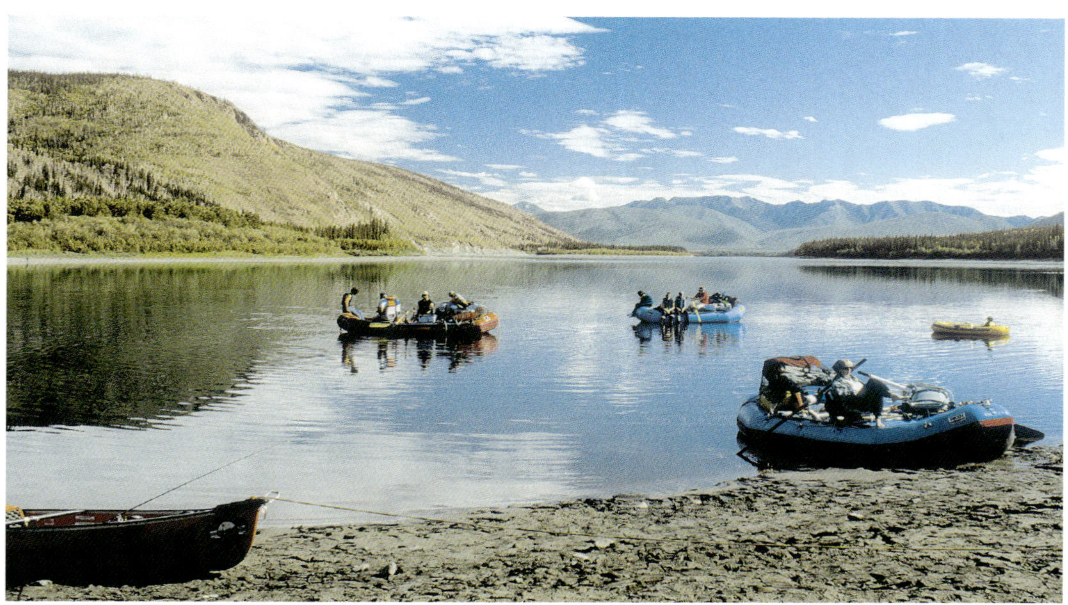

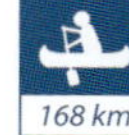

Urlaub auf amerikanisch.

in den Außenkurven hohe Felswände direkt aus dem Fluss empor. Auf den 83 Kilometern bis zur verlassenen **Siedlung Forty Mile** an der Mündung des gleichnamigen Flusses deuten noch viele Namen auf die bewegte Geschichte dieses Flussabschnitts hin. Von Fort Reliance, Silver City und einigen Roadhouses ist heute jedoch kaum noch etwas übrig. In **Forty Mile** sieht das schon anders aus! Gegen ein Uhr nachts erreiche ich den Strand unterhalb der alten Siedlung und befestige mein Boot sorgfältig neben den bunten Raftingbooten einer größeren Reisegruppe. Danach erkunde ich im Zwielicht der Polarnacht die verschiedenen Stadien des Verfalls der Häuser und Hütten. Beim Betreten einer solchen stolpere ich sogar fast über ein vorwitziges Stachelschwein, das anscheinend wie ich unterwegs auf nächtlicher Erkundungstour ist. *Als im Jahre 1886 Gold in den Zuflüssen des Forty Mile Rivers entdeckt wurde, entstand in kürzester Zeit die gleichnamige Siedlung an der Mündung in den Yukon River. 1892 wohnten bereits über 320 Menschen in einer Vielzahl von Blockhütten. Neben Restaurants, Saloons und einer Kirche gab es sogar ein Theater. 1896 wurde Forty Mile schlagartig verlassen. Der Goldrausch am Klondike hatte begonnen.* Eine der Hütten wird noch heute genutzt und ist voll ausgestattet mit Büchern und Lebensmitteln. Ein Zettel auf dem Tisch heißt Reisende willkommen. Die Einladung nehme ich gern an und relaxe etwas im gemütlichen Lehnstuhl. Wieder zurück am Kanu, kommt gerade eine Elchkuh mit ihrem Kalb aus dem Fluss gestapft. Völlig ungeniert staksen beide zwischen den Zelten der Raftgruppe hindurch. Neugierig schnüffeln sie am blauen Nylon und vermeiden dabei erstaunlich geschickt die Abspannleinen.

Tag 2

Um zehn Uhr brennt die Sonne erbarmungslos aufs Zelt. An Schlaf ist nicht mehr zu denken. Beim Frühstück mache ich gleich Bekanntschaft mit meinen Nachbarn. Aus

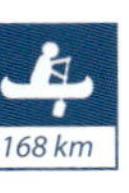

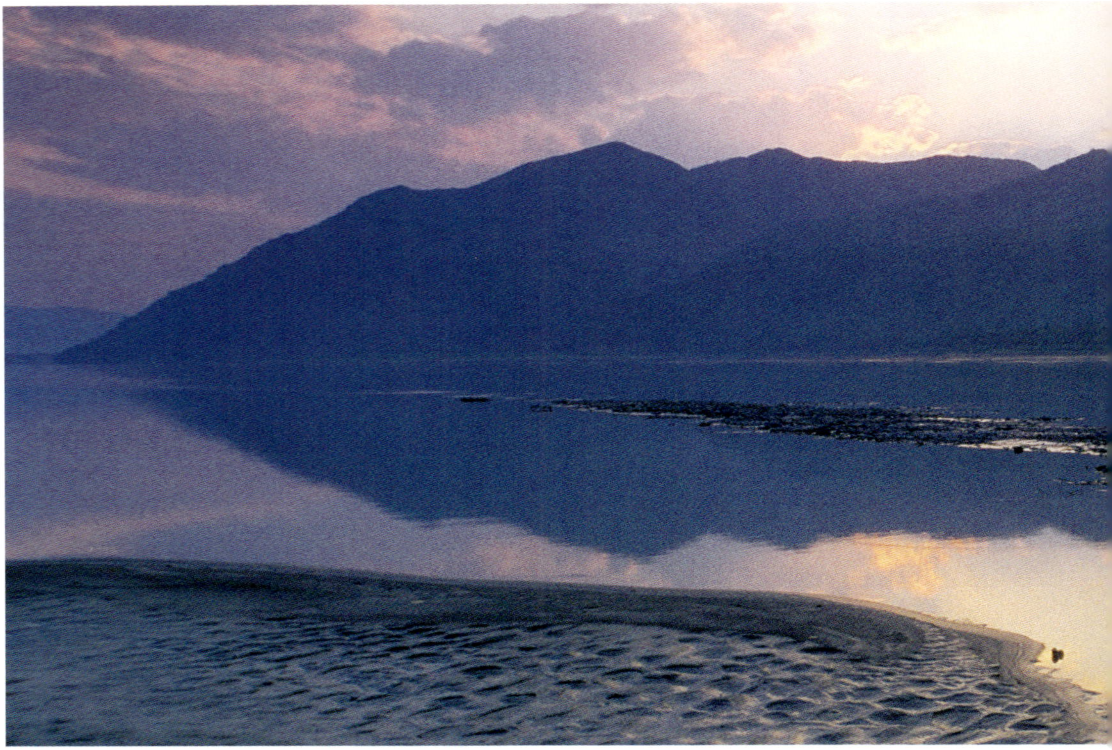

Auf seiner Reise zur Beringsee wächst der Yukon River langsam zum breiten Strom heran.

insgesamt drei sehr sympathischen Familien besteht die quirlige Gruppe. Komplett mit Kindern und Großeltern haben sie sich aus ihrer Heimat in Anchorage auf den Weg gemacht, um den Sommerurlaub auf dem Wasser zu genießen. Die Chemie stimmt auf Anhieb, und es ist schon beeindruckend, mit welcher Selbstverständlichkeit ich von allen plötzlich als Teil der Gruppe angesehen werde. Zuerst bin ich noch skeptisch. Eigentlich sollte es ja eine Solotour werden... Doch die Zweifel verfliegen schlagartig nach den ersten Kilometern auf dem Yukon.

Wir driften den Fluss hinab, reden über das Land und haben unglaublich viel Spaß. Mittig in jedem Raft thront eine Kühltruhe von fast beängstigendem Ausmaß. In der Mittagszeit wird kurzerhand ein Boot als Küchendampfer umfunktioniert. Salat wird geschnippelt, Sandwiches dick belegt, der Duft von geräucherten Austern liegt in der Luft. Mit dem unaufhaltsamen Strom von Köstlichkeiten kann ich natürlich nicht mithalten. Einzig mein selbstgebackenes Sauerteigbannock wird begeistert angenommen. Nach dem Essen lehnen wir uns einfach zurück, genießen das Panorama und lassen die Strömung für uns arbeiten – Hartes Outdoorleben...

Mit etwa acht Stundenkilometern ziehen so die Berghänge und Steilufer an uns vorüber. *Der Yukon River fließt auf der Strecke bis Eagle relativ geschlossen in seinem durchschnittlich 700 Meter breiten Bett. Das Flusstal ist teilweise recht eng, und das Wasser hat deutlich weniger Platz als auf der Strecke oberhalb von Dawson City, wo der Fluss mehr von Inseln und Sandbänken geprägt wird.*

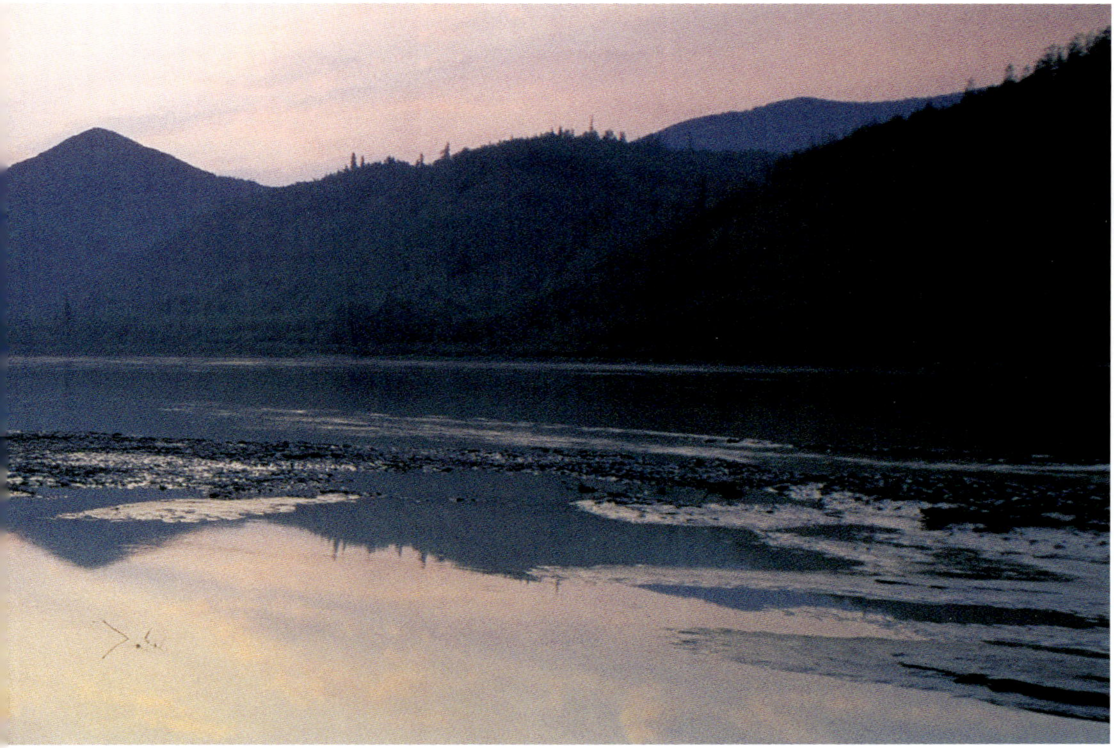

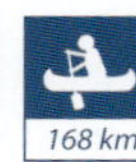

Nur einmal gibt er sich für kurze Zeit wieder dem verspielten Gewirr aus Wasser und Land hin. Kurz unterhalb dieser **„Dozen Islands“** genannten Stelle dreht sich ein Fischrad in der starken Strömung vor einer Felsnase. Bis zu 20 Meter tief ist der Fluss in diesen ausgespülten Außenkurven.

Die nächste Insel sieht einladend aus. Ein Schwarzbär schaut vom gegenüberliegenden Ufer neugierig zu, wie in kürzester Zeit eine kleine, bunte Zeltstadt auf der Sandfläche entsteht.

Tag 3

Nach einer kurzen Nacht weckt uns am Vormittag ein lautes Brummen. *Die Yukon Queen II pendelt als Schnellfähre zwischen Dawson City und Eagle. Der weiße Doppelrumpf wird von kraftvollen Motoren angetrieben und produziert bei seiner Reisegeschwindigkeit gewaltige Wellen. Normalerweise drosselt der Kapitän die Geschwindigkeit, wenn er Paddler auf dem Fluss sieht. Aber auch beim Campen ist Vorsicht angesagt. Die Wellen haben schon Kanus und Zelte am Ufer geflutet!* Leider wurde der Pendelverkehr der Yukon Queen II mittlerweile eingestellt.

Nach 15 Kilometern erreichen wir schließlich die Grenze zu Alaska. *Nur ein Grenzpfosten, zwei Staatsflaggen und die endlose Schneise im Wald markieren den Grenzverlauf zwischen Kanada und der USA an dieser Stelle.* Die sonst so komplizierte Einreise ist hier erstaunlich einfach. Die Strömung erledigt die Einreise quasi automatisch. Dafür darf man aber keinesfalls die Einreiseformalitäten in Eagle verpassen.

Diese erfolgt telefonisch über ein gelbes Telefon auf der linken Seite des Gebäudes der **Eagle Trading Company** *(36 Front Street)*. Wer an Eagle vorbeifährt, gilt als illegal eingereist und hat ein wirklich ernsthaftes Problem!

168 km

Von der Grenze aus sind es weitere 18 Kilometer bis zum Ortskern. Vorher passiert man noch die **Indianersiedlung Eagle Village** am linken Ufer.

Dann taucht bald die molenartige Uferbefestigung von **Eagle** an der Front Street auf. *Bis im Jahre 2009 ein Hochwasser Eagle heimsuchte, lag hier eine Tankstelle mit angrenzendem Gemischtwarenladen und Restaurant direkt am Fluss. Mittlerweile gibt es hier wieder eine Einkaufsmöglichkeit.*

Campmöglichkeiten gibt es unterhalb der Uferbefestigung kurz vor dem felsigen Steilufer oder auf der sandigen Insel in der Flussmitte. Einen kostenlosen Campplatz unterhalb der Ufermole gibt es ebenfalls. Er liegt jedoch etwas entfernt vom Fluss. *Wie so viele Ortschaften in der Wildnis, so wurde auch Eagle aufgrund von Goldfunden in der näheren Umgebung gegründet. Anfang der 50er Jahre bekam das Dorf dann durch den Bau einer rauen Sommerpiste (Taylor Highway) Anbindung an das Straßennetz. Bis heute sind einige Minen in der Umgebung aktiv; etwa 140 Einwohner verbringen den Winter hier.*

Der Zöllner hat unsere Ankunft längst bemerkt und kommt mit einem Quad herangefahren. Hier an der Uferstraße verabschiede

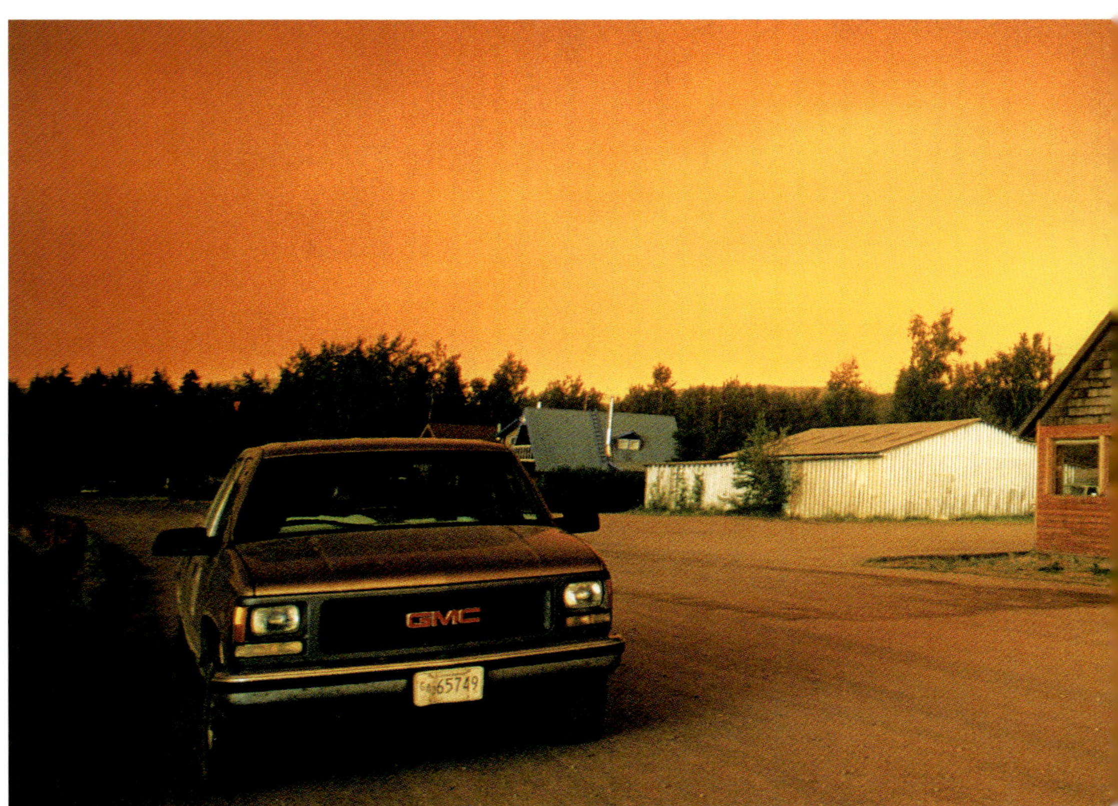

Während der Waldbrände von 2004 entging Eagle nur knapp der Feuerwalze.

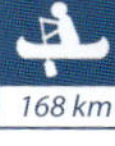

ich mich schweren Herzens von meinen neu gewonnenen Freunden. Meine Reise geht weiter den Fluss hinab an Circle vorbei und durch die weiten Yukon Flats. Ziel ist die Beringsee. Option nur bis Circle, Alaska.

Von **Eagle** aus fließt der Yukon River weiter in nördliche Richtung. Nach 20 Kilometern markiert die auffällige Felsformation **Calico Bluff** die Grenze zum **Yukon-Charley River Preserve.** *Das felsige Steilufer wird durchzogen von einem Muster aus hellem Kalkstein und dunkel bräunlich-grauen Schiefer. Die spektakulären Falten und Verwerfungen sind ein Beweis für die enormen Kompressionskräfte in der Erde. Die gelb-grüne Schichten in der Mitte des Bluff ist mit Schwefel bedeckter Schwarzschiefer. Die große Anzahl solch spektakulärer Felswände im Yukon-Charley River Preserve bildet den optimalen Lebensraum für Wanderfalken und ist gleichzeitig Grund für die Einrichtung des Schutzgebietes. Neben der Natur sind die vielen historischen Artefakte entlang des Yukon River eine besondere Attraktion.*

Einige Blockhütten sind stets offen für Besucher. Am **Coal Creek** im Herzen des Parks wartet sogar die gemütliche, zweistöckige **Slaven's Cabin** auf Reisende. Nach einer kurzen Wanderung entlang einer alten Minenstraße (Moskitospray und Kopfnetz nicht vergessen!) im **Coal Creek Historic Mining District** erreicht man ein Stück lebende Geschichte – den **Coal Creek Dredge**. *Dieser große Schwimmbagger förderte bis zum*

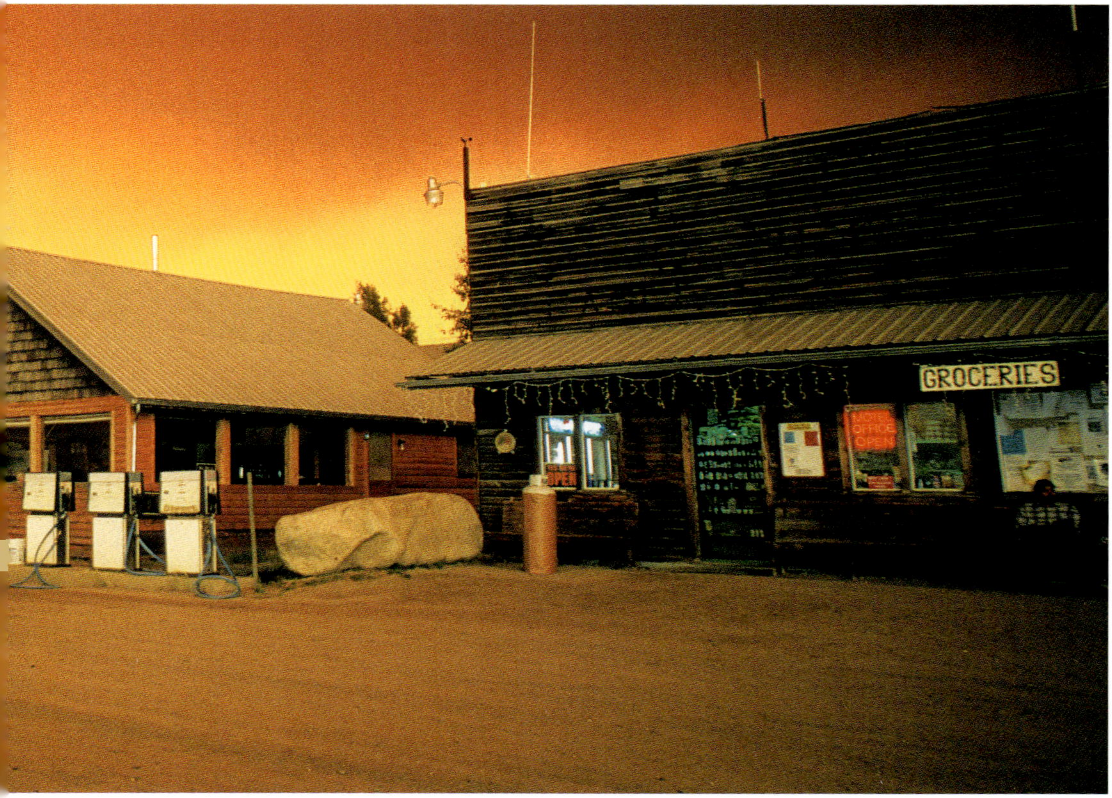

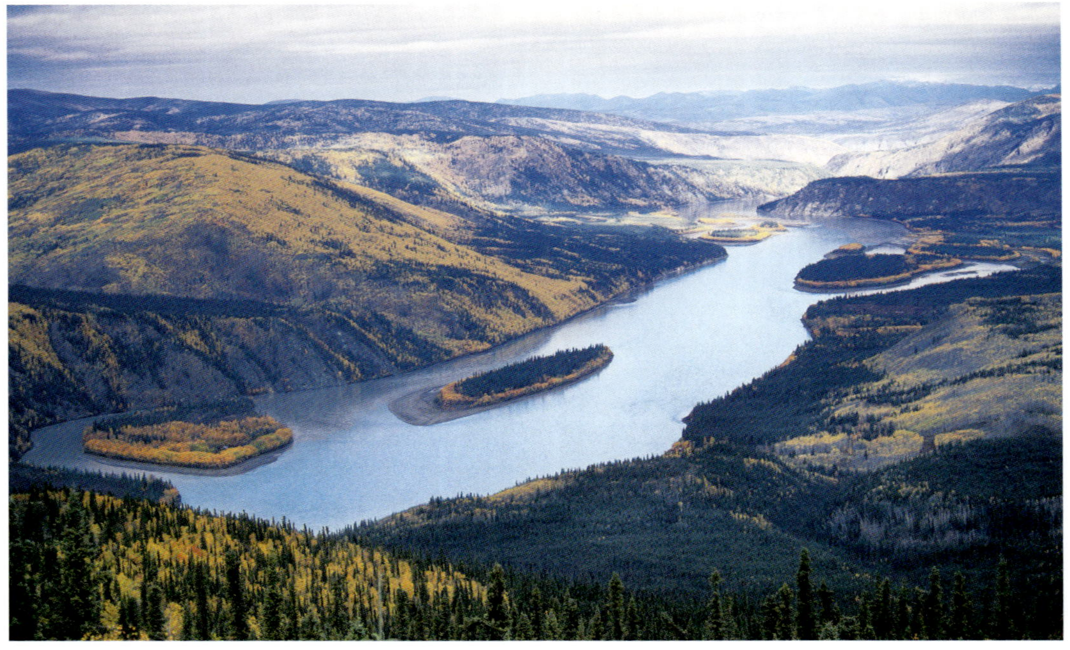

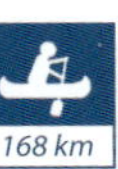

Jahre 1975 über drei Tonnen Gold aus dem Bachtal und ist noch heute in hervorragender Verfassung. Bei meinem Besuchen lagen die Werkzeuge noch so herum, als würden die Arbeiter nur kurz Pause machen. Neben weiten Teilen des Yukon und Alaskas wurde im Jahre 2004 auch das Yukon-Charley River Preserve von gewaltigen Feuern heimgesucht. Auf einigen Strecken fließt der Yukon River hier entlang rußgeschwärzter Hänge und Kuppen.

Für die 265 Kilometer von Eagle bis **Circle** kann man etwa fünf Paddeltage veranschlagen. Der Rücktransport aus der abgelegenen 90-Seelen-Gemeinde ist meist das größte Problem. Vor allem für jene, die ihre Reise bereits in Whitehorse begonnen haben. Die Outfitter in Whitehorse verweigern leider oftmals die Fahrt nach Circle (USA) aufgrund der Schwierigkeiten bei der Bootsrückführung. In Dawson City bietet das vom deutschsprachigen Dieter Reinmuth betriebene *„Dawson City River Hostel“* (www.yukonhostels.com) Mietkanus und entsprechende Transferlösungen an.

Ebenso die in Fairbanks ansässige Kanuvermietung „Eagle Canoe Rentals“ (www.eaglecanoerentals.com). Am einfachsten bringt man sein eigenes Boot mit oder kauft in Whitehorse ein gebrauchtes Kanu. Oftmals ist diese Lösung deutlich günstiger als die Bootsmiete. Nach der Ankunft in Circle fliegt man dann nach Fairbanks oder lässt sich von einem dort ansässigen Outfitter abholen *(ca. 260 Kilometer auf dem Steese Highway bis Fairbanks)*. Von Fairbanks aus gibt es eine Busverbindung zurück nach Whitehorse (Siehe Transport Seite 48).

Nördlich von Circle ergießt sich der Yukon River in eine weite Ebene. Hier spaltet er sich in zahllose Kanäle auf und bildet so die Yukonflats. Die Dalton Highwaybrücke nördlich von Fairbanks bietet den letzten Straßenzugang, bevor der mächtige Yukon seine fast 3200 Kilometer lange Reise zur Beringsee fortsetzt.

Nisutlin River

Adler und Elche

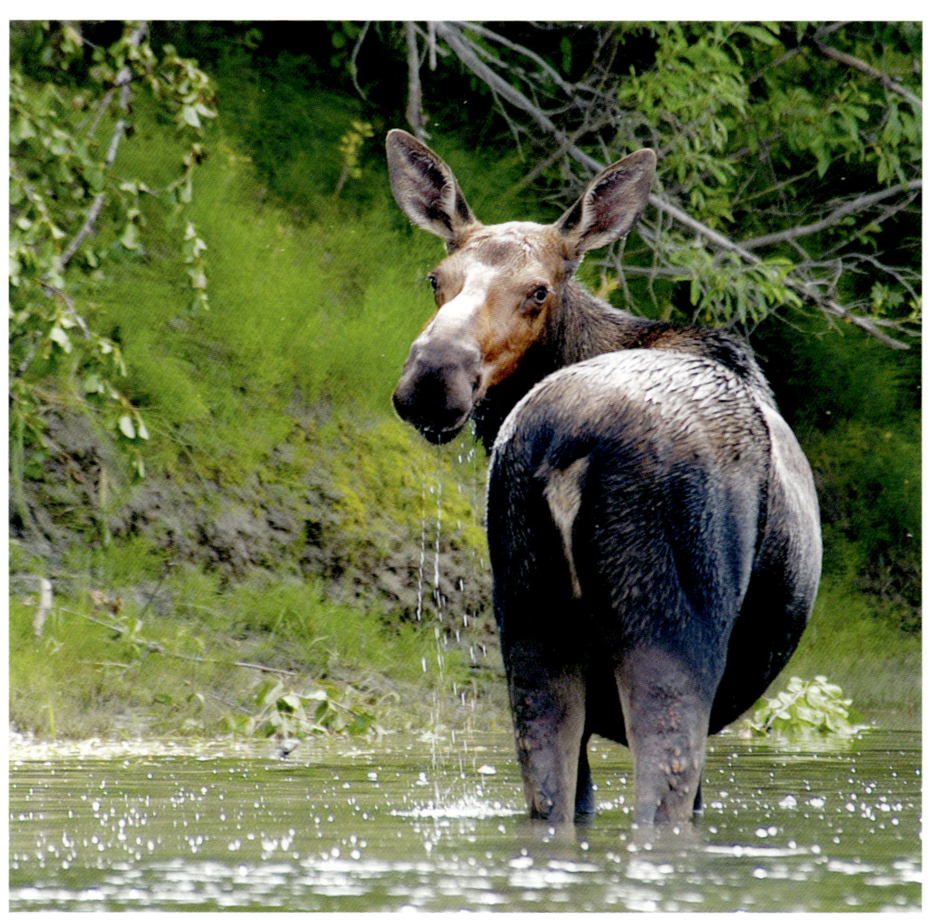

Tour 3

Infos Kanutour Nisutlin River

Charakter der Tour

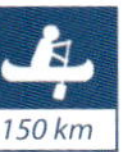

Fünf- bis siebentägige Paddeltour auf einem kleinen, nahezu wildwasserfreien Fluss mit reichem Tierleben. Ideal für Paddel- und Wildnisanfänger, aber auch für erfahrenere Kanuten eine lohnenswerte Alternative zu den vielbefahrenen Klassikern. Eignet sich auch als Tour für Familien mit Kindern. Strecken mit flotter und langsamer Strömung sowie die kurze Seenetappe sorgen für reichlich Abwechslung. Mit seinem reichen Vogelleben bietet das Nisutlin-Delta ein besonderes Highlight. Ein Fluss zum Genießen, Relaxen und Ausspannen. Eine Verlängerung der Tour über Teslin Lake und Teslin River in den Yukon ist möglich (dann ca. 15-17 Tage bis Carmacks).

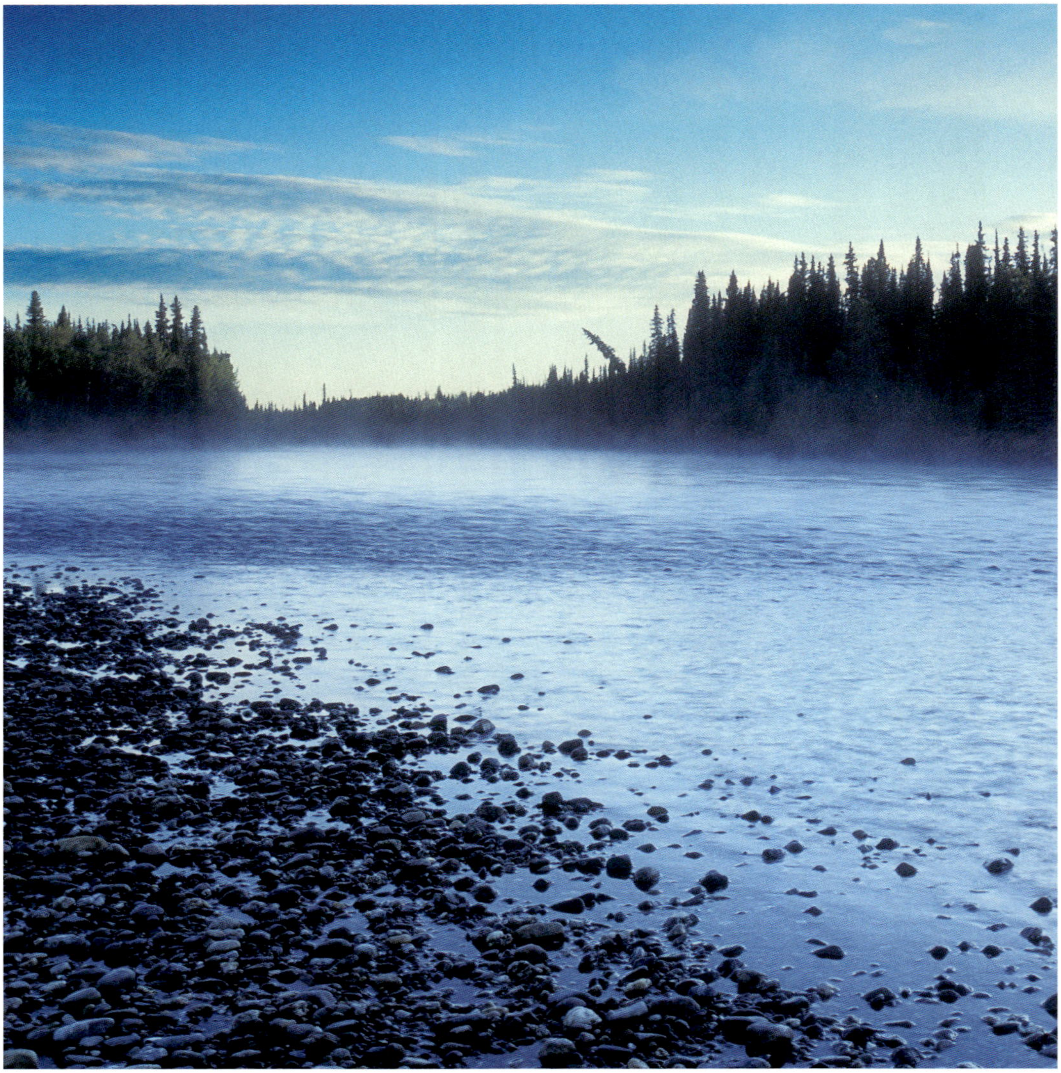

Länge der Tour:
Nisutlin River Campground bis Teslin, ca. 150 Kilometer, 4-6 Tage.
Von der Rose River Brücke bis Teslin, ca. 200 Kilometer, 5-7 Tage.
Startpunkt: ca. 725 m ü. N.N., Teslin: ca. 700 m ü. N.N., Gefälle: 0,19 m/km.

An- und Abreise:
Kanuvermietung und Transfer siehe auch Outfitter Seite 42-45. **Outfitter vor Ort: Nisutlinoutfitting,** Kanu- und Angeltouren, B&B, Teslin, Tel. +1 (867) 334-73 64, www.nisutlinoutfitting.com
Anreise zum Einsetzpunkt mit einem Outfitter, Transfer von Whitehorse über den Alaska Highway und die South Canol Road bis zum Nisutlin Campground (200 km, ca. 400 Dollar) oder je nach Wasserstand auch zur stromaufwärts gelegenen Brücke des Rose Rivers (240 km, ca. 500 Dollar).
Rückfahrt: Anschluss Tour 4 oder Rücktransport von Teslin nach Whitehorse (185 km, ca.320 Dollar).

Infos & Übernachtung: Teslin: www.teslin.ca George Johnston Museum: www.gjmuseum.yk.net
Yukon Motel Lakeshore Resort in Teslin: *Motel, Tankstelle, Restaurant und Wildlife Gallerie,* Km 1293/Mile 804 Alaska Highway, Tel.+1 (867) 390-25 75, www.yukonmotel.com
Nisutlin Trading Post in Teslin (Mai-Okt tgl. 7-23, Okt-Mai 8-22): *„little store with more", Essen, Einkaufen, Tankstelle, Motel,* Mile 804 Alaska Highway, Tel.+1 (867) 390-25 21, www.nisutlintradingpost.ca

150 km

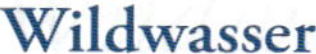

Wildwasser

WW I: Der Nisutlin River hat kein schwieriges Wildwasser.
Es gibt einige Stellen mit flotter Strömung und einigen Baumhindernissen. Unterhalb der Einmündung des Wolf Rivers folgt eine kurze felsige Strecke mit kleinen Wellen.
Hohe Wellen auf der Nisutlin Bay sind möglich.

Kartenmaterial & Literatur

Nisutlin River, *Mike Rourke,* Rivers North Publications, 1 : 65 000.
Der Nisutlin River, *Gus Karpes,* Allgeyer.
Karten 1 : 250 000:
Quiet Lake 105-F, Teslin 105-C,
Karten 1 : 50 000: 105-F/2, 105-C/2, 105-C/7, 105-C/10, 105-C/15.

Nette Wildnis-Leselektüre, aber kein direkter Bezug zum Nisutlin River:

„Mitternachtssonne über Alaska: Im Kajak westwärts zum Beringmeer", *Dieter Kreutzkamp,*
„Mit Kanu, Kind und Karibu: Familienleben in der Wildnis Kanadas", *Dorian Amos,* beide National Geographic Taschenbuch.

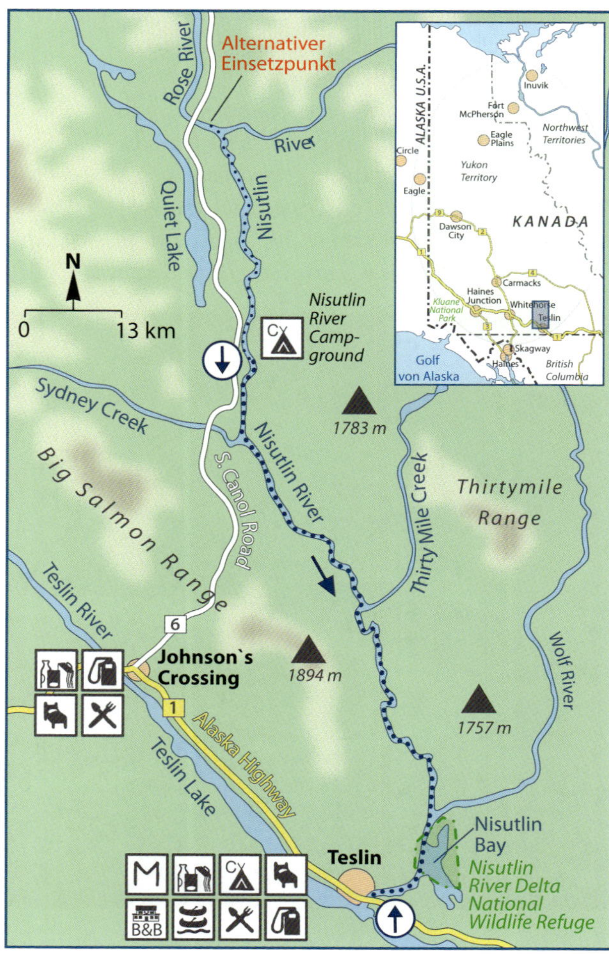

Nisutlin River

Tag 1

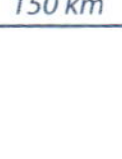

Schon seit einer Stunde holpert der Van unseres Outfitters über die raue **South Canol Road**. Hochkonzentriert umfährt mein Freund Torsten alle größeren Steine und die tiefsten Löcher. Wie ein graues Band schlängelt sich die enge Schotterpiste zwischen den bewaldeten Bergen hindurch und gibt dabei immer wieder einen kurzen Blick auf stille Seen und die nackten Gipfel der **Big Salmon Range** frei. Beim Kilometerschild 69 biegen wir auf einen kleinen Waldweg ab; kurz danach glitzert auch schon der **Nisutlin River** durch die Bäume.

Kaum öffnen wir die Türen, sind sie auch schon da – Moskitos in rauen Mengen! Etwas gehetzt laden wir unsere Ausrüstung aus, denn das Mückenspray ist natürlich gut verpackt ganz unten in einem Drybag. "Diese Stelle ist bei den Mossies immer sehr beliebt", erzählt Torsten, während wir gemeinsam das Kanu vom Autodach heben. Kurz darauf verabschiedet er sich und macht sich wieder auf den Weg zurück nach Whitehorse. Maren ist bereits dabei, unser Zelt aufzubauen und wird dabei von einem vorwitzigen Streifenhörnchen beobachtet. Uns stecken noch der Flug von Frankfurt und die Zeitverschiebung in den Knochen. Die Müdigkeit und das Sirren hunderter winziger Flügel treiben uns schon sehr bald in die Schlafsäcke.

Tag 2

Es dauert lange, bis endlich alle Tonnen und Säcke gepackt sind und „ihren" Platz im Boot gefunden haben. Schuld haben daran auch die Moskitos. Nachdem heute morgen noch Scharen von ihnen den Eingang unseres Zeltes belagerten, haben sie sich nun vor der kräftigen Sonne und dem leichten Wind ins

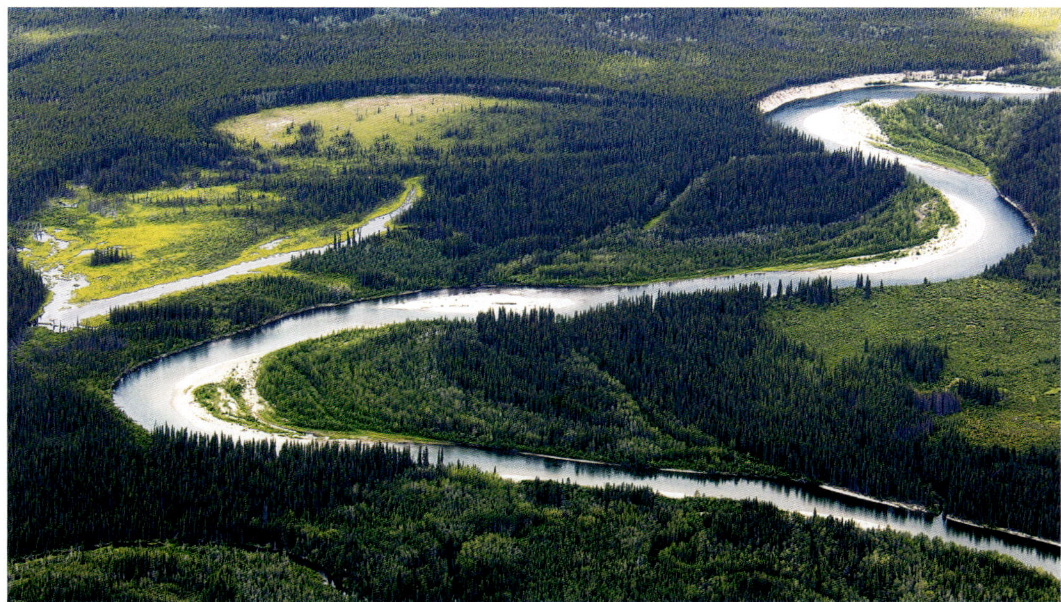

Der Nisutlin River bei Kilometer 119.

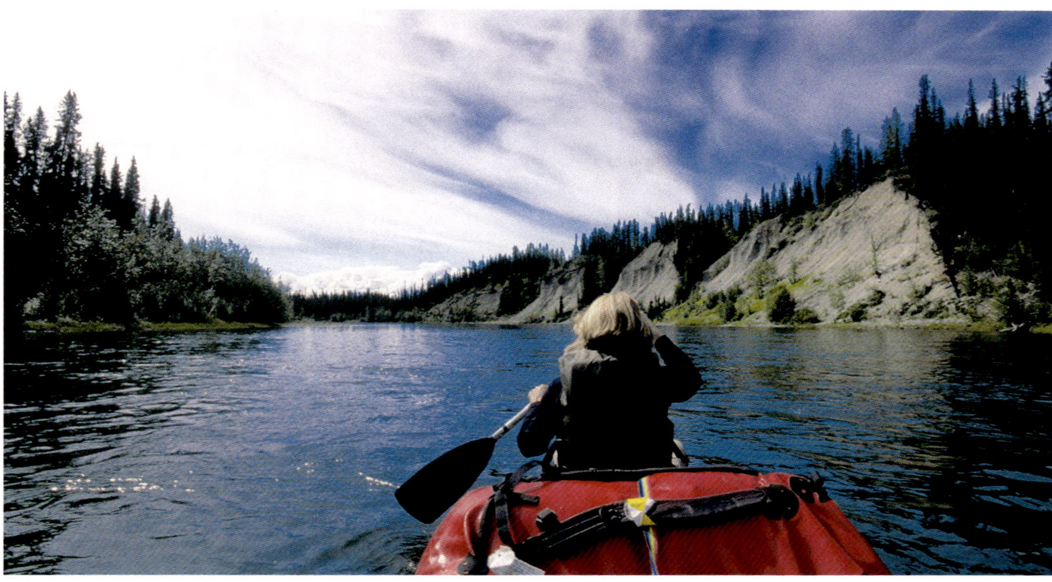

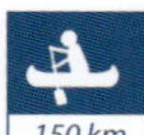

Ein Fluss, perfekt zum Relaxen und Genießen.

Unterholz zurückgezogen. Uns gibt das die Möglichkeit, herumzutrödeln und den Morgen in vollen Zügen zu genießen.
Als wir endlich im Boot sitzen, steht die Sonne bereits hoch am Himmel. Zunächst lassen wir die Strömung für uns arbeiten und lehnen uns zurück. Langsam ziehen der dichte Schwarzfichtenwald und die ersten Steilufer an uns vorbei. Es ist still. Nur das Glucksen der Strömung ist zu hören. Nach einer Kurve öffnet sich zum ersten Mal der Blick auf das weite Flusstal, durch das sich der Nisutlin auf seinem Weg zur Nisutlin Bay schlängelt. Rechter Hand wird der Fluss von den südlichsten Ausläufern der **Big Salmon Range** begleitet. Auf der linken Seite glitzern in der Ferne immer noch vereinzelt Altschneefelder auf den Gipfeln der **Thirty Mile Range**.
Ich klappe die Flusskarte zu und greife zum Paddel. Wenn wir unsere 40 Kilometer Tagesetappe schaffen wollen, müssen wir uns ranhalten! Zehn Minuten später lässt uns ein lautes Platschen hochschrecken. Ein Biber schwimmt nervös und neugierig zugleich neben uns her. Dann schlägt er erneut mit seinem platten Schwanz auf die Wasseroberfläche und taucht ab. Eine Kurve weiter sitzt ein junger Seeadler auf einer Wurzel und beobachtet, wie wir lautlos vorbeigleiten. Als nächstes steht uns eine Stelle mit dem klingenden Namen **„Roaring Bull"** bevor. Bei Hochwasser sollen starke Wirbel und Pilze in der 90 Grad-Linkskurve warten, doch diesmal wartet auf uns nur das geschäftige Treiben einer großen Uferschwalbenkolonie, denn heute, bei normalem Wasserstand, ist die Stelle völlig problemlos zu befahren.
Auch auf den folgenden Kilometern schlängelt sich das klare Wasser des Nisutlin zwischen Sandbänken und Steilufern hindurch. An vielen Stellen nagt die flotte Strömung am bewaldeten Ufer und spült so große Mengen Holz in den Fluss. Gelegentlich müssen wir Äste und Stämme umfahren, die aus dem Wasser schauen. Manchmal zeigt aber auch nur ein „V" in der Strömung die Hindernisse an, die sich knapp unterhalb der Wasseroberfläche befinden.

Bei Kilometer 111 *(Flusskarte von Mike Rourke)* planen wir unseren ersten Stopp. Kurz nach einem kleinen Creek soll es dort eine alte verfallene Siedlung geben. Die unauffällige Anlegestelle direkt hinter der Creekmündung hätten wir beinahe verpasst, denn das Steilufer und die dichte Vegetation lassen kaum erahnen, dass es hier etwas zu sehen gibt.

Und wir hatten es befürchtet: Kaum betreten wir das Ufer, fallen auch schon die Moskitos über uns her und zwingen uns zur Eile. Schnell haben wir die sehenswerten halbverfallenen Hütten gefunden, die wohl noch aus der Zeit des Goldrausches stammen. Und genauso schnell ziehen wir uns auch wieder zurück. Die Moskitos sind wirklich lästig und begleiten uns selbst auf dem Wasser noch eine Weile. Zwei Kurven weiter wartet auch schon die nächste Überraschung auf uns. Etwa 200 Meter vor uns steht ein junger Elch auf einer kleinen Insel und knabbert am saftigen Grün. Sofort legen wir die Paddel aus der Hand und greifen zur Kamera. Es ist völlig still, nur das Kauen und Schmatzen des jungen Bullen ist zu hören. Dazu kommt ein weiteres Geräusch – als die Strömung uns in 20 Meter Entfernung vorbeitreibt, können wir die unglaubliche Moskitowolke nicht nur hören, sondern auch sehen!

Kurz darauf kommt in der letzten Kurve vor dem **Sydney Creek** eine wunderschöne Sand- und Kiesinsel in Sicht. Das perfekte moskitofreie Camp!

Tag 3

Am nächsten Morgen ist es kalt. So kalt, dass Nebel über dem Fluss wabert und für eine wunderschöne Stimmung sorgt, die wir beim Frühstück genießen. Als wir ins Kanu steigen, hat die Sonne den Nebel endgültig

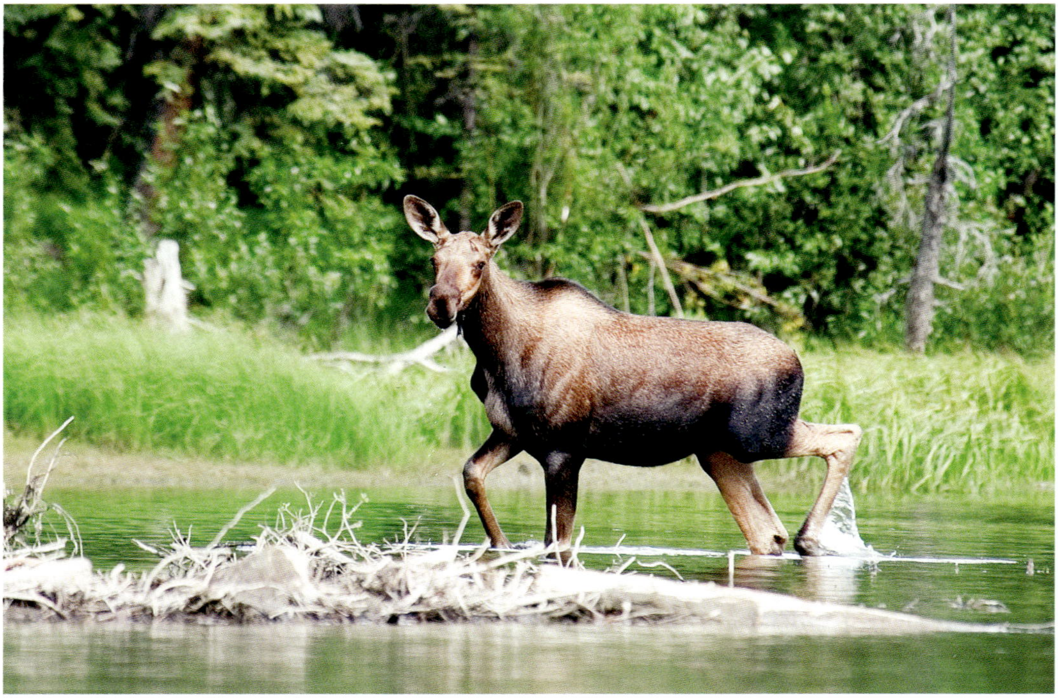

Die Neugier währt auf beiden Seiten.

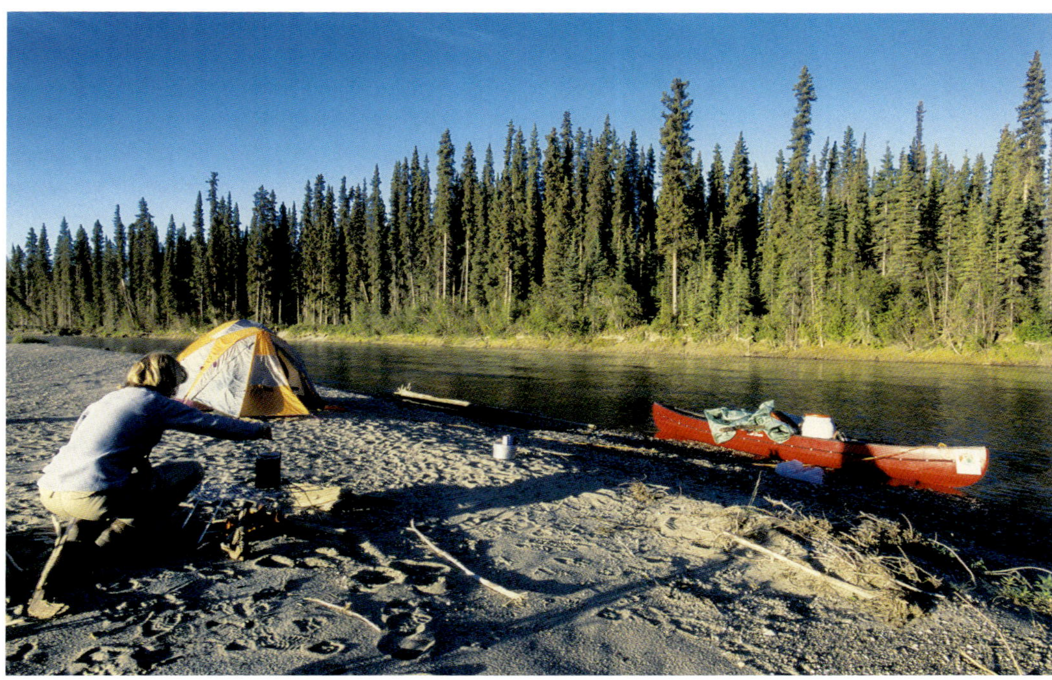

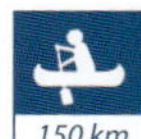

Camp vor dem Sydney Creek.

vertrieben, und schon bald passieren wir den **Sydney Creek**. *Seine goldhaltigen Sand- und Kiesbänke sorgten im Jahre 1905 für einen kleinen Goldrausch. Als sich zeigte, dass die Goldvorkommen nicht besonders ergiebig waren, kehrte aber rasch wieder Ruhe ein.*

Hinter dem **Sydney Creek** ändert sich der Charakter des Flusses langsam, aber merklich. Die hohen sandigen Steilufer werden seltener und die Strömung lässt etwas nach. Immer häufiger passieren wir große und kleine Treibholzhaufen; manchmal müssen wir einzelnen Baumleichen ausweichen, die irgendwo im Flussbett hängen geblieben sind. Mittlerweile schwitzen wir sogar im T-Shirt, doch gegen Mittag ziehen dunkle Wolkentürme aus Richtung Teslin Lake heran.

Die ersten Schauerwolken ziehen vorbei, doch dann erwischt es uns voll. Ein Platzregen ergießt sich über uns und ich sehe plötzlich, wie sich bei Maren langsam einzelne ihrer schulterlangen Haare aufstellen. Ein leichtes Kribbeln auf der Haut, das mich an ein früheres Erlebnis erinnert, lässt mir schlagartig das Adrenalin in die Adern schießen und ich brülle nur noch: „ANS UFER!!“ Doch da kracht es auch schon ohrenbetäubend direkt über unseren Köpfen und zeitgleich zuckt ein Blitz durch die Wolken über uns. Mit einem lauten Knirschen schiebt sich Sekunden später der Bug unseres Kanus weit auf den Strand und sofort springen wir raus. Nur runter vom Wasser!

Wir suchen Schutz im hüfthohen Weidengebüsch in ausreichendem Abstand zu den hohen Fichten, die den Fluss säumen. Doch der Spuk ist schon vorbei. Die Wolke zieht weiter flussaufwärts und lässt uns durchnässt zurück. Das war knapp! Eigentlich fehlten der Wolke ja die typischen Merkmale für eine Gewitterzelle, aber die Natur schreibt ja auch keine Lehrbücher...

Um die Nerven zu beruhigen, dezimieren wir unseren Schokoladenvorrat noch beträchtlich, bevor wir wieder ins Kanu steigen. Das Wetter zeigt sich auch schon wieder von seiner besseren Seite, als wir bei Kilometer 69 unser Lager auf einer Sandbank aufschlagen. Nach etwa 40 Tageskilometern haben wir uns eine große Portion Bratkartoffeln aber auch wirklich verdient!

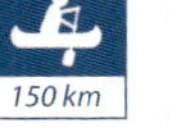

Tag 4

Unaufhörlich trommelt der Regen auf unser Zelt und wir warten erstmal ab. Der Kaffee dampft in unseren Tassen, da kommt eine Gruppe Paddler um die Ecke. Die ersten Menschen seit zwei Tagen! Etwas später folgt eine zweite Gruppe, und wir beschließen es ihnen gleichzutun. In Gore-Tex eingepackt, legen auch wir unser klitschnasses Zelt zusammen, denn wer weiß, ob es heute noch trocken geworden wäre. Im Boot ist der warme Regen ganz gut auszuhalten. Etwa eine Stunde später reißt endlich die graue Wolkendecke auf, und die Sonne zeigt sich wenigstens ab und zu. Am **Thirty Mile Creek** machen wir Mittagspause, und ich versuche, in der Mündung eine Äsche zu fangen.

Beim Blick stromabwärts fällt mir immer wieder ein brauner Punkt in der Ferne auf. Bewegt der sich? Zunächst denke ich an Treibholz; erst das Fernglas macht aus dem vermeintlichen Treibholz eine Elchkuh. Also schnell wieder ins Boot! Als wir bewegungslos vorbeitreiben, steht sie bis zum Bauch im Fluss und kaut zufrieden an den Wasserpflanzen. Dann bekommt sie Wind von uns und trabt ohne große Eile ins schützende Blätterdickicht zurück. Die ganze Gegend sieht irgendwie so aus, als würden Elche sich hier wohl fühlen. Der Fluss ist breit und ruhig, die Ufer sind teils sumpfig und mit dichtem

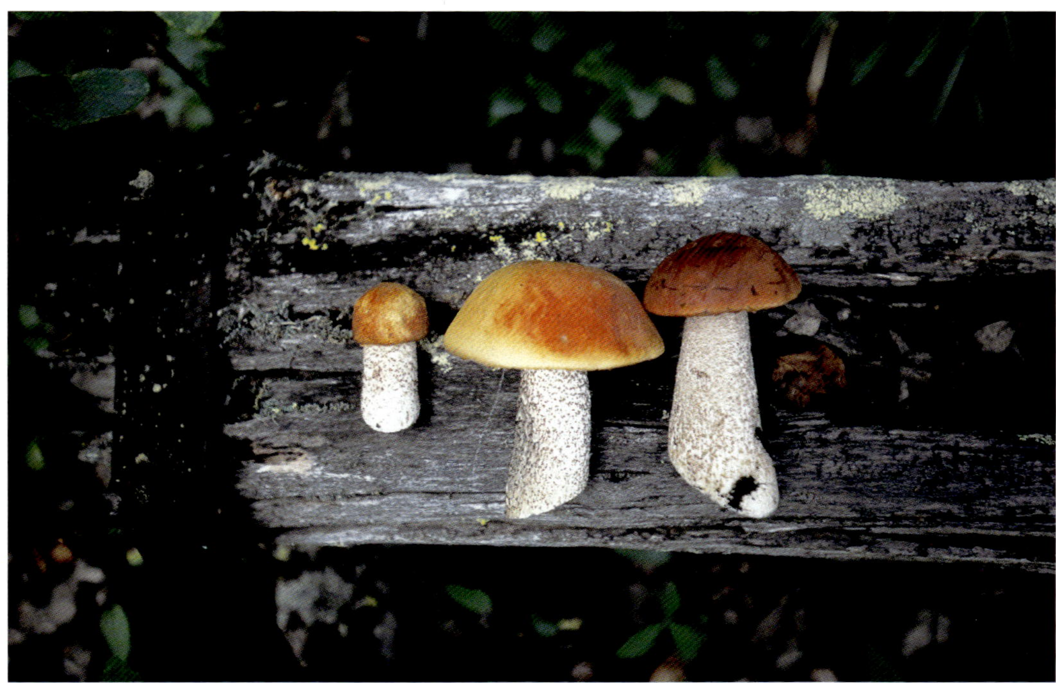

Rotkappen auf den verwitterten Balken einer Blockhütte.

Unterholz bestanden. Und tatsächlich! Kurz bevor wir bei Kilometer 46,5 unser Lager aufschlagen, sehen wir Elchkuh Nummer vier an diesem Tag. Sie ist besonders entspannt und kommt sogar neugierig in unsere Richtung gelaufen. Interessiert, aber ruhig verfolgt sie jede unserer Bewegungen, als wir fast lautlos in etwa zehn Metern Entfernung an ihr vorbeigleiten. Schnell widmet sie sich wieder den jungen Weidentrieben. Wir dagegen sind völlig aus dem Häuschen! So etwas erlebt man ja selbst im Yukon Territory nicht jeden Tag!

Tag 5

Es ist noch früh, als wir die letzten Wassertropfen vom Zelt schütteln. Die Biberburg auf der gegenüberliegenden Flussseite dampft unter den kräftigen Sonnenstahlen, die plötzlich durch eine Lücke in der Wolkendecke fallen. Ein neuer Tag ist erwacht.
Schon in der ersten Kurve des träge dahinfließenden **Nisutlin River** sehen wir wieder eine Elchkuh. Dieser Flussabschnitt bis zum Wolf River scheint ein wahres Elchparadies zu sein! Die Kurven werden nun seltener, und wir sind froh, dass wir auf den langen geraden Abschnitten nur leichten Gegenwind haben. Gerade als die große Insel kurz oberhalb des Wolf Rivers in Sicht kommt, stapfen zwei weitere Elchkühe aus dem Unterholz, die je zwei Kälber führen. Die Bullen machen sich zu dieser Jahreszeit rar. Wenig später erreichen wir die Einmündung des **Wolf River.** *Auch der Wolf River ist eine sehr reizvolle Paddeltour für erfahrene Kanuten. Sie beginnt mit einem Flug zum Wolf Lake und bietet neben Wildwasser im zweiten und dritten Grad auch eine Stromschnelle der Klasse vier sowie einen Wasserfall, die jedoch beide umtragen werden können.*
Für uns beginnt an der Mündung des Wolf River der anspruchsvollste Teil des Nisutlin River. In der kurzen, felsigen Passage ist aber außer schnellem Wasser und einigen kleinen Wellen nichts zu befürchten. Zwei Inseln teilen den Fluss in schnell fließende Kanäle. Am Kiesstrand der zweiten Insel beziehen wir unser letztes Camp auf dieser Tour. Das Plätschern des Flusses lässt uns nicht sofort einschlafen. Wir liegen beide noch wach, als wir auf ein merkwürdiges glucksendes Geräusch aufmerksam werden. Wir vermuten einen Elch, als wir vorsichtig aus dem Zelt schauen und trauen unseren Augen kaum. In der Mitte des rechten Flussarms schwimmt eine zimtfarbene Schwarzbärin im Wasser. Auf ihrem Rücken krallt sich ein winziges Bärenkind in ihr dichtes Fell. Längst hat die Bärin uns bemerkt und lässt sich von der schnellen Strömung noch gut 150 Meter stromab tragen, bevor sie eilig an Land geht. Ihr kleiner Passagier verliert dabei den Halt und platscht zurück ins flache Wasser. Nur Augenblicke später verschwinden beide eilig im dichten Wald. Wir können das eben Erlebte kaum glauben. Es dauert noch lange bis wir schließlich einschlafen...

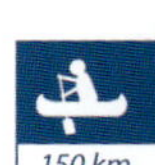

Tag 6

Die Vorfreude auf die **Nisutlin Bay** und ihre Bewohner lässt uns die letzten Kurven des Flusses lang werden. Doch schon bald tauchen wir in das sumpfige Delta ein, das der Fluss am Ende seiner Reise in die Nisutlin Bay bildet. Langsam paddeln wir durch dieses wahre Vogelparadies und erfreuen uns am Anblick der verschiedensten Enten, Taucher, Seeschwalben und Taucherarten. *Unter Schutz gestellt wurde dieser besondere Ort jedoch vor allem wegen seiner Bedeutung als Zugvogelrastplatz. Im Frühjahr und Herbst nutzen Tausende Gänse, Schwäne, Kraniche und Enten das reiche Futterangebot dieses sumpfigen Inselgewirrs. Der Nahrungsreichtum machten das Delta und den Nisutlin*

River schon immer zu einem der wichtigsten Jagdgründe der Teslin Tlingit First Nations.

Am Ende der letzten Sandbänke halten wir uns möglichst rechts, um nicht zu viel offenes Wasser der Nisutlin Bay überqueren zu müssen. Schnell kann ein plötzlich auffrischender Wind auf einer Wasserfläche dieser Größe zur Gefahr werden.

150 km

Dicht am rechten Ufer entlang sind es noch etwa elf Kilometer bis **Teslin**; wir beeilen uns, denn die Bedingungen sind günstig. Es ist noch immer fast windstill, als wir einen Weißkopfseeadler am Ufer entdecken. Er sitzt über den Resten seiner letzten Mahlzeit und lässt uns ungewöhnlich dicht herankommen. Ich lege gerade die Kamera wieder aus der Hand, als ein leichter Windzug das Wasser neben dem Kanu kräuselt. Wenige Minuten später kämpfen wir uns bereits durch die höher werdenden Wellen. Nur in Zeitlupe zieht das Ufer vorbei, während wir uns mächtig ins Zeug legen.

Wenig später ist dann Schluss und wir müssen anlegen. Eine ordentliche Brandung umspült die kleine Landzunge vor uns und macht eine Weiterfahrt einfach zu gefährlich. In der Ferne können wir bereits die Autos und Wohnmobile auf der Brücke erkennen, die das Ende der **Nisutlin Bay** überspannt. Eine Stunde später gibt uns der plötzlich nachlassende Wind eine Chance, und schon bald stößt der Bug unseres Kanus gegen den Bootsanleger von **Teslin Village**.

Geschafft!

Der Weißkopfseeadler, Bald Eagle

An den fischreichen Seen und Flüssen sind Weißkopfseeadler recht häufig anzutreffen. Mit einer Flügelspannweite von bis zu 2,4 m sind sie die größten Greifvögel in Nordamerika. Der charakteristische weiße Kopf und die gelbe Iris der Altvögel zeigen sich erst im 3. Lebensjahr.

Weißkopfseeadler sind typische Fischfresser. Nur relativ selten machen sie Jagd auf andere Wasservögel und Kleintiere oder nehmen Aas von größeren Säugetieren an. Besonders an den lachsreichen Flüssen sind zeitweilig größere Ansammlungen von Adlern zu beobachten.

An fast allen Paddelflüssen im Yukon und sogar innerhalb der Stadtgrenzen von Whitehorse sind die imposanten Horste von Weißkopfseeadlern zu sehen. Über viele Jahre werden sie immer vom gleichen Adlerpaar genutzt und können schließlich mit einem Gewicht von bis zu 450 kg durchaus den ausgewählten Baum abknicken. Das Bebrüten der zwei bis drei Eier beginnt im späten Frühjahr und dauert etwa 35 Tage. Nach weiteren 70-85 Tagen sind die Jungen flügge. Bei einer Störung verteidigt besonders das Männchen das Gelege und die Jungvögel. Dabei soll es auch schon aggressive Angriffe auf Menschen gegeben haben. Viele Weißkopfseeadler, die im Yukon brüten, verbringen den Winter am Chilkat River in Alaska (nahe Haines). Zwischen Oktober und Januar sammeln sich hier ca. 3000-4000 Tiere, um an den reichen Lachsgründen zu überwintern.

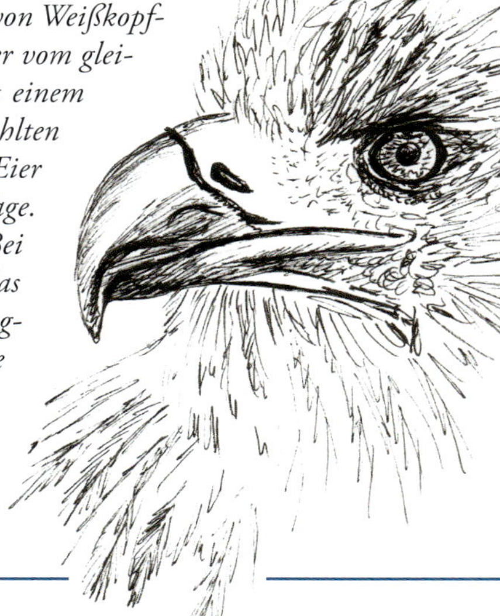

Teslin Lake

Im Kampf mit den Elementen

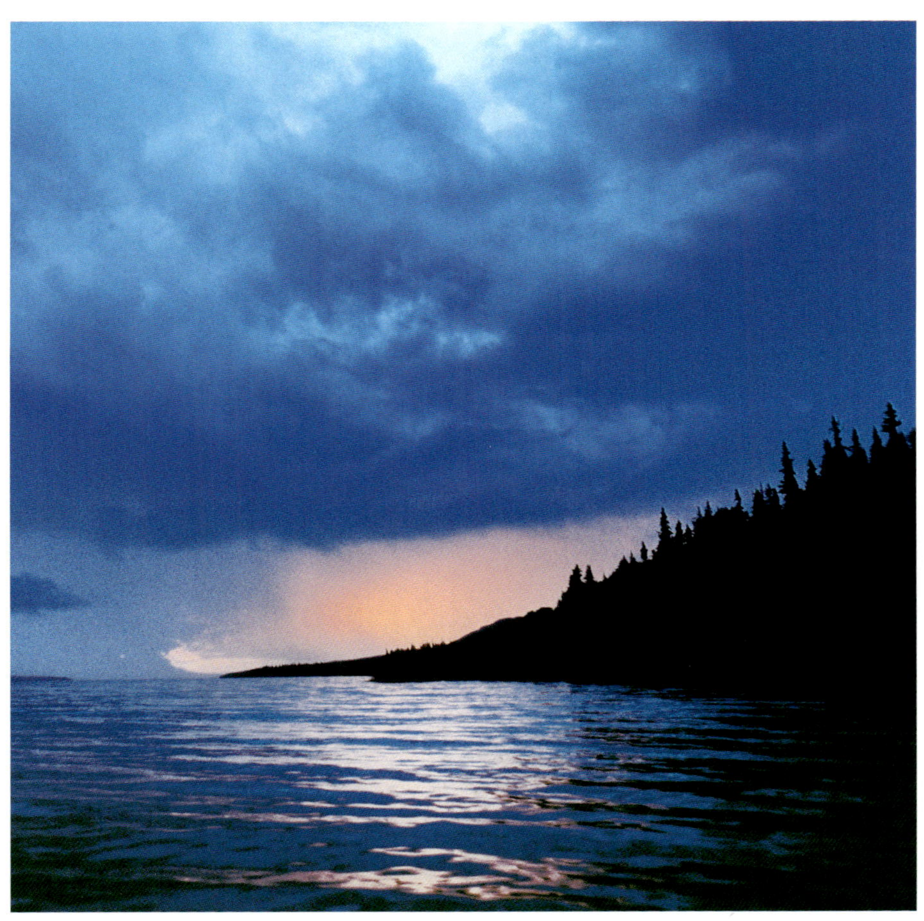

Tour 4

Infos & Karte Kanutour Teslin Lake

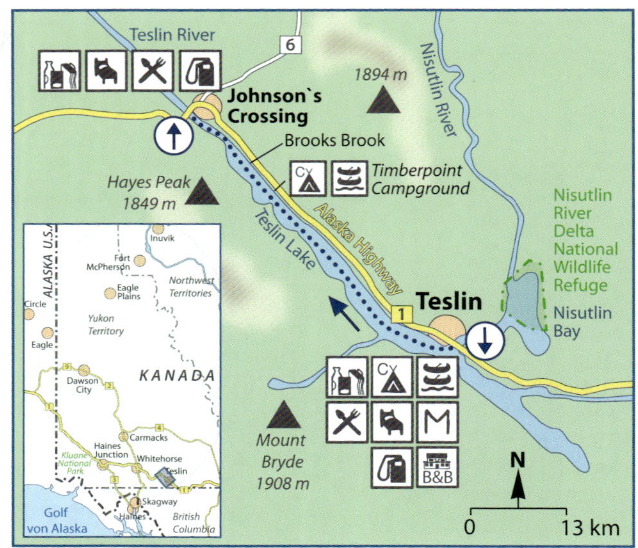

Charakter der Tour

Zwei- bis viertägige Paddeltour auf einem der größten Seen im Yukon. Diese See-Etappe verbindet den Nisutlin River mit dem Teslin River und wird selten als eigenständige Tour gepaddelt.

Gefahren

Wind und Wellengang können den See zeitweilig unbefahrbar machen.

Kartenmaterial

Karte 1 : 250.000: Teslin 105-C,
Karten 1 : 50.000: Teslin 105C02, Brooks Brook 105C06.
Lone Tree Creek 105C07.

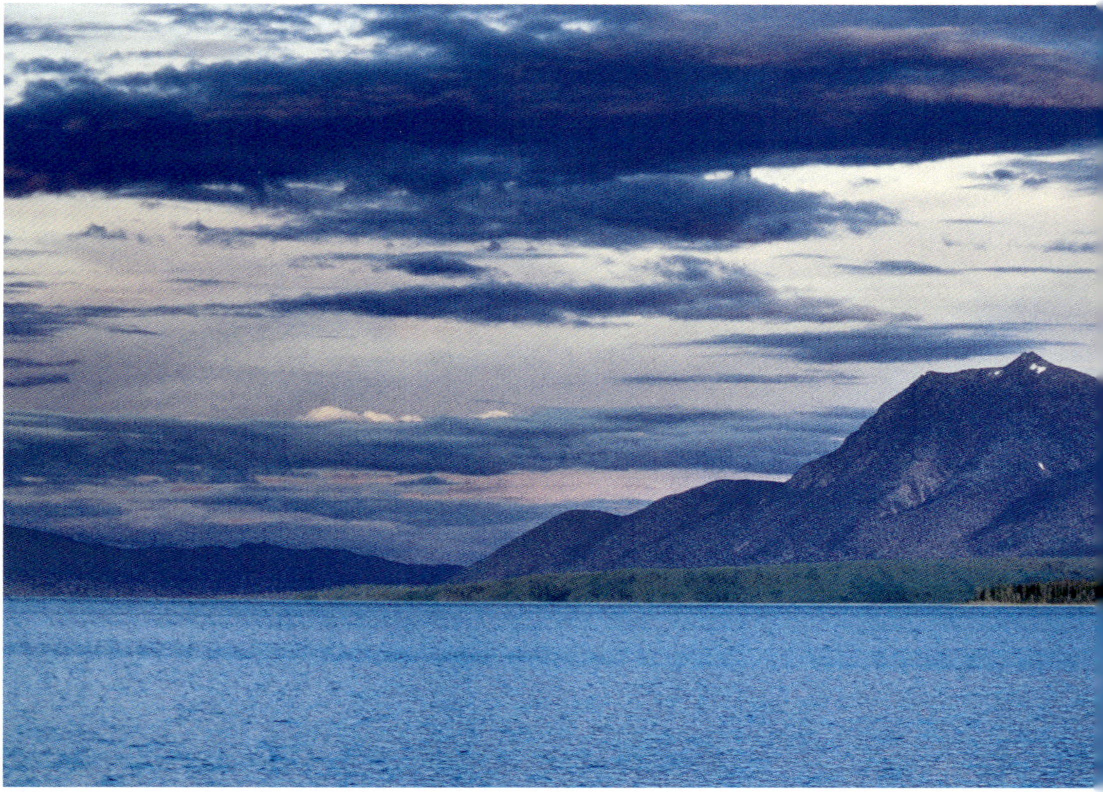

Länge der Tour:
Teslin bis Johnson´s Crossing, ca. 52 Kilometer, 2-4 Tage. *Teslin Lake: ca. 700 m ü. N.N*

Kanuvermieter:
Kanuvermietung und Transfer siehe auch Outfitter Seite 42-45.
Outfitter vor Ort: Nisutlinoutfitting, *Kanu- und Angeltouren, B&B,* Doug Martens, Box 218, Teslin, Yukon, Y0A 1B0, Tel. +1 (867) 334-73 64, www.nisutlinoutfitting.com

An- und Abreise:
Anfahrt über Tour 3 oder den Alaska Highway von Whitehorse, ca. 185 Kilometer bis Teslin. Transfer ca. 320 Dollar.
Rückfahrt über Tour 5 oder von Johnson´s Crossing nach Whitehorse, ca. 130 Kilometer. Transfer ca. 250 Dollar.

Infos & Übernachtung: Teslin: www.teslin.ca
Yukon Motel Lakeshore Resort in Teslin: *Motel, Tankstelle, Restaurant und Wildlife Gallerie*, Mile 804 Alaska Highway, Tel.+1 (867) 390-25 75, www.yukonmotel.com
Nisutlin Trading Post in Teslin (Mai-Okt tgl. 7-23, Okt-Mai 8-22): *„little store with more", Essen, Einkaufen, Tankstelle, Motel,* Mile 804 Alaska Highway, Tel.+1 (867) 390-25 21, www.nisutlintradingpost.ca
Timberpoint Campground (Mai-Sep): *Campground, Kanu-, Kajakvermietung, Fahrräder auf Anfrage*, km 1278 Alaska Highway, Tel.+1 (867) 390-26 24, www.timberpointcampground.com
Johnsons Crossing Lodge: *Tankstelle, Bäckerei, regionale Produkte, Campingbedarf, Campground, Restaurant, Motel,* Mile 836 Alaska Highway, Tel.+1 (867) 390-26 07, www.johnsonscrossing.com

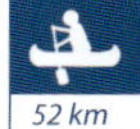

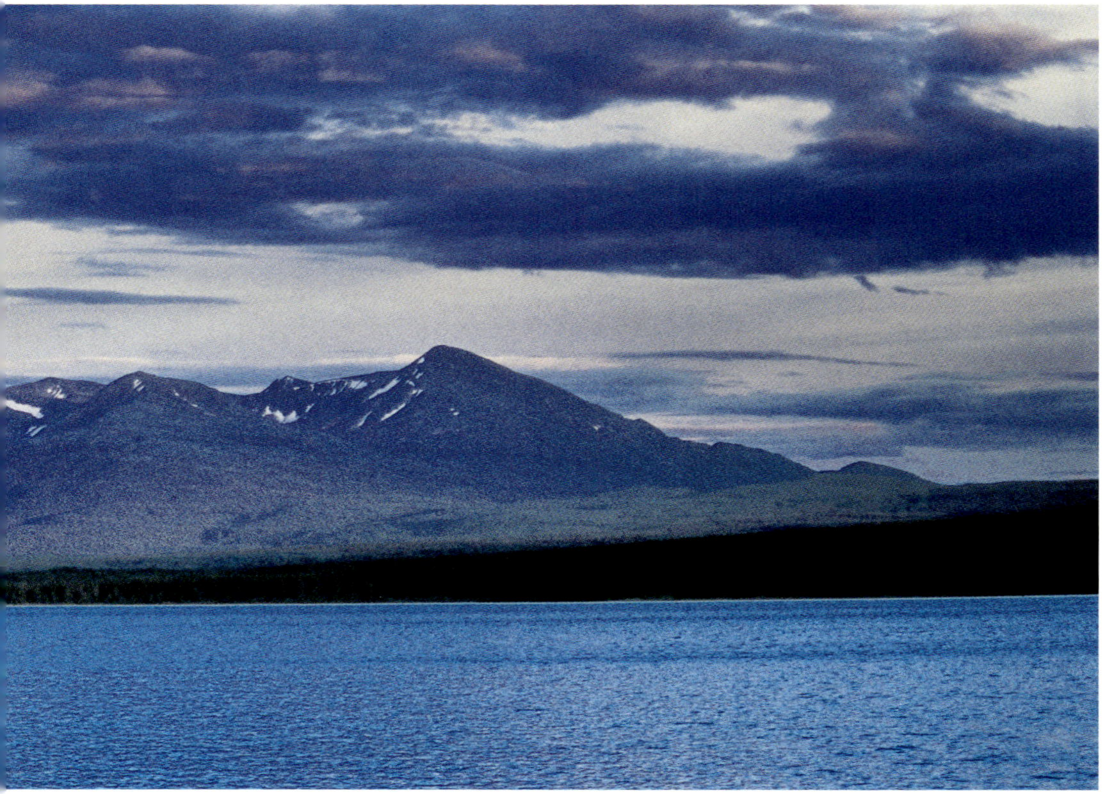

Teslin Lake

Tag 1

Mit etwa 140 Kilometern Länge gehört der **Teslin Lake** zu den größten Seen im Yukon. Eine Tatsache, die uns erst richtig bewusst wird, als wir langsam aus der **Nisutlin Bay** herauspaddeln und dabei diese gigantische Wasserfläche einsehen können. *Der Name Teslin wurde aus dem indianischen Namen „Tes-Lin-Too" abgeleitet, was so viel wie langes, enges Wasser bedeutet.*

Mit durchschnittlich drei Kilometern Breite, steinigem Ufer und eingerahmt von den runden Kuppen kahler Berggipfel, haben wir tatsächlich schon fast das Gefühl, auf einem Fjord unterwegs zu sein.

Nur ganz weit entfernt können wir Autos auf der 584 Meter langen Brücke, die die Nisutlin Bay überspannt, fahren hören. Ihre charakteristischen Stahlbögen machen sie zum Wahrzeichen des kleinen Dorfes **Teslin,** das langsam am rechten Ufer an uns vorbeizieht. *Das überwiegend von Indianern des Tlingit-Stammes bewohnte Dorf bietet Paddlern einigen Komfort. So gibt es zwei Motels mit Tankstelle und Lebensmittelgeschäft, ein Restaurant, ein Wildtier-Museum, das George Johnston Museum (Mitte Mai bis 1. Sep, www.gjmuseum.yk.net) sowie einen Campingplatz. Und natürlich einen Flugplatz.*

Einzelne Hütten und Häuser stehen am Ufer herum, aber keiner der 480 Einwohner ist zu sehen. Nur einige Hunde bellen zu uns herüber, während wir zügig vorbeigleiten. Der See vor uns ist spiegelglatt. Nur die kleinen Ringe auf der Wasseroberfläche, die hier und da von hungrigen Äschen verursacht werden, und unser Kanu, das lautlos durch das glasklare Wasser schneidet, unterbrechen die Spiegelung von Wolken, Bergen und Wald. Ein seltenes Ereignis das uns zur Eile mahnt. Innerhalb kürzester Zeit kann einsetzender

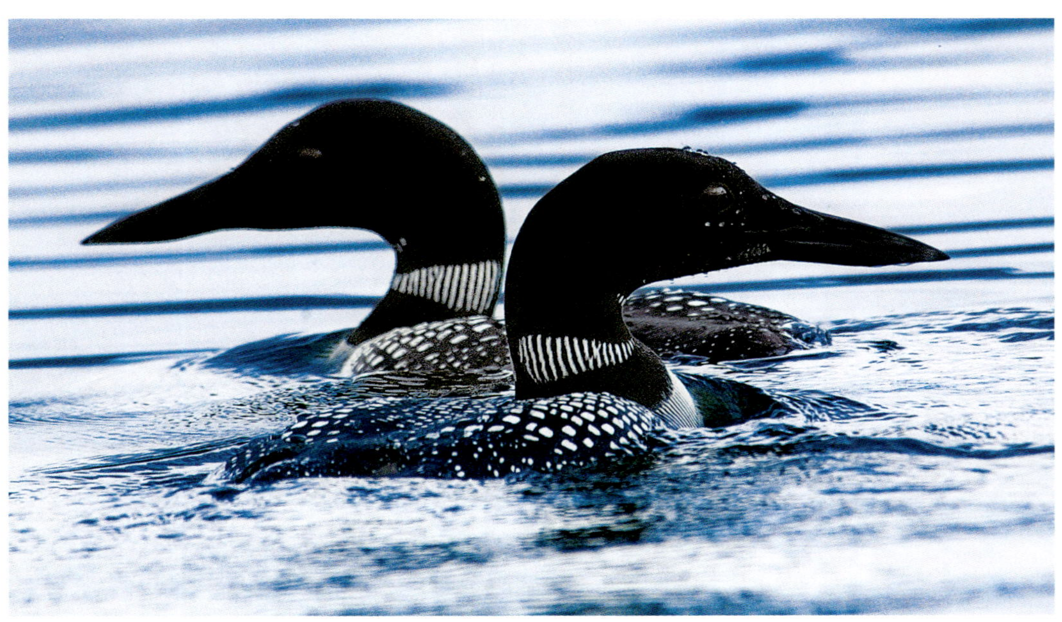

Loonies (Eistaucher) können auf der Jagd nach Fischen bis zu 50 Meter tief tauchen.

Wind den See aufpeitschen und für unser offenes Kanu unbefahrbar machen. Gerade als wir die letzten Hütten von Teslin passieren, kräuselt ein erster Windhauch das Wasser. Eine Stunde später schiebt uns bereits ein ordentlicher Rückenwind über die riesige Wasserfläche. Vor uns türmen sich dunkle Wolken über dem See.

Es ist gerade Mittag, als der langsam schwächer werdende Wind dreht, um uns nur Minuten später mit voller Wucht ins Gesicht zu blasen. Wir stemmen uns dagegen und kämpfen um jeden Meter, müssen jedoch bald einsehen, dass es sinnlos ist. Am Ufer verschanzen wir uns hinter dem wettergebleichten Gerippe einer alten Fichte und brutzeln unser Mittagessen. Ein Weißkopfseeadler, der auf einem nahen Baumstumpf sitzt, beäugt uns misstrauisch.

Erst am Abend können wir uns wieder auf den aufgewühlten See wagen. Es weht zwar bestenfalls noch eine leichte Brise, aber besonders an den Spitzen der Landzungen erreicht der Wellengang doch die Grenze der Befahrbarkeit. Gegen 23 Uhr wird das Wetter wieder schlechter, und wir schlagen frustriert und erschöpft unser Lager an der nächstbesten Stelle auf. Das monotone Geräusch der Brandung und das Prasseln des einsetzenden Regens lässt uns bald einschlafen.

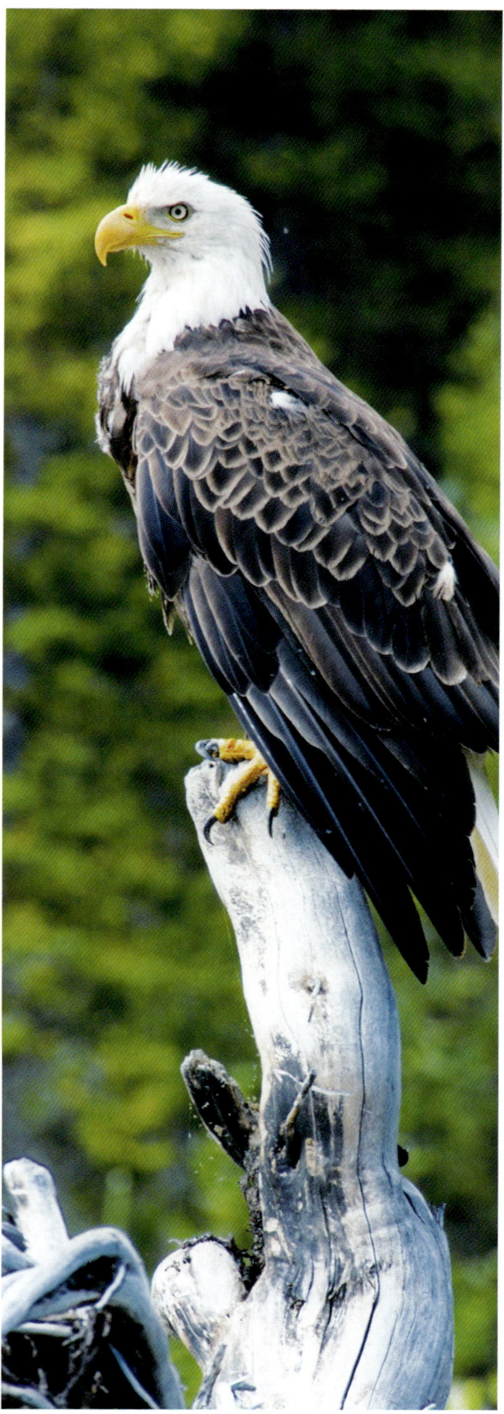

Ein Weißkopfseeadler am Teslin Lake.

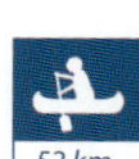

Tag 2

Eine tiefe Stille liegt über dem See, als ich die Augen aufschlage. Einige Minuten liege ich nur da und genieße den warmen Schlafsack. Gerade will ich Maren wecken und selbst aus dem Schlafsack krabbeln, als ein leichtes Rauschen aus dem Pappelwald hinter dem Zelt zu hören ist. Auch der Wind ist erwacht, und ein kurzer Blick aus dem Zelt bestätigt meine Befürchtung: Wir können ausschlafen...

Erst gegen Mittag lässt der stürmische Wind nach. Eine halbe Stunde später trauen wir uns wieder auf den See. Noch ziemlich hoch ist die langgezogene Dünung, die aus südlicher Richtung heranrollt. Die Länge der Wellen macht sie jedoch relativ ungefährlich für unser gut getrimmtes Boot, aber es wird deutlich, dass auf solch einem Gewässer, das doch eher an die Nordsee als an einen Binnensee erinnert, ein Seekajak die bessere Wahl gewesen wäre. An einigen flachen Landzungen müssen wir uns weiter, als uns lieb ist, vom steinigen Ufer entfernen, um so den sich brechenden Wellen zu entgehen. Meist bieten uns jedoch die endlosen Buchten ausreichend Schutz.

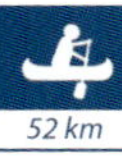

An manchen Stellen blitzt der Alaska Highway zwischen den Bäumen hindurch; immer wieder passieren wir Hütten und teils wunderschöne Häuser. Langsam senkt sich die Dämmerung über die weite Wasserfläche; wie es aussieht, tobt am Ende des Sees ein Unwetter, auf das wir genau zusteuern. Ein unglaublich dichter Regenvorhang hängt dort zwischen den Bergen. Die untergehende Sonne durchleuchtet das Szenario mit diffusen Lila- und Rottönen. Eine eigenartig bedrückende Stimmung liegt über der weiten Wasserfläche vor uns, fasziniert uns und lässt uns zugleich erschaudern. Wir wollen weiter, aber DA rein wollen wir auch nicht!

Vorsichtig tasten wir uns weiter und haben Glück. Das Unwetter zieht langsam nach Norden davon.

Einen Biber, der am Ufer an uns vorbeischwimmt, können wir nur noch schemenhaft ausmachen. Es wird Zeit für ein Camp. Doch wo? Seit längerer Zeit ist das Ufer entweder zu steinig oder zu sumpfig für unser Zelt. Als wir das Licht einer Hütte oder eines Hauses erblicken, wittern wir unsere Chance. Da ist der **Timberpoint Campground,** der einzige zwischen Teslin und Johnson´s Crossing. Es beginnt zu regnen, und wir bauen das Zelt direkt mit Hilfe der Taschenlampe auf – um halb zwei Uhr in der Nacht.

Tag 3

Der unwirkliche Ruf eines Loons *(Eistaucher)* weckt uns auf. Nicht weit von uns schwimmt der Vogel mit seiner Partnerin über den leicht gekräuselten See. Auf der Jagd nach kleinen Fischen tauchen beide immer wieder ab und lassen danach ihren eigentümlichen und melancholischen Ruf erklingen.

Am Ufer gegenüber erstrahlt die kahle Bergkuppe des **Hayes Peak** in der Morgensonne. Wir lassen uns Zeit. Nach etwa sechs Kilometern liegt am rechten Ufer **Brooks Brook,** früher ein heruntergekommenes Straßenarbeitercamp, wurde es 2011 umfangreich saniert und ist heute ein Tlingit Stammestreffpunkt oder wird für Events vermietet.

Die letzten zehn Kilometer bis zum Ende des Sees legen wir problemlos zurück. Schon lange bevor wir den **Teslin River** erreichen, können wir seinen Sog spüren. Immer schneller schießen wir über den Grund der flachen Bucht. Vereinzelt wedeln Wasserpflanzen in der Strömung, und einige Äschen flitzen unter dem Boot hindurch. Schließlich haben wir den Fluss erreicht; nur zwei Kurven weiter kommen auch schon die Brücke und die wenigen Häuser von **Johnson´s Crossing** in Sicht. Wir können es uns nicht verkneifen und gönnen uns eine der riesigen Zimtschnecken in der „**Johnsons Crossing Lodge**“. Mit Tankstelle, Bäckerei, Kunsthandwerk und regionalen Produkten sowie Campground mit Campingbedarf, Restaurant und Motel gibt es hier fast alles (www.johnsonscrossing.com).

Teslin River

Entspannung pur

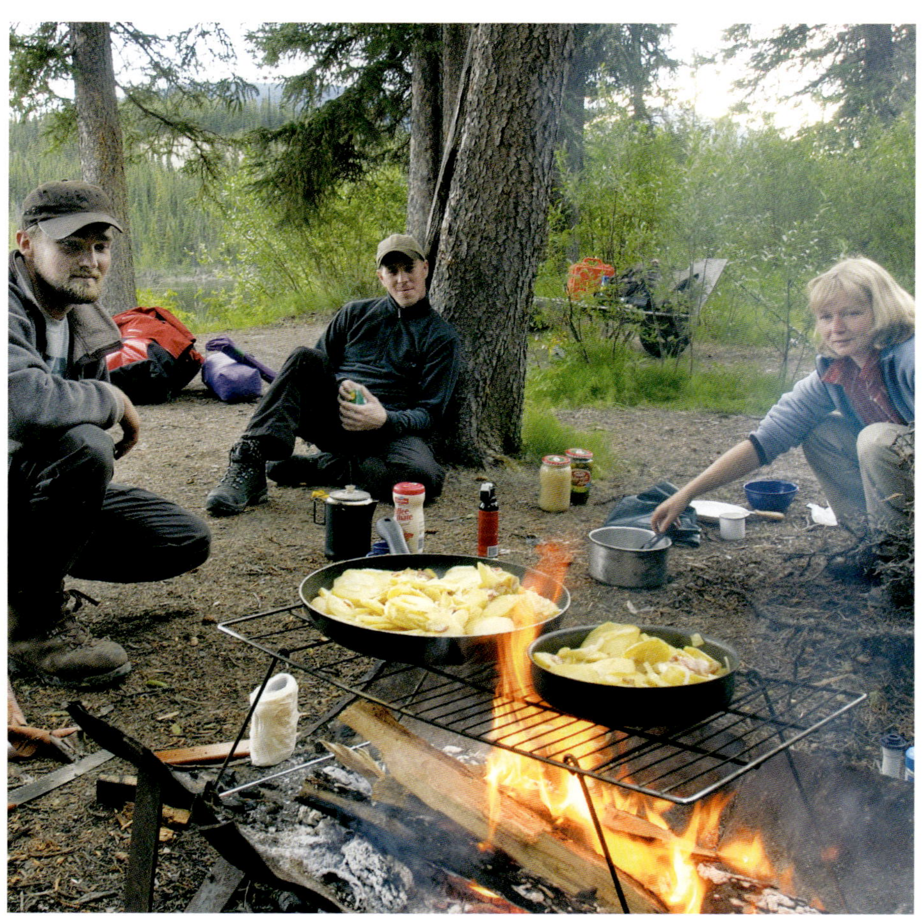

Tour 5

Infos Kanutour Teslin River

Charakter der Tour

Der Teslin River gehört zu den einfacheren Flüssen im Yukon. Seine leichte Erreichbarkeit, das Fehlen von schwierigem Wildwasser und Seenetappen machen ihn zum beliebten Fluss für Wildniseinsteiger. Die insgesamt 10-14 Tage dauernde, abwechslungsreiche Paddeltour führt durch eine offene, wildreiche Hügellandschaft. Der obere und mittlere Teil des Teslin Rivers bieten hervorragende Angelmöglichkeiten.

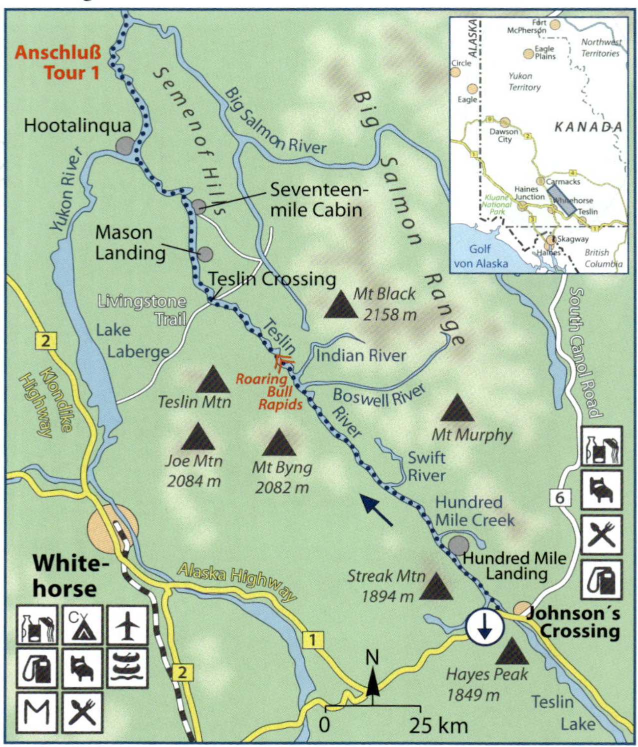

Wildwasser & Gefahren

WW I. Der Teslin River hat im mittleren Teil zwar eine Stelle mit dem furchteinflößenden Namen „Roaring Bull Rapids", diese Rapids und auch das schnelle Wasser nach dem Boswell River kommen über WW I jedoch kaum hinaus. Stellenweise flotte Strömung und es gibt Baumhindernisse oder flache Kiesbänke, die umfahren werden müssen.

Kartenmaterial

Teslin River, *Mike Rourke*, Rivers North Publications, 1 : 65 000,
Karten 1 : 250 000: Teslin 105-C, Whitehorse 105 D, Laberge 105 E, Glenlyon 105 L, Carmacks 115 I.

Länge der Tour:
Von Johnson´s Crossing bis Hootalinqua, ca. 200 Kilometer.
Weitere 170 Kilometer auf dem Yukon River bis nach Carmacks (Tour 1).
Johnson´s Crossing: ca 700 m ü. N.N., Hootalinqua: ca. 600 m ü. N.N., Gefälle: 0,5 m/km

Kanuvermieter:
Kanuvermietung und Transfer siehe auch Outfitter Seite 42-45.
Outfitter in Teslin: Nisutlinoutfitting, *Kanu- und Angeltouren, B&B,* Doug Martens, Box 218, Teslin, Yukon, Y0A 1B0, Tel. +1 (867) 334-73 64, www.nisutlinoutfitting.com

An- und Abreise:
Anfahrt über Alaska Highway von Whitehorse ca. 130 Kilometer bis Johnson´s Crossing. Transferkosten ca. 250 Dollar oder Anfahrt über Tour 3 (Nisutlin River) und Tour 4 (Teslin Lake).
Rückfahrt Carmacks nach Whitehorse, 177 Kilometer. Transfer ca. 310 Dollar oder Anschluss Tour 1.

Infos & wichtige Adressen:
Johnsons Crossing Lodge: *Motel, Tankstelle, Bäckerei, regionale Produkte, Campingbedarf, Campground, Restaurant,* Mile 836 Alaska Highway, Tel.+1 (867) 390-26 07, www.johnsonscrossing.com

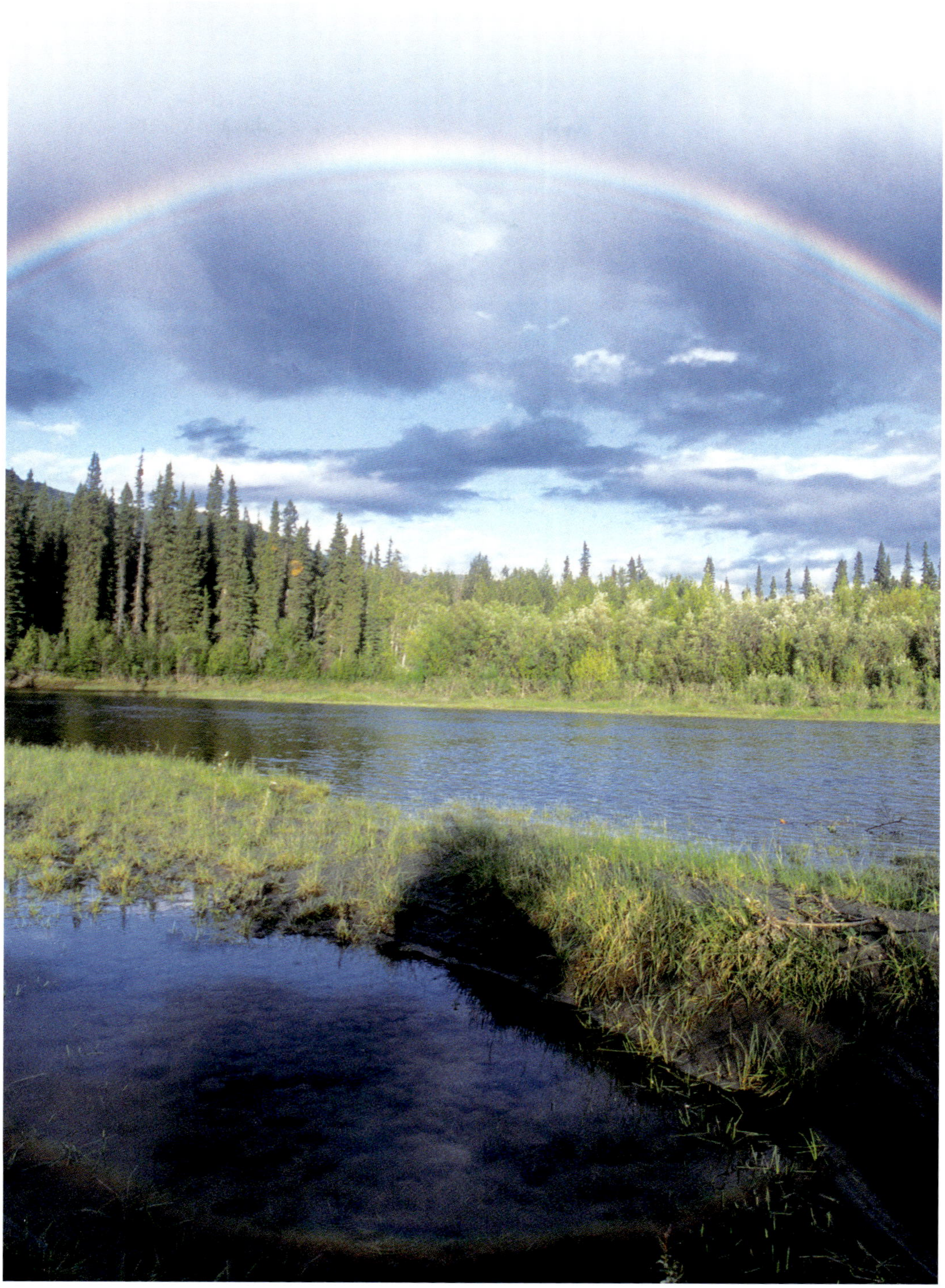

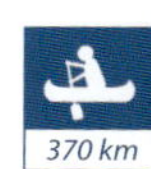
370 km

Teslin River

Tag 1

Mit einem leisen „Plopp" taucht der kleine Blinker vor mir in den klaren Fluss. Kaum zwei Meter kann ich ihn wieder zu mir herankurbeln, da geht auch schon ein Ruck durch die Angel. Die erste Äsche hängt am Haken! Ich stehe direkt unter der einzigen Brücke, die den Teslin River auf seiner gut 200 Kilometer langen Reise zum Yukon River überspannt. Seit 1942 kreuzt der Alaska Highway an dieser **„Johnson´s Crossing"** genannten Stelle den Teslin River und bildet damit den einzigen Straßenzugang zum Fluss. Die **„Johnsons Crossing Lodge"** mit Tankstelle, Bäckerei, Kunsthandwerk und regionale Produkte, Campingbedarf und Campground sowie Restaurant und Motel liegt hoch oben am Ufer. Lassen Sie sich nicht die riesigen Zimtschnecken oder den frisch gebackenen Butterkuchen entgehen! (www.johnsonscrossing.com).

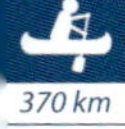

Am Bootsanleger liegt unser fertig gepacktes Kanu. Maren verstaut noch schnell den Fisch in einer Plastiktüte, dann kann es losgehen. Eine flotte Strömung ergreift unser Kanu und treibt uns um die erste Kurve. Eine Stelle mit schnellerer Strömung und kleinen Wellen sorgt für Abwechslung, dann windet sich der Fluss wieder ruhig durch dichten Fichtenwald, vorbei an bis zu 30 Meter hohen sandigen Steilufern.

Bereits zu Beginn ist der Teslin River ein 100-300 Meter breiter und klarer Fluss. Er bildet den einzigen Abfluss des etwa 140 Kilometer langen Teslin Lake und ist im Oberlauf besonders für seinen Fisch- und Vogelreichtum bekannt.

Loonies *(Eistaucher)* und Gänsesäger fischen in den ruhigen Kehrwassern am Ufer, und eine Entenfamilie duckt sich ins hohe Ufergras. Das weite Panorama wird vom 1.894 Meter hohen **Peak Mountain** dominiert. Eine dicke Gewitterwolke klebt an seinen Hängen und zieht langsam vor uns in das weite Flusstal. Als die ersten Windböen das Wasser kräuseln, suchen wir Schutz am Ufer. Ein gelbes Kanu liegt schon dort; wir lernen Christian aus Österreich kennen.

Gemeinsam sitzen wir unter einem Poncho und warten ab, bis das Gröbste vorübergezogen ist. Wir verstehen uns auf Anhieb so gut, dass wir zusammen weiterpaddeln. Das Gewitter zieht voraus. Einige Kilometer geht alles gut, doch dann ändert es die Richtung und erwischt uns diesmal mit voller Wucht. In einer sumpfigen Bucht suchen wir Schutz vor dem Sturm. Der Regen erwischt uns natürlich trotzdem. Nach 20 Minuten ist der Spuk jedoch vorbei, und das Gewitter zieht stromauf.

Weit wollen wir heute nicht mehr fahren. Auf **Henry Island** würden wir gerne campen, doch schon von weitem sieht es so aus, als würde uns dort jemand zuvorgekommen sein. Beim Näherkommen entpuppt sich dieser braune „Jemand" jedoch als eine Elchfamilie. Zwei Kälber liegen im Gras an der Spitze der Insel. Die Kuh steht dahinter und tippelt nervös herum, um schließlich mit lautem Getöse durchs Wasser auf das Festland zu flüchten. Die beiden Kälber folgen nur widerwillig. Auf der linken Seite der Insel legen wir schließlich an und beziehen unser Lager an einer verfallenen Blockhütte. Die neuere, etwas zurückliegende Hütte ist Privatbesitz und sollte in Ruhe gelassen werden! In der Nacht schreckt uns zweimal das Platschen eines Bibers aus dem Schlaf. An der Spitze von Henry Island liegt eine beachtliche Biberburg, und anscheinend mag der Hausherr Besucher nicht besonders.

Tag 2

Ein steifer Wind bläst uns ins Gesicht, und obwohl wir kraftvoll paddeln, ziehen die flachen und sumpfigen Ufer nur langsam vorüber. Die Strömung ist kaum spürbar; der Teslin ist an dieser Stelle sehr breit und gerade. Besonders Christian hat in seinem Solokanu schwer mit dem kalten Gegenwind zu kämpfen. Aber auch wir ziehen die Köpfe ein und verkriechen uns, so weit es geht, in die winddichten Jacken. Eine Elchkuh mit einem jungen Kalb schafft es kurz, unseren verbissenen Gesichtsausdruck aufzulockern und uns ein Lächeln aufs Gesicht zu zaubern. Doch als wir nach etwa 15 Kilometern bei **„Hundred Mile Landing“** anlegen, schmerzen die Schultern schon beachtlich.

Bei unserer kurzen Pause streunen wir etwas in der näheren Umgebung umher und entdecken bald ein altes Grabkreuz, einige verfallene Hütten und eine private Blockhütte am Ufer. Auch ein viel benutztes Camp liegt zwischen den Bäumen, doch wir entscheiden uns rasch zur Weiterfahrt. Noch neun weitere Kilometer kämpfen wir uns auf dem fast seeartig breiten Teslin gegen den Wind voran.

Plötzlich tauchen hohe Steilufer auf, und nach einer Kurve zwängt sich der Fluss in einen engen Canyon mit etwa 100 Meter hohen, bewaldeten Steilhängen. Die Strömungsgeschwindigkeit nimmt enorm zu, und wir können es uns leisten, die Paddel kurz zur Seite zu legen, um die schönen **Hoodoos** *(turmartige Felsformationen aus*

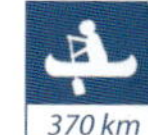

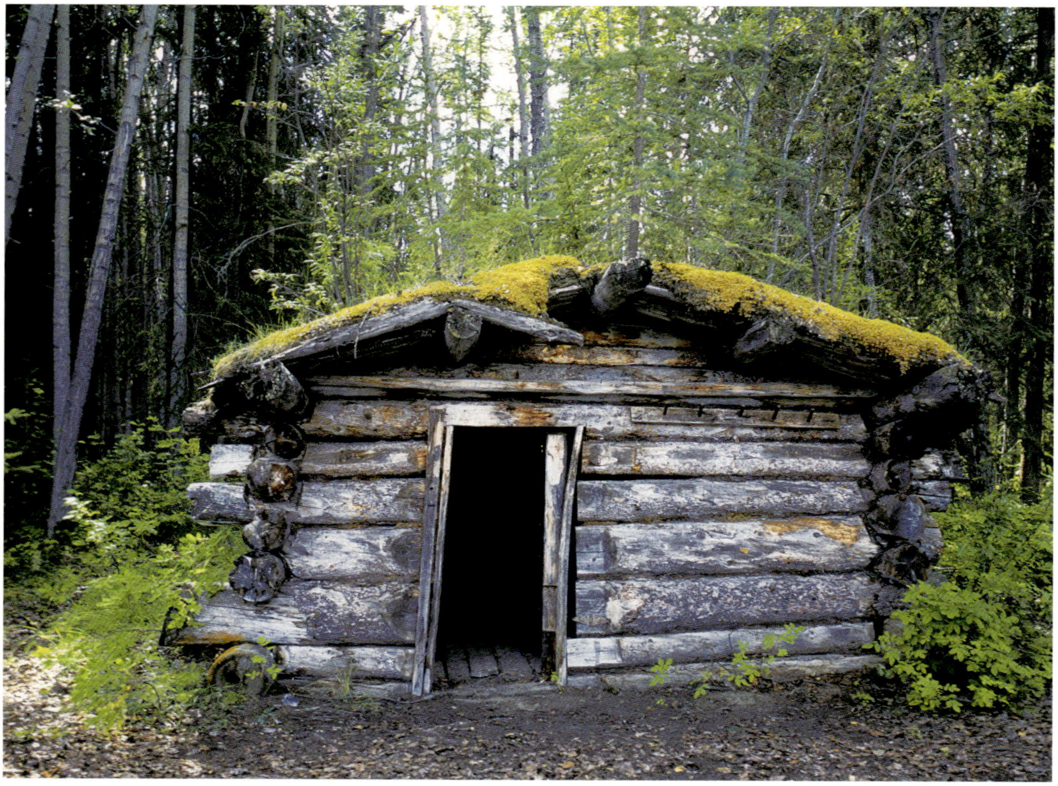

Blockhütte bei Kilometer 112.

Sedimentgesteinen, die durch Erosion geformt wurden) an den sandigen Hängen zu betrachten. Aber auch der Fluss verlangt ab jetzt wieder etwas Aufmerksamkeit. Stellenweise ist es sehr flach, und eine schnelle Strömung zieht über grobe Kiesbänke. An einer etwas ruhigeren Stelle entdecken wir plötzlich eine Elchkuh mit ihrem jungen Kalb. Nase an Nase liegen sie friedlich im Gras einer Insel und beobachten uns ohne großes Interesse. Begegnungen wie diese sind typisch für den Teslin River. Besonders im Sommer schafft es kaum jemand, diesen Fluss zu befahren, ohne „seinen" Elch zu sehen.

Wir haben heute allerdings außergewöhnliches Glück, denn auch auf den folgenden Kilometern sehen wir viele Elche. Bei Flusskilometer 130 machen wir den nächsten Stopp. Unsere Flusskarte von Mike Rourke kündigt ein „excellent sandy camp" an. Leider ist die Karte nicht auf dem neuesten Stand. Im Camp haben die Weidenbüsche (und Moskitos) mittlerweile überhand genommen. Dafür entdecken wir beim Herumschauen in der flachen Bucht hinter dem Camp Elch Nummer elf und zwölf für heute. Eingehüllt von einer surrenden Moskitowolke, stehen die beiden bis zum Bauch im flachen Wasser. Immer wieder tauchen ihre Köpfe völlig unter, um die Wasserpflanzen am Grund zu erreichen.

Nur schwer können wir uns von diesem Anblick losreißen, doch schließlich müssen wir weiter. Langsam senkt sich die Dämmerung über den Fluss; das Wetter verschlechtert sich zusehends. Auch sind wir vom Paddeln und den vielen Eindrücken des Tages erschöpft.

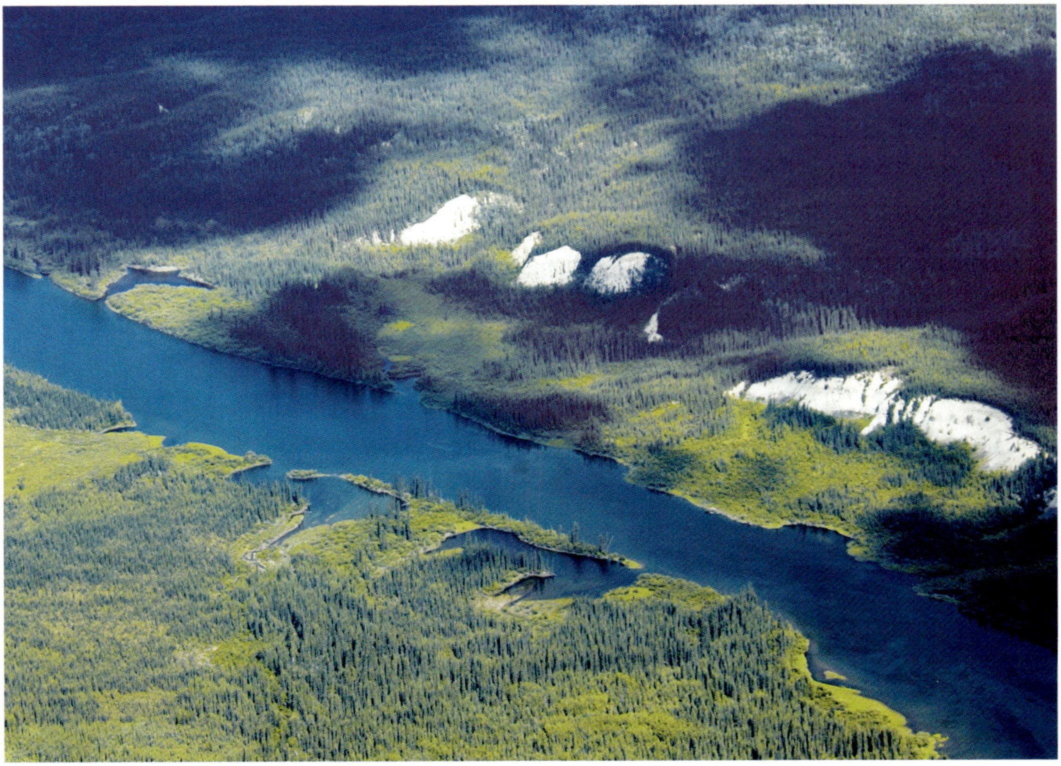

Auf diesem langsamen Flussabschnitt haben wir mit reichlich Gegenwind zu kämpfen.

Elche

Eines der charakteristischsten Tiere im Yukon ist der Elch. Sein besonderes Aussehen und die etwas schlaksige Art machen ihn für die meisten Menschen irgendwie sympathisch. Elche stellen die größten Vertreter der Hirschfamilie weltweit. Schon an der Schulter überragen sie die meisten Menschen mit Leichtigkeit, und mit einem Gewicht von bis zu 800 kg sind sie nach dem Bison das zweitgrößte Landtier Nordamerikas. Die Körpergröße bietet viele Vorteile. Sie ermöglicht das Abweiden hoher Büsche und erlaubt das Durchwaten tiefer Gewässer. Auch verhindern die langen Beine ein Steckenbleiben in hohem Schnee oder weichem Untergrund. Der lange Kopf mit den verschließbaren Nasenlöchern und beweglichen Lippen ermöglicht das Abweiden von Wasserpflanzen selbst in tiefem Wasser. Elche sind kraftvolle und ausdauernde Schwimmer und können Strecken bis zu 20 Kilometer am Stück schwimmen. Der typische Lebensraum sind Sümpfe, Flüsse und Seeufer, aber auch ausgedehnte Zwergweidendickichte in höheren Lagen. Gebiete, die vor längerer Zeit von Waldbränden heimgesucht wurden, scheinen in besonderem Maße attraktiv für Elche zu sein. Hier finden sie große Mengen frischer Triebe, die einen Großteil ihrer Nahrung ausmachen. Vor allem die Bullen benötigen gewaltige Mengen Grünfutter, um jeden Sommer aufs Neue ihr imposantes Geweih aufzubauen. Im September beginnt in der Regel die Brunftzeit. Die im Sommer als Einzelgänger lebenden Bullen und Kühe finden sich zu größeren Gruppen zusammen, wobei jeder Bulle versucht, einen möglichst großen Harem zu verteidigen.

Meist im Mai oder Juni bekommen die Elchkühe, bevorzugt auf Flussinseln, ein bis zwei Kälber. Bei der Geburt wiegen die Kälber bereits 12-16 kg und sind nach wenigen Stunden fähig, der Mutter laufend und schwimmend zu folgen. Elchkühe beschützen ihren Nachwuchs gegen Raubtiere mit tödlichen Huftritten. Auch Menschen werden in der Nähe der Kälber nicht geduldet!

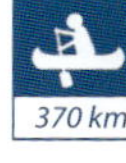

Nur wenig später beziehen wir das erstbeste Lager auf einer kleinen Insel. Ein wunderschöner Regenbogen lässt den Tag ausklingen *(siehe Foto Seite 111)*.

Tag 3

Heute macht uns das Paddeln so richtig Spaß. Das Wetter ist super, der Fluss ist abwechslungsreich, und zusätzlich zu der flotten Strömung treibt uns auch noch ein leichter Rückenwind an. Merkwürdigerweise begegnen uns heute keine Elche. Nur einige Weißkopfseeadler sitzen am Fluss; in den Außenkurven bieten die sandigen Steilufer unzähligen Uferschwalben ein Zuhause. An einer alten, knuffigen Blockhütte bei Kilometer 112 machen wir eine kurze Rast und gönnen uns ein zweites Frühstück. *Die alten Baumstämme der Hütte, von der Sonne gebleicht, könnten sicherlich spannende Geschichten von den vielen eisigen Wintern und kurzen Sommern erzählen. Auch in einigen Kiesbänken des Teslin River wurde schon vor über hundert Jahren feines Gold entdeckt. Der große Fund ließ jedoch auf sich warten. Die reichen Pelzgründe der Umgebung waren da schon ergiebiger.*

Egal ob es Goldsucher oder Trapper waren, die die alte Hütte bauten, mit unserer bisherigen Paddeltour könnten wir sie mit Sicherheit nicht beeindrucken.

Ein Camp in der Kurve oberhalb des **Boswell Rivers** soll uns heute als Nachtlager dienen. Das Anlegen am steinigen Ufer ist hier nicht ganz so einfach, aber es gibt einige schöne Plätze für das Zelt, und die nahe Bacheinmündung riecht förmlich nach leckeren Fischen. Nach einigen vergeblichen Versuchen durchwaten wir schließlich das eisige Wasser des Baches und werden unterhalb der Bacheinmündung reich belohnt. Insgesamt sieben Äschen liegen heute Abend auf dem Grill. Fein gewürzt und in Alufolie gegart, erwartet uns ein Festmahl! Als dann abends dunkle Wolken aufziehen, kann auch der Regen unserer guten Laune nicht viel anhaben. Die nehmen wir einfach mit ins Zelt.

Tag 4

Das Aufstehen fällt uns heute besonders leicht. Bei strahlendem Sonnenschein genießen wir unser Frühstück. Streit gibt es nur am gegenüberliegenden Ufer. Mit der Kaffeetasse in der Hand beobachten wir einen

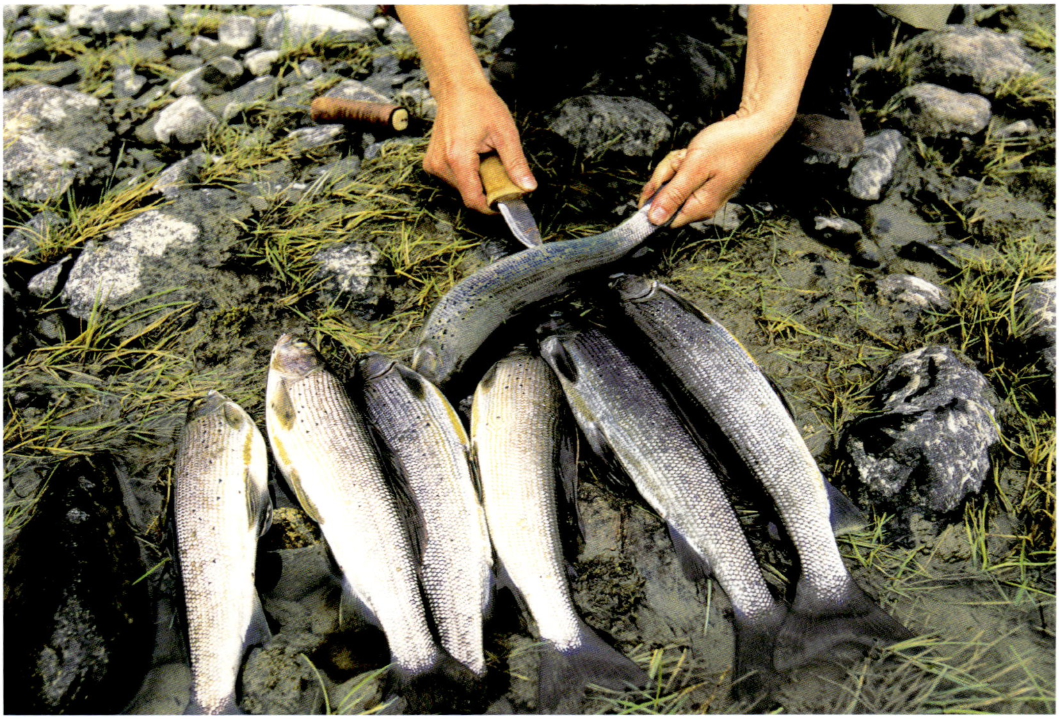

Bitte die Fangbegrenzungen beachten! Solche Strecken sind nur legal, wenn mindestens zwei Mitglieder einer Gruppe einen gültigen Angelschein haben.

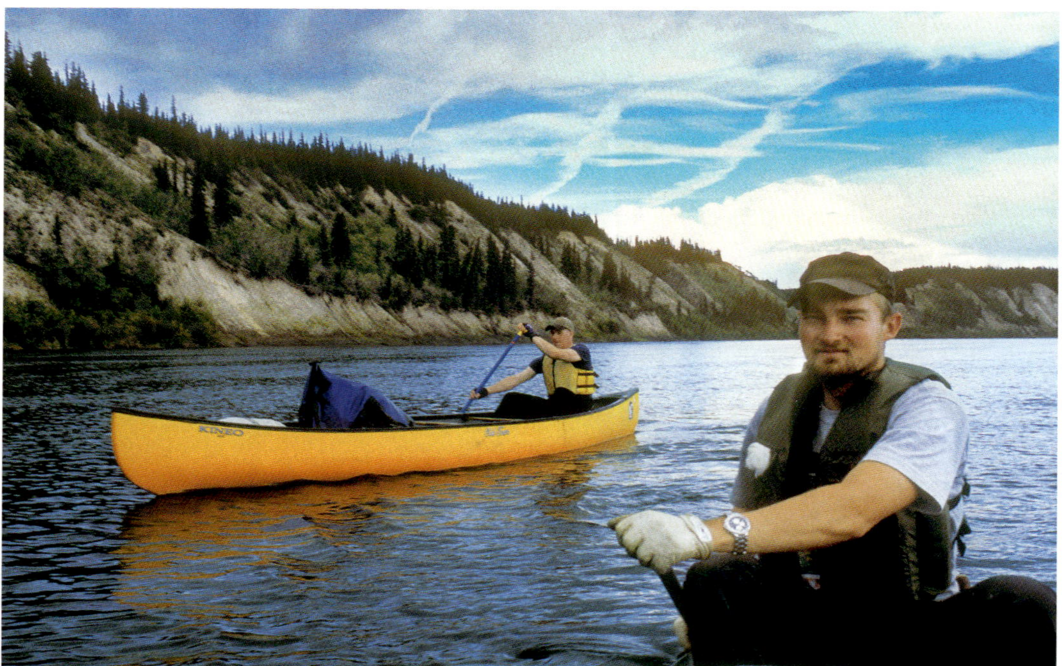

Der Teslin River ist auch für Kanuten mit weniger Erfahrung geeignet.

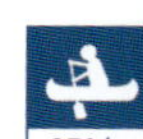

Wanderfalken, der energisch versucht, einen viel größeren Weißkopfseeadler aus seinem Revier zu vertreiben.

Beim Packen der Boote achten wir besonders darauf, alles sorgfältig festzubinden. Heute beginnt der schnellste Abschnitt des Teslin Rivers, der mit den Roaring Bull Rapids seinen Abschluss findet. Direkt unterhalb des **Boswell Rivers** durchfahren wir die erste Stelle mit kleinen Wellen. Nach einer weiteren problemlosen Stelle mit schnellem Wasser erreichen wir die so genannten **„Roaring Bull Rapids"**. Vor einer großen Kiesbank knickt ein Großteil der Hauptströmung nach links ab und fließt mit schneller Strömung durch einen verengten Kanal. Einige kleinere Wellen lassen unser Boot kurz schaukeln, dann sind wir auch schon durch. Mit wirklichen Stromschnellen hat bei unserem mittleren Wasserstand wirklich nur der eindrucksvolle Name etwas gemeinsam. Was bleibt, ist eine flotte Strömung, die uns durch ein unübersichtliches Inselgewirr trägt. Auf einer dieser Inseln sehen wir für Sekunden einen Elch im Unterholz; die Weißkopfseeadler zählen wir schon lange nicht mehr. Obwohl wir uns heute viel treiben lassen, schaffen wir unsere 40 Kilometer lange Tagesetappe in weniger als fünf Stunden. Auf einer kleinen Insel kurz vor Teslin Crossing richten wir uns für die Nacht ein. Auf der Insel gegenüber läuft ein kleines Elchkalb scheinbar mutterseelenallein umher. Offenbar hat es seine Mutter verloren. Etwa um Mitternacht sehen wir es zum letzten Mal im schwindenden Dämmerlicht.

Tag 5

Gegen 10 Uhr wird das Prasseln auf unserem Zelt weniger und hört schließlich gänzlich auf. Schnell ist ein Feuer entfacht, und die allmorgendliche Prozedur beginnt. Frühstück machen, Zelt abbauen und Boote bepacken ist mittlerweile zur Routine geworden.

Auf dem Fluss treibt uns wieder ein kräftiger Rückenwind voran. Bald taucht **Teslin Crossing** am linken Ufer auf. Nur kurz gehen wir an Land, um einen Blick auf den geschichtsträchtigen **Livingstone Trail** zu werfen. *Im Jahre 1898 wurde am Livingstone Creek ein reiches Goldvorkommen entdeckt. Die Siedlung Livingstone entstand bald darauf im Gebiet zwischen dem heutigen Big Salmon und Teslin River. Während des kurzen Sommers erfolgte die Versorgung der florierenden Kleinstadt über eine Dampferverbindung nach Mason Landing am Teslin River und weiter mit einem Wagentrail bis Livingstone. Im Winter kämpften sich Hundeschlitten und später auch schweres Gerät über eine Überlandroute vom Lake Laberge über den zugefrorenen Teslin River bis zu den Goldfeldern am Livingstone Creek. Bei Teslin Crossing überquerte dieser im Sommer unpassierbare Livingstone Trail den Fluss. Erst in den 30er Jahren waren die leicht erreichbaren Goldvorkommen weitgehend ausgebeutet. Bis heute wird am Livingstone Creek immer wieder geschürft.*

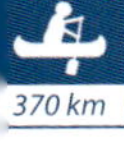

Kurz nach Teslin Crossing leuchtet bereits von weitem ein gewaltiges Steilufer durch die Baumwipfel. Beim Näherkommen stellen wir erstaunt fest, dass der Fluss einen kompletten Hügel etwa bis zur Hälfte Sandkorn für Sandkorn abgetragen hat. Kurz nach dieser eindrucksvollen Kurve streckt sich der Fluss zu einer langen Geraden, worauf schließlich wieder einige inselreiche Kurven mit kleineren Steilufern folgen.

Unser nächstes Ziel ist **Mason Landing.** *Die verfallenen Hütten dieses ehemaligen Dampferanlegers locken uns mit lohnenden Fotomotiven, und auch die Pfade in der Umgebung reizen zu einer ausgedehnten Entdeckungstour.* Leider werden wir beim Umherstreifen von Moskitos entdeckt und sitzen deshalb bald darauf wieder im Kanu. Nach weiteren 10 Kilometern auf dem Fluss erreichen wir die alte Siedlung **„Seventeenmile Cabins“**.

Einige der Hütten sind schon zusammengefallen; eine kleinere ist jedoch noch recht gut in Schuss. Ein schmaler Trampelpfad beginnt hinter der alten Siedlung und führt uns nach ein paar Minuten zu einem alten Grab.

Noch bevor wir wieder die Paddel in die Hand nehmen, fangen wir direkt am Anlegeplatz noch schnell unser Abendessen. Wieder sind es Äschen, die nach den Blinkern schnappen. 11,5 Kilometer bevor der Teslin in den Yukon River mündet, finden wir schließlich unser Traumcamp auf einer Insel. In einer Außenkurve entdecken wir an der unteren Spitze einer Insel einen kleinen Anlegeplatz.

Das wunderschön gelegene Camp auf einem Steilufer bietet mit primitiven Bänken um die Feuerstelle bereits einigen Komfort und wird sicherlich häufiger genutzt. Bei frisch gebackenem Bannock und Fisch genießen wir den herrlichen Ausblick auf unseren letzten Sonnenuntergang am **Teslin River.** Morgen wird uns nach zwei Stunden der **Yukon River** aufnehmen und noch weitere 170 Kilometer bis nach Carmacks tragen. (Siehe Tour 1)

Big Salmon River

Flotte Strömung, ruhige Seen

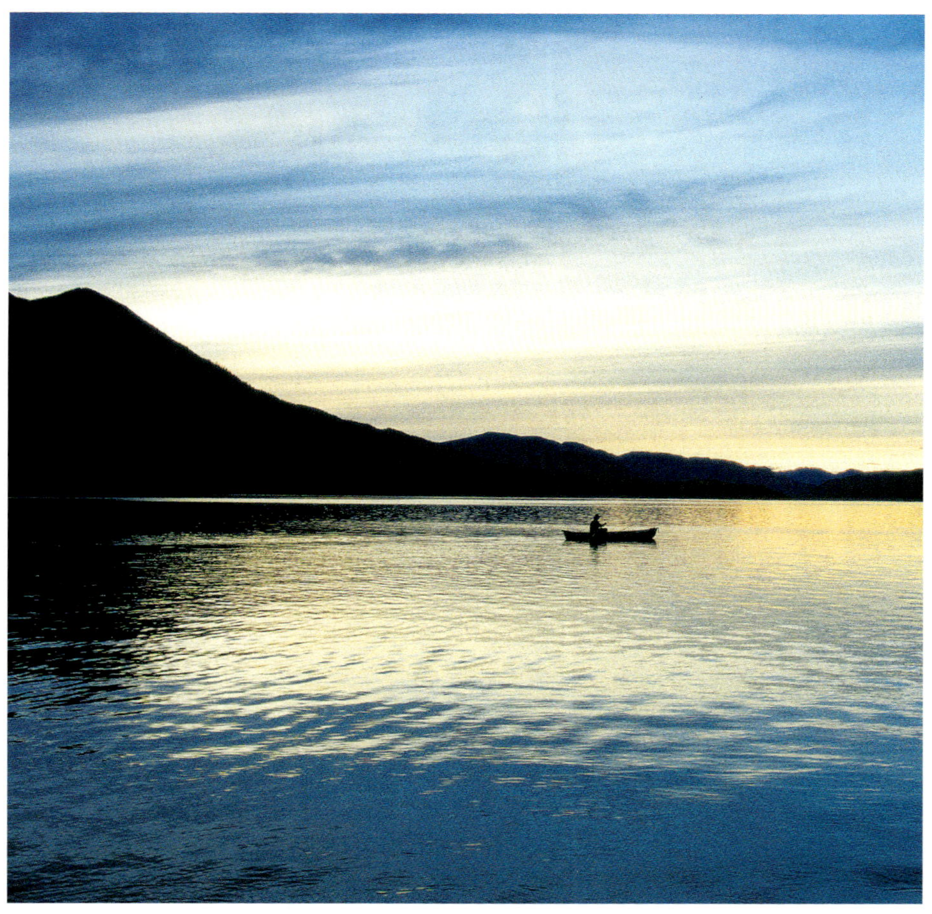

Tour 6

Infos Kanutour Big Salmon River

Charakter der Tour

Der Big Salmon River gehört zu den häufig befahrenen Flüssen im Yukon – aus gutem Grund: Kaum ein anderer Fluss mit Straßenzugang hat derart viel zu bieten. Gleich zu Beginn laden insgesamt drei verschiedene Seen mit wunderschönen Verbindungsbächen zum Angeln und Relaxen ein. Am Ende des dritten Sees beginnt dann der Big Salmon River als schmaler und schnell fließender Fluss mit reichlich Treibholz und überhängenden Bäumen. Im Spätsommer und Herbst sind hier häufig Königslachse zu beobachten, die über den Kiesbänken laichen. Auch im weiteren Verlauf behält der Big Salmon River seine überwiegend flotte Strömung bei. Felsige Abschnitte, die reichhaltige Tierwelt und das ständig wechselnde Bergpanorama sorgen für Abwechslung.

Wildwasser & Gefahren

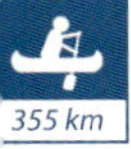

Der Big Salmon River hat kein schwieriges Wildwasser (WW II). Je nach Wasserstand sollte dieser Fluss jedoch nur von geübten Paddlern befahren werden. Jedes Jahr kentert eine Anzahl von unerfahrenen Bootsbesatzungen in den engen und mit Treibholz gespickten Kurven vor allem zu Beginn des Flusses. Einige von ihnen werden Jahr für Jahr mit dem Rettungshubschrauber ausgeflogen, da Kanu und Ausrüstung beim Kentern verlorengingen. Vor allem bei Hochwasser ist der Big Salmon River nicht zu unterschätzen und sollte mit Umsicht befahren werden. Aus gutem Grund verweigern einige Outfitter unerfahrenen Paddlern den Transfer zum Quiet Lake zu Hochwasserzeiten (im Juni). Die vereinzelten Wildwasserstellen bestehen überwiegend aus flachen Steingärten bei Niedrig- und Mittelwasser oder aus stehenden Wellen bei Hochwasser.

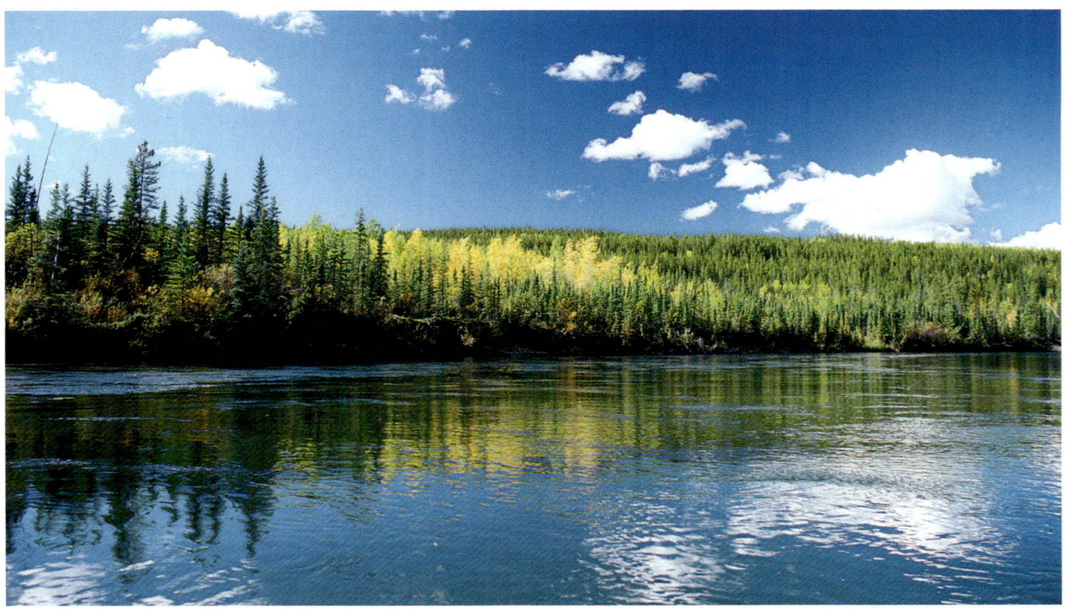

Indian Summer am Big Salmon River.

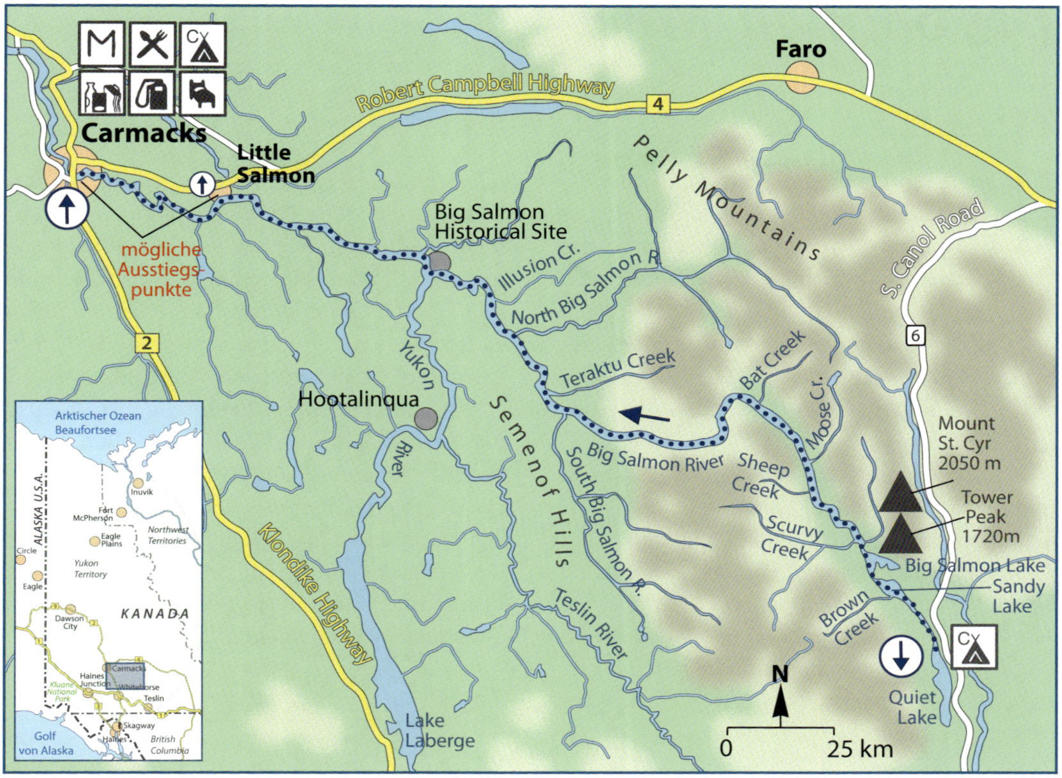

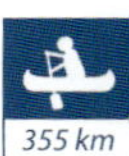

Kartenmaterial

Big Salmon River, *Mike Rourke,* Rivers North Publications
Der Big Salmon River, *Gus Karpes,* L.Allgeyer Verlag
Karten 1 : 250 000: 105-F Quiet Lake, 105-E Laberge, 105-L Glenlyon, 105-I Carmacks

Länge der Tour:
Vom Quiet Lake bis zur Mündung in den Yukon River, ca. 235 Kilometer
Auf dem Yukon River weitere 112 Kilometer bis Carmacks, 8-12 Tage,
Big Salmon Lake ca. 800 m ü. N.N., Big Salmon Village ca. 570 m ü. N.N., Gefälle: 1,07 m pro km.

Kanuvermieter:
Kanuvermietung und Transfer siehe Outfitter Seite 42-45.

An- und Abreise:
Anfahrt von Whitehorse über den Alaska Highway und die raue South Canol Road bis zum Quiet Lake (230 km, Transfer ca. 410 Dollar). Hier beginnt man die Paddeltour am besten an der Quiet Lake Recreation Site. Eine weitere Möglichkeit, die Tour zu beginnen, besteht auch schon 25 Kilometer vorher am Quiet Lake Campground. Die zusätzlichen Paddelkilometer auf dem äußerst windanfälligen See führen dann jedoch an der Straße entlang und sind wenig attraktiv.
Abreise in der Regel von Carmacks nach Whitehorse (180 km, Transfer ca. 310 Dollar).

Big Salmon River

Tag 1

Gestern Abend war die Welt noch in Ordnung. Ein spektakulärer Sonnenuntergang ließ die spiegelglatte Wasseroberfläche des **Quiet Lake** in kräftigen Farben leuchten. Heute früh fällt das mattgraue Morgenlicht aber auf einen aufgewühlten See. Der Sturm rüttelt schon seit Mitternacht am Zelt und fängt sich sirrend in den Abspannleinen.

Übersetzt bedeutet der Name Quiet Lake ja eigentlich „ruhiger See". Tatsächlich ist der 31 Kilometer lange und ca. zwei Kilometer breite Bergsee jedoch bekannt für unberechenbare Stürme und schnell wechselnde Windrichtungen. Wie auf fast allen großen Seen im Yukon bricht auch das Eis auf dem Quiet Lake erst Ende Mai oder Anfang Juni. Im kurzen Sommer erwärmt sich das Wasser nur bis auf wenige Grad.

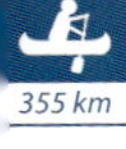

Es dauert noch bis zum Mittag, bis ich es endlich wagen kann, das bepackte Kanu durch die Brandung zu schieben und die neun Kilometer bis zum Ende des Sees in Angriff zu nehmen.

Die Wellen sind immer noch recht ordentlich, als ich bei schwächer werdendem Rückenwind schließlich den zwei Kilometer langen Verbindungsbach zwischen Quiet und **Sandy Lake** erreiche. Hier macht das Paddeln wieder Spaß. Mit zügiger Strömung windet sich das klare Wasser durch den Wald. Unterhalb einer größeren Insel kann ich einen Schwarm Äschen am Grund ausmachen. Ein kurzer Stopp, und das heutige Abendessen ist gesichert.

Von hier aus sind es nur noch etwa 500 Meter zum idyllischen Sandy Lake. Am linken Ufer schlage ich mein Lager am breiten **Brown Creek** auf.

Tag 2

Ich schaffe es einfach nicht, mich loszureißen. Zu schön ist der Campplatz an der sandigen Mündung des Baches. Mit nur drei Kilometern Länge bietet der Sandy Lake eine relativ geschützte Wasserfläche. Im See gibt es reichlich Äschen, Seeforellen und Hechte. Im tiefen Wasser vor der Mündung sind anscheinend besonders Seeforellen zu Hause. Am Abend brutzeln zwei leckere Filets in der Pfanne, während langsam die Sonne untergeht und ein Biber aus der nahen Biberburg am Bach seine Nachtschicht beginnt. Noch bis weit in die Nacht sitze ich am Feuer. Hoch über dem See huschen die grünen Schleier eines schwachen Polarlichts umher.

Tag 3

Der ruhige Verbindungsbach zwischen **Sandy** und **Big Salmon Lake** ist etwa viereinhalb Kilometer lang. Stille Buchten und ein breiter Schilfgürtel prägen die sumpfigen Ufer. Elche sind hier sehr häufig zu sehen. Auch einige Weißkopfseeadler werden von den zahlreichen Äschen angelockt. Sie sitzen auf den höchsten, im Wind schwankenden Baumkronen.

Der insgesamt etwa zehn Kilometer lange **Big Salmon Lake** empfängt mich wieder mit hohen Wellen. Am gegenüberliegenden Ufer thront der über 1700 Meter hohe **Tower Peak** über der aufgewühlten Wasserfläche. Nur fünf Kilometer Luftlinie sind es von hier bis zum Auslauf des Big Salmon River am nördlichen Ufer. Ich halte mich dicht am linken Ufer. Die zahlreichen Buchten bieten stellenweise etwas Schutz vor den Wellen, doch an den ausgesetzten Landzungen ist der Wellengang heftig und kommt zudem noch

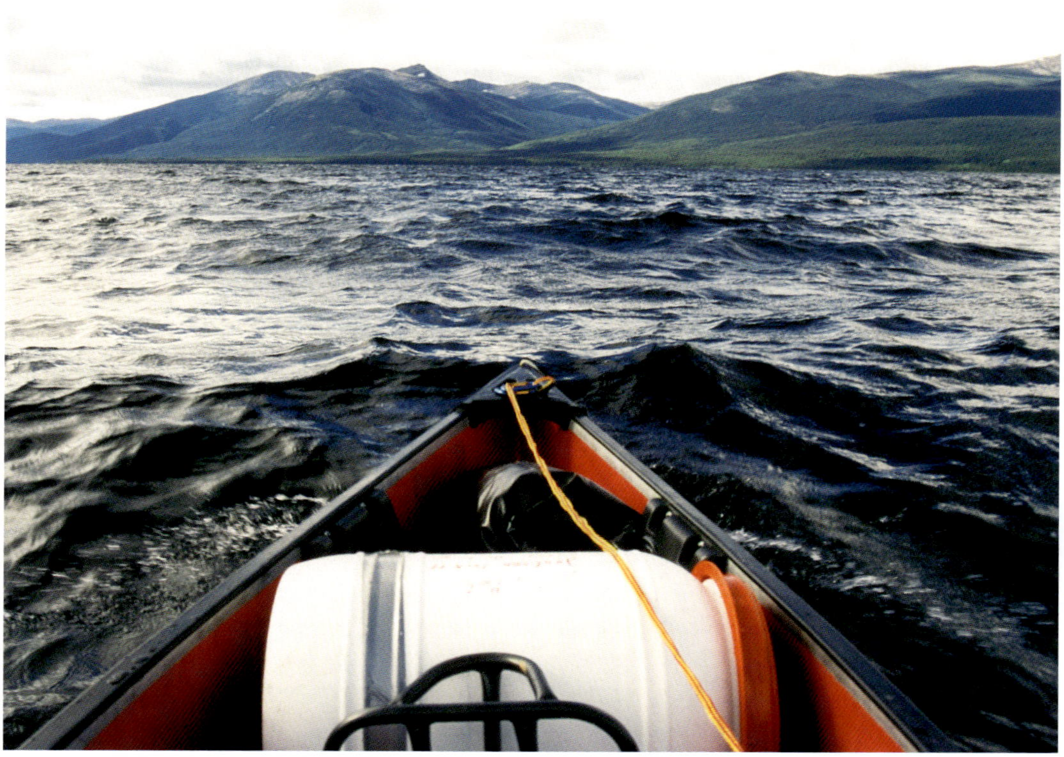

Die Wetterbedingungen auf den offenen Wasserflächen können sehr schnell umschlagen.

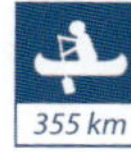

von der Seite. Ich bin erleichtert, als ich endlich den Auslauf des Sees erreiche und sofort von der schnellen Strömung des schmalen **Big Salmon Rivers** erfasst werde. Am Ufer zieht eine Blockhütte vorbei; im flachen Wasser sind über einer Kiesbank die roten Schatten von großen Lachsen zu erkennen, die hier ihrer letzten Bestimmung folgen. Auch wenn es vielen Anglern bei dem Anblick der manchmal einen Meter langen Fische heftig in den Fingern juckt – diese Lachse sind nach ihrer langen Reise völlig ausgelaugt, ihr Fleisch ist wässrig und fade. Sie sollten in Ruhe laichen können!

Ab jetzt ist volle Konzentration angesagt. Die ersten Kilometer sind zugleich die schwierigsten des ganzen Flusses. Es gibt viele enge Kurven, in denen die Hauptströmung unter Treibholzhaufen hindurch zieht, und nur recht enge Durchfahrten in den Innenkurven. Die Gefahr durch die unterspülten Treibholzhaufen sind nicht zu unterschätzen; es gab bereits Todesfälle durch Kenterungen am Treibholz!

Einmal muss ich aussteigen und das Kanu um eine umgestürzte Fichte herumtreideln, die den Fluss fast vollständig blockiert. Nach gut zweieinhalb Kilometern erreiche ich schließlich einen Treibholzhaufen, der den Fluss komplett verblockt. Bei höherem Wasserstand ist es oft möglich, diese Passage vorsichtig zu treideln. Für mich bleibt jedoch nur die Möglichkeit, den rechtsseitigen Portagetrail zu nutzen und mich bei der Plackerei von den letzten „unverfrorenen" Moskitos des Jahres stechen zu lassen. Auch am unteren Ende des **„Log Jam“** *(Baumstammgewirr)* sind wieder einige Lachse im flachen Wasser zu erkennen. Der ganze Treibholzhaufen riecht nach den verwesenden Körpern zahlreicher toter Fische; Bärenspuren am Ufer zeugen vom ständigen Kreislauf des Lebens, fressen und gefressen werden…

Nicht nur die vielen Bärenspuren, sondern auch ein mittig durchgebrochenes Kanu am Ufer mahnt zur Vorsicht und ist Zeugnis eines folgenreichen Kenterns in diesem Flussabschnitt.

Vorsichtig taste ich mich weiter den Fluss hinab. Mein beladenes Zweierkanu ist nicht

Königslachs

Die Fluss-Systeme im Yukon sind die Heimat von insgesamt fünf verschiedenen Lachsarten. Die größte und interessanteste Lachsart im Yukon und Alsek River sowie ihren Nebenflüssen ist ohne Zweifel der Königslachs. Das Leben des Königslachses beginnt in den Bächen und Flüssen als winziges und fast durchsichtiges Fischchen. Etwa ein Jahr lang leben die flinken Jungfische in ihren Geburtsflüssen. Auf der Jagd nach Insekten müssen sie dabei ständig aufpassen, nicht selbst Opfer eines Vogels oder Raubfisches zu werden. Mit einer Größe von etwa 12 cm machen sich die jungen Lachse schließlich auf den Weg zum Meer.

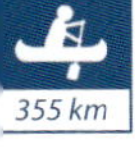

Jedes Jahr im Frühsommer versammeln sich zigtausende von geschlechtsreifen Königslachsen in den flachen Gewässern vor dem Yukon Riverdelta in der Beringsee. Aus den kleinen, schüchternen Jungfischen sind in vier bis sechs Jahren beeindruckende Raubfische herangewachsen. Etwa 35 Kilo schwer sind die größten Männchen. Gegen die Strömung des trüben Yukon River schwimmen die großen Fische während ihrer letzten großen Reise ihren Laichgründen entgegen. Einige tausend Fische haben eine besonders lange Reise vor sich. Ihr Ziel sind die Bäche und Flüsse im Entstehungsgebiet des großen Stromes, über 3000 Kilometer flussaufwärts. Umso bemerkenswerter ist es, dass die Fische auf ihrem langen Weg die Nahrungsaufnahme einstellen. Bis zu 100 Kilometer pro Tag schwimmen die Lachse gegen die zügige Strömung an und ernähren sich dabei allein vom gespeicherten Körperfett. Im Laufe ihrer Wanderung verändert sich der Körper der ehemals silbrigen Raubfische. Die Haut beginnt langsam einen tiefen Rotton anzunehmen, und der Unterkiefer der Männchen verwandelt sich in einen furchterregenden Haken. Im Körper der Weibchen reifen ca. 5000 erbsengroße Eier heran. Wenn die Kraft reicht und kein Netz oder Fischrad oder Bär dazwischenkommt, erreichen die ersten Lachse etwa Mitte Juli und die letzten Anfang September ihr Ziel auf den Kiesbänken ihrer Laichgründe im Yukon. Mit letzter Kraft schlagen die Weibchen mit dem Schwanz eine flache Mulde in den Kies. Nach der Eiablage überdeckt das Männchen die Eier mit seinem milchigen Samen und schließt die Mulde wieder mit Kies und Schotter. Wenig später sterben die entkräfteten Fische und bilden damit die Nahrungsgrundlage für die zahllosen Nutznießer des Lachszuges. Im Flusskies reift währenddessen langsam eine neue Generation heran…

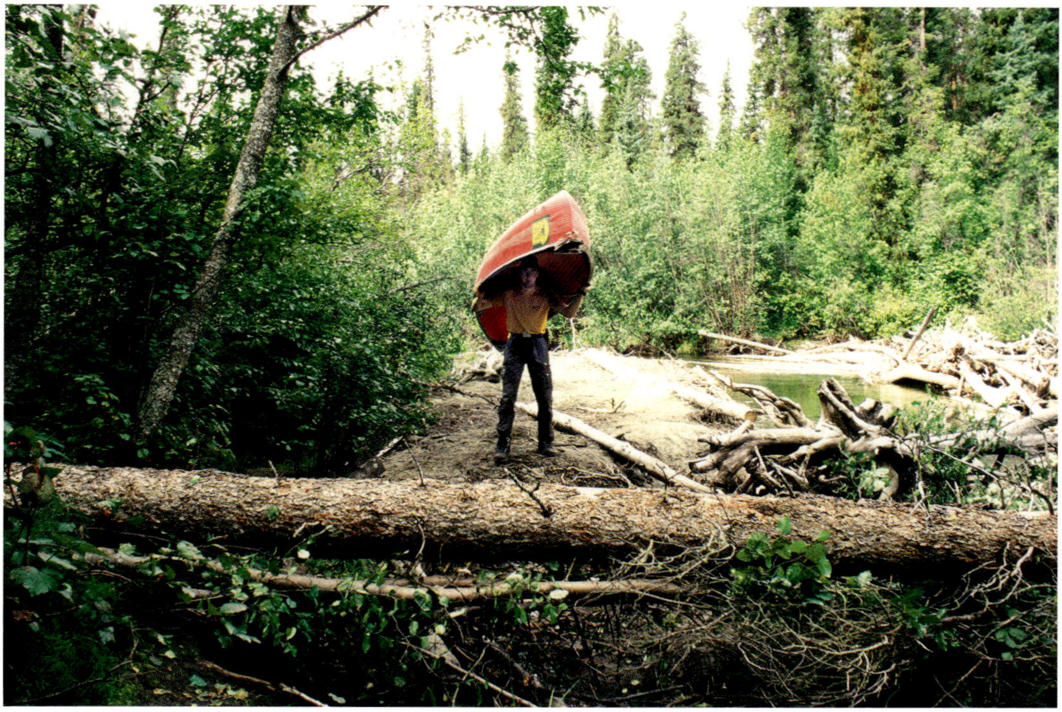

Umtragen an der ersten Treibholzverblockung.

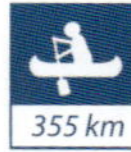

besonders wendig, und auch auf den folgenden Kilometern gehört die „Seilfähre rückwärts" zum Standardrepertoire meiner energischen Paddelmanöver. Erst nach dem von links einmündenden **Grey Creek (Scurvy Creek)** beruhigt sich der Fluss etwas. Die Strömung wird langsamer, das Flussbett sandiger und breiter. Es dämmert bereits. Ein wärmendes Feuer wäre jetzt nicht schlecht...

Tag 4

Es ist kalt am Morgen. Mit lautem Getöse zieht ein Schwarm Kraniche in loser Keilformation über meinen Campplatz hinweg. Im kalten Hochnebel sind die großen Vögel nur schemenhaft zu erkennen. Mit klammen Fingern belade ich das Kanu und mache mich wieder auf den Weg. Der Big Salmon schlängelt sich auf den nächsten Kilometern ohne große Eile durch den sumpfigen Talgrund. Die umliegenden, bis zu 1800 Meter hohen Gipfel der **Big Salmon Range** lassen dem Fluss nur wenig Raum, sich in der Breite auszudehnen. Sandige Steilufer prägen oftmals die Außenkurven, und auf der Karte sind viele Hintergewässer und tote Flussarme vermerkt, die vom Kanu aus jedoch nicht zu sehen sind. Schon in der zweiten Kurve entdecke ich einen jungen Elchbullen am Ufer; wenig später kann ich noch einen Biber, einen Nerz und schließlich sogar eine ganze Otterfamilie beim gemeinsamen Fischen beobachten.

Bei meiner Mittagspause auf einer Sandbank zeigen mir die Spuren von Karibus, die hier den Fluss überquert haben, und tiefe Bärenspuren, dass hier ordentlich was los ist. Auch beim Aufbauen meines Camps am **Sheep Creek** kracht es einmal kurz hinter mir im

Gebüsch, und eine überraschte junge Elchkuh zieht sich eilig zurück. Ich bin wirklich beeindruckt von der artenreichen Tierwelt auf diesem Flussabschnitt. Genauso beeindruckt bin ich dann von der Abendstimmung und dem Vollmond, der sich langsam über die Baumspitzen schiebt. Ein perfekter Tag geht zu Ende.

Tag 5

So perfekt wie gestern sieht es heute nicht aus. Schon seit zwei Stunden paddle ich durch eisig kalten Regen, vermischt mit einzelnen Graupelschauern. Die Hände sind klamm, die Stimmung im Keller. Selbst mit der heutigen Hightech-Ausrüstung sind solche Wetterkapriolen kein Zuckerschlecken. Wie muss es erst den ersten weißen Entdeckern am Yukon ergangen sein!? *Schon lange bevor im Jahre 1881 die ersten Goldsucher das edle Metall in den Kiesbänken des Big Salmon River und seinen Zuflüssen entdeckten, gehörte dieses weite Land zu den Jagd- und Fischgründen der Northern-Tutchone First Nations. Nach den ersten Goldfunden startete John McCormack zusammen mit drei Freunden im Jahre 1887 eine weitere Expedition den Fluss hinauf. Die Mitglieder dieser Expedition sind gleichzeitig Namensgeber vieler geografischer Begebenheiten inklusive Big Salmon und Quiet Lake. Nach diesen „ersten Entdeckern" lebten immer wieder einige Goldsucher und Trapper in der Region.*

Wo eigentlich die Gipfel der **Big Salmon Range** über 1000 Meter hoch über dem Fluss thronen sollten, sind heute nur fahle graue Wolkenschleier zu sehen. Zum Glück halten mich die vielen Steuermanöver etwas warm. Nach dem Sheep Creek ist der Fluss wieder deutlich anspruchsvoller. Die Strömung zieht merklich an und flache Riesel-

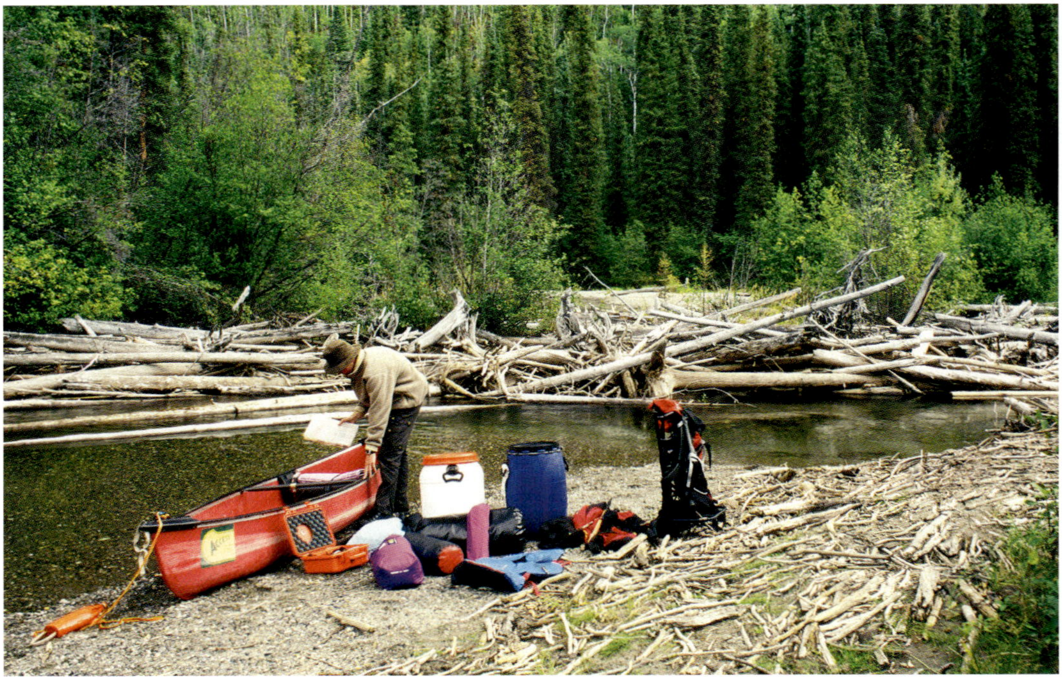

Die engen Kurven im Oberlauf des Big Salmon Rivers sind häufig gespickt mit Treibholz.

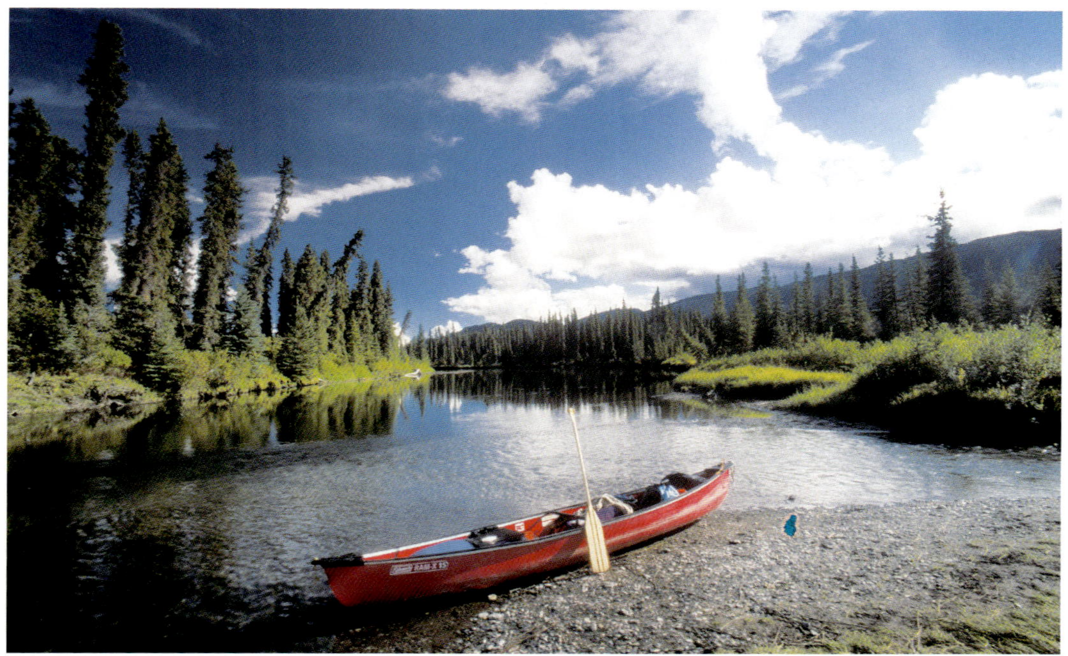

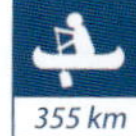

Am Sheep Ceek befindet sich ein beliebtes Camp.

strecken, große Treibholzverblockungen und kleine Wellen erfordern ständige Konzentration. Einmal wird es sogar richtig knapp! Nur mit Mühe und Not schaffe ich es, einem Treibholzstamm auszuweichen, der in der schnellen, unübersichtlichen Kurve hängen geblieben ist und nun fast den gesamten Flusslauf blockiert. Nach dem **Moose Creek** tauchen dann die ersten problemlosen WW I-Stein"gärten" auf. Im klaren Wasser sind die vereinzelten Felsen recht gut zu erkennen und zu umfahren. Etwa 10 Kilometer oberhalb vom **Bat Creek** schlage ich mein Lager auf einer sandigen Uferbank auf.

Tag 6

Lange halte ich es im Kanu heute nicht aus. Etwa sechs Kilometer oberhalb vom Bat Creek erkunde ich einen kleinen See, der sich auf der linken Seite hinter einem Steilufer verbirgt. Nebengewässer wie dieses gibt es reichlich am Big Salmon River. Wer die Strapazen nicht scheut und sein Kanu zu einem der größeren Seen bringt, hat auch zur Hauptsaison im Sommer hier seine Ruhe. Besonders im Juli und August ist der Big Salmon River bei selbst organisierten, vor allem aber bei geführten Gruppen ein beliebtes Ziel. Manchmal werden sogar die Campplätze knapp; es hat schon Überlegungen gegeben, auf diesem Fluss eine Paddelbeschränkung einzuführen, um den natürlichen Charakter dieses wunderschönen Wildnisflusses auch auf lange Sicht zu erhalten. Jeder, der heute den Big Salmon River befährt, sollte sich diesen Umstand immer vor Augen halten und besonders auf die eigentlich selbstverständliche „Camp-Etikette" achten. Vor allem sollte vermieden werden, neue Campplätze in den Wald zu schlagen! Sie zerstören langfristig den Wildnischarakter; es dauert lange, bis solche Narben wieder verheilen.

Noch immer fließt der Big Salmon River in einem abwechslungsreichen Flussbett. Seine flotte Strömung lässt mich gut vorankommen. Gegen Nachmittag fällt mir ein Camp am linken Ufer ins Auge, das etwas erhöht am Ufer liegt. Nur wenige Meter dahinter lädt ein kleiner See zu einer Erkundungsfahrt mit dem Kanu ein.

Tag 7

Die Nacht war turbulent! Irgendwann nach Mitternacht ist ein Elch im vollen Galopp zuerst durch den See und dann quer durch mein Camp gelaufen. Ob die Brunftzeit Auslöser für dieses rüpelhafte Verhalten ist? Wie auch immer, jedenfalls haben mir hinterher doch ziemlich die Knie geschlottert. Nur Minuten später heulte ein Wolfsrudel in den Bergen und ließ mich erst spät wieder in einen unruhigen Schlaf fallen.

Bei einem beruhigenden Morgentee begutachte ich nun nachdenklich die tiefen Elchspuren neben dem Zelt. Mit Ehrfurcht gleitet mein Blick dann zu den Berghängen hinauf. In der Nacht ist der erste Schnee auch auf den niedrigeren Gipfeln gefallen. Der Winter naht! Vor genau einer Woche habe nun zum letzten Mal einen anderen Menschen gesehen...

Beim Bepacken des Kanus kommt eine Gruppe fischender Otter den Fluss hinauf geschwommen. Mit Leichtigkeit schwimmen sie gegen die Strömung an und treiben gemeinsam kleine Fische unter dem Steilufer zusammen. Als sie schließlich stromaufwärts um die nächste Kurve verschwinden, steige ich ins Boot und lasse mich von der Strömung mitnehmen.

Auf der Strecke bis zum **South Big Salmon River** behält der Fluss überwiegend seine schnelle Strömung bei; noch immer

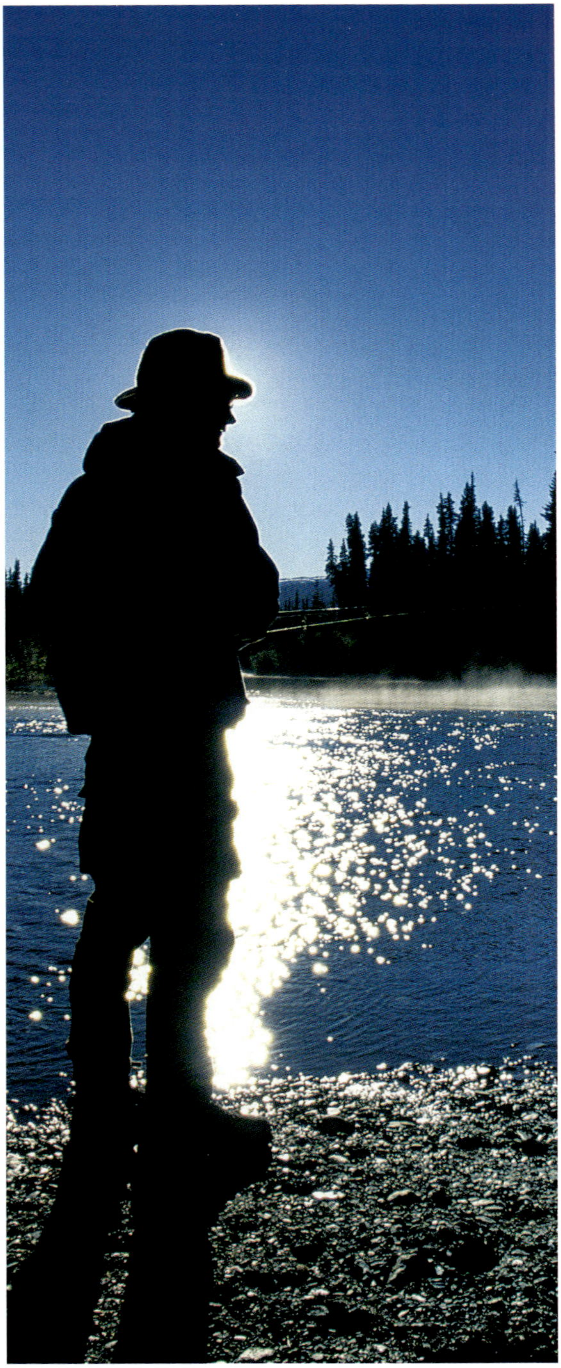

Morgenstimmung an der Mündung des South Big Salmon River.

beleben WW I-Schnellen und einige enge Kurven die Fahrt. Die umliegenden Berge der Big Salmon Range sind größtenteils bewaldet; nur die höchsten Gipfel wie der 1870 Meter hohe **Last Peak** haben kahle Gipfel. Oberhalb von 1300 Meter liegt Schnee, der in der Mittagssonne langsam taut.
Am späten Nachmittag stelle ich mein Zelt auf den wunderschönen Campplatz an der Mündung des **South Big Salmon**. Die ersten zwei Würfe mit der Angel bringen mir zwei prächtige Äschen für das Abendessen, und ich beginne reichlich Holz zu sammeln. Kaum ist die Sonne untergegangen, kriecht langsam die Kälte über den dampfenden Fluss. Nach Mitternacht flackern eindrucksvolle Polarlichter über den Nordhimmel. Dann geht langsam mein Holz zur Neige. Das Thermometer am vereisten Zeltreißverschluß zeigt knackige minus neun Grad und fällt weiter. Zeit ins Zelt zu schlüpfen!

Tag 8

Bei klarem Himmel und satten Minusgraden bepacke ich mein Kanu und überquere den Fluss. Der Hügel am anderen Ufer ist einfach perfekt für eine kurze Wanderung!
Nach einigen hundert Metern durch sumpfigen Wald erreiche ich den Fuß des steilen Hangs und nach 300 Höhenmetern sinke ich zufrieden ins Gras und genieße die tolle Aussicht. In südöstlicher Richtung reicht der Blick weit stromaufwärts in das Tal des Big Salmon River. Nach Süden schlängelt sich der **South Big Salmon** durch ein flaches Becken.
An seinen Quellbächen liegen die einst so ergiebigen Goldfelder von Livingstone. Das schwerste Nugget aus diesen Minen brachte immerhin satte 1100 Gramm auf die Waage! Mittlerweile ist es ruhiger um diese Gegend geworden. Viele Claims entlang des Big Salmon River und

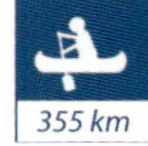

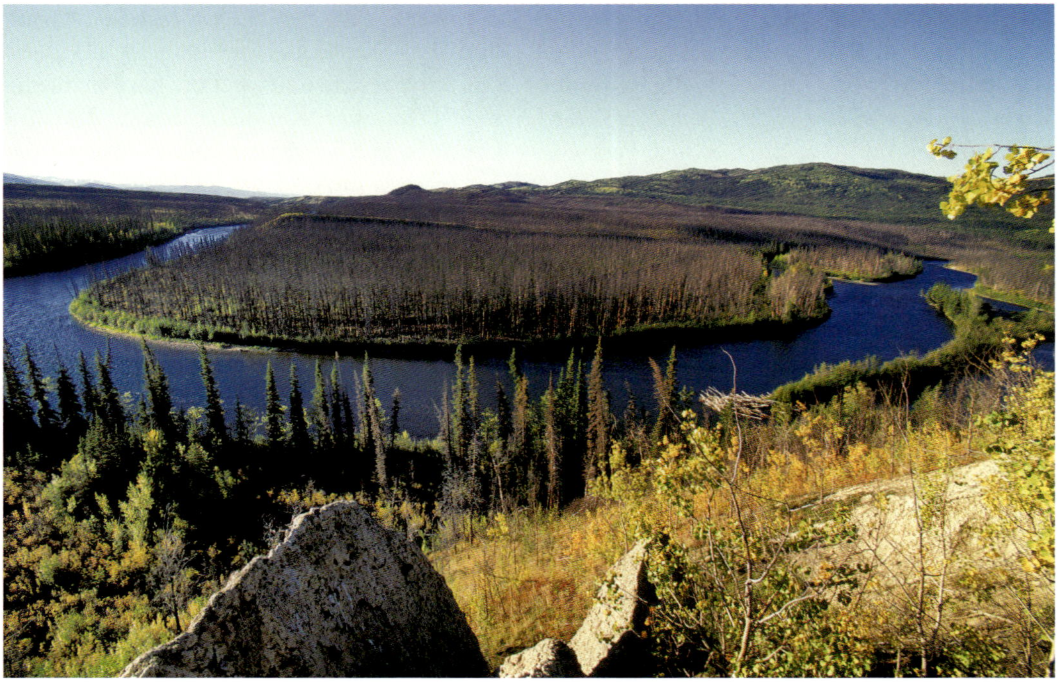

Aussichtspunkt an der Mündung des North Big Salmon River.

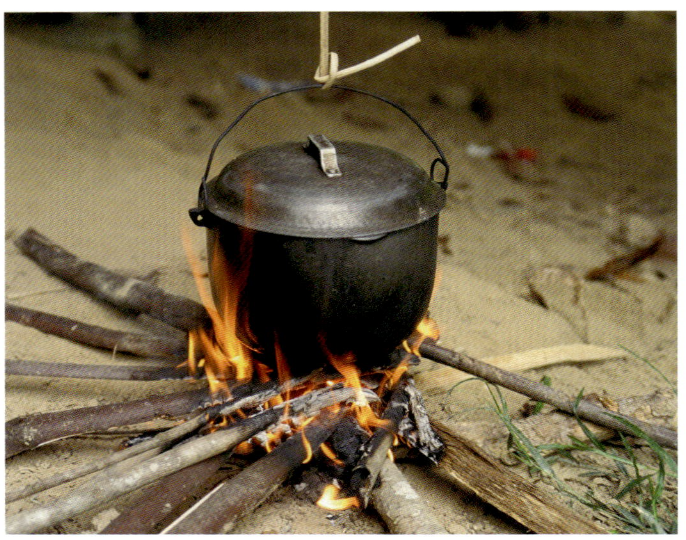

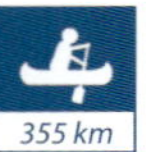

seiner Zuflüsse zeugen jedoch auch noch heute von unerschlossenen Goldvorkommen.

Nach Nordwesten ergießt sich der **Big Salmon River** von nun an in eine bewaldete Ebene. Die Strömung in diesem Teilstück ist langsam; der nun deutlich breiter gewordene Fluss windet sich vielarmig durch den Wald. Erst kurz vor dem **North Big Salmon River** streckt sich das Flussbett wieder. Die Strömung nimmt zu, eine felsige Passage mit kleinen Wellen taucht auf. Auf der linken Seite beginnt die ausgedehnte Ödnis eines Waldbrandgebiets. Direkt unterhalb des North Big Salmon gibt es einen wirklich schönen Lagerplatz am rechten Ufer. Vom sandigen Hügel hinter dem Camp bietet sich eine tolle Aussicht auf den Fluss und die entfernten Berge. Auch heute warte ich wieder auf Polarlichter, doch diesmal leider vergebens. Dafür leuchten unzählige Sterne und spiegeln sich im gurgelnden Fluss.

Tag 9

Nach dem Zusammenfluss mit dem **North Big Salmon** hat der **Big Salmon River** deutlich an Breite zugenommen. Die Berge der Big Salmon Range sind längst in der Ferne verschwunden und haben den bewaldeten Hügeln der **Semenof Hills Platz** gemacht. Direkt hinter der Mündung beginnen die letzten ausgedehnten Felsgärten der Tour. Die Schnellen erreichen jedoch auch bei Hochwasser maximal WW II. Der niedrige Wasserstand jetzt im Herbst entblößt zahlreiche Felsen, die ich vorsichtig umfahre. Auch die stehenden Wellen dieser schwierigsten WW-Stelle am Big Salmon sind im offenen Kanu problemlos zu bewältigen. Erst nach dem **Illusion Creek** wird die Strömung langsamer. Dafür beginnt nun ein Abschnitt, der in vielen Flusskarten als besonders gefährlich vermerkt ist. Der Big Salmon sucht sich auf dieser Strecke ein neues Bett und spült dabei viel Holz in den Fluss. Die schwierigste Stelle bei meiner Befahrung liegt etwa acht Kilometer hinter **Illusion Creek** in Form einer stattlichen Walze in einer felsigen Linkskurve. Ich kann aber auch diese Stelle problemlos in der Innenkurve umfahren. Nach neueren Berichten hat sich diese Kurve erneut verändert. Die Walze ist verschwunden. Stattdessen hat sich ein Gewirr aus flachen sandigen Kanälen gebildet.

Vor einer Tour auf dem Big Salmon River holt man sich am Besten die neuesten Informationen (auch über die Treibholzverblockungen im oberen und mittleren Flussabschnitt) bei seinem Outfitter und lässt Vorsicht bei der Annäherung an diese Stelle walten.

Auf den letzten Kilometern befällt mich angesichts des bevorstehenden Tourenendes ein leicht beklemmendes Gefühl. Dieser Fluss könnte ruhig noch viel länger sein!

Upper Liard River

Der Geheimtipp

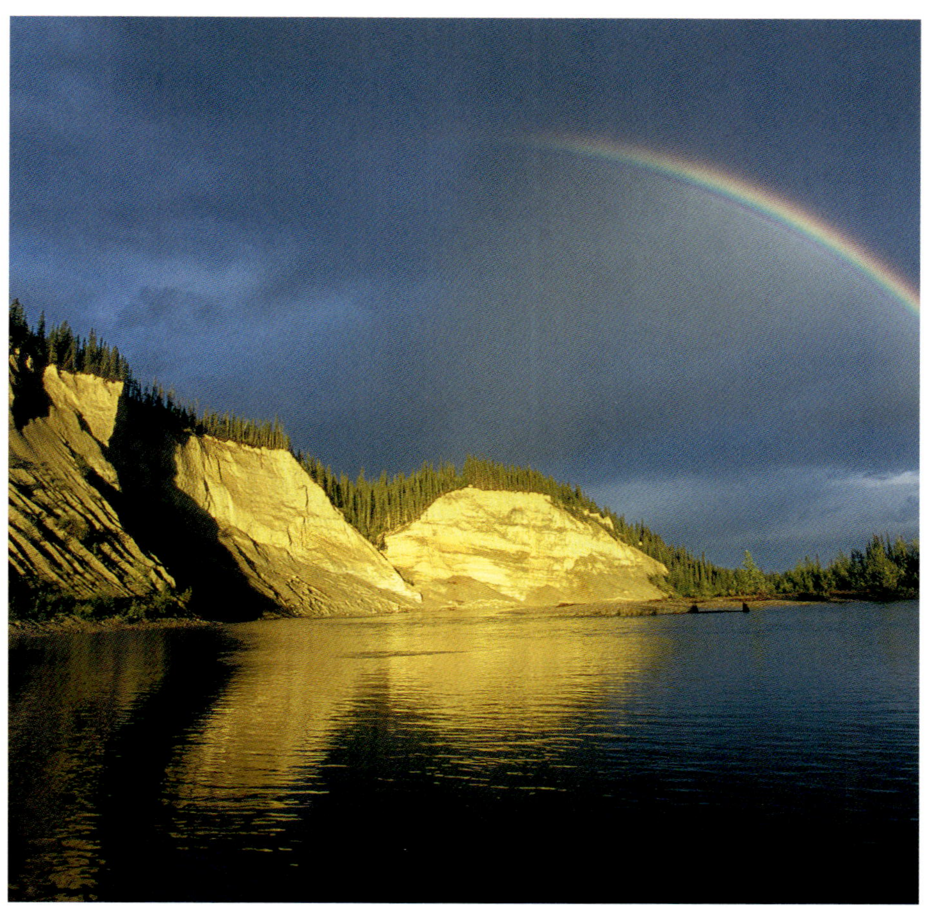

Tour 7

Infos Kanutour Upper Liard River

Charakter der Tour

Der relativ unbekannte Oberlauf des Liard River bietet Abwechslung pur. Die Tour beginnt mit dem Flug zu den hochgelegenen Caribou Lakes. Über einen kleinen Bach erreicht man schließlich den schmalen Liard River. Mit seinen engen Kurven, der schnellen Strömung und den felsigen Abschnitten bietet er dem erfahrenen Kanuten eine echte Genusstour. Einzelne kurze Abschnitte mit schnellem Wasser und flachen Felsgärten erreichen teilweise WW II; wuchtiges Wildwasser haben wir auf dem Liard River jedoch nicht angetroffen. Wir kamen auf unserer Tour bei mittlerem Wasserstand gut ohne Spritzdecke zurecht. Mit jedem Zufluss verbreitert sich der Fluss, und nach etwa sieben bis zehn Paddeltagen erreicht man schließlich das Dorf Upper Liard. Der Oberlauf des Liard River besticht durch das klare Wasser und die hervorragenden Angelmöglichkeiten. Die scharfen Grate der Pelly Mountains sind ein weiteres Highlight auf dieser schönen Tour.

Wildwasser, Gefahren

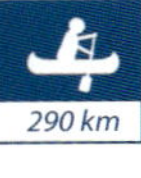

WW II: Bei mittlerem Wasserstand erfordert der Liard River auf weiten Strecken recht anspruchsvolle und abwechslungsreiche Paddelei. Die Steingärten erreichen teilweise durch die flachen und unübersichtlichen Fahrtrouten WW II. Enge Kurven, Treibholzverblockungen und lebhafte Kehrwasser verlangen auch im weiteren Flussverlauf eine vorausschauende und konzentrierte Fahrweise. Bei extremem Hochwasser nimmt die Strömungsgeschwindigkeit deutlich zu. Die flachen Steingärten werden jedoch größtenteils überspült und bereiten kaum noch Probleme. Der obere Liard ist derzeit noch recht wenig befahren und sehr abgelegen.

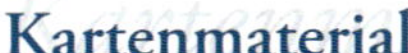

Kartenmaterial

Karten 1 : 250 000: Wolf Lake 105B, Finlayson Lake 105G, Watson Lake 105A
Karten 1 : 50 000: Wer die Caribou Lakes näher erkunden möchte, sollte das Blatt Caribou Lakes 105B13 nutzen. Weitere Blätter: Scurvy Lakes 105B14, Junkers Lake 105G03, Fire Lake 105G02, Scurvy Creek 105B15, Black River 105B16, Allan Creek 105B09, Sambo Creek 105A12, False Pass Creek 105A05, Middle Canyon 105A06, Dodo Lakes 105A03, Watson Lake 105A02

Länge der Tour:
290 Kilometer, davon 19 Kilometer auf dem **Caribou Creek** und ca. 270 km auf dem **Liard River.**
Caribou Lakes ca. 1000 Meter, Upper Liard ca. 610 Meter ü.N.N., Gefälle: 1,35 Meter/Kilometer.

Kanuvermieter:
Kanuvermietung und Transfer siehe Outfitter Seite 42-45.
Outfitter in der Nähe: **Frances Lake Wilderness Lodge,** *Lodge, Blockhütten, Kanu- & Wandertouren, Schneeschuh- & Langlauftouren im Winter, Sauna,* Andrea & Martin Laternser, P.O. Box 31208, Whitehorse, Yukon Y1A 5P7, Tel. +1 (406) 206 43-96, E-Mail: info@franceslake.ca, www.franceslake.ca

An- und Abreise:
Anreise: Von Whitehorse ca. 200 km mit dem Wasserflugzeug zu den Caribou Lakes. Transferkosten ca. 1100 Dollar für eine Cessna 206 (2 Personen und Gepäck); Flugdauer etwa 60 Minuten.
Für die **Rückfahrt** von Upper Liard bis Whitehorse (440 Kilometer) müssen ca. 760 Dollar für ein bis vier Personen veranschlagt werden.

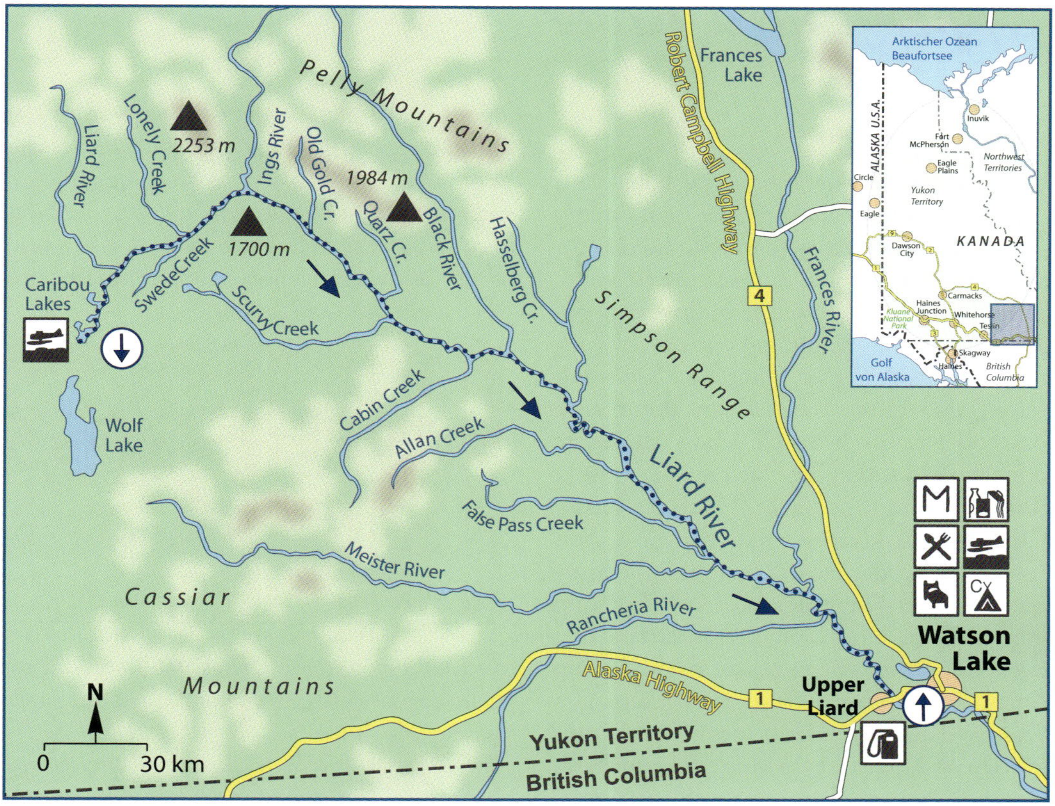

Pelly Mountains
Liard River
Lonely Creek
2253 m
Ings River
Old Gold Cr.
1984 m
Quarz Cr.
Black River
1700 m
Swede Creek
Scurvy Creek
Caribou Lakes
Hasselberg Cr.
Frances Lake
Robert Campbell Highway
4
Frances River
Simpson Range
Cabin Creek
Allan Creek
Wolf Lake
Liard River
False Pass Creek
Meister River
Cassiar
Rancheria River
Watson Lake
Mountains
Alaska Highway
1
Upper Liard
1
N
0
30 km
Yukon Territory
British Columbia
Arktischer Ozean
Beaufortsee
Inuvik
Fort McPherson
ALASKA U.S.A.
Northwest Territories
Eagle Plains
Circle
Yukon Territory
Eagle
KANADA
Dawson City
Carmacks
Haines Junction
Whitehorse
Kluane National Park
Teslin
Skagway
Haines
British Columbia
Golf von Alaska

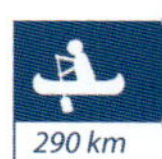

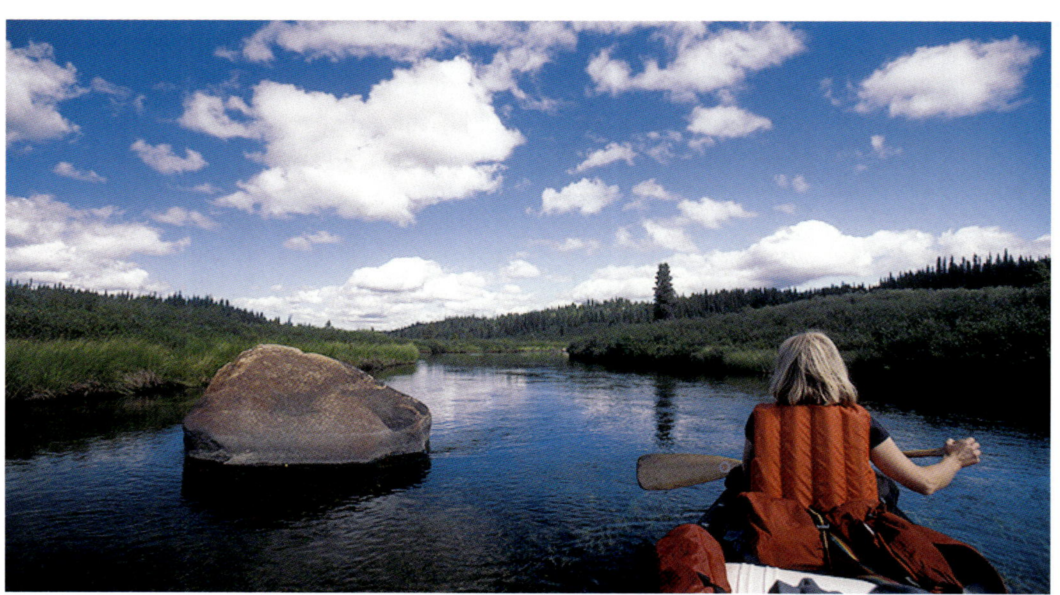

Unterwegs auf dem Caribou Creek.

Upper Liard River

Tag 1

Unsere gelbe Cessna 206 wartet bereits auf uns. Mit einer Ladekapazität von knapp 400 Kilogramm hat sie keine Probleme, unser Gepäck aufzunehmen. Danny ist heute unser Pilot. Mit geübten Handbewegungen schnallt er das Kanu auf einen Schwimmer und belädt das Flugzeug. Seit mehreren Jahrzehnten fliegt er im Yukon und hat dabei wahrscheinlich schon Hunderte oder Tausende Paddler an den Startpunkt ihrer Traumtour gebracht. Noch ein letzter Check, dann können auch wir einsteigen. In der Nähe der Staumauer dreht Danny die Nase des Flugzeugs in den Wind und gibt Vollgas. Über 300 Pferdestärken drücken uns in die Sitze; schon nach kurzem Anlauf hebt sich die Cessna sanft aus dem Wasser. Kurz unterhalb des Gipfels umkreisen wir den Grey Mountain, um dann einen östlichen Kurs einzuschlagen. Aus relativ geringer Höhe ist der Teslin River auszumachen; wenig später sehen wir auch schon die ersten kahlen Gipfel der Big Salmon Range dicht unter uns vorbeiziehen. Während Dannys iPod für Stimmung sorgt, drücken wir uns die Nasen an den Fenstern platt und genießen den Ausblick. Das graue Schotterband der South Canol Road verliert sich fast in der Landschaft und ist für uns das letzte Anzeichen von „Zivilisation“. Ab jetzt liegt nur noch unberührte Wildnis vor uns. Eigentlich viel zu schnell taucht die weite Wasserfläche des **Wolf Lake** am Horizont auf, und wenig später landen wir auf den **Caribou Lakes**. Dicht am Auslauf des unteren Sees entladen wir unser Gepäck an einem schönen Campplatz.

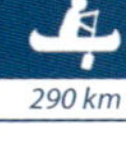

Ein letzter Gruß, dann gibt Danny wieder Vollgas und treibt den Flieger über den See. Nur Augenblicke später verschwindet der Buschflieger als gelber Punkt in der Ferne. Erst als auch das letzte Motorengeräusch verstummt ist, beginnen wir langsam das Camp zu beziehen. Nach all dem Lärm und Stress der vergangenen Stunden umgibt uns jetzt vollkommene Stille.

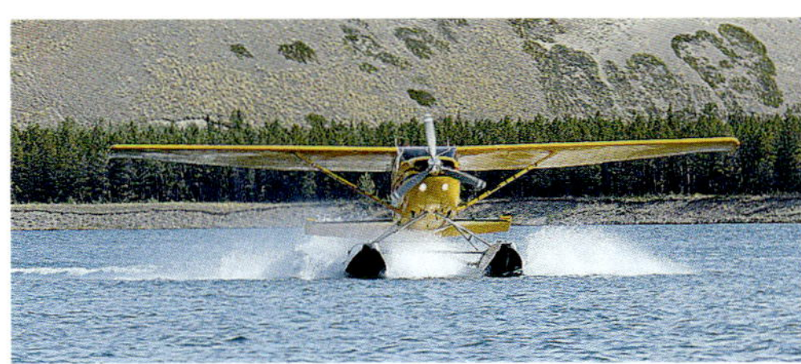

Tag 2 bis 4

Wie ein Flickenteppich aus Wald und Wasser schmiegen sich die kleinen Caribou Lakes in ein Hochplateau. *Auf etwa 1000 Meter Höhe gelegen, bilden sie die Wasserscheide zwischen dem Liard-Mackenzie-Flusssystem und dem Einzugsgebiet des mächtigen Yukon River.*

Wir haben es nicht eilig, diesen Platz zu verlassen und gleich ein paar Extratage zum Ausspannen eingeplant, die wir hier verbringen möchten.

Woher der Name **Caribou Lakes** stammt, wird uns bei einer kurzen Wanderung in der Umgebung schnell klar. *Im Winter ist der schüttere Wald um die Seen herum ein bevorzugtes Weidegebiet der Wolf Lake-Karibuherde. Die in großer Zahl herumliegenden Knochen und Geweihstangen sind Zeugnis des alljährlichen Todeskampfes vieler Tiere. Kälte, Hunger und umherstreifende Wolfsrudel fordern jeden Winter aufs Neue ihren Tribut.*

Im Sommer scheint es hier jedoch deutlich ruhiger zuzugehen. Nur einige Elchspuren finden wir im Uferschlamm; ein Eistaucherpärchen lässt seine melancholischen Rufe über den See schallen. Merkwürdigerweise ist das Wasser in den Seen ungewöhnlich warm. Da zudem nach jedem Erhitzen von Teewasser ein weißer Kalkrand im Topf zurück bleibt, liegt die Vermutung nahe, dass die Caribou Lakes von mineralhaltigen Quellen gespeist werden. Für die zahlreichen Hechte scheint das flache und klare Wasser jedenfalls ein hervorragender Lebensraum zu sein. Am Abend des vierten Tages hören wir in der Ferne das leise Brummen eines Flugzeugmotors. Wenig später landet erneut ein Wasserflugzeug und bringt zwei weitere Paddler. Martin und Christian kommen auch aus Deutschland; wir verstehen uns auf Anhieb sehr gut.

Tag 5

Wie ein Spiegel liegt der See da, als wir unser Lager abbauen, um uns dann zu viert auf den Weg zu machen. Nach 400 Metern erreichen wir den **Caribou Creek** am Ende einer flachen Bucht. Er führt nur wenig Wasser in seinem sechs Meter breiten Bett; schon kurz darauf haben wir das erste Mal Grundkontakt. Es soll bei weitem nicht der letzte auf den folgenden Kilometern bleiben. Immer wieder müssen wir mit dem Paddel staken, wenn es wieder einmal über eine flache Rieselstrecke geht. In den Kurven ist das schnelle Wasser meist etwas tiefer. Dafür sind aber auch beherzte Steuerschläge nötig, um die engen Kurven zu meistern. Teilweise

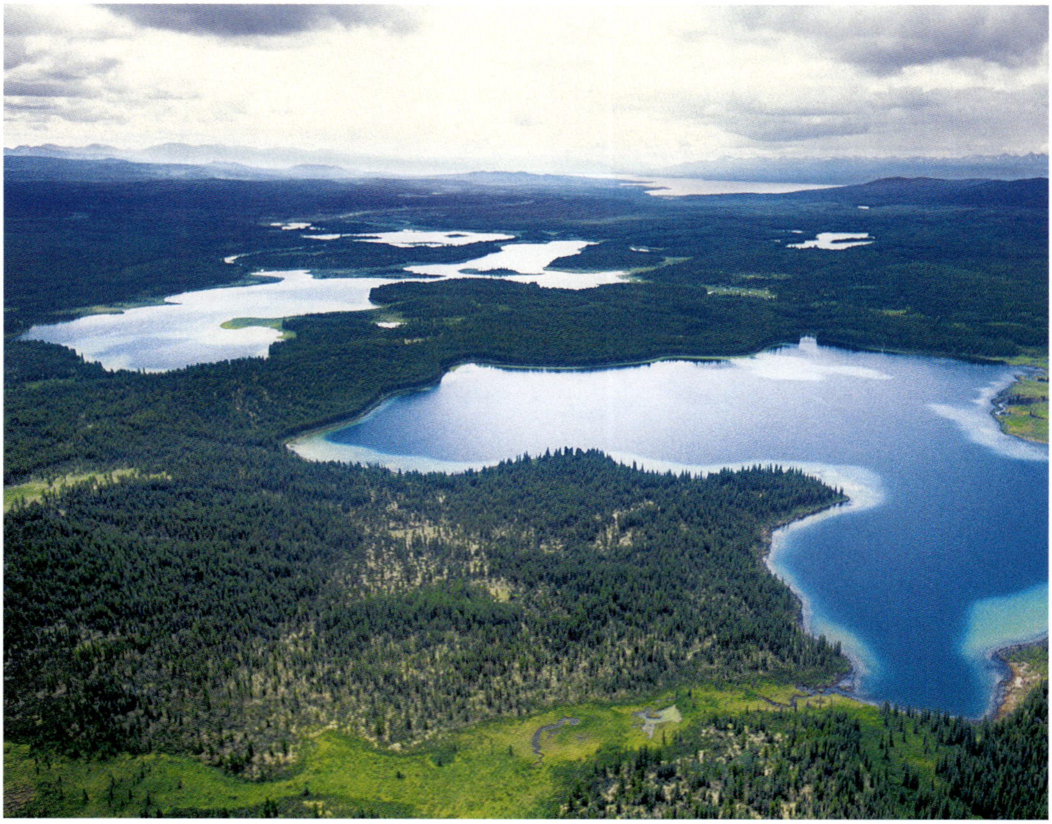

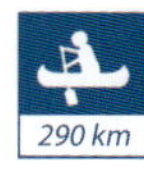

Im Landeanflug auf die Caribou Lakes.

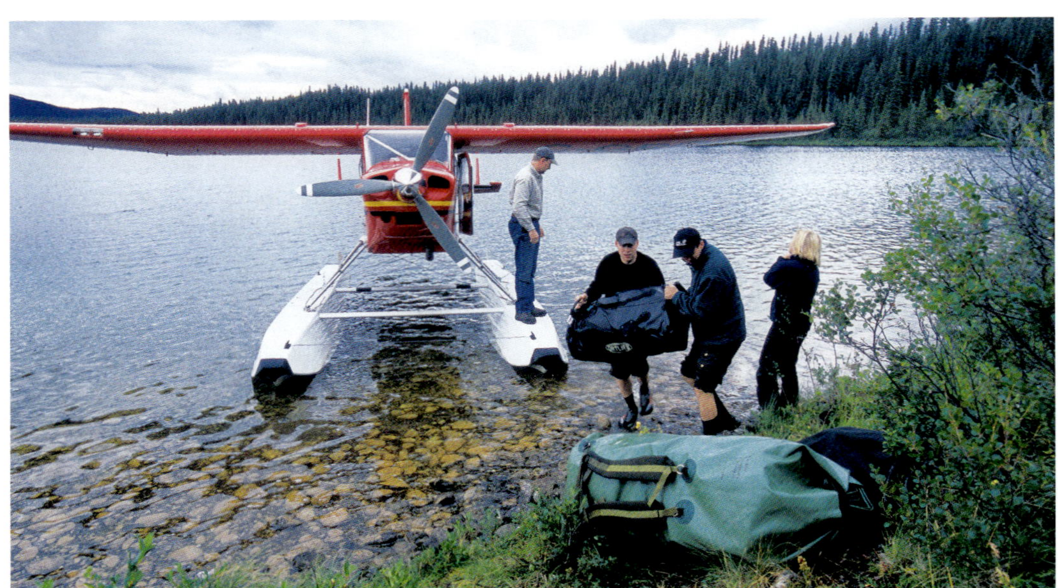

Die Ankunft von Martin und Christian.

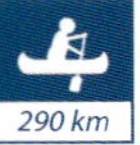
290 km

ist der Grund des Baches mit dichten Matten der unterschiedlichsten Wasserpflanzen bedeckt, und die sumpfigen Ufer sind von hüfthoher Vegetation überzogen. Geeignete Plätze zum Campen sind uns bis zum Liard River nicht begegnet.

Nach zwei Kilometern weitet sich der Creek zu einem langgezogenen Teich. Auch hier ist das flache Wasser mit Wasserpflanzen bewachsen; einige Entenfamilien schwimmen umher. Nach diesem Teich wird das Bachbett immer felsiger. Teilweise liegen große Findlinge im kurvigen und schnellen Wasser. Unser Hartschalenkanu rutscht meist irgendwie doch noch über die flachen Stellen hinweg. Martin und Christian haben mit ihrem faltbaren Ally Kanadier da schon etwas mehr Probleme. Sehr häufig müssen sie aussteigen und schieben. Zum Glück sind die Steine abgerundet und die Schäden bleiben gering. Aber nicht nur Steine, sondern auch ein Biberdamm behindert unsere Fahrt. Nur ein schmaler Durchlass in der Mitte bleibt uns zum Passieren.

Eine Kurve weiter treffen wir dann auch den Baumeister persönlich. Wir haben keine Möglichkeit anzuhalten, und der Biber hat keine Möglichkeit wegzutauchen. So kommt es, dass Maren ihn schon fast mit dem Paddel berührt und wir stark steuern müssen, um ihn im schnellen, extrem flachen Wasser nicht zu überfahren. Auf den letzten Kilometern wird der Bach wieder ruhiger, und teilweise sind die Außenkurven stark ausgewaschen. Das Wasser ist immer noch glasklar, und sogar in zwei Meter Tiefe sind Äschen am Grund zu erkennen.

Erst als der Bach in einen lockeren Fichtenwald eintaucht, werden wir noch einmal gefordert. In den Außenkurven hängen einige Sweeper *(Bäume am Ufer, die dicht über der Wasseroberfläche hängen)*; einmal müssen wir sogar aus dem Boot springen, um nicht in eine Verblockung zu fahren. Nach 19 Kilometern erreichen wir schließlich den oberen **Liard River**. Auch er führt klares schnelles Wasser und ist an der Mündung etwas breiter als der **Caribou Creek**. Bereits nach 500

Meter auf dem kleinen Flüsschen entdecken wir direkt unterhalb einer kleinen Insel auf der linken Seite ein schönes gruppen- und hochwassertaugliches Camp im Wald.

Tag 6

Es regnet! Nach einem kurzen Frühstück unter dem Tarp packen wir die nassen Zelte zusammen und beladen die Boote. Auf unserer heutigen Tagesetappe windet sich der schmale **Liard River** durch eine flache Waldlandschaft. Schon die ersten Kurven geben uns einen Vorgeschmack auf die kommenden Kilometer. Teilweise zieht die schnelle Hauptströmung über flache Rieselstrecken, unter Sweepern hindurch und um enge Kurven mit Treibholzhaufen herum. Nach einigen Kilometern wird das Flussbett immer felsiger. Stellenweise müssen wir im Zickzack-Kurs durch flache Steingärten mit kleinen Wellen manövrieren, und nur selten kommen wir auf ruhigere Passagen, wo wir uns treiben lassen können. Der lebhafte Flusslauf lässt wirklich keine Langeweile aufkommen. Bald erreichen wir den **Swede Creek**. *Zwischen 1900 und 1930 lebte ein als „The Swede" bekannter Goldsucher am Swede Creek. Besonders bekannt war er für sein wunderschönes, etwa 10 Meter langes Lastenkanu, mit dem er den Fluss befuhr.*
Anstatt Gold zu waschen, legen wir kurz nach dem Swede Creek in einer scharfen Linkskurve einen kurzen Angelstopp ein. Im tiefen Wasser der Außenkurve unterhalb eines Steilufers haben wir schon nach zwei Würfen die erste große Äsche am Haken. Als bald darauf noch zwei große Renken *(Round Whitefish)* folgen, ist das Abendessen gesichert. Nach insgesamt 24 Tageskilometern schlagen wir schließlich unser Camp auf einer Insel oberhalb des **Lonely Creek** auf.

Tag 7

290 km

Wir sitzen gerade beim Frühstück, als es am gegenüberliegenden Ufer im Gebüsch kracht. Nur Sekunden später erscheint ein einsames Karibu und läuft etwas unschlüssig am Ufer entlang. Kaum haben wir die

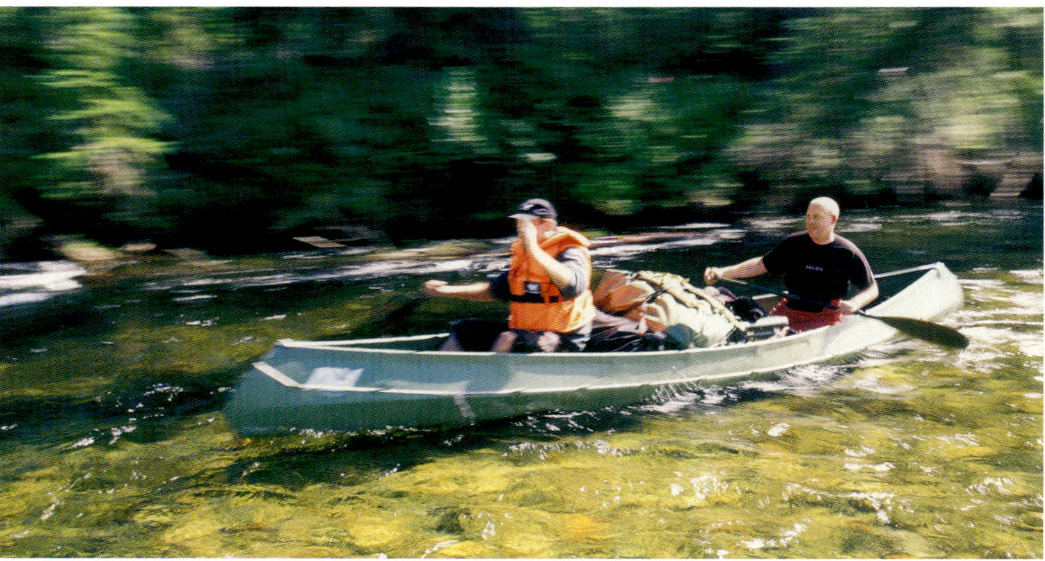

Die schnelle Strömung des Liard Rivers erfordert einiges an Bootsbeherrschung.

Kameras in der Hand, verschwindet es auch schon wieder im Weidendickicht. Der Tag fängt ja gut an! Überdies scheint auch noch die Sonne, als wir um die ersten Kurven biegen und den breiten **Lonely Creek** passieren. Langsam nähern wir uns den ersten Ausläufern der **Pelly Mountains**; der Flusscharakter verändert sich erneut. Die Steingärten von gestern haben breiten Kiesbänken Platz gemacht. Oftmals spaltet sich der Liard River in mehrere schnell fließende Kanäle auf; immer mehr Treibholz liegt in den Kurven. Dann beginnen die ersten Steilufer den Flusslauf einzuengen; die Strömung wird etwas ruhiger. Trotz des klaren Wassers verliert sich der Grund in den tief ausgespülten Außenkurven in einem satten Grün. Auch das wunderschöne Bergpanorama begeistert uns in jeder Kurve aufs Neue. Bis zu einer Höhe von 2200 Meter ragen die sonnenbeschienen Grate der Pelly Mountains in den Himmel und wirken durch die klare Luft doch fast zum Greifen nah.

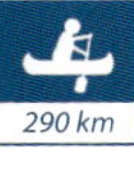

Wir haben immer noch Lust auf Fisch zum Abendessen. Als in einer scharfen Linkskurve ein „fischig“ aussehender Bach in den Liard plätschert, versuchen wir unser Glück und werden bald mit einer großen Äsche belohnt.

Eine Stunde später passieren wir die Einmündung des **Ings River**. Aus dem Herzen der Pelly Mountains kommend, bringt er eine beträchtliche Wassermenge in den Liard River. Ab jetzt ist der Flusslauf fast überall breit genug, um den Sweepern problemlos auszuweichen. Noch zwei, drei Kurven, dann schlagen wir nach 25 Tageskilometern unser Camp auf einer großen Kiesbank in einer Linkskurve auf. Sie bietet neben blühendem River Beauty *(Arktisches Weidenröschen)* und leckeren wilden Erdbeeren auch einen wunderschönen Blick auf die umliegenden Berge. Martin und Christian kümmern sich gleich um das Lagerfeuer. Beim Holzsammeln entdecken sie eine verschlossene Lebensmitteltonne, die in einem Treibholzhaufen einge-

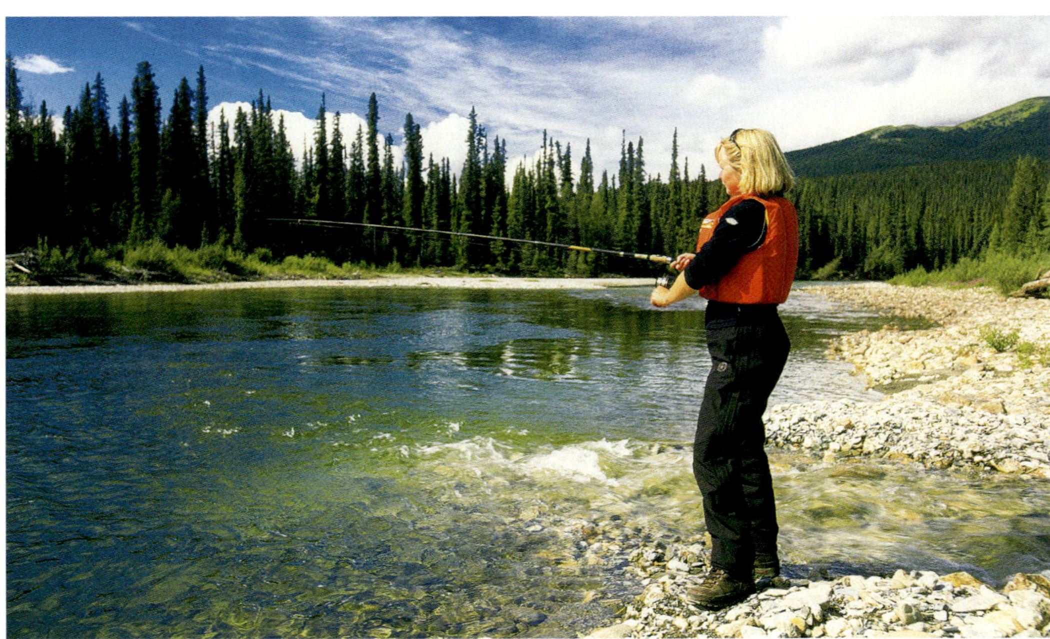

Auf die Fische war bei unserer Befahrung immer Verlass.

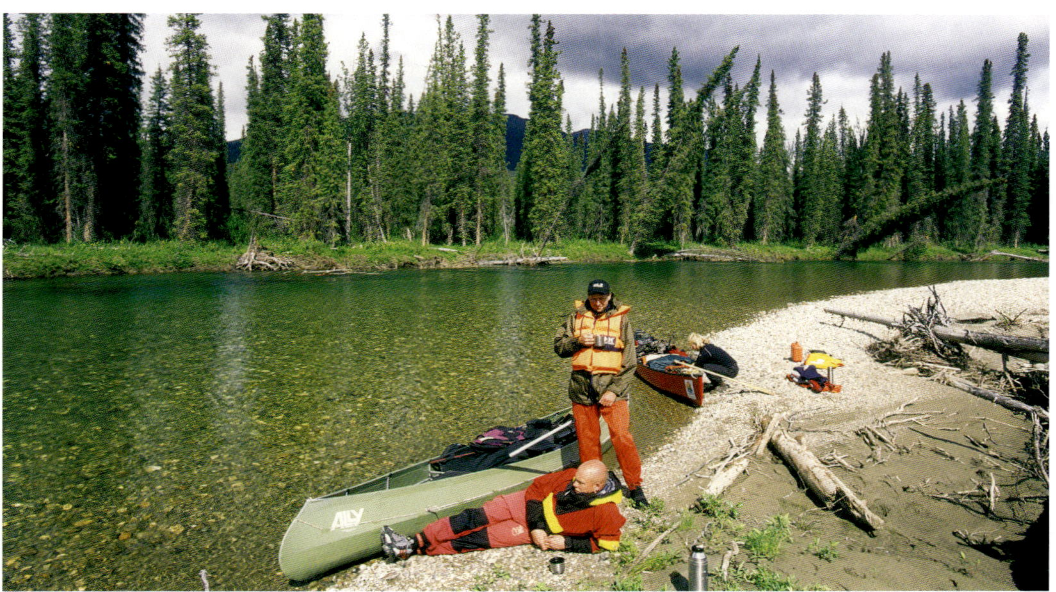

Das extrem klare Wasser ist ein besonderes Highlight dieses Flusses.

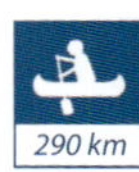

keilt ist. Das letzte Frühjahrshochwasser hat sie wohl hierher befördert; nur mit vereinten Kräften gelingt es uns, sie zu bergen. Der Inhalt ist verdorben, da Wasser eingedrungen ist. Der Fund mahnt uns aufs Neue, alle Tonnen und Säcke sorgfältig im Boot festzuzurren und keine vermeidbaren Risiken einzugehen. Ein Verlust von Ausrüstung und Lebensmitteln kann fatale Folgen haben! Noch lange sitzen wir am Lagerfeuer, und oft kreisen meine Gedanken um das Schicksal der offenbar gekenterten Paddler. Erst ein stimmungsvoller Sonnenuntergang bringt etwas Ablenkung von den trüben Gedanken. Wenig später geht der Mond auf, und gegen Mitternacht erleben wir die ersten schwachen Polarlichter in diesem Jahr.

Tag 8

Entspannt lehne ich mich zurück und genieße die Sonnenstrahlen. Das Paddel hängt kraftlos im Wasser; die ruhige Strömung übernimmt das Kommando. Mit fünf bis sieben Stundenkilometer fließt der tiefgrüne **Liard River** in seinem breiten Kiesbett dahin. Dichte Wälder säumen den Fluss auf seinem Weg durch die hügeligen Ausläufer der **Pelly Mountains**. Bereits nach zwei Stunden machen wir eine kurze Pause am **Old Gold Creek**. Ein Schwarm großer Äschen steht vor der breit gefächerten Mündung, doch nach vielen vergeblichen Versuchen zeigt erst eine künstliche Fliege die gewünschte Wirkung und sichert uns das Abendessen. Der wunderschöne Platz würde ja zum campen einladen, aber einige Kilometer möchten wir bei dem tollen Wetter doch noch paddeln. Von nun an wird das Flussbett wieder deutlich felsiger, und kleine Schwälle mit holprigen Wellen bringen wieder etwas Spannung ins Geschehen. Nach 30 Tageskilometern beginnen wir heute nach einem Camp Ausschau zu halten. Die Kiesbänke in diesem Flussabschnitt sind jedoch rar oder wenig einladend. Nach 35 Kilometer finden wir aber doch noch ein lauschiges Plätzchen auf der letzten Insel oberhalb des **Quarz Creeks**.

Tag 9

Der erste Blick aus dem Zelt bestätigt unsere Befürchtung. Schwere, tief hängende Regenwolken ziehen die Berghänge entlang. Wir bleiben lange liegen, frühstücken unter dem Tarp und bauen dann die Zelte im Regen ab. Partystimmung kommt dabei natürlich nicht auf, aber wir sind trotzdem guter Dinge. Vor allem, als der Regen beim Beladen der Boote schließlich doch etwas nachlässt. Am breiten **Scurvy Creek** machen wir heute den ersten Stopp. *Eine schöne kleine Trapperhütte lädt zur Besichtigung ein. Mit dem Scurvy Creek beginnt ein besonders geschichtsträchtiger Abschnitt des Liard River. Im Jahre 1874 wurden zuerst im unscheinbaren Sayyea Creek und wenig später auch in den meisten anderen Bächen der Region die ersten lohnenden Goldvorkommen im Yukon entdeckt. Ein wirklich großer Goldrausch wurde jedoch durch die extrem gefährliche Anreise durch die tosenden Canyons des mittleren Liard River verhindert. Mit den großen Goldfunden am Klondike wurde es endgültig ruhig in der Region. Ein Relikt aus der aktiven Bergbauzeit ist vermutlich auch das sicherlich zehn Meter lange Lastenboot, das Kilometer stromab am rechten Ufer im Wald liegt.*

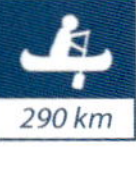

Doch etwas verwundert stehen wir um das breit gebaute Holzboot herum und fragen uns, wie man damit einen so flachen und schnellen Fluss befährt. Auch in diesem Abschnitt hat der Liard River reichlich Gefälle; seit den Caribou Lakes haben wir bereits über 200 Höhenmeter zurückgelegt. Durch die vielen Zuflüsse ist der Liard mittlerweile ein ausgewachsener Fluss geworden. An manchen Stellen fließt das schnelle und glasklare Wasser auf über 100 Metern Breite über das flache Kiesbett, und es ist nicht immer leicht, das tiefere Fahrwasser zu finden. Einmal strömt der Fluss durch einen niedrigen Felscanyon, ansonsten beherrschen Steilufer oder dichter Nadelwald das Bild.

Kurz unterhalb des **Cabin Creek** machen wir den nächsten Stopp, um eine kleine Ansammlung von Blockhütten zu inspizieren.

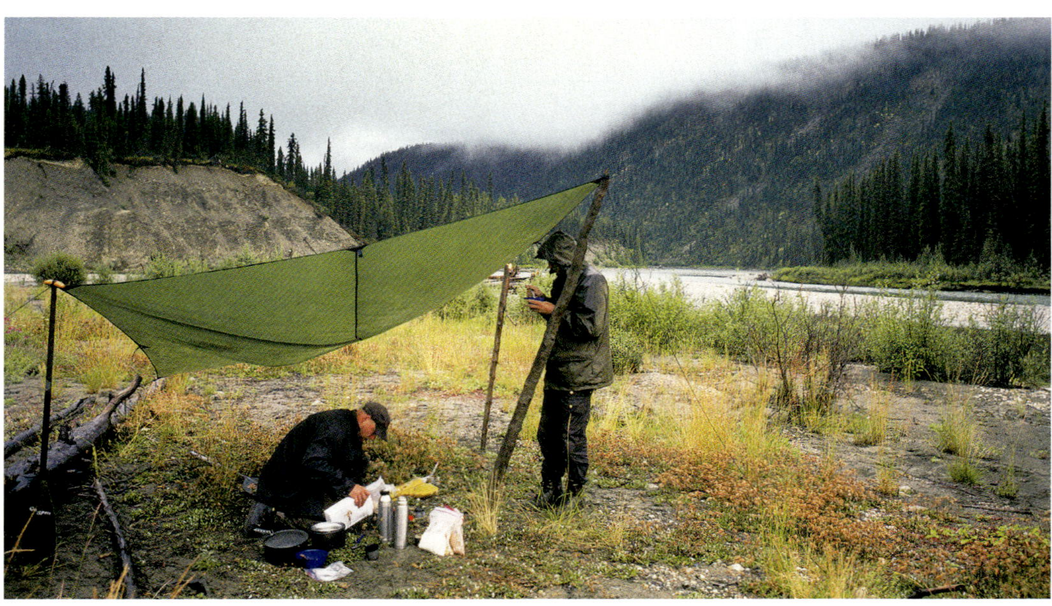

Frühstück im Regen.

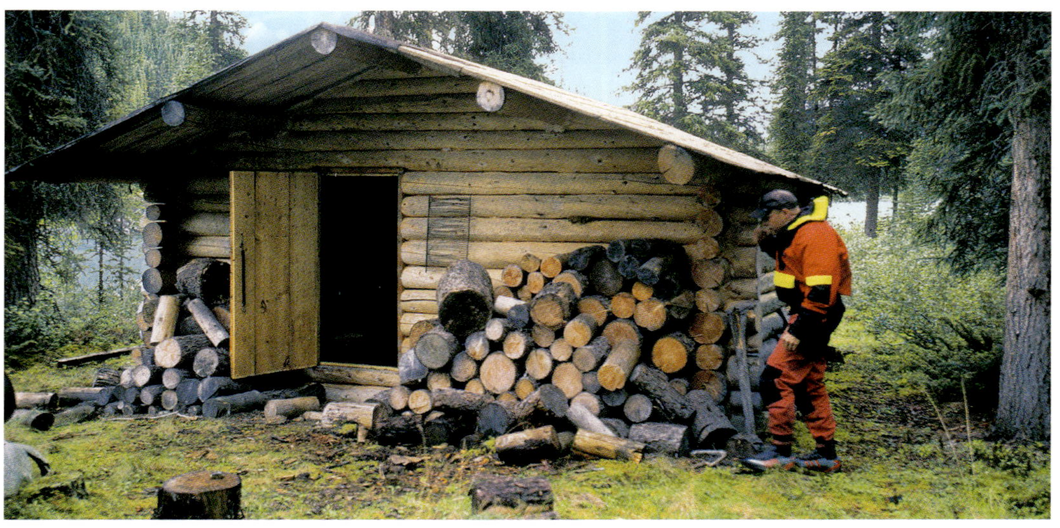

Die Trapperhütte am Scurvy Creek.

Marderfallen hängen unter dem Dach und einige Schneemobile stehen herum. Wieder eine Trapperhütte. Bereits auf der Spitze der nächsten Insel bauen wir unsere Zelte zwischen dichten Matten des nordamerikanischen Silberwurz auf. Ein Regenbogen spannt sich über den Fluss; die wolligen Puschel des Silberwurz leuchten im Gegenlicht. Nur für Sekunden legt sich eine unglaubliche Stimmung über den Fluss. Dann zieht es sich wieder zu. Beim Abendessen sitzen wir wieder unter dem Tarp. Regen...

Tag 10

Noch bis zum frühen Morgen schüttet es aus dunklen grauen Wolken. Dann hellt es sich langsam etwas auf. In voller Regenmontur steigen wir in die Boote. Der Flusspegel ist bereits leicht gestiegen, aber das Wasser ist immer noch klar. Kiesbänke und Inseln prägen das Bild auf diesem Abschnitt; wir sind ständig auf der Hut, um keine der zahlreichen Baumleichen zu übersehen. Auf einer von ihnen sitzt ein imposanter Weißkopfseeadler und sieht seelenruhig zu, wie wir vorbeigleiten. Kurz unterhalb des **Black Rivers** machen wir eine Pause. Ein grauer Wolkenvorhang zieht heran, und schon bricht ein Wolkenbruch über uns herein. Mit eingezogenen Schultern und dem Rücken zum Wind bleibt uns nichts anderes übrig als abzuwarten. Als nach 15 Minuten die Sonne wieder scheint, schwappt zentimeterhoch Wasser in den Booten.

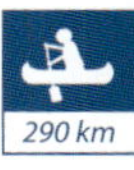

Noch einige Kilometer prägen die großen Kiesbänke und Inseln den Fluss, dann sammelt sich der Liard River wieder in seinem Bett. Die Campsuche auf diesem Stück ist nicht einfach. Nach 33 Tageskilometern finden wir ein kleines Plätzchen auf einer schmalen Kiesbank am Ufer. Der Campplatz ist zwar nicht perfekt, aber dafür lösen sich langsam auch die letzten schweren Wolken auf. Bald sitzen wir nur noch im T-Shirt, während rundherum die verschiedensten Kleidungsstücke und Ausrüstungsgegenstände zum Trocknen ausgebreitet sind. Ich nutze das warme Wetter, um einen Hefeteig anzusetzen, während Maren und Martin reichlich Holz heranschaffen. Heute Abend gibt es Bannock!

Die Sonne geht bereits unter, als die ersten Brotlaibe fertig sind. Zwei Stunden später krabbelt ein rötlicher Vollmond über die Baumwipfel und wirft sein glitzerndes Licht auf den nachtblauen Fluss.

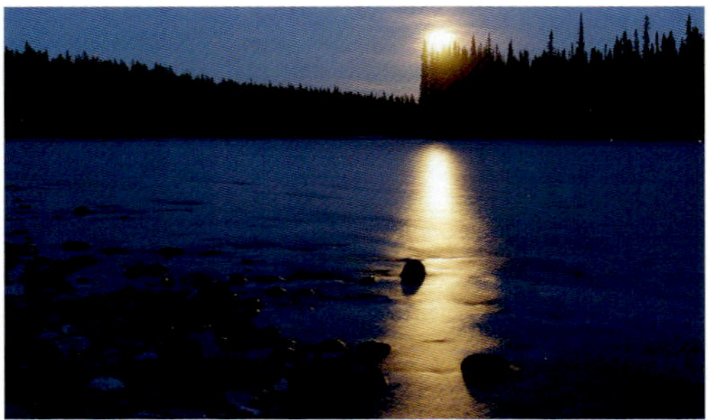

Tag 11

Lange brauchen wir heute, bis wir unsere Sachen zusammengepackt haben. Martin und Christian paddeln schon mal los. Eine Stunde später sind auch wir soweit. Die flotte Strömung trägt uns um die ersten Kurven. Hohe sandige Steilufer ragen in den Außenkurven in die Höhe. Ein Fischadler kreist über dem Fluss und eine Kanadagansfamilie verdrückt sich schnell in die jungen Pappeln auf einer Kiesbank. Wir müssen uns konzentrieren, um in den Schwallstecken keine Felsen zu übersehen. Zwischen Kiesbänken teilt sich die Hauptströmung gelegentlich in

Schwarzbär

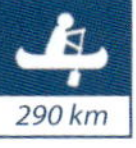

Mit einer Population von etwa 10 000 Tieren ist der Schwarzbär die häufigste Bärenart im Yukon und mit einem Durchschnittsgewicht von etwa 125 kg auch gleichzeitig die kleinste. Der größte Teil der Schwarzbären ist tatsächlich schwarz. Häufig kommen aber auch Braun- oder, seltener, Grautöne vor. Nicht jeder braune Bär ist ein Grizzly. Zur Unterscheidung beider Bärenarten eignet sich vor allem der unterschiedliche Körperbau.

Sein bevorzugter Lebensraum sind die weiten Wald- und Buschgebiete, bis hinauf an die Baumgrenze. Schwarzbären sind typische Allesfresser, leben aber überwiegend von vegetarischer Kost. Im Sommer wird ein recht breites Nahrungsspektrum genutzt. Pflanzenteile, Früchte, Beeren, Holzwürmer, Ameisen, Fisch, Kleintiere, Aas und Wild steht auf ihrem abwechslungsreichen Speiseplan. Schwarzbären sind im Gegensatz zu Grizzlys keine besonders guten Jäger und Fischer. Sie verscheuchen aber oftmals andere Raubtiere von ihrer Beute. Schwarzbären sind Einzelgänger. Die Reviere der einzelnen Tiere überlappen sich jedoch teilweise, so dass oftmals mehre unterschiedliche Bären die gleichen ausgetretenen Pfade benutzen. Nur während der Paarungszeit im Juni/Juli kommt es zu einem kurzen Kontakt zwischen männlichen und weiblichen Bären. Im Oktober/November beginnt die Suche nach einem geeigneten Platz für die Winterruhe. Bärenhöhlen werden oftmals unter Felsformationen oder umgefallenen Bäumen gefunden. Der Schnee verschließt schließlich alle größeren Öffnungen und sorgt für eine dicke Isolationsschicht. Der Herzschlag wird auf 15 Schläge pro Minute heruntergefahren. Ende Januar bringen die Bärin im Schutze dieser warmen Höhle ihre zwei bis drei Jungen zur Welt. Die kleinen Bären bleiben noch zwei Jahre bei der Mutter.

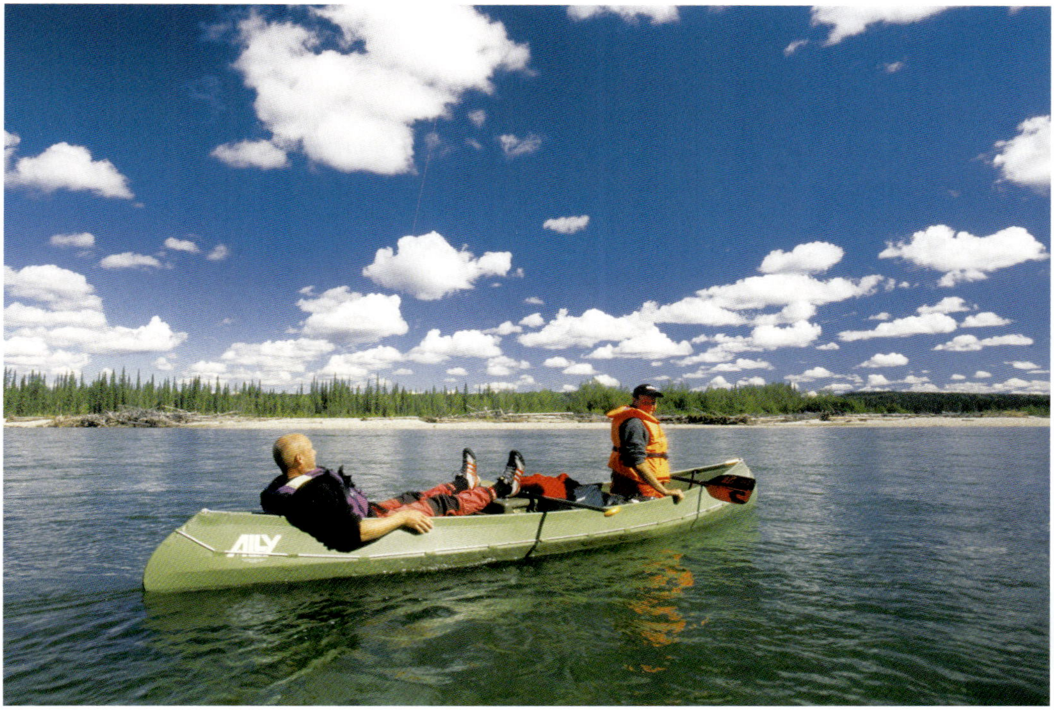

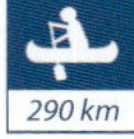

Jenseits von Stress und Hektik.

mehrere Kanäle auf, und manchmal ist erst spät ersichtlich, welche Route die Beste ist. Wir sind nach wie vor von unserem Fluss begeistert. Der Liard River bietet wirklich anspruchsvolles und abwechslungsreiches Genusspaddeln auf weiten Strecken. Auch das klare Wasser macht uns diesen Fluss so sympathisch. Schon in der nächsten Kurve wartet die nächste Überraschung auf uns. Wir reiten gerade über einige stehende Wellen, als vor uns ein stattlicher Schwarzbär am Fuß der Uferböschung auftaucht. Leider hat er uns schon bemerkt. Sein tiefschwarzes Fell glänzt in der Sonne, als er leichtfüßig das niedrige Steilufer hinaufeilt. Eine Kurve weiter treffen wir Martin und Christian wieder. Glücklich strahlen beide zu uns herüber. Auch sie haben auf den letzten Kilometern einen Schwarzbären und einen Elchbullen gesehen. Wenig später passieren wir ein wunderschönes Blockhaus auf der linken Seite. Hier scheint regelmäßig jemand zu wohnen, denn es gibt sogar einen kleinen Gemüsegarten.

Drei Kilometer nach dem **Allan Creek** schlagen wir heute unser Lager in einer Innenkurve auf. Gerade stehen die Zelte, da prasselt auch schon ein Schauer auf uns herab. Eine ganze Reihe dunkler Wolken zieht heran. Mit vereinten Kräften bauen wir kurzerhand auch das Tarp auf und sitzen bei dem folgenden Naturschauspiel im Trockenen. Im Minutenrhythmus wechseln Sonne und kräftige Schauer und zaubern einen Regenbogen nach dem anderen in den Himmel. In der Kurve stromab leuchten die gelben Steilufer in der Abendsonne und strahlen mit dem intensiven Regenbogen darüber um die Wette.

Ein toller Tag geht zu Ende!

Tag 12

Selbst am vorletzten Tag hat der Fluss noch eine kräftige Strömung. Kein Wunder, werden doch von den Caribou Lakes bis zum Dorf Upper Liard fast 400 Höhenmeter überwunden. Mit ausladenden Kurven mäandert der Liard River durch flachen Wald. Oftmals ist er dabei in viele Kanäle aufgespalten, die sich ihren Weg zwischen weiten Sand- und Kiesbänken bahnen. In den Außenkurven nagt der Fluss ununterbrochen am bewaldeten Ufer. Mächtige Treibholzhaufen haben sich an einigen Stellen angesammelt, und zum ersten Mal auf unserer Tour registrieren wir eine leichte Wassertrübung. Wir genießen das Wetter und lassen uns zwischendurch viel treiben. Ein Biber schwimmt den Fluss hinauf, Weißkopfseeadler sitzen am Ufer. Es wird ein langer, aber entspannter Tag auf dem Wasser, und erst nach über 40 Kilometer beziehen wir unser letztes Camp auf einer hohen Sandbank, etwa sieben Kilometer oberhalb des geschichtsträchtigen **Frances River**. *Im Jahre 1839 betrat Robert Campbell im Auftrag der Hudson's Bay Company als erster Weißer das Gebiet des heutigen südlichen und zentralen Yukon. Über den Liard und Frances River gelangte er zum Frances Lake, wo er im Jahre 1842 den ersten Handelsposten errichtete. Von hier aus erreichte er als erster den Pelly und den Yukon River, und gab auch diesen Flüssen ihren heutigen Namen. 1852 wurde diese erste Handelsroute aufgegeben, da zu viele Bootsbesatzungen in den tosenden Canyons am Liard River ihr Leben ließen.*

Tag 13

„Da hinten ist ein Elch“, ruft Christian und kommt aufgeregt die Uferböschung hinaufgelaufen. Tatsächlich schwimmt ein stattlicher Elchbulle auf unser Ufer zu, als wir bei den Booten ankommen. Unser hektisches Suchen nach der Kamera behagt ihm jedoch nicht besonders. Er macht wieder kehrt und erreicht mit kraftvollen Sprüngen eine Kiesbank am gegenüberliegenden Ufer. Schade, wieder kein brauchbares Foto...

Als wir eine Stunde später die Mündung des **Frances River** erreichen, finden wir uns plötzlich auf einer ungewohnt weiten Wasserfläche wieder. Um die Wassermassen dieses bisher größten Nebenflusses aufnehmen zu können, weitet sich der Liard River auf bis zu 300 Meter Breite. Von hier aus sind es noch 43 Kilometer bis zu unserem Ausstiegspunkt in **Upper Liard**. Wer noch weiter fahren möchte, den erwarten nach weiteren 24 Kilometern die Stromschnellen des **Liard Canyons** der Kategorie WW II-III. Im weiteren Verlauf erreicht man dann die gewaltigen Schnellen der großen Canyons mit WW IV bei Niedrigwasser.

Auf unserem Weg nach Upper Liard machen wir noch einen kurzen Angelstopp am **Rancheria River**. Eine 50 Zentimeter lange Bull Trout *(Stierforelle)* ist die Belohnung. *Bull Trouts gehören zur Saiblingsfamilie und sind nicht nur besonders aggressive Raubfische – sie sind auch besonders lecker!*

Am Nachmittag kommt die Brücke des Alaska Highway in Sicht. Wir halten uns links, um auf dem kleinen öffentlichen Campplatz oberhalb der Brücke die Zelte aufzuschlagen. Morgen werden wir abgeholt, aber es wird noch eine sehr unruhige Nacht. Das ängstliche Gesicht eines jungen Schwarzbären im Taschenlampenschein ist mir doch sehr deutlich im Gedächtnis geblieben. In fünf Meter Höhe hatte er sich auf einen Baum genau zwischen unseren Zelten geflüchtet. Wer auf derartige nächtliche Begegnungen lieber verzichten möchte, der sollte seine letzte Nacht lieber 15 Kilometer oberhalb der Ortschaft in der Wildnis verbringen. Auf den letzten Kilometern direkt oberhalb von Upper Liard waren schöne Campplätze eher Mangelware.

South MacMillan River

Donnerndes Wasser und heulende Wölfe

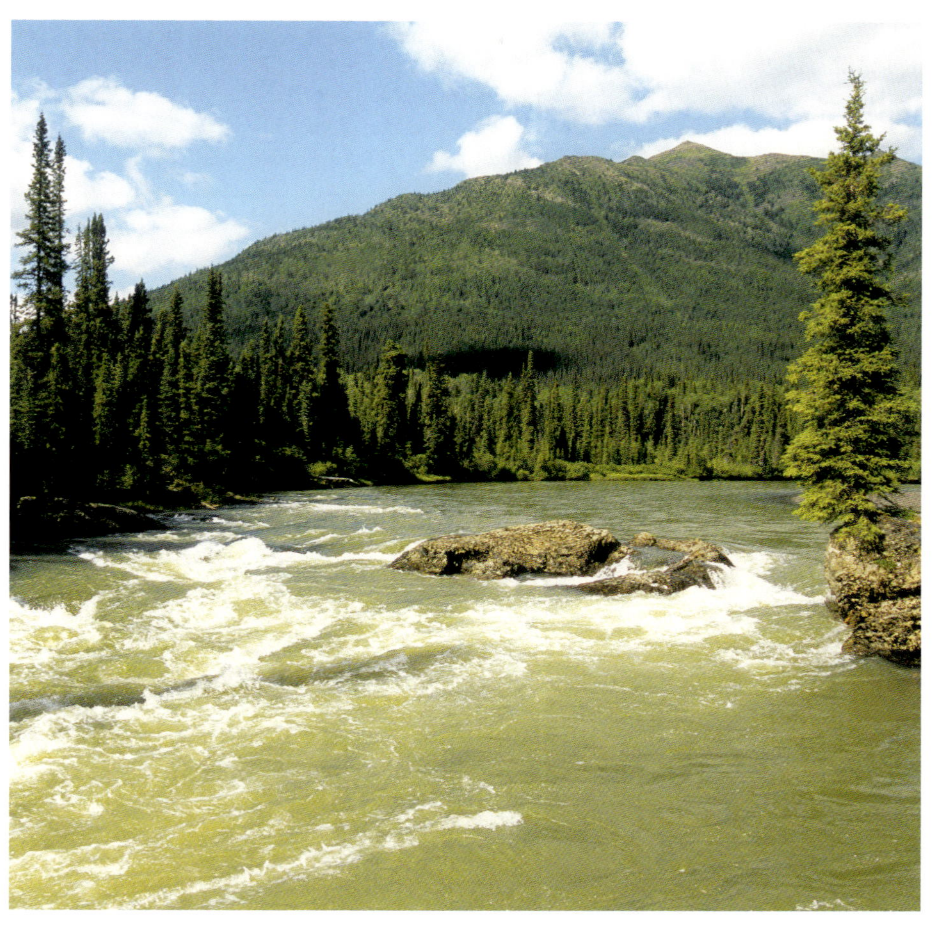

Tour 8

Infos Kanutour South MacMillan River

Charakter der Tour

Der South MacMillan ist besonders für seine Abgeschiedenheit, für den abwechslungsreichen Flussverlauf und seinen Tierreichtum bekannt. Trotz Straßenanbindung am Start- und Endpunkt bietet der Fluss die Möglichkeit, für mehr als zwei Wochen in die Wildnis abzutauchen. Im oberen Abschnitt sorgt ein etwa zehn Kilometer langer Wildwasserabschnitt (bis WW VI) für Nervenkitzel. Bis in den Mittelteil bleibt die Strömung zügig; reichlich Treibholz fordert den Paddler zu schnellen Reaktionen. Im Unterlauf bis zum Erreichen des Pelly River schlängelt sich der MacMillan in weiten Schleifen durch ein weites sumpfiges Tal. Auf den letzten 70 Kilometer auf dem Pelly River wartet noch das leichte Wildwasser im Granite Canyon, bevor schließlich Pelly Crossing erreicht wird.

Wildwasser, Gefahren

WW III. Eine WW IV-Stelle. Der Fluss ist nicht für Anfänger geeignet!

Alle WW III und das WW IV können auf bis zu eineinhalb Kilometer langen Portagepfaden umtragen werden. Sicheres Beherrschen von WW II sollte Voraussetzung für eine Befahrung sein. Alle Stromschnellen befinden sich im oberen Flussabschnitt. Im Mittelteil bilden die allgegenwärtigen Treibholzhaufen eine weitere Gefahr. Hier ist etwas Intuition für die günstigste Fahrtroute und so manch energisches Steuermanöver erforderlich. Mit einer totalen Verblockung muss jederzeit gerechnet werden. An einigen Stellen sucht sich der MacMillan River ein neues Flussbett. Diese Abschnitte sind ständigen Veränderungen ausgesetzt und sollten mit äußerster Vorsicht befahren werden.

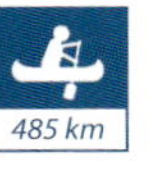

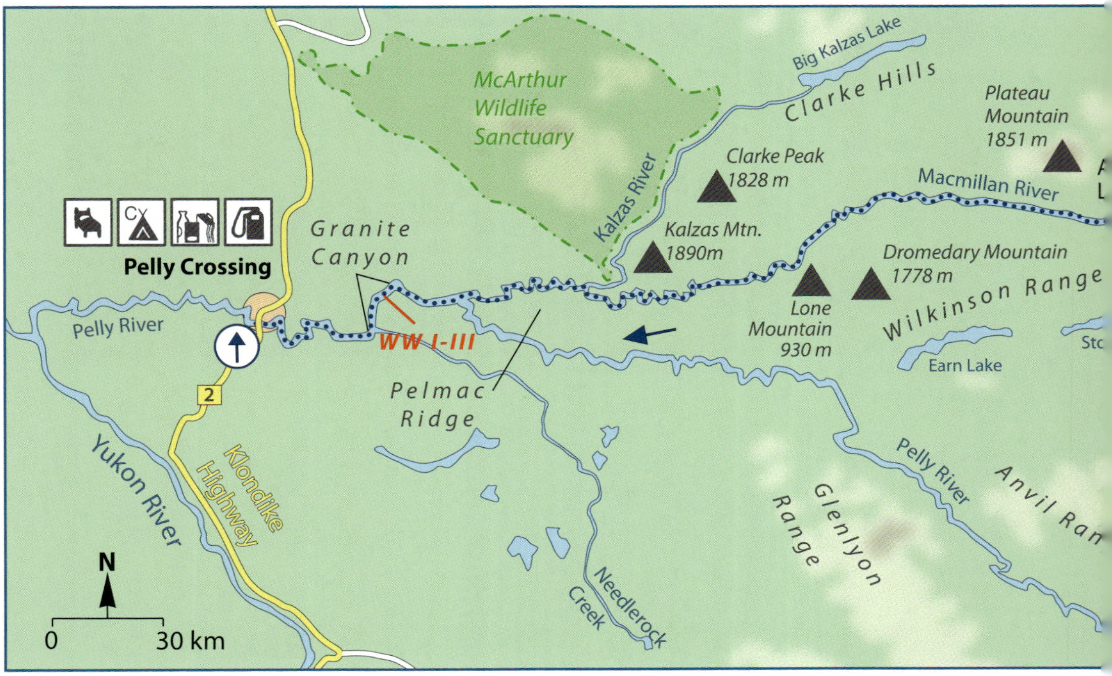

Kartenmaterial

South MacMillan River, *Mike Rourke*, Rivers North Publications. (sehr zu empfehlen!), 1 : 65 000.
South Macmillan River, *Bernhard Allgeyer,* L. Allgeyer Verlag, *(von 1999)*
Karten 1 : 250 000: Sheldon Lake 105-J, Mayo 105-M, Tay River 105-K, Glenlyon 105-L, Lansing 105-N, Carmacks 115-I

Länge der Tour:
Einsetzpunkt an der North Canol Road bis zum Pelly River, ca. 415 Kilometer
Auf dem Pelly River bis Pelly Crossing, ca. 70 Kilometer Insgesamt 485 Kilometer, 12-16 Tage.
Weiterfahrt über den Pelly River (60 Kilometer) und Yukon River (285 Kilometer) z.B. bis Dawson City möglich.
Startpunkt VW Input 900 Meter ü.N.N. ,Pelly Crossing 460 Meter ü.N.N.
Durchschnittliches Gefälle ca. 0,9 Meter/Kilometer.
Im 10 Kilometer langen Wildwasserabschnitt ca. 5 Meter/Kilometer,
im langsamen Unterlauf des MacMillan ca. 0,3 Meter/Kilometer.

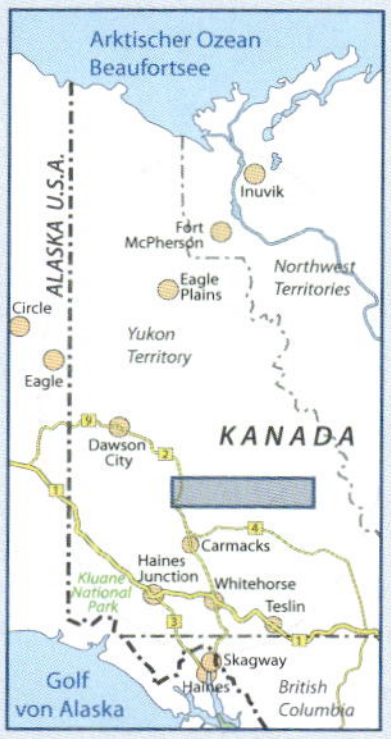

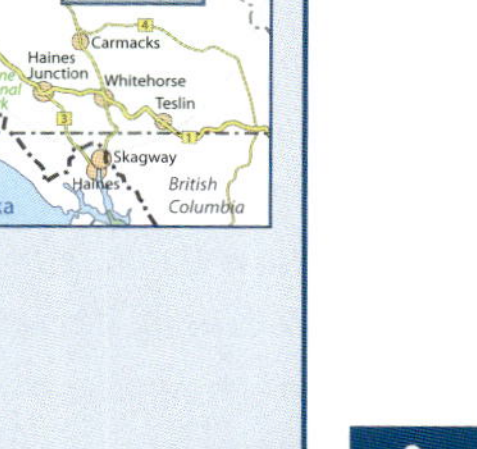

Kanuvermieter:
Kanuvermietung und Transfer siehe Outfitter Seite 42-45.

An- und Abreise:
Anfahrt von Whitehorse zum Einsetzpunkt an der North Canol Road ca. 580 Kilometer.
Transfer ca. 1300 Dollar.
Abreise von Pelly Crossing bis Whitehorse ca. 290 Kilometer.
Transfer ca. 510 Dollar.

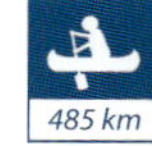

Russel Range
Mount Armstrong 2159 m
Hess Mountains
möglicher Einstiegspunkt
Russel Creek
Armstrong Landing
North Macmillan River
WW II-III
South Macmillan River
Mount Selous 2176 m
Canol Road
2110 m
WW
South Macmillan River
VW Input
Stokes Lake
South Fork Range
Riddell River
Mount Riddell
Mount Sheldon 2114 m
6
Wildwasser Detailansicht
The Big Ledge
WW II-III
S-Bend Canyon
WW III
WW IV
WW II-III
Umtrage-möglichkeit
WW II
0 2,5km
nach Ross River
Ross River
N
0 30 km

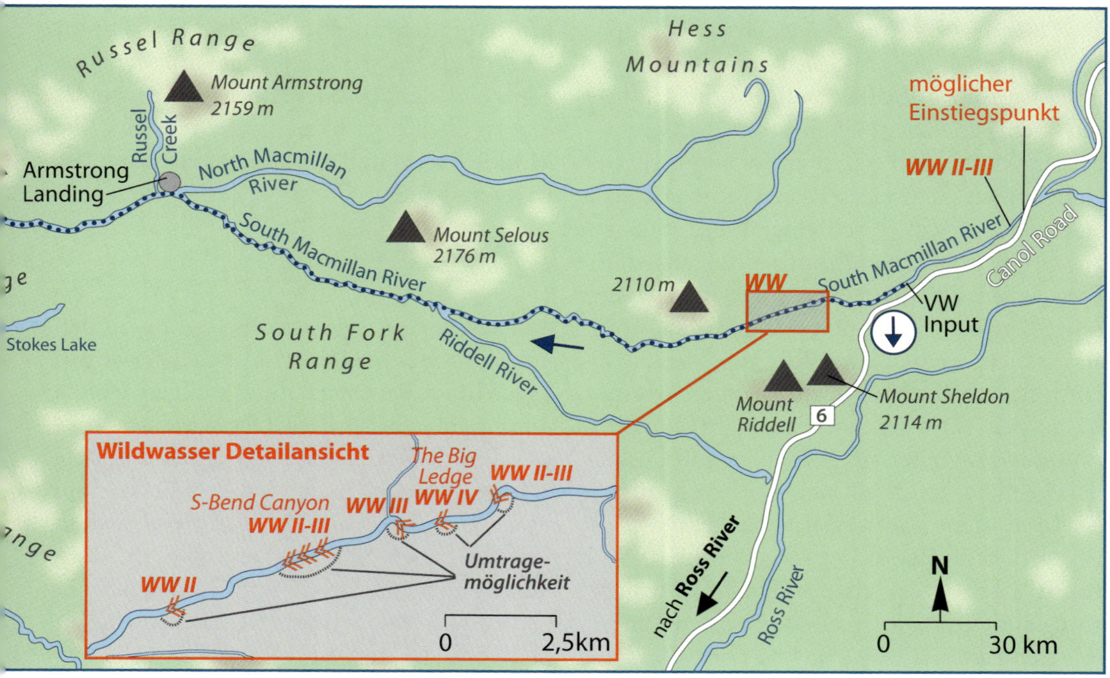

South MacMillan River

Tag 1

Schon die Anfahrt zum South MacMillan ist ein kleines Abenteuer für sich. Seit Stunden holpert der mittlerweile schlammgraue Kleinbus unseres Outfitters über den losen Schotter der **North Canol Road**. Den letzten kurzen Zwischenstopp haben wir in der kleinen Ortschaft **Ross River** gemacht. *Eine kleine Fähre pendelt hier über den Pelly River und bringt die wenigen Passagiere an den Anfang der North Canol Road. Dieses beängstigend schmale Schotterband zieht bis an die Grenze zu den Northwest Territories in den Hochlagen der Mackanzie Mountains und ist, wie auch die South Canol Road, ein Überbleibsel der ehemaligen Ölpipeline von Norman Wells am Mackanzie River bis Johnson´s Crossing am Alaska Highway.*

Heute wird diese 230 Kilometer lange Sackgasse kaum noch instand gehalten und ist eine Herausforderung für jeden Stoßdämpfer. Mit maximal 50 Stundenkilometern umfährt Tom in Schlangenlinien die zahllosen Schlaglöcher. Neben Tom, unserem Fahrer, Maren und mir sitzt noch ein frisch verheiratetes Schweizer Paar, Cornelia und Sam, mit im Van. Nach einer Weile taucht am Straßenrand ein Autofriedhof aus der Bauzeit der Pipeline auf. Als wir aussteigen, um einige Fotos von den rostigen Pick-ups zu machen, werden wir sofort von Moskitos entdeckt und schon nach wenigen Minuten in den Van zurückgetrieben. 1:0 für die Blutsauger! Weiter holpern wir, vorbei an den Flanken des 2100 Meter hohen **Mount Sheldon**, dem South MacMillan River entgegen. Unser Ziel ist der so genannte **„VW Input“**. Er ist der erste mögliche Zugang zum Fluss und wird von den meisten Paddlern genutzt.

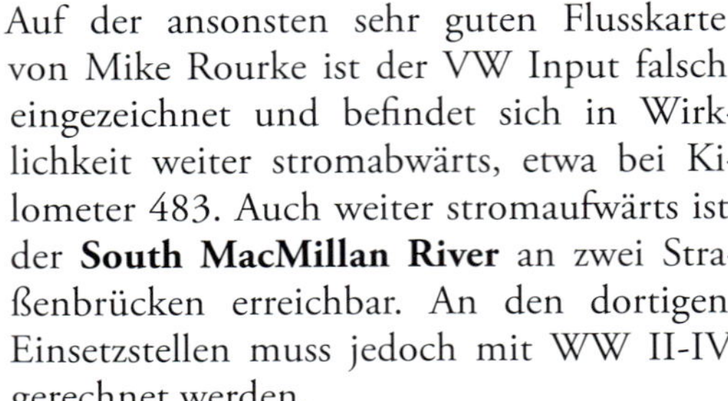

Auf der ansonsten sehr guten Flusskarte von Mike Rourke ist der VW Input falsch eingezeichnet und befindet sich in Wirklichkeit weiter stromabwärts, etwa bei Kilometer 483. Auch weiter stromaufwärts ist der **South MacMillan River** an zwei Straßenbrücken erreichbar. An den dortigen Einsetzstellen muss jedoch mit WW II-IV gerechnet werden.

Als wir in den kleinen, unscheinbaren Weg einbiegen, der zum Fluss führt, können wir einen alten VW-Bus im Gebüsch erkennen. Kaum kommt der Van zum stehen, da sammelt sich auch schon das begeisterte Begrüßungskomitee vor den Fensterscheiben. Hunderte von hungrigen Moskitos wittern anscheinend ihre Chance und fliegen in extatischer Vorfreude gegen die Fensterscheibe. Diesmal sind wir jedoch besser vorbereitet. Unsere Kopfnetze und das Moskitospray bewahren uns beim Entladen der Ausrüstung vor den aufdringlichen Plagegeistern. Sofort beladen wir die Kanus und setzen zu einer einladenden Kiesinsel in der Mitte des Flusses über. Hier hält ein leichter Wind die Moskitos fern, und wir können erschöpft das Lager aufbauen.

Tag 2

Auf den etwa 32 Flusskilometern bis zu den ersten Stromschnellen windet sich der **South MacMillan River** mal flott, mal gemächlich durch sein kiesiges Bett. Der Wasserstand ist um diese Jahreszeit, bedingt durch die späte Schneeschmelze, noch ziemlich hoch. Sam und Cornelia bleiben in Sichtweite. Schon gestern haben wir uns entschlossen, den kurzen aber intensiven Wildwasserabschnitt gemeinsam zu meistern. Bei den anstehenden Portagen und Stromschnellen bedeuten zwei Boote und acht Hände ein deutliches Plus an Sicherheit. Doch bevor die erste Gischt unseren Puls hochtreibt, haben wir noch reichlich Zeit, die Landschaft zu genießen. Auf der rechten Flussseite dominieren die maximal 1700 Meter hohen Berggipfel der **Hess Mountains** das Bild, während auf der linken Seite bewaldete Hügel nur gelegentlich den Blick auf die Altschneefelder am **Mount Riddell** und **Mount Sheldon** freigeben.

Eine Elchkuh mit Kalb sind die ersten größeren Tiere, die uns begegnen. Sie wollen anscheinend vor uns den Fluss durchschwimmen, geben ihren Plan jedoch schnell auf, als sie unsere Kanus bemerken.

Gegen Nachmittag erreichen wir die erste Stromschnelle direkt hinter einer Linkskurve. Eine Felsformation in der Mitte teilt den Fluss und lässt sein Wasser beidseitig über eine niedrige Stufe strömen. Die linke Durchfahrt sieht noch am besten aus, aber mit unseren offenen Kanus und bei dem derzeitigen Wasserstand wollen wir kein Risiko eingehen. Lieber nutzen wir den kurzen linksseitigen Portagetrail. Er führt bis an einen kleinen Sandstrand etwas unterhalb der Stufe. Von hier aus muss der Rest der Schnelle gepaddelt werden. Gesäumt von Steilufern wird der Hauptstrom von einigen großen Felsen und zwei felsigen Inseln geteilt. Wir entscheiden uns für eine Durchfahrt auf der linken Seite. Hier reiten wir einige stehende Wellen ab, um dann direkt in die ruhigere, aber sehr flache Außenkurve auszuweichen. Bei normalem oder niedrigem Wasserstand ist die rechte Seite wahrscheinlich die bessere Wahl.

Nach der folgenden Insel heißt es dann aufpassen, um die nächste Portage nicht zu verpassen! Auf der linken Seite beginnt der schmale Pfad und überbrückt die mit WW IV angegebene und zugleich schwerste Stromschnelle der Tour. **„The Big Ledge"** ist eine ausgewachsene Felsstufe und zeigt bei unserem Wasserstand einen ausgeprägten Rücklauf auf ganzer Flussbreite. Auch im weiteren Verlauf dieser gut 100 Meter langen Schnelle

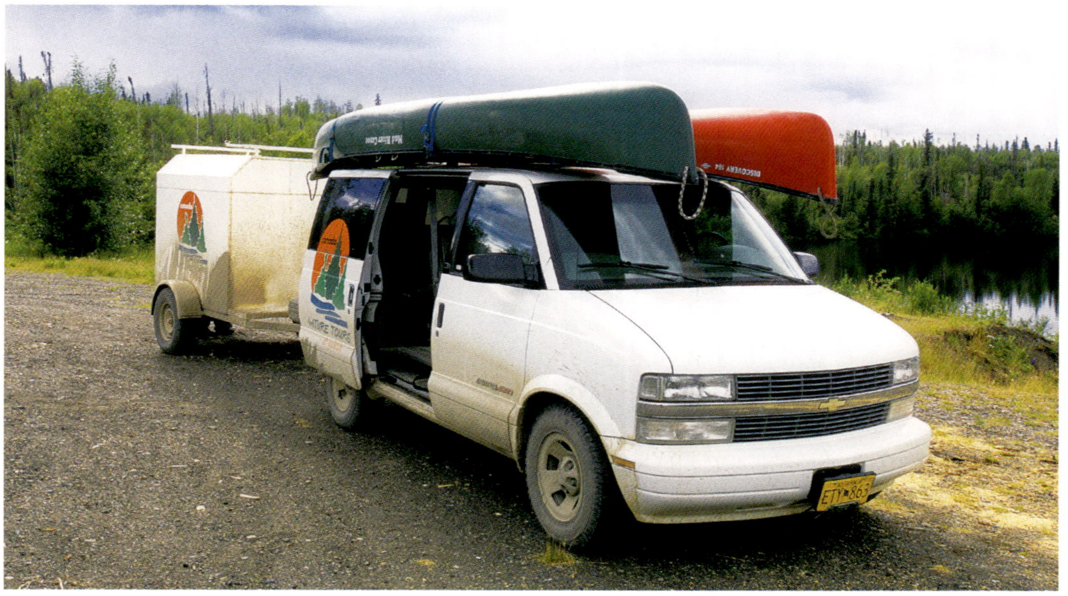

Auf der rauen North Canol Road wird man ordentlich durchgeschüttelt.

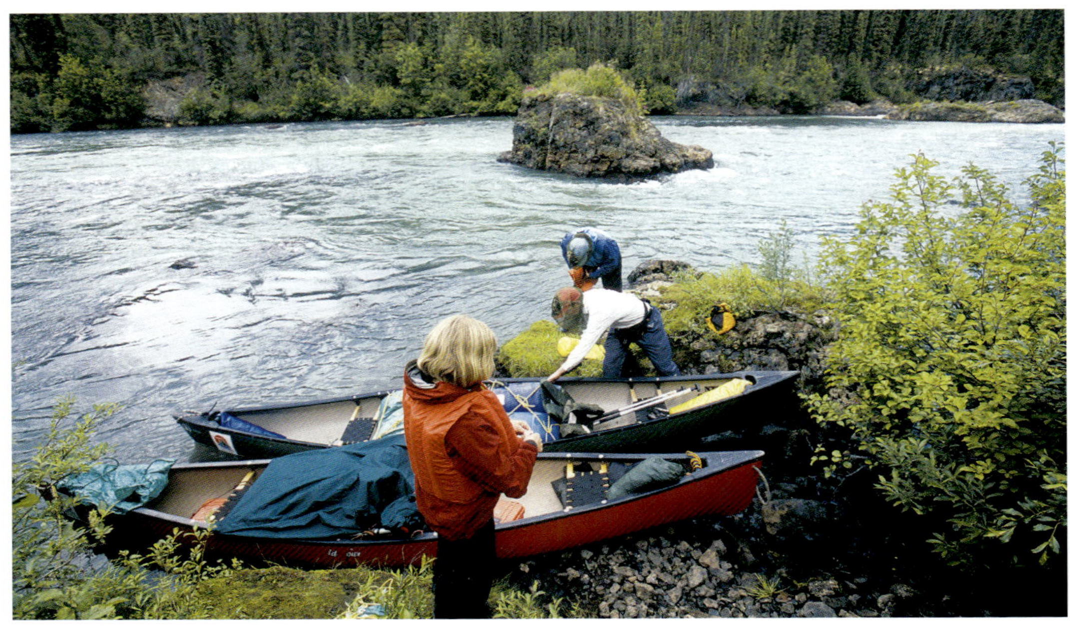

Beladen der Boote unterhalb des S-Bend Canyon.

brodelt es im dritten Grad durch einen verblockten Katarakt. Mit vereinten Kräften bringen wir unsere Ausrüstung und die Kanus bis zum Ende der Stromschnelle. Hier wartet auch schon ein idyllisch gelegenes Camp an einem großen Kehrwasser auf uns.

Tag 3

Erst gegen Mittag sitzen wir wieder in den Booten – jedoch nicht besonders lange, denn bereits am Ende der nächsten Kurve wartet die nächste Portage auf uns. Dicht vor der Einfahrt in eine enge Linkskurve befindet er sich auf der linken Seite. Die Strömung ist an dieser Stelle bereits recht flott, also Vorsicht! Die eigentliche Stromschnelle wäre wohl bei unserem Wasserstand am einfachsten dicht an der linken Seite befahrbar. Hier, in der Innenkurve, gibt es eine Fahrtroute um die Turbulenzen in der Außenkurve zu umgehen. Mit der richtigen Ausrüstung und der nötigen Erfahrung sicherlich machbar. Wer auf dem **South MacMillan** ein richtiges (aber recht kurzes) Wildwasserabenteuer in den größeren Stromschnellen sucht, sollte in jedem Fall neben Spritzdecke, Neoprenanzug und Bergeausrüstung auch einen Helm mitnehmen!

Da wir uns für dieses kurze Abenteuer nicht mit dieser zusätzlichen Ausrüstung belasten wollten, gilt für uns auch an dieser Stelle erneutes Umtragen... Über eine Kuppe führt der schmale Trail an das Ende der Schnelle. Kaum haben wir die Boote nachgeholt, da erwischt uns ein kleines, aber heftiges Gewitter. Unter einem Tarp warten wir Hagel und Platzregen ab, bevor es weitergeht. Durch kleinere stehende Wellen passieren wir die nächste eingezeichnete „Rapid", dann wird die Flusskarte von Mike Rourke etwas verwirrend. Wir halten uns links um den nächsten Portagetrail, um den **S-Bend Canyon,** der nur mit Wildwasser-Ausrüstung befahrbar ist, nicht zu verpassen. An einem von links einmündenden Flussarm sieht es so aus, als würde ein Trail beginnen. Ein zweiter Kanal ist in unserer Karte jedoch nicht eingezeichnet, und wir paddeln an der Stelle vorbei. Schnell trägt uns die Strömung weiter; sehr bald beschleicht uns das Gefühl, einen Fehler begangen zu haben. Direkt vor uns schießt der Fluss, durch eine Insel geteilt, in eine scharfe Linkskurve. Gischt steht über den Wellen und Walzen in der Hauptströmung. Bei mittlerem Wasserstand ist diese lange Schnelle mit WW III angegeben. Der niedrige Canyon ist etwa 900 Meter lang und nicht zugänglich. Wir retten uns auf eine Kiesbank rechts davor und müssen ein ganzes Stück stromauf treideln, bevor wir die Flussquerung wagen und erschöpft am Portagetrail ankommen. Mit nassen Füssen steigen wir aus und machen uns daran, die erste Ladung Ausrüstung über den etwa einen Kilometer langen Trail zu bringen. Der schmale Trampelpfad führt teilweise über umgefallene Bäume. Sumpfige Stellen gibt es reichlich; sogar ein kleiner Bach muss überquert werden. Am Ende der Strapazen wartet dafür ein schönes Waldcamp auf uns. Auf dem Rückweg zu den Booten graut mir schon vor der ca. 40 Kilogramm schweren Lebensmitteltonne. Selbst mit unserer mitgebrachten Lastenkraxe ist das Tragen auf diesem sumpfigen Trail keine spaßige Angelegenheit. Dafür gibt es unterwegs spannende Einblicke in den S-Bend Canyon. Riesige Felsblöcke liegen hier im aufgewühlten Fluss. Auf einigen wachsen schüttere Fichten, auf anderen leuchtet blühendes Fireweed in der Sonne. Nach der dritten Ladung reicht es uns für heute, und die Moskitos treiben uns bald in die Zelte.

Tag 4

Nachts fällt die Temperatur auf kühle zwei Grad. Ungewöhnlich früh stehen wir auf, denn nach einem kurzen Frühstück steht

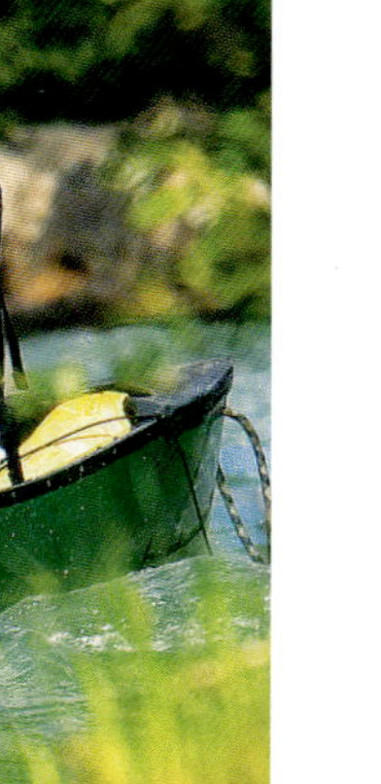

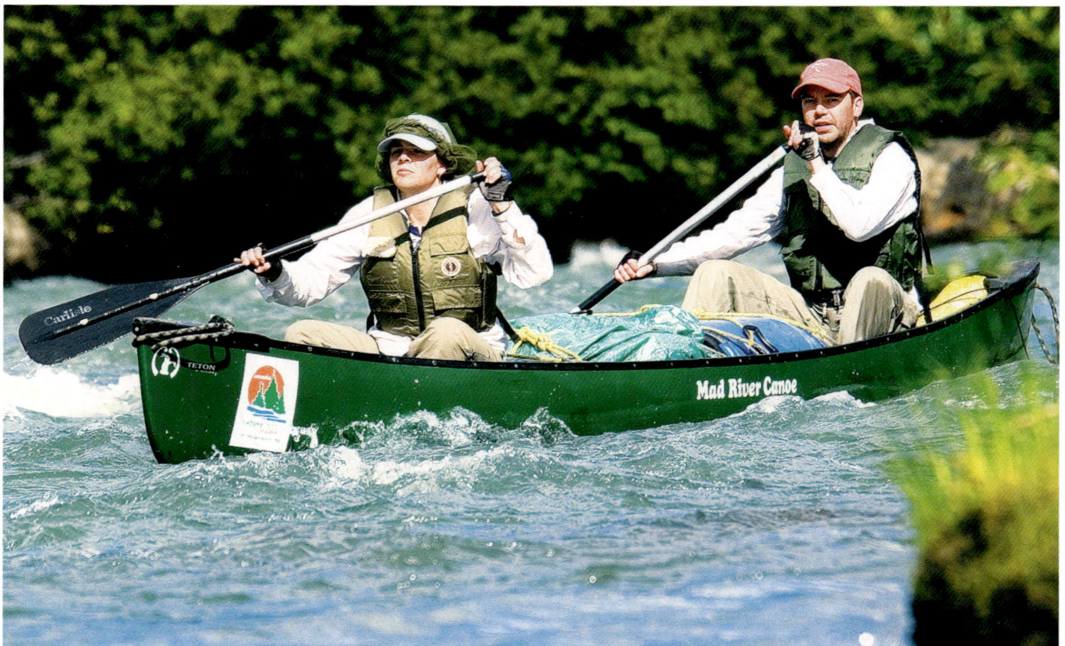

Einige Flussabschnitte erfordern Konzentration und vorausschauendes Fahren.

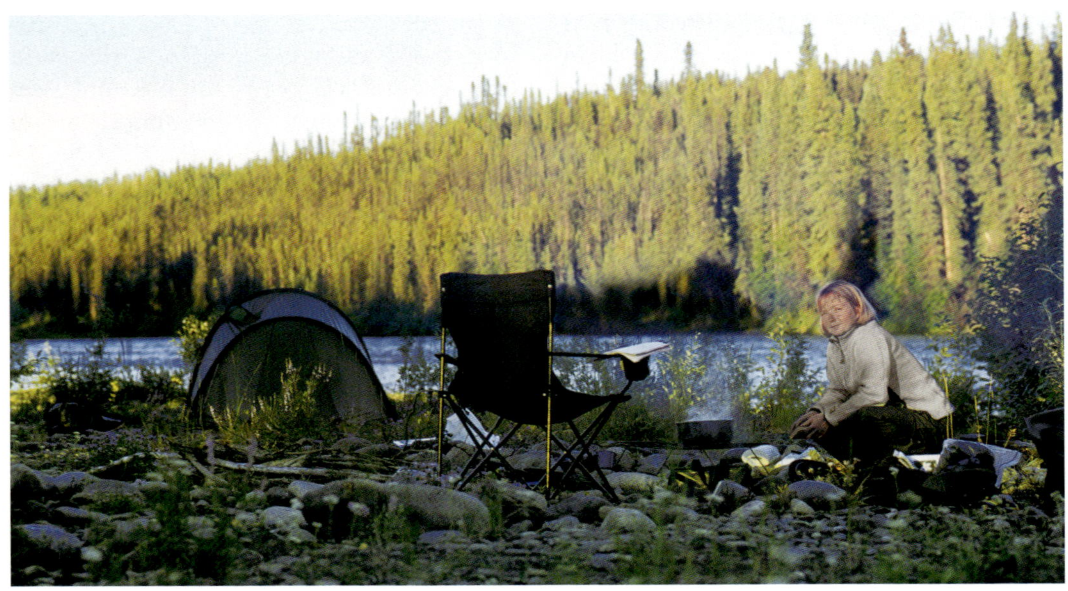

Die letzten Sonnenstrahlen des Tages.

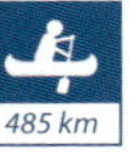

wieder reichlich Arbeit an. Die Kanus müssen noch über den Trail geholt werden. Mit Hilfe eines Stockes, den ich quer am oberen Ende unserer Lastenkraxe befestige, ist die Strecke jedoch gut zu bewältigen. Das Boot liegt dabei mit den Sülrändern auf dem Stock auf. Das volle Gewicht verteilt sich so auf die Kraxe und das kraftraubende Hochhalten des Bootes, das den vorneweg Laufenden schnell ermüdet, verliert seinen Schrecken.

Beim Beladen der Boote vertäuen wir unser Gepäck wieder besonders sorgfältig. Durch den hohen Wasserstand ist auch auf dem folgenden Flussabschnitt volle Konzentration gefordert. Wir halten uns überwiegend links und umfahren vorsichtig die zahlreichen Felsen in diesem Abschnitt. Kleinere Felsstufen und stehende Wellen lassen den Bug immer wieder etwas Wasser nehmen, so dass wir nach etwa drei Kilometer an der vorerst letzten großen Stromschnelle bei Kilometer 440 erstmal zu Schöpfkelle und Schwamm greifen müssen.

Diese bei normalem Wasserstand mit WW II angegebene Schnelle zeigt uns die Zähne. Das dunkelgrüne Hochwasser erzeugt auf der rechten Seite beeindruckende stehende Wellen, während links eine Stufe mit entsprechender Walze brodelt. Der linksseitige Portagetrail sieht auch nicht gerade einladend aus, also überwinden wir die Stelle mit einer Kombination aus Treideln und Umheben der größten Walze.

Nach dieser vorerst letzten schwierigen Stromschnelle verabschieden wir uns von Cornelia und Sam und wünschen Ihnen noch viel Glück für den Rest ihrer Hochzeitsreise. Maren und ich machen eine kurze Pause, dann steigen auch wir wieder in unser Boot. Auf den nächsten Kilometern ist Vorsicht angesagt. Der hohe Wasserstand hat für uns in diesem Abschnitt Vor- und Nachteile. Bei Niedrigwasser läuft man wahrscheinlich ständig Gefahr, mit einem der zahllosen Felsen zu kollidieren. Bei unserem Wasserstand sind dafür viele der großen Felsen nur knapp überspült und bilden vereinzelte Felsstufen,

Löcher und stehende Wellen. Während Maren vorne nach der besten Fahrtroute schaut und für ordentlich Vortrieb sorgt, bin ich im Heck mit ständigen Richtungsänderungen und Steuerschlägen voll ausgelastet. Wir genießen diesen herrlichen Ritt auf den Wellen, müssen jedoch nach fünf Kilometern erneut zum Wasserschöpfen ans Ufer.

Auf den zwölf Kilometern unterhalb der letzten Schnelle zeigt der **South MacMillan** meist bewegtes Wasser, wobei die Schwierigkeiten jedoch deutlich abgenommen haben. Kaum wird der Fluss ruhiger, schlagen wir auch schon unser Camp auf einer schönen Kiesbank auf. Einige Kleidungsstücke hängen in den umliegenden Weidenbüschen zum Trocknen, als wir die letzten Sonnenstrahlen am Lagerfeuer genießen.

Tag 5

Früh sind wir heute schon auf dem Wasser. Nach allen Strapazen der letzten Tage zeigt sich der South MacMillan heute Morgen von seiner idyllischen Seite. Mit zügiger Strömung windet sich das Wasser zwischen Inseln und feinen Kiesbänken hindurch. Nur noch gelegentlich treiben wir an überspülten Felsen vorbei. Dafür richtet sich unser Hauptaugenmerk auf die Sweeper *(oftmals unterspülte Bäume am Ufer, die dicht über der Wasseroberfläche hängen)* und Treibholzhaufen, die wir immer in respektvollem Abstand umfahren. Ich vergleiche unser Vorankommen mit der Flusskarte und werde plötzlich stutzig. Irgendwie scheint es, als würde der Fluss vor uns versickern. Die U-förmige Linkskurve (bei Kilometer 412) vor uns ist fast trocken gefallen. Erst als wir die enge Öffnung im linken Ufer erblicken, wird uns klar, dass wir in Schwierigkeiten stecken. Doch es ist bereits zu spät zum Reagieren. Eine starke Strömung saugt uns unaufhaltsam in den engen Kanal. Der Fluss hat sich ein neues Bett durch den Wald gegraben und die folgende Kurve einfach abgeschnitten. Ängstlich schauen wir auf den Flusslauf vor uns. Überall hängen zersplitterte Bäume in dem nur wenige Meter breiten Kanal. Wir können nichts weiter tun, als den Hindernissen auszuweichen und zu hoffen, dass es keine vollständige Verblockung gibt, denn die schnelle Strömung, das Treibholz und die Steilufer machen ein Anhalten unmöglich und würden zudem ein Kentern äußerst gefährlich werden lassen. Nach einigen bangen Sekunden spuckt uns der neue Kanal jedoch wohlbehalten in das alte Flussbett zurück. Auch hier haben wir noch mit Treibholz zu kämpfen.

Etwa ab Kilometer 395 ändert sich der Flusscharakter erneut. Steilufer und Felswände engen den Fluss ein und die ersten kleinen Wellen geben einen Vorgeschmack auf die letzte Wildwasserstelle am **South MacMillan.** Wir schauen uns die Sache von der linksseitigen Kiesbank genau an. Am Eingang eines flachen Canyons steht eine beeindruckende Walze im Hauptstrom. Sie ist jedoch leicht über die rechtsseitige Kiesbank zu umtreideln. Die Reststrecke des kleinen Canyons und auch die nächsten Kilometer erfreuen uns mit harmlosen Wellen und reichlich schnellem Wasser. Als wir auch noch drei Elche auf dieser Strecke beobachten können, sind wir wirklich begeistert von diesem Flussabschnitt. Etwa zweieinhalb Kilometer unterhalb des **Riddell River** bauen wir schließlich unser Zelt auf einer wunderschönen Sandbank auf. Wir genießen die letzten Sonnenstrahlen im warmen Sand. Gut 57 Tageskilometer stecken uns heute in den Armen, und so fallen wir bald erschöpft ins Bett.

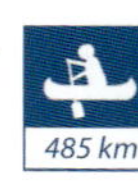

Tag 6

Noch bevor wir ablegen, krame ich erst einmal unsere Sonnencreme heraus. Die Sonne brennt auf dem Wasser erbarmungslos

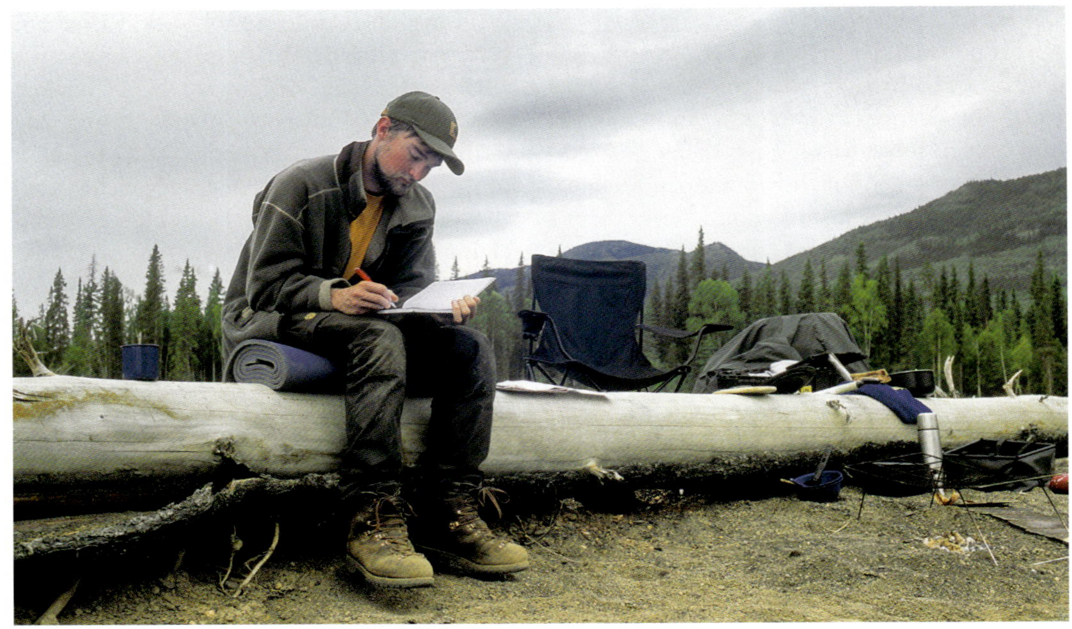

Tagebuchschreiben.

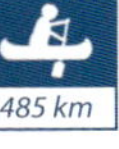

vom Himmel und wir sind bereits durchgeschwitzt, als wir einige Minuten später an einer kleinen Ansammlung von Blockhütten vorbeitreiben. Eine von ihnen ist anscheinend neueren Datums, die anderen haben sicherlich schon einige Jahrzehnte auf dem Buckel. Keine Selbstverständlichkeit in dieser Gegend, denn immer wieder begleiten große abgebrannte Waldflächen den Fluss und ziehen sich weit die Berghänge hinauf. Blühendes Fireweed *(Schmalblättriges Weidenröschen)*, das als Pionierpflanze in dichten Beständen diese ansonsten verkohlten Gebiete beansprucht, färbt die Hänge in strahlendes Rosa. Alte Waldbrandflächen sind beliebte Aufenthaltsgebiete von Elchen, und so dauert es auch nicht lange, bis wir einen jungen Bullen am Ufer entdecken. Seine kleinen Schaufeln sind noch von brauner, samtiger Basthaut bedeckt. Neugierig und ohne Scheu betrachtet er, wie wir vorbeigleiten und widmet sich dann wieder den jungen Weidentrieben am Ufer. Auch während unserer Mittagspause an einem kleinen Bach bei Kilometer 335 finden wir eine abgeworfene Elchschaufel im Uferkies. Mit zwei frischen Äschen für das Abendessen im Gepäck machen wir uns wieder auf den Weg. Bis zum Zusammenfluss mit dem North MacMillan River wollen wir es heute noch schaffen.

Tag 7

Aus den wilden **Hess Mountains** kommend, bringt der **North MacMillan River** eine beträchtliche Wassermenge mit. Ab jetzt heißt der Fluss, auf dem wir unterwegs sind, nur noch **MacMillan River**. Die Wassermenge hat sich fast verdoppelt und mit ihr anscheinend auch die Menge an Treibholz. Die erste Schwierigkeit erwartet uns bald. Die erste Rechtskurve nach dem Zusammentreffen beider Flüsse ist trockengefallen und wir haben es erneut mit einem neu ausgespülten, engen und schnellen Kanal zu tun, in dem verkeilte Baumleichen für Nervenkitzel sorgen. Äußerste Vorsicht ist hier und auch im weiteren Flussverlauf geboten! Auch wenn wir immer irgendwie durchkommen, so sind häufig energische Steuerschläge und ein gutes Gespür für die richtige Fahrtroute erforderlich. Es bleiben oftmals nur Durchfahrten von ein bis zwei Metern Breite mit schneller Strömung zwischen den verkeilten Stämmen. Ein einzelner, quer treibender Baum kann ausreichen und eine der engen Durchfahrten verschließen. Jederzeit muss hier also mit einer völligen Verblockung gerechnet werden. *Berichte vom Kentern anderer Paddelgruppen und mindestens ein Todesfall im Zusammenhang mit Treibholz auf diesem Flussabschnitt sollten unbedingt ernst genommen werden und zur Vorsicht mahnen!* Dazu kommt, dass sich die Schwierigkeiten von Jahr zu Jahr vor allem durch den Eisaufbruch und starkes Hochwasser verlagern oder verändern können.

Bei **Armstrong Landing** machen wir eine kurze Pause und erkunden die Umgebung. *Bis 1926 lebte hier Neville Armstrong, der mit großem Aufwand sein Glück als Goldgräber versuchte. Leider wurden seine Bemühungen nie von Erfolg gekrönt; später wurde der Platz von einer Gruppe Aussteigern bezogen. Ihre Bemühungen, als Selbstversorger an dieser Stelle glücklich zu werden, scheiterten offenbar; seit ca. 1990 sind die Blockhütten und Gerätschaften dem Verfall ausgesetzt.*

Langes Gras wächst zwischen den Gebäuden, und unzählige Moskitos treiben uns bald wieder auf den Fluss. Nur einige Minuten später, kurz nach **Russel Creek**, taucht ein enormer Treibholzverhau auf. Zuerst sieht es so aus, als würde er den ganzen Fluss versperren, doch dann entdecken wir auf der linken Seite eine freie Durchfahrt. Dumpfes Grollen aus der dunklen Wolkenwand vor uns lässt uns zusammenzucken. Sturmböen fegen den Fluss hinauf; wir suchen am Ufer Schutz, bis das Gröbste vorüber ist. Einige Zentimeter Wasser müssen wir aus dem Boot schöpfen, bevor es in leichtem Dauerregen weitergeht. Einen jungen Elchbullen scheint das Wetter weniger zu beeindrucken. Er nagt seelenruhig an den Erlenbüschen am Ufer.

Tag 8-13

Es ist Nachmittag, kleine weiße Schönwetterwolken spiegeln sich im Fluss und ein würziger Waldduft lässt mich fast schläfrig werden. Wir ahnen es noch nicht, aber die folgenden Sekunden werden uns wahrscheinlich ewig im Gedächtnis bleiben. Aus irgendeinem Grund schaue ich noch einmal zurück in die Mündung eines trockengefallenen Flussarmes hinter einer Insel. Nur aus den Augenwinkeln bemerke ich eine Bewegung im dichten Weidengebüsch der Insel. Zuerst kann ich nur einen beigefarbenen Pelz erkennen. Doch dann erscheint ein Wolf. Er schaut sich kurz zu uns um und trabt mit federnden Schritten flussaufwärts über das trockene Flussbett davon. Da wir an der Insel schon fast vorbei sind, reiße ich das Heck des Kanus herum und paddele aus Leibeskräften auf ein kleines Kehrwasser am Ufer zu. Auch Maren hat nun den Wolf entdeckt und schaufelt mit voller Kraft vorwärts. Noch während wir langsam Fahrt schräg gegen die Strömung aufnehmen, taucht ein zweiter, tiefschwarzer Wolf aus den Weiden auf. Nur eine Sekunde mustern uns die gelben Augen, dann spurtet er in etwa zehn Meter Entfernung über eine offene Sandfläche auf das nahe Ufer zu. Kaum ist er im dichten Gebüsch verschwunden, erscheinen zwei weitere Rudelmitglieder auf der Insel. Einer ist silbergrau, der andere fast schwarz mit heller Brust. Beide verlieren keine Zeit und laufen stromauf dem beigefarbenen Wolf hinterher. Zweimal blicken auch sie noch kurz zurück, dann ist der Spuk vorbei. Wir schauen uns an und können unser

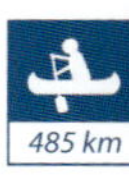

Glück kaum fassen. Noch am Morgen waren wir vom Heulen eines einzelnen Wolfes geweckt worden, und nun dieses Erlebnis! Vergessen sind die stundenlangen Kämpfe mit dem Gegenwind auf diesem Flussabschnitt. *Der untere Teil des MacMillan River wird manchmal scherzhaft als Lake MacMillan bezeichnet. Auf weiten Strecken schlängelt sich der Fluss sehr langsam durch sumpfiges Gelände; fast scheint es, als würde das Wasser stehen.* Ein Schlauchkanadier ist, besonders bei Gegenwind, nicht gerade das richtige Boot für eine entspannte Paddeltour. Um dem Wind etwas zu entgehen, paddeln wir in der überwiegend windstillen Zeit abends und dann bis spät in die Nacht. Im Boot genießen wir so die teils wunderschönen Abendstimmungen. In der Dämmerung auf dem Wasser zu sein, erhöht natürlich auch die Chance auf Tierbeobachtungen. Die Biber, denen wir begegnen, zählen wir schon lange nicht mehr, und auch Elche und Adler sind sehr zahlreich. Auch am Unterlauf des **MacMillan River** wird das Panorama auf weiten Strecken von Bergen bestimmt. Besonders der **Dromedary Mountain** (ca. 1800 Meter), **Kalzas Mountain** (ca. 1900 Meter) und der deutlich niedrigere, aber unverwechselbare **Lone Mountain** (ca. 930 Meter) sind markante Landmarken.

Tag 14

Direkt unterhalb der Mündung des MacMillan River in den **Pelly River** beginnt heute unser Paddeltag. Im Gegensatz zu dem am Ende träge fließenden MacMillan River erscheint uns der Pelly River wie eine Autobahn. Eingefasst von bewachsenen Steilufern, eilt dieser große Fluss mit einer Strömungs-

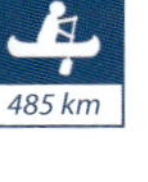

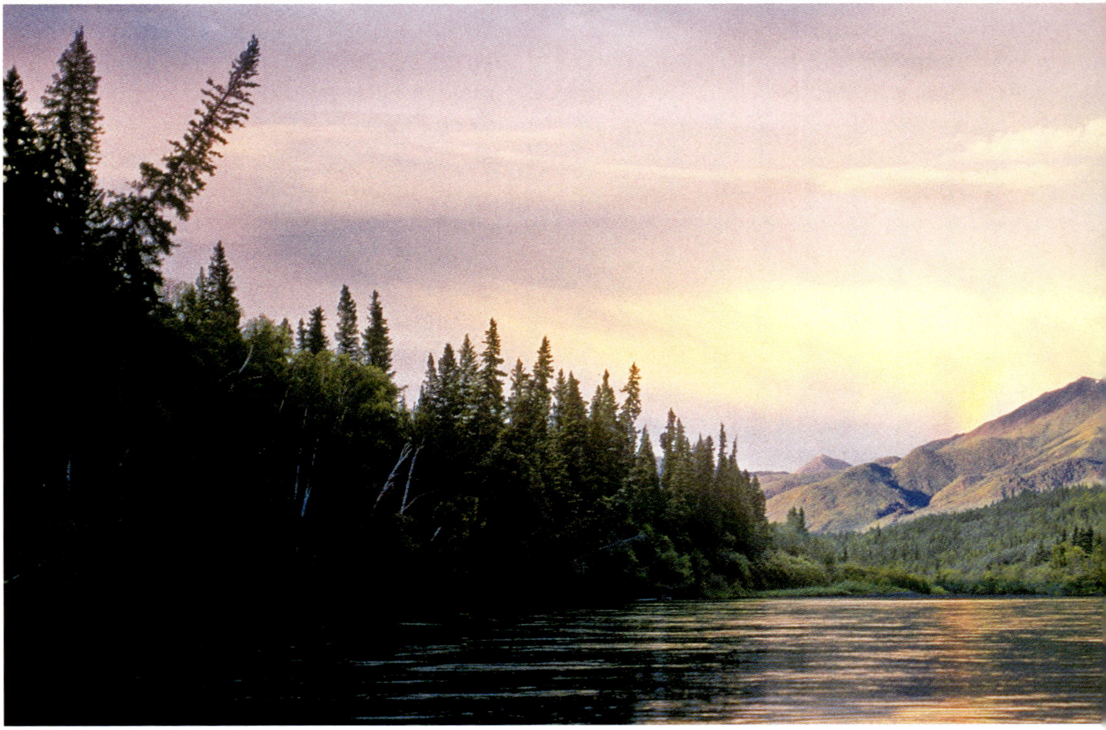

Der untere Flussabschnitt bietet uns in den Abend und Nachtstunden besondere Lichtstimmung.

geschwindigkeit von acht bis zehn Stundenkilometern dem Yukon River entgegen. Von der Mündung des MacMillan River sind es noch etwa 70 Kilometer bis zu unserem Ausstiegspunkt in der kleinen Siedlung **Pelly Crossing.** Vorher steht uns aber noch die Wildwasseretappe im **Granite Canyon** bevor. Wir sind etwas verunsichert, denn bisher haben wir sehr unterschiedliche Informationen über diesen sechseinhalb Kilometer langen Canyon erhalten. Bei Niedrigwasser soll es angeblich keinerlei Probleme geben. Bei extremem Hochwasser geht es im Canyon jedoch zur Sache. Extrem hohe Wellen, wuchtige Walzen und starke Kehrwasser sollen dann eine Befahrung ohne Spritzdecke zum wirklichen Risiko werden lassen.

Extremes Hochwasser haben wir zwar nicht mehr, aber der Wasserstand ist immer noch hoch. Noch während wir den Sitz unserer Schwimmwesten und die Sicherung unseres Gepäcks überprüfen, entdecken wir plötzlich einen kleinen braunen Schwarzbären neben uns am Ufer. Fast strohblond ist sein Rücken, während der Bauch eher hellbraun erscheint. Nur Sekunden betrachtet er uns verunsichert, dann eilt er mit schlaksigen Schritten ins nahe Unterholz.

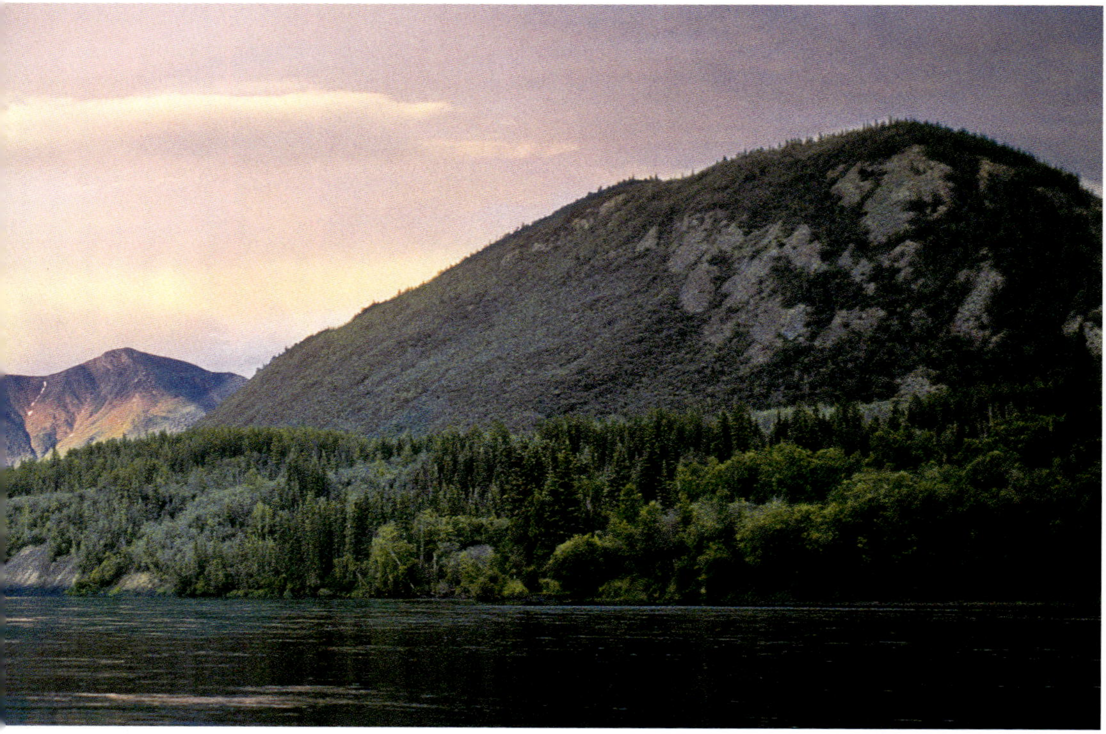

Nun tauchen die ersten Steilufer des Canyons auf und der Fluss zieht in eine Linkskurve. Danach verengt sich das Flussbett und wir schaukeln über einige harmlose Wellen auf eine Linkskurve zu. Wir halten uns möglichst weit am rechten Ufer und sehen nur für Sekunden einen weiteren Schwarzbären am Ufer. Vor uns wartet auch schon die nächste Linkskurve. Hohe stehende Wellen und Walzen in der Innenkurve und der Flussmitte lassen uns die Entscheidung für die Außenkurve treffen, mit kleineren Steinbrocken und

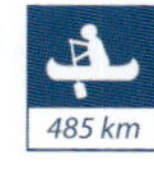

stehenden Wellen. Auf schnell strömendem Wasser geht es durch die nächste Rechtskurve und dann links vorbei am charakteristischen **Needlerock**. Diese Felsnadel in der Mitte des Flusses markiert für uns das Ende der Schwierigkeiten dieser Tour. Am nahen **Needlerock Creek** beziehen wir unser letztes Camp. Im Schatten einer alten Blockhütte lassen wir den Abend am Lagerfeuer ausklingen.

Tag 15

Die letzten 35 Kilometer bis **Pelly Crossing** sind von langen geraden Stücken und weit ausladenden Kurven geprägt. Drei Elche können wir auf der Strecke beobachten, und je näher wir der Indianersiedlung Pelly Crossing kommen, umso zahlreicher werden auch die Fischcamps am Ufer. Motorboote zeigen uns, dass einige dieser Sommercamps bewohnt sind. Anscheinend ziehen bereits die ersten Lachse durch das trübe Wasser des **Pelly River** stromauf. Ein Motorboot kommt uns entgegen. Welch' ungewohntes Geräusch nach zwei Wochen in der Wildnis. Dann erblicken wir die ersten Häuser der Siedlung und wenig später legen wir am linken Ufer direkt hinter der blauen stählernen Brücke an. Hier am Campground werden wir morgen abgeholt.

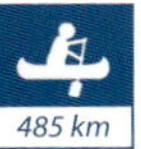

Der Wolf

Der Klang eines heulenden Wolfes schlägt wohl die meisten naturverbundenen Menschen in ihren Bann. Wie kaum ein anderes Tier steht er als Symbol für Freiheit und unberührte Wildnis. Zweifellos geht von ihm eine Faszination aus, die leider auch auf zahlreiche Märchen und Horrorgeschichten zurückzuführen ist. Aber auch wenn die Wölfe im Yukon mit einer Schulterhöhe von bis zu 80 cm und einem Gewicht von bis zu 80 kg zu den größten ihrer Art gehören, so braucht man sich vor ihnen kaum zu fürchten. Menschen werden von wildlebenden Wölfen so gut wie nie angegriffen. Voraussetzung ist natürlich auch hier ein gesunder Respekt gegenüber den Tieren und vor allem gegenüber Muttertieren mit Jungen.

Wölfe sind Rudeltiere, aber auch einzelne Exemplare sind häufig zu sehen. Hierbei handelt es sich meistens um junge Tiere, die nach Erreichen der Geschlechtsreife von ihrem Rudel verstoßen wurden, oder um alte Einzelgänger. Die Organisation in einem Rudel ermöglicht es den Tieren, selbst ausgewachsene Elche anzugreifen, auch wenn weniger wehrhaftes Wild wie junge Elche, Karibus, Schneehasen, Vögel und selbst Kleinsäuger, Beeren und Insekten einen Großteil ihrer Nahrung ausmachen. Ein Wolfsrudel streift durch ein großes Revier (bis zu 1000 qkm), das sich oftmals an den Rändern mit dem Jagdgebiet anderer Rudel überschneidet. Angeführt wird das Rudel von einem dominanten Alpha-Paar. Innerhalb des Rudels ist nur dieses Paar fortpflanzungsberechtigt.

Literatur: *Timberwolf Yukon u. Co., Günther & Karin Bloch, Kynos Verlag*

McQuesten River

Paddeln im Indian Summer

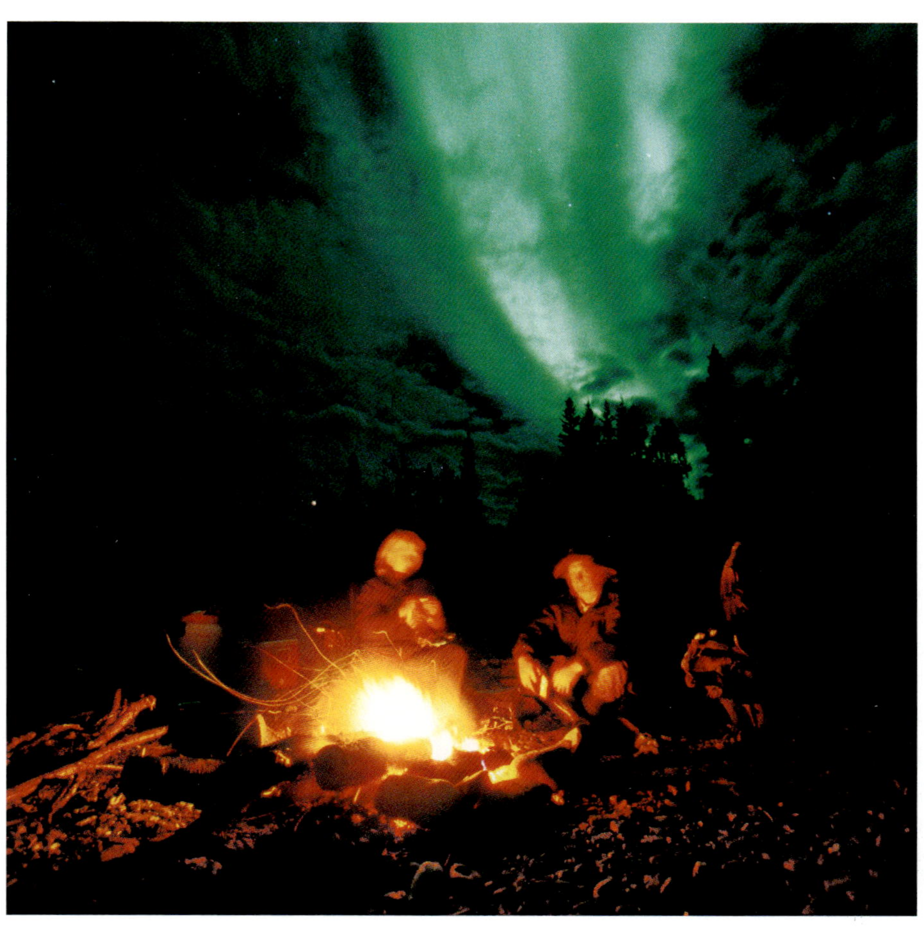

Tour 9

Infos Kanutour McQuesten River

Charakter der Tour

Vier- bis fünftägige Paddeltour auf einem kleinen Wildfluss. Eingerahmt von bis zu 1600 Meter hohen Bergen, windet sich der McQuesten River in unzähligen Mäandern durch ein weites, bewaldetes Tal. Der Oberlauf ist teilweise nur wenige Meter breit und hat reichlich Baumhindernisse. Im weiteren Verlauf gibt es einige enge Kurven und wenige kurze Passagen mit leichtem Wildwasser (WW I). Aufgrund der geringen Flussbreite bietet der McQuesten River naturverbundenen Reisenden einen besonders „intimen" Kontakt zur Wildnis.

Wildwasser, Gefahren

Der McQuesten River hat kein schwieriges Wildwasser (lediglich bis WW I).
Reisende, die diesen Fluss befahren möchten, sollten jedoch fähig sein, Baumhindernisse in schnellem Wasser und unter beengten Platzverhältnissen zu umfahren. Der obere (nicht beschriebene) Flussteil ab dem McQuesten Lake ist sehr flach, erfordert einige Portagen wegen Treibholzverblockungen und ist deutlich anstrengender. Gegebenenfalls sollten vor Ort Informationen über ausreichende Wasserstände eingeholt werden.

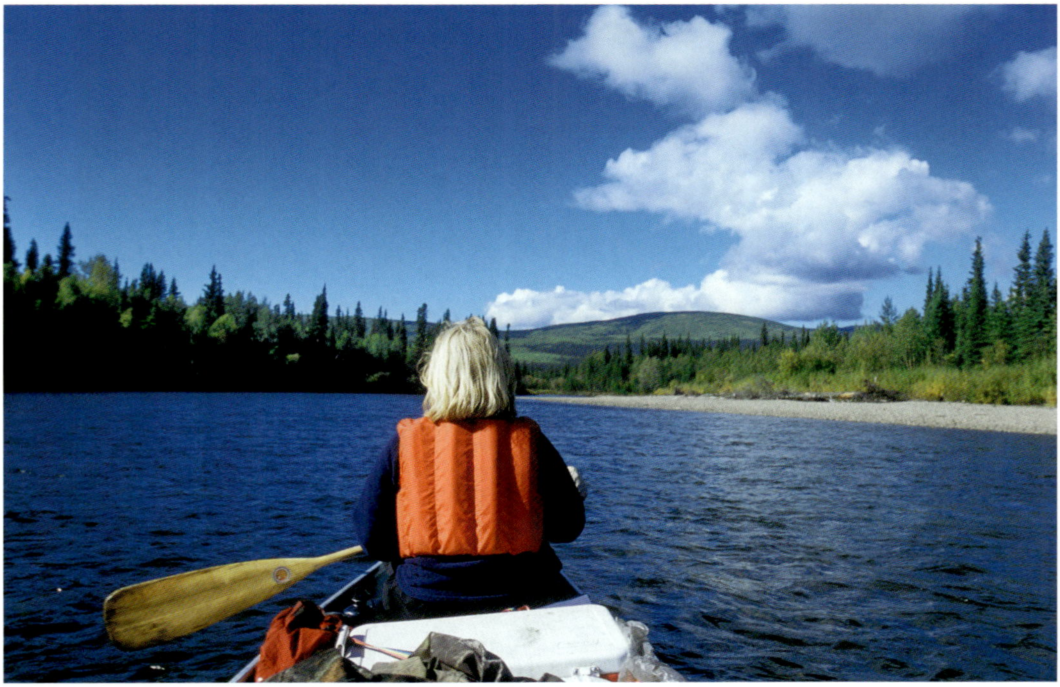

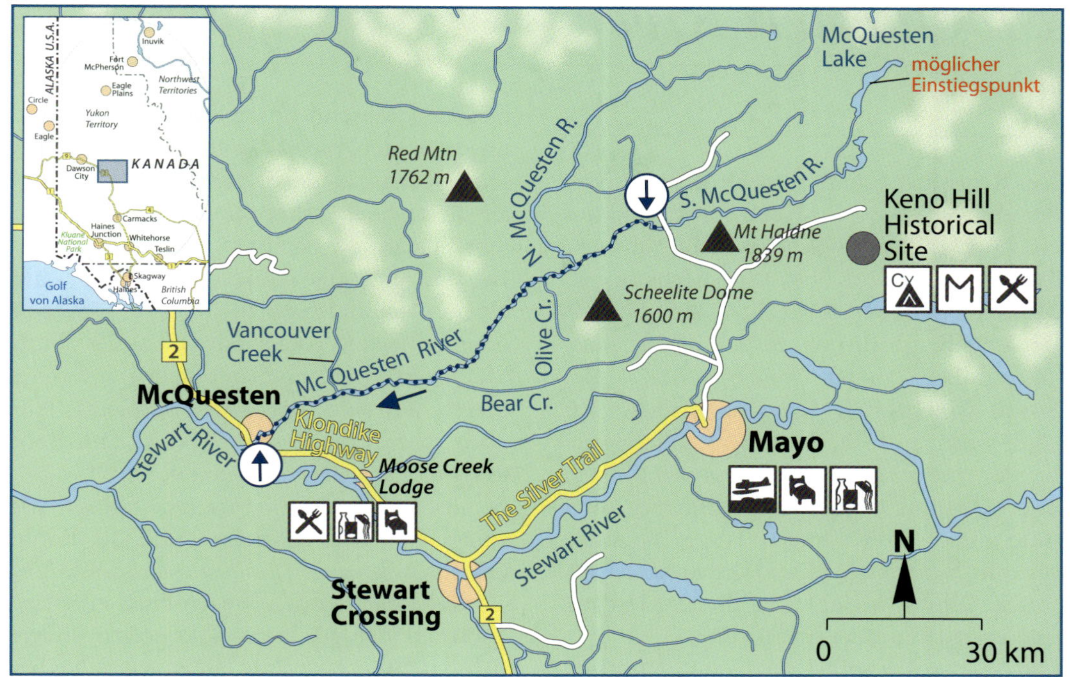

Kartenmaterial

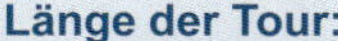

McQuesten River/Stewart River, *Bernhard Allgeyer,* L.Allgeyer Verlag
Karten 1 : 250 000: McQuesten 115-P
Karten 1 : 50 000: 115-P/11 McQuesten, 115-P/10 Moose Creek, 115-P/16 Seattle Creek, 115-P/15 Sprague Creek. Bei Befahrung des oberen Flussteils zusätzlich: 105-M/13 Mount Haldane, 105-M/14 Keno Hill, 106-D/03 McQuesten Lake

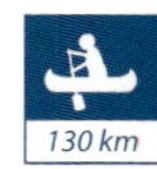

Länge der Tour:
Von unserer Einsetzstelle bis zum Klondike Highway ca. 130 Kilometer. 4-5 Tage.
Vom McQuesten Lake bis zum Klondike Highway ca. 180 Kilometer. 6-9 Tage.
Startpunkt: ca. 600 Meter ü.N.N., McQuesten Crossing: 450 Meter ü.N.N., Gefälle: 1,15 Meter/Kilometer.

Kanuvermieter:
Kanuvermietung und Transfer siehe Outfitter Seite 42-45.

An- und Abreise:
Anfahrt von Whitehorse zum Einsetzpunkt an einer kleinen Holzfällerstraße ca. 460 Kilometer. Transfer ca. 760 Dollar.
Mit dem Einsetzen am McQuesten Lake (ca. 55 Flusskilometer flussaufwärts) kann die Kanutour um 3-5 Tage verlängert werden.
Abreise in der Regel von der Klondike Highwaybrücke (McQuesten Crossing) bis Whitehorse ca. 400 Kilometer. Transfer ca. 690 Dollar.
Die Weiterfahrt über den Stewart River bis z.B. Dawson City am Yukon River ist möglich (145 Kilometer bis zum Stewart River und 100 Kilometer auf dem Yukon River, ca. 6 - 9 Zusatztage).

McQuesten River

Tag 1

Der Regen hat gerade aufgehört, als wir von der „Straße", die nach **Keno** führt, links auf eine noch kleinere Schotterpiste abbiegen. An den Hängen des über 1800 Meter hohen **Mount Haldane** steigt diese alte Holzfäller- und Bergbaustraße bis auf 1200 Meter an, um dann langsam wieder in das Tal des **South McQuesten River** abzufallen. Wir sind wirklich froh, in einem allradgetriebenen Auto zu sitzen. Durch große Pfützen und Schlamm holpert und schlingert unser Auto dieses 25 Kilometer lange Wegstück bis zum McQuesten River. Direkt hinter der Brücke fahren wir auf eine breite Kiesbank und entladen unsere Ausrüstung.
Don macht sich sofort wieder auf den Rückweg. Er wird unser Auto an der Klondike Highway Brücke parken und möchte noch vor der Dämmerung dort sein. Ohne Hektik beginnen Maren und ich unser Kanu zu beladen, während unser Freund Otto seine wasserdichten Packsäcke im Bug und Heck seines Kajaks verstaut. Der Fluss gibt uns an dieser Stelle schon einen kleinen Vorgeschmack auf die nächsten Kilometer. Direkt vor uns zieht die schnelle Strömung unter einem Treibholzhaufen hindurch. Wegen des niedrigen Wasserstandes misst der South McQuesten River an dieser Stelle nur wenige Meter. Wir sind bereits sehr gespannt! Nur noch schnell die letzten Packsäcke im Boot festgebunden, dann geht es los.
Bereits nach wenigen Minuten müssen wir zum ersten Mal aussteigen und die Boote um einen Sweeper *(Erklärung siehe Seite 26)* herumleinen, der den ganzen Fluss versperrt. Auch auf den nächsten Kilometern ändert sich das Bild nur wenig. In engen Schleifen windet sich der McQuesten River durch dichtes Weidengebüsch und sumpfigen Fichtenwald. Die Strömung ist meist flott, und es gibt reichlich Totholz und Sweeper in den

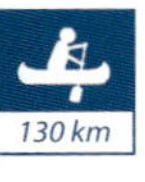

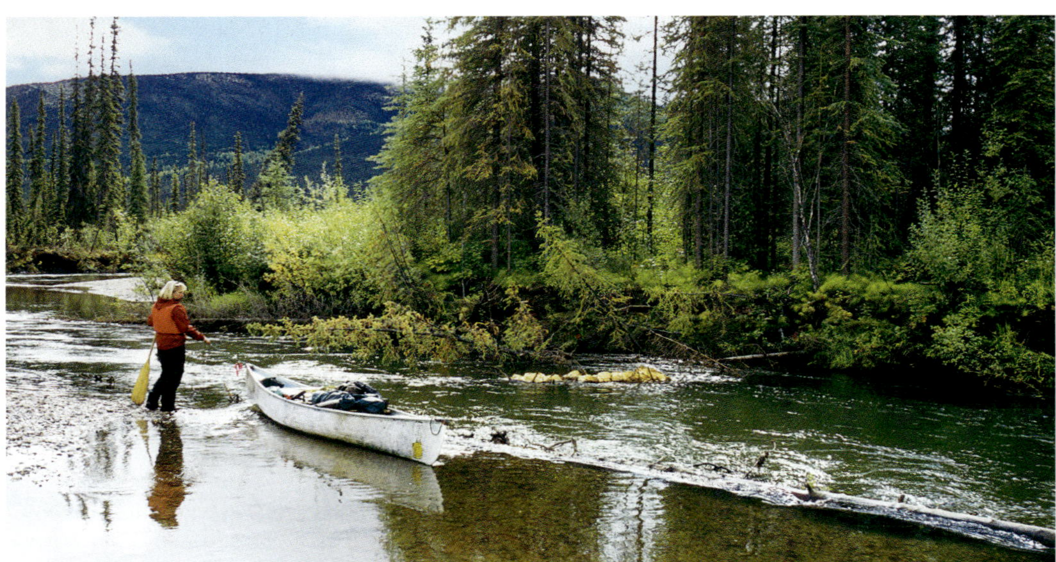

Umtreideln einer verblockten Kurve.

engen Kurven. An anderen Stellen verlangsamt sich die Strömung, so dass wir deutlich mehr Zeit haben zum Reagieren. Insgesamt sechsmal müssen wir an diesem Tag aussteigen, um die Boote an umgestürzten Bäumen vorbeizuschieben. Zum Glück haben wir dabei jedoch immer etwas Wasser unter dem Boot; eine anstrengende Portage bleibt uns erspart. Die Tierwelt hält sich vorerst noch versteckt. Nur einmal können wir nach lautem Knacken und Krachen im Gebüsch direkt neben uns noch einen flüchtigen Blick auf den pelzigen Hintern eines Elches erhaschen. Unterhalb des **Sydney Creek** schlagen wir nach 20 Tageskilometern unser erstes Lager auf einer Sandbank auf.

Tag 2

Über Nacht regnet es sich ein. Wo gestern abend noch ein schöner Regenbogen über den bewaldeten Hügeln stand, sind heute morgen nur noch düstere Regenwolken zu sehen. Lange bleiben wir in unseren Zelten liegen und lauschen dem unaufhörlichen Getrommel. Dann treiben uns Hunger und Langeweile schließlich doch noch unter unser Tarp. Es ist schon Nachmittag, als die Sicht etwas besser wird und es sich merklich aufhellt. Zehn Minuten später scheint bereits die Sonne durch ein kleines blaues Loch in den Wolken und eine Stunde später haben wir das Lager weitgehend trocken abgebaut und alles in den Booten verstaut. Otto paddelt voraus, wir bummeln etwas hinterher. Der Fluss hat bereits an Breite zugenommen. Es münden zwar nur wenige nennenswerte Zuflüsse in diesen Teil des **South McQuesten River**, aber der sumpfige Wald scheint doch reichlich Wasser abzugeben. In den Kurven hat man deutlich mehr Platz, den zahlreichen Baumleichen auszuweichen, und so lassen wir uns etwas treiben. Schließlich entdecken wir Otto am Ufer. Er ist gerade dabei, drei frisch gefangene Äschen küchenfertig auszunehmen. Heute Abend gibt es also „lecker Fisch“!

Wir setzen die Fahrt wieder gemeinsam fort und passieren bald darauf eine kleine stählerne Straßenbrücke. Auf unseren Karten ist sie nicht verzeichnet und gehört wohl zu einer Holzfällerstraße, die schon vor längerer Zeit aufgegeben wurde. Als nächstes erregt eine Bewegung am Ufer unsere Aufmerksamkeit. Es ist ein Biber, der uns mit seinem geschäftigen Treiben daran erinnert, dass die Dämmerung naht. Erst spät bemerkt er unsere Anwesenheit und gleitet direkt neben uns ins Wasser. Mit einem lauten „Platsch“ taucht er schließlich ab. Nur Minuten später passieren wir die Behausung des Bibers an der Mündung des **North McQuesten River.** Direkt unterhalb legen wir an einer kleinen Kiesbank an. Der Lagerplatz ist zwar etwas eng, dafür sieht die Flussmündung aber sehr „fischig“ aus. Maren sorgt kurzerhand dafür, dass es heute Abend sogar zwei Äschen pro Nase gibt. Nach dem Essen lassen wir den Abend mit Biberwatching ausklingen, bis uns erneut einsetzender Regen in die Schlafsäcke treibt.

Tag 3

Seit der Einmündung des North McQuesten River heißt der Fluss ab jetzt nur noch **McQuesten River** und ist auf gut doppelte Breite angeschwollen. Die Strömung ist immer noch recht flott; einige Stellen mit kleinen Wellen sorgen für Abwechslung. Der Flusslauf ist nun etwas gestreckter und bietet eine bessere Sicht auf die umliegenden Berge. Auf der linken Seite dominiert der fast 1.600 Meter hohe **Scheelite Dome**, während auf der rechten Seite langsam die Ausläufer der 1.800 Meter hohen **East Ridge** mit ihren vielen Nebengipfeln näher rücken. Oftmals legen wir heute das Paddel aus der

Hand, genießen das gute Wetter und freuen uns über einige Entenfamilien und Weißkopfseeadler am Fluss. Ab **Oliver Creek** scheint der Fluss plötzlich voller Fische zu sein. Überall bilden sich an der Wasseroberfläche Ringe von Äschen, die in den Kehrwassern nach Fliegen schnappen. Einige Male können wir Gruppen dieser wunderschönen Fische sogar direkt unter dem Boot erkennen – doch Fisch hatten wir ja gestern schon in der Pfanne.

Auf der linken Seite steigen jetzt karge Nordhänge direkt aus dem Fluss empor. Nur ein paar Millimeter pro Jahr wachsen die schütteren Fichten an solchen Standorten und können dabei doch über hundert Jahre alt werden. Schon seit einiger Zeit halten wir nach einem schönen Camp Ausschau, doch die ersten Inseln erscheinen uns wenig einladend. Nach 30 Tageskilometern finden wir dann aber doch noch einen schönen Lagerplatz am rechten Ufer einer besonders großen Insel. Noch während wir die Zelte aufbauen, kracht es plötzlich laut hinter uns im Gebüsch. Im dichten Unterholz ist der „Übeltäter" nicht zu sehen, aber später finden wir beim Holzsuchen frische Elchspuren zwischen den jungen Pappeln „unserer" Insel. Holz brauchen wir heute noch reichlich. Bis weit in die Nacht sitzen wir bei einer Flasche Rotwein am Feuer. Wunderschöne Polarlichter huschen über den klaren Nachthimmel; Frost liegt in der Luft.

Tag 4

Es ist völlig still. Nur gelegentlich ist das Zetern eines Eichhörnchens oder der schrille Warnruf eines Kingfischers *(Eisvogel)* zu hören. Die Sonne strahlt uns ins Gesicht, aber sie versucht vergeblich, die klare, kühle Luft aufzuheizen. Birken, Weiden und Pappeln tragen bereits erste goldene Blätter, und das Laub von Highbush Cranberries wirft feuerrote Spiegelungen auf den Fluss. Dann kommt plötzlich Gegenwind auf, und im Nu ist alles in unserem Boot mit buntem Herbstlaub gesprenkelt.

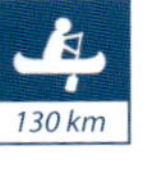

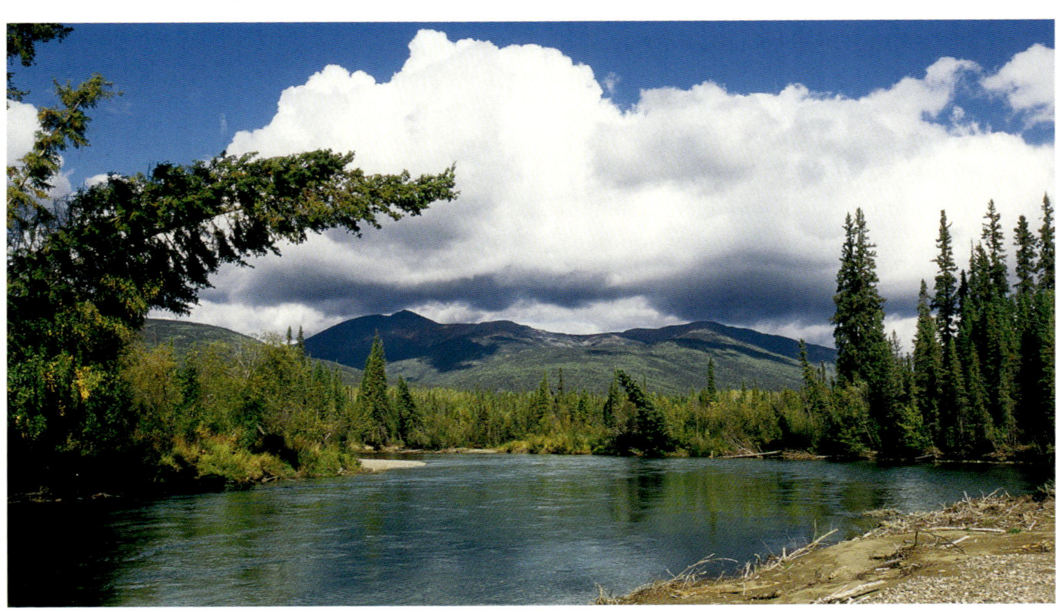

Der McQuesten River ist ein relativ kleiner Fluss.

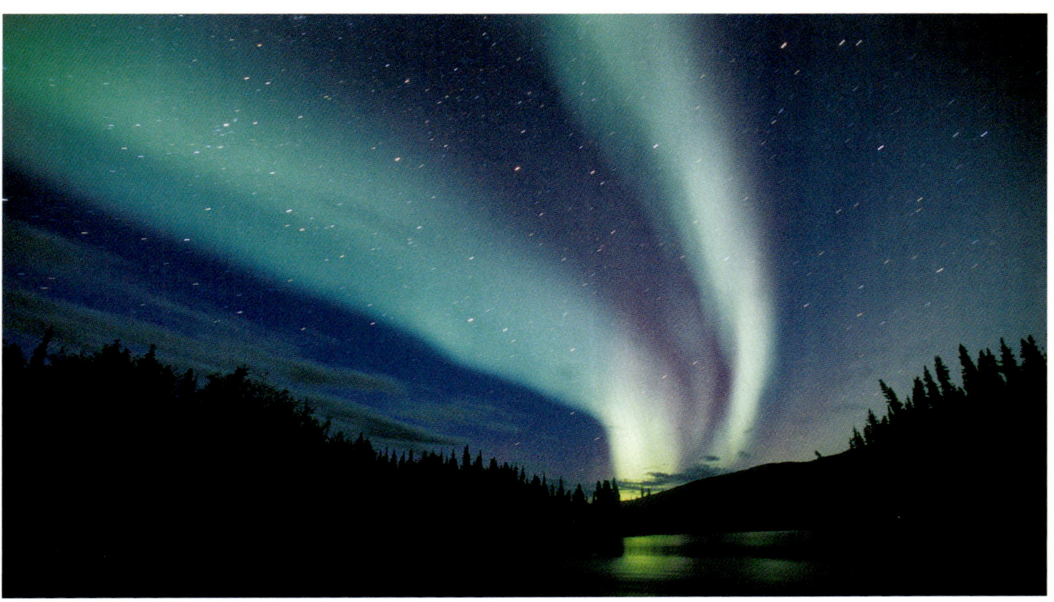

Polarlichter - Immer wieder ein fesselndes Erlebnis.

Auf den geraden Abschnitten nach dem **Bear Creek** macht uns der Wind ganz schön zu schaffen. Die Berge sind mittlerweile zurückgewichen und hohe, sandige Steilufer begleiten den Fluss auf der rechten Seite. Auf der linken Seite entdecken wir plötzlich eine Ansammlung von fünf Weißkopfseeadlern. Sie scharen sich auf einer Kiesbank um die letzten Reste eines gewaltigen Königslachses. Nach sechs Stunden auf dem Fluss und etwa 40 gepaddelten Kilometern haben wir schließlich unser Tagesziel erreicht. Von rechts mündet der **Vancouver Creek** in den Fluss und bietet auf einer Kiesbank hinter der Mündung ein ordentliches Camp. Ein Fahrweg führt an dieser Stelle bis an den Fluss und ist wahrscheinlich Teil des alten **Conservative Trail**. *Diese Winterroute verband einst Dawson City mit dem heutigen Mayo. Im Jahre 1902 entstand diese boomende Minenstadt, nachdem in den Bächen südlich des Scheelite Dome Gold entdeckt wurde. Später wurden reiche Silbervorkommen in Keno und Blei und Zinkerze in Faro entdeckt. Noch heute sind einige Minen in der Gegend in Betrieb; mittlerweile ist es jedoch deutlich ruhiger in dieser Region geworden.*

Auch wir richten uns auf einen ruhigen, gemütlichen Abend am Lagerfeuer ein. Nach der gestrigen Nacht haben wir Hoffnung, dass auch heute wieder Polarlichter zu sehen sind. Lange ziehen nur leichte grünliche Schleier über den Nordhimmel, doch kurz nach Mitternacht explodiert der Himmel plötzlich in Farben und wabernden Strukturen. Eine wunderschöne Vorstellung in grün und rot wird uns heute auf der größten Bühne der Welt geboten. Erst als nach zweieinhalb Stunden schließlich ein samtiger Vorhang aus Wolken fällt, kriechen wir glücklich in die mit feinen Eiskristallen überzogenen Zelte.

Tag 5

Schon nach wenigen Würfen zappelt die erste Äsche am Haken. Wir werden einige Fische mitnehmen und heute Abend mit

Don zusammen grillen. Vorher liegen aber noch die letzten 25 Kilometer bis zur Klondike Highwaybrücke vor uns. Sandige Grashänge dominieren diesen letzten Abschnitt. Die Strömung hat sich deutlich verlangsamt, als wir etwa eine Stunde vor Erreichen der Brücke unter einem Kabel zur Wasserstandsmessung hindurchpaddeln. Eine halbe Stunde später nimmt der McQuesten River doch noch einmal an Geschwindigkeit zu, und wir müssen uns häufig vor Treibholz in Acht nehmen. An einer Stelle sieht es sogar so aus, als würde sich der Fluss ein neues Bett graben. Er spaltet sich in zwei Arme auf und wird dabei fast von einem großen Treibholzhaufen in der Mitte verblockt. Wir wählen die linke Durchfahrt und haben keine Probleme. In der letzten Kurve vor der Brücke heißt es dann noch einmal aufpassen. Steine und Treibholz in der Außenkurve sind das Problem. Wir mogeln uns einfach links durch einen kleinen flachen Kanal an dieser Stelle vorbei und halten uns dann weiter links, um den Ausstiegspunkt vor der Brücke nicht zu verpassen. Es sind die letzten Paddelschläge einer wunderschönen Herbsttour.

Polarlichter

Wohl kaum jemand kann sich der Faszination eines Polarlichtes entziehen. Grüne oder rote Schleier huschen über den schwarzen Nordhimmel. Immer neue Formen tauchen auf, pulsieren und wabern in feinen Strukturen oder dichten Schleiern. Andere stehen fest und unbeweglich, fast wie gemalt – ein Polarlicht kann viele Gesichter haben. In der Vergangenheit wurden dem Polarlicht viele magische Eigenschaften zugeschrieben. Die wissenschaftliche Erklärung für dieses Naturphänomen klingt dagegen sehr nüchtern.

Polarlichter entstehen, wenn elektrisch geladene Teilchen auf die oberen Schichten der Erdatmosphäre treffen. Bei Eruptionen auf der Sonnenoberfläche werden diese Teilchen als so genannter Sonnenwind ausgestoßen. Mit einer Geschwindigkeit von etwa 3 Millionen Kilometern pro Stunde trifft der Sonnenwind auf das Magnetfeld der Erde und wird zu beiden Polen hin abgeleitet (es gibt auch Südlichter). Hier regen die elektrisch geladenen Teilchen in 80-300 Kilometern Höhe die vorhandenen Luftmoleküle zum Leuchten an. Grüne Polarlichter entstehen durch die Anregung von Sauerstoffatomen in etwa 100 km Höhe, die selteneren roten Lichter entstehen durch Sauerstoffatome in 200 km Höhe. Bei sehr starkem Sonnenwind kann es auch zu blauen oder violetten Polarlichtern durch die Anregung von Stickstoffatomen kommen. Die Stärke des Sonnenwindes schwankt ständig; sie wird zudem von einem elfjährigen Zyklus geprägt. Am Höhepunkt dieses Zyklus waren im Jahr 2003 sogar in Italien schwache Polarlichter sichtbar. Polarlichter kann es im Yukon das ganze Jahr hindurch und bei jedem Wetter geben. Jedoch verhindert die Mitternachtssonne im Sommer, dass die Lichter sichtbar sind. Erst mit zunehmender Dunkelheit, Mitte oder Ende August, sind die ersten schwachen Schleier in manchen Nächten am Himmel zu erkennen.

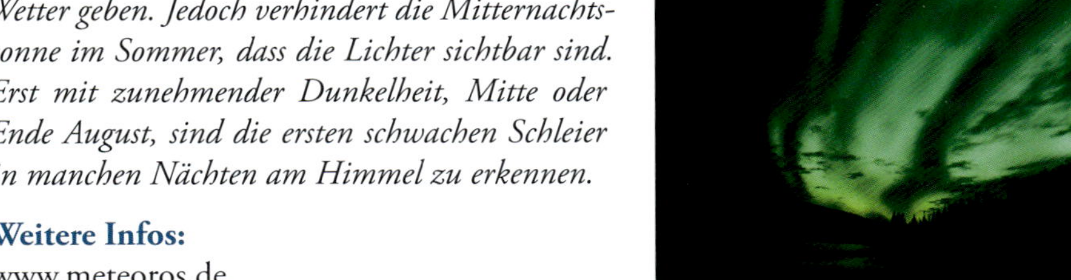

Weitere Infos:
www.meteoros.de
www.naturgewalten.de

Takhini River

Wunderschöne Naturerlebnisse

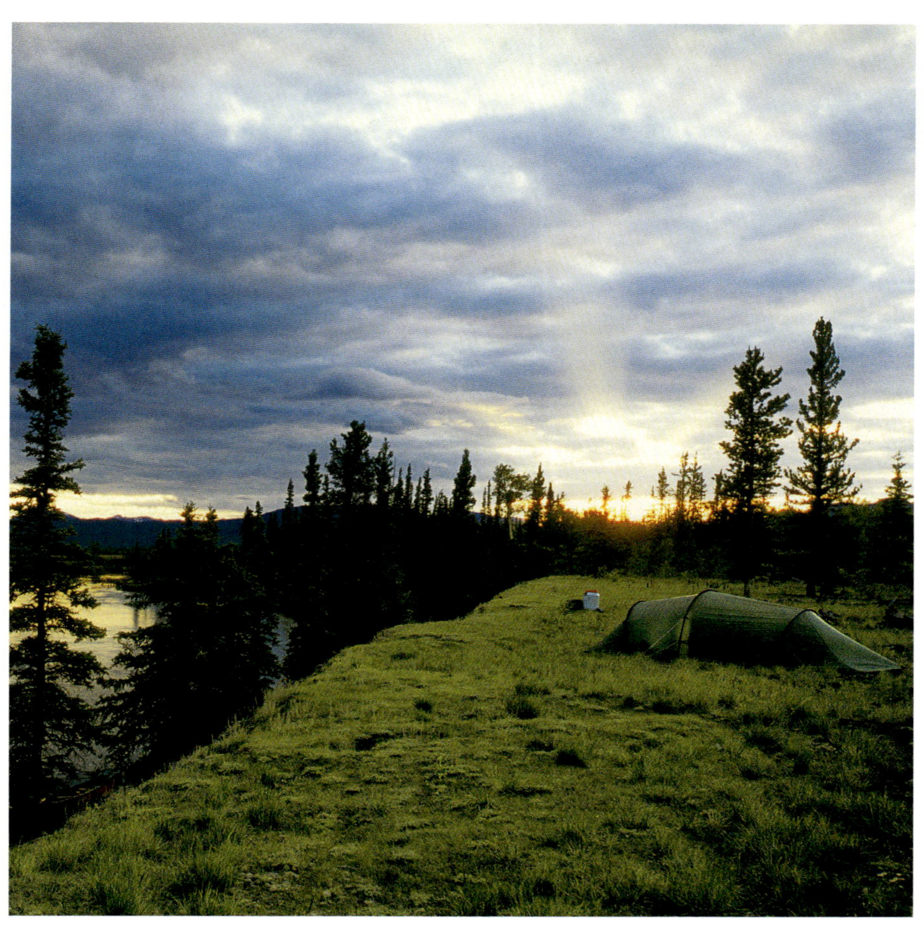

Tour 10

Infos Kanutour Takhini River

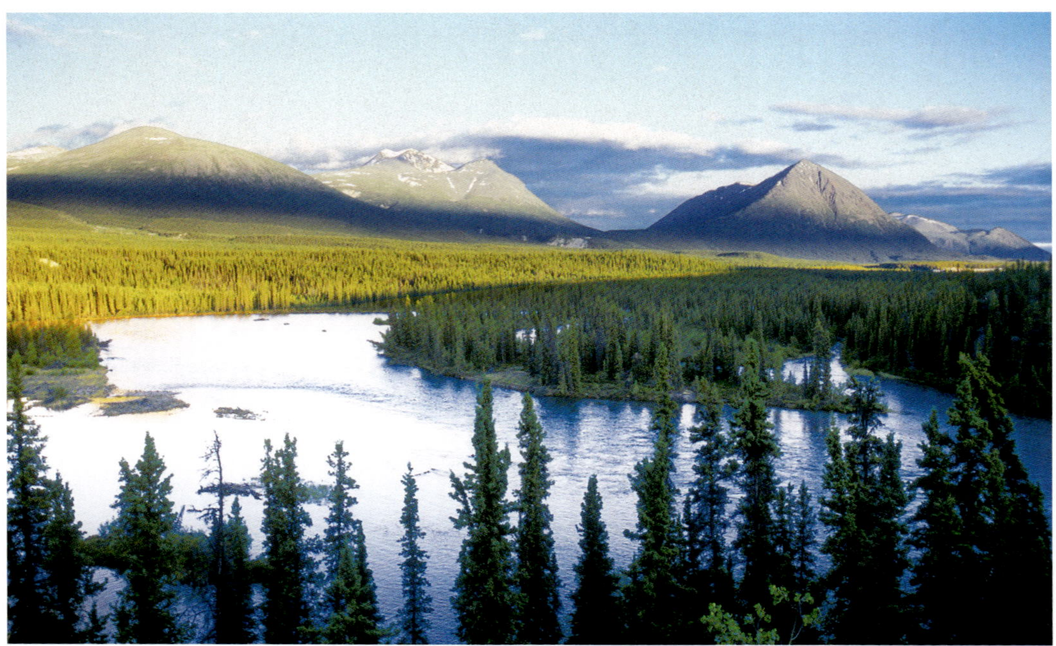

Charakter der Tour

Als kleiner, schnell fließender Fluss mit glasklarem Wasser beginnt der Takhini River seine Reise am nördlichen Ende des fjordähnlichen Kusawa Lake. Mit schneller Strömung, leichtem Wildwasser und einer Stromschnelle mit WW II-III bietet dieser sympathische Fluss auf der ersten Tagesetappe reichlich Abwechslung. Nach einem möglichen Ausstiegspunkt am Alaska Highway am Mendenhall Landing fließt der mittlerweile breiter gewordene Fluss, ruhiger und entlang vieler Sandabbrüche, noch 67 Kilometer dem Yukon River entgegen. Diese Etappe wird deutlich seltener befahren. Sie führt durch dünn besiedeltes Gebiet und hat an mehreren Stellen einen Zugang zur Straße. Der Takhini River wird häufig zur Vorbereitung auf andere Flusstouren genutzt. Während Fortgeschrittene am Oberlauf ihren Paddelschlägen den letzten Schliff geben, ist der Unterlauf aufgrund der einfachen Befahrung und des Straßenzugangs vor allem für Wildnisneulinge geeignet. Ein klassischer „Wildnisfluss" ist der Takhini River nicht.

Etwas besonderes hat der Takhini noch zu bieten – die ***Takhini Hot Springs*** *(nicht am Fluss)*. Fahren Sie nach der Kanutour zu den Takhini Hot Springs und genießen Sie einen Entspannungstag dort!

Wildwasser, Gefahren

Der obere Takhini River hat eine schnelle Strömung mit leichten WW I -Schnellen. Eine Stromschnelle WW II-III kann umtragen werden. Vorkenntnisse in der Befahrung schnell fließender Kleinflüsse sollten Voraussetzung für eine Tour bis Mendenhall Landing sein. Nach Mendenhall Landing gibt es kein nennenswertes Wildwasser mehr.

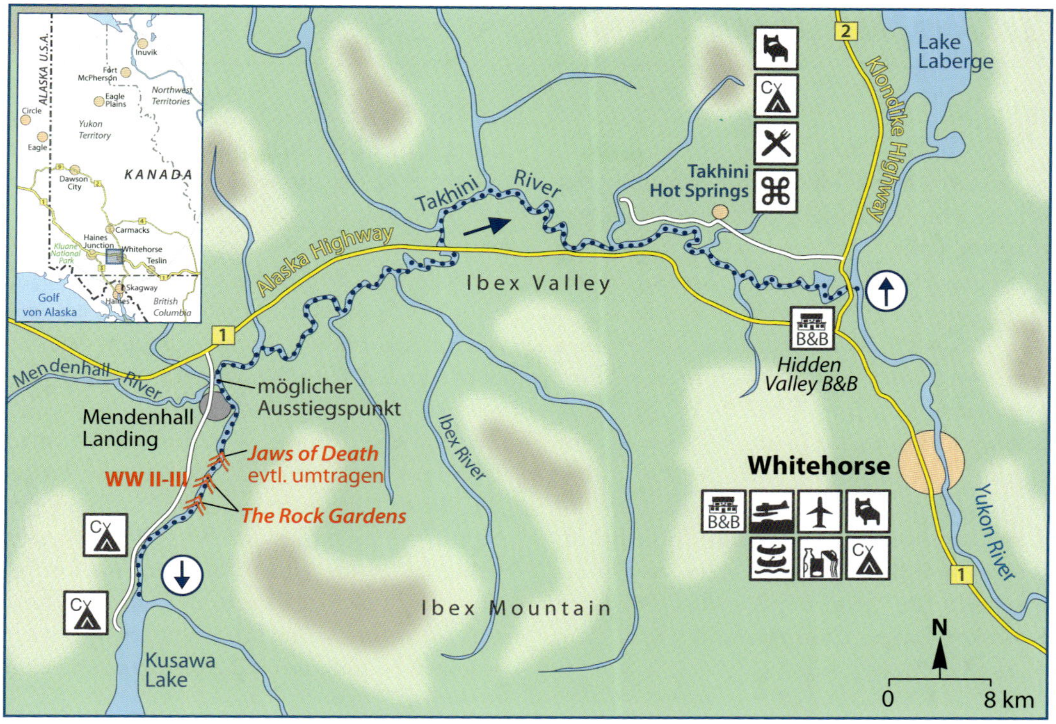

Kartenmaterial

Karten 1 : 250 000: 115-A Dezadeash, 105-D Whitehorse

Karten 1 : 50 000: 115-A9, 115-A16, 105-D13, 105-D14

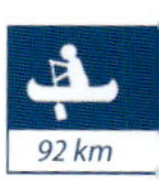

Länge der Tour:

Vom Kusawa Lake bis Mendenhall Landing, ca. 25 Kilometer, 1 - 2 Tage.
Vom Kusawa Lake bis zum Klondike Highway, ca. 92 Kilometer, 3 - 4 Tage.

Kanuvermieter:

Kanuvermietung und Transfer siehe Outfitter Seite 42-45.

An- und Abreise:

Anfahrt von Whitehorse über den Alaska Highway und eine schmale, 21 Kilometer lange Schotterstraße zum Kusawa Lake Campground. Ca. 88 Kilometer. Transfer ca. 150 Dollar.
Abreise in der Regel von Mendenhall Landing über den Alaska Highway bis Whitehorse; ca. 67 Kilometer. Transfer ca. 130 Dollar.
Abreise von der Klondike Highway Brücke bis Whitehorse; ca. 18 Kilometer. Transfer ca. 40 Dollar. Weiterfahrt über den Lake Laberge und Yukon River bis Carmacks oder Dawson City ist möglich.

Infos & Wichtige Adressen:

Kusawa Lake Campground (Mai-Sep), Tel. +1 (867) 667-56 48 *(Yukon Parks & Outdoor Rec)*
Takhini Hot Springs (ca. 28 km von Whitehorse), Tel. +1 (867) 456-80 00, Mo-So 12-22, Eintritt ca. Erw. 11,50 CAD, Familie 30,- CAD, Badelatschen oder FlipFlops mitnehmen, *KM 10/Mile 6 Takhini Hotsprings Road,* www.takhinihotsprings.com
Hotsprings Campground & Hostel, Tel. +1 (867) 456-80 04, www.yukoncampground.com

Takhini River

Tag 1

Es ist warm. Von Süden kommend, treibt der Wind kleine Wellen über den fjordähnlichen **Kusawa Lake**. *Mit einer Länge von knapp 75 Kilometern ist dieser wunderschöne Bergsee durchschnittlich nur etwa eineinhalb bis zwei Kilometer breit. Das klare Wasser wird von den Flüssen und Gletschern der Coast Mountains gespeist, durch deren Ausläufer sich der Kusawa Lake in ausladenden Kurven windet.*

Die einzige Möglichkeit, diesen See auf dem Landweg zu erreichen, besteht an seinem nördlichen Ende. Hier verbindet eine schmale Schotterpiste den beliebten **Kusawa Lake Campground** mit dem Alaska Highway.

An der Bootsrampe beladen wir umsichtig unser Kanu. Bei einem Blick auf das tiefblaue Wasser und die umliegenden Berge würden wir uns jedoch fast lieber zwei Seekajaks wünschen, um mit ihnen die teilweise vergletscherten Berge am abgelegenen Südende des Sees zu erforschen. Unser Ziel, der Ablauf des Takhini Rivers aus dem See, ist bereits nach drei Kilometern entlang des felsigen Steilufers erreicht.

Bei starkem Wind ist selbst diese kurze Etappe unfahrbar; man kann stattdessen die Boote über einen steilen Pfad von der Straße aus direkt an den Beginn des Flusses bringen. Nach einem kurzen Angelstopp am Campplatz zu Beginn des Flusses erfasst uns sofort die starke Strömung. Schon nach wenigen Minuten sind die Gedanken an eine

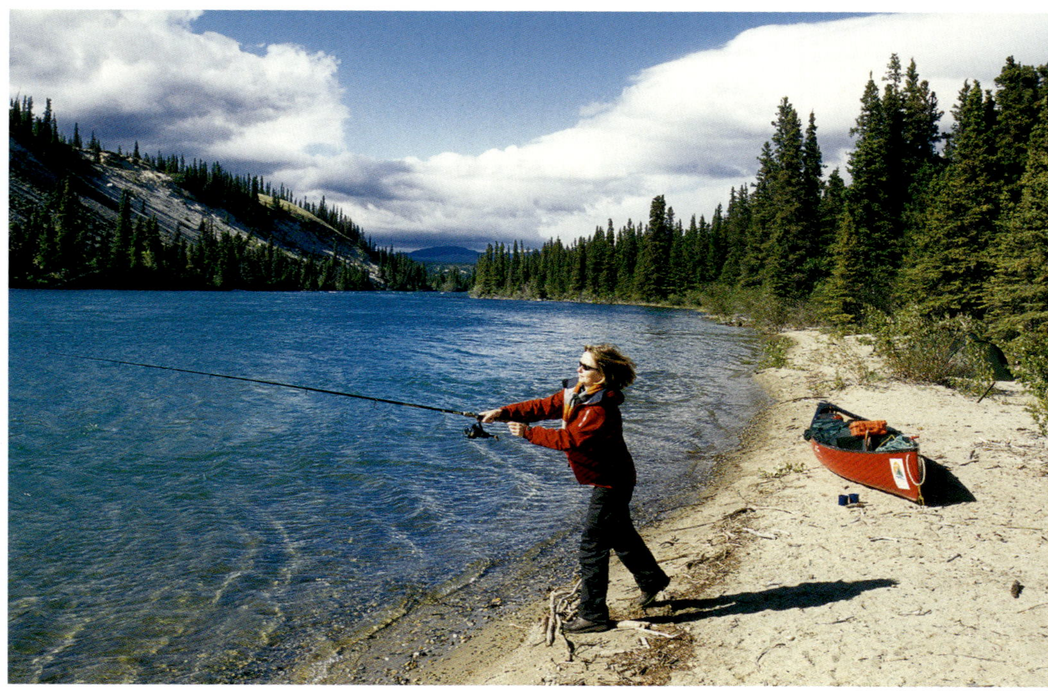

Die ersten Meter des Takhini River.

Seekajaktour längst von der Freude über den interessanten Flussverlauf verdrängt worden. Der Fluss führt Hochwasser. Die Kiesbänke sind völlig verschwunden; das Wasser fließt nahe an der Böschungskante. In fast jeder Kurve durcheilt der Takhini River eine leichte WW I - Schnelle und bildet gute Übungskehrwasser hinter Felsen und Inseln. Die Schotterstraße zum Kusawa Lake liegt irgendwo verborgen, aber relativ dicht am linken Ufer. Die Nähe zur Straße (und zu Whitehorse) und das im Vergleich zu anderen Flüssen wenige Treibholz macht diesen Abschnitt des Takhini Rivers zur beliebten Übungsstrecke für abgelegene Flüsse im Yukon oder einfach nur zur actionreichen Ein- bis Zwei-Tagestour. Hier kann man noch einmal ausgiebig Manöver wie das Ein- und Ausschlingen oder Seilfähre rückwärts auffrischen, bevor man ins große Abenteuer startet.

Gleichzeitig bietet der Takhini River ein reiches Naturerlebnis und wunderschöne Landschaftseindrücke. Weißkopfseeadler sitzen in den Wipfeln über dem Fluss und Äschen schnappen am Fuß von sandigen Steilufern nach unvorsichtigen Insekten. Nach etwa fünf Kilometern zieht hoch oben am Uferhang der **Takhini River Campground** vorbei.

Hier beruhigt sich der Fluss vorübergehend etwas. Nach einem eindrucksvollen sandigen Steilufer in einer Rechtskurve nimmt das gletscherblaue Wasser langsam wieder Geschwindigkeit auf. Ein großer Felsblock auf der linken Flussseite markiert nach einigen Kilometern schließlich die Einfahrt zu den anspruchsvollsten Kilometern des Takhini River. In **„The Rock Gardens“** ist der Name Programm. Über einige hundert Meter ist das Flussbett mit vereinzelten Felsblöcken übersät. Bei unserem Wasserstand produzieren die Felsen kleinere bis mäßige stehende Wellen; die Schwierigkeiten erreichen kaum WW II. Spaß macht der Ritt auf den Wellen aber allemal. Von hier ist es nicht mehr weit bis zu einer Schnelle mit dem klingenden Namen **„Jaws of Death“** *(Kiefer des Todes).* Nach einer Linkskurve verbreitert sich der Fluss plötzlich; links und rechts tauchen Inseln auf. Die Stromschnelle selbst beginnt kurz vor der kommenden Rechtskurve.

Am Ende einer ruhigen Bucht beginnt auf der rechten Seite der ausgetretene Portagepfad und endet in einem schönen Camp unterhalb der letzten großen Wellen. Nach kurzer Zeit haben wir unser Gepäck hierhergebracht, und bald knistert ein gemütliches Feuer mit dem rauschenden Wasser um die Wette. Später am Abend steigen wir auf den Hügel hinter dem Camp. Von hier aus hat man einen wunderbaren Blick über den Fluss und die umliegenden Berge. Noch um halb eins in der Nacht sitzen wir am Feuer, und es ist immer noch hell genug, um zu lesen und Tagebuch zu schreiben. Dafür ist es jedoch erstaunlich kalt für Ende Juni. Als uns die Kälte schließlich ins Zelt treibt, sind wir überrascht, dass sogar eine dünne Schicht Raureif die Zeltwände bedeckt.

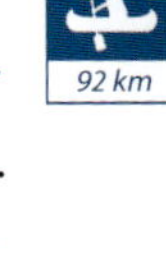

Tag 2

Den Morgen gehen wir ohne Hektik an. Während Maren ihr Glück mit der Angel unterhalb der Schnellen versucht, schaue ich mir mit einem dampfenden Kaffeebecher in der Hand die „Jaws of Death“ etwas genauer an. Die flache Kiesbank vor einer Rechtskurve teilt zunächst den Fluss in zwei mit Felsbrocken gespickte Kanäle. Am Zusammenfluss dieser Kanäle endet die kurze Schnelle dann mit einer Serie ordentlicher Wellen neben einem brodelnden Kehrwasser. Bei normalem Wasserstand sind die „Jaws of Death“ mit WW II-III angegeben.

Jetzt, bei starkem Hochwasser, haben die höchsten Wellen wohl eindeutig WW III.

Viele Paddler machen sich die Gaudi und durchfahren die Schnellen mit leerem Boot. Auch uns kitzelt es etwas in den Fingern, aber die Aussicht, mit unserem Boot reichlich Wasser zu nehmen und bei den heutigen Morgentemperaturen den Tag mit durchnässter Kleidung zu beginnen, kann den Reiz auf eine aufregende Fahrt locker im Zaum halten.

Als ich wieder zurück bin, wird mir schlagartig klar, dass für Maren der Tag ohnehin schon aufregend begonnen hat. Sie steht im flachen Wasser vor dem Camp. Die voll durchgebogene Angelrute und die knatternde Bremse lässt keinen Zweifel aufkommen, dass es sich bei ihrem Gegner nicht um eine der eigentlich erwarteten Äschen handelt. Nach einigen bangen Minuten liegt schließlich ein 55 Zentimeter langer Seesaibling im Uferkies. *Normalerweise fängt man diese Fische nur im zeitigen Frühjahr in den Flüssen, doch das ungewöhnlich kühle Frühjahr hat die Rückkehr der Fische in den See scheinbar etwas verzögert.* Nun ist fast jeder dritte Wurf ein Treffer, und unser Abendessen für die nächsten zwei Tage ist gesichert.

Nachdem wir unsere Beute sicher verstaut haben und auch unser Zelt seinen Platz im Boot gefunden hat, geht es zurück auf den Fluss. Unterhalb der „Jaws of Death" fließt der Takhini River noch eine Weile flott in seinem steinigen Bett, bevor er schließlich deutlich ruhiger wird. Nach dem ständigen Rauschen am Fuße der Stromschnelle wird uns plötzlich wieder die Stille bewusst, die über der Gegend liegt. Der leichte Nieselregen verstärkt diese Stimmung sogar noch und dämpft alle Geräusche auf ein Minimum. An einem lehmigen Steilufer vorbei, passieren wir wenig später **Mendenhall Landing**. Ab jetzt ist der Fluss deutlich eingetrübt. Der Ausstiegspunkt für die Tour auf

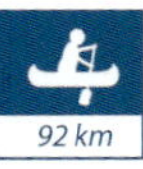

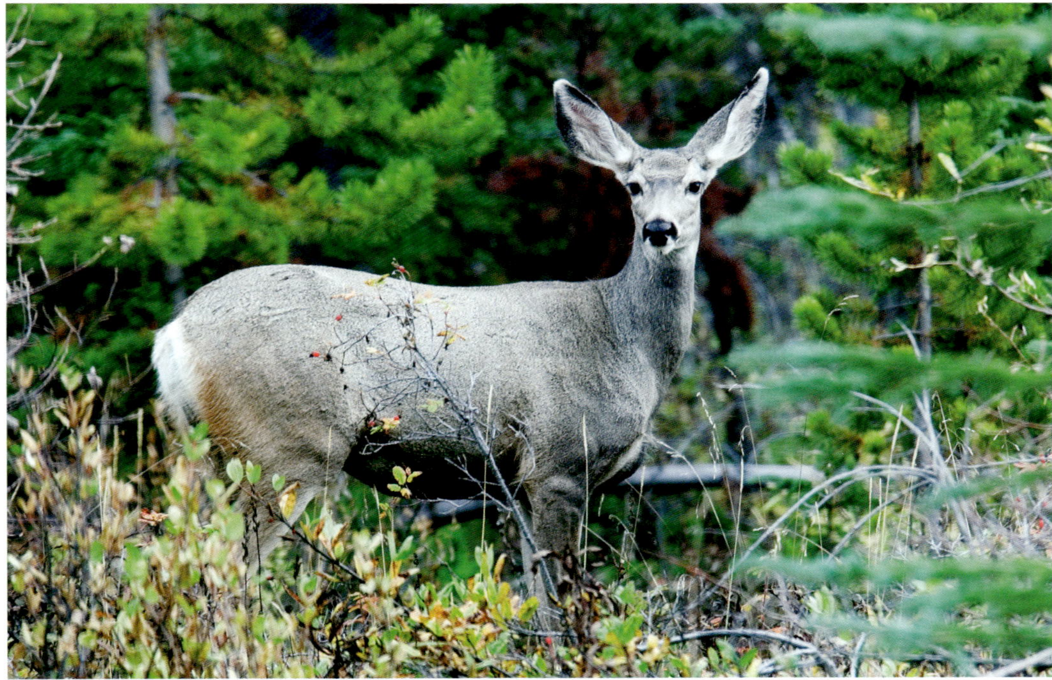

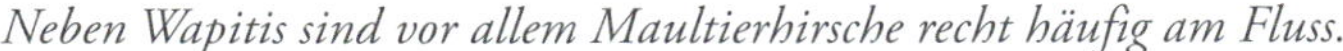
Neben Wapitis sind vor allem Maultierhirsche recht häufig am Fluss.

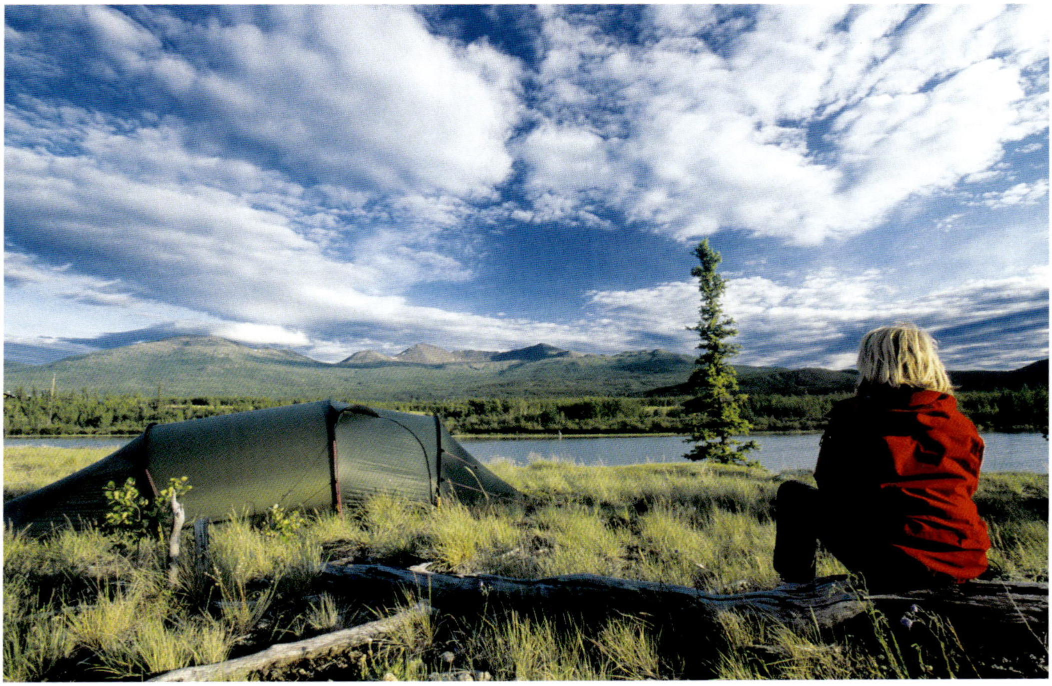

Auf dem Takhini River sind auch Tagestouren möglich.

dem Oberlauf des Flusses befindet sich hinter einer privaten Hütte auf der linken Seite und ist kaum zu übersehen. Für uns geht die Reise jedoch weiter.

Von nun an zeigt der Takhini River seine ruhige Seite. Er ist mittlerweile erwachsen geworden; mit langsamer Strömung geht es vorbei an hohen, lehmigen Steilufern. Die Berge sind weit zurückgewichen. In den sumpfigen Wäldern und alten Waldbrandgebieten *(Brand von 1958)* entlang des Flusses ist der Lebensraum einer von zwei Wapitiherden im Yukon. *Wapitis sind mit bis zu 450 Kilogramm Gewicht nach den Elchen die zweitgrößte Hirschart Nordamerikas und sehen dem wesentlich kleineren europäischen Rotwild ähnlich. Seit ihrer Ansiedlung im Jahre 1951 hat sich die Herde auf etwa 150 Tiere stetig vergrößert.*

Ganz so heimisch wie die Wapitis fühlen wir uns noch nicht. Schon seit einer ganzen Weile versuchen wir ein geeignetes Zuhause für die kommende Nacht zu finden, doch das Ufer bietet wenig Gelegenheit für ein Camp. Am Ende einer halbkreisförmigen Rechtskurve werden wir dann doch noch fündig. Einzig der feuchte, klebrige Lehmboden ist sehr lästig.

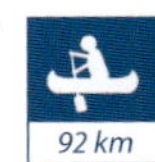

Tag 3 und 4

Der schrille Alarmruf eines Erdhörnchens reißt uns aus dem Schlaf. Es ist ein Geräusch, das in den kommenden zwei Tagen unser ständiger Begleiter werden soll. Die offenen Grasflächen und der lehmige Boden entlang des Flusses sind anscheinend das perfekte Habitat für die kleinen Nager. Männchen machend sitzen sie am Ufer und kommentieren das Vorbeigleiten unseres Kanus mit ihrem charakteristischen Warnruf. Auch Bussarde werden von der reichen Beute angelockt.

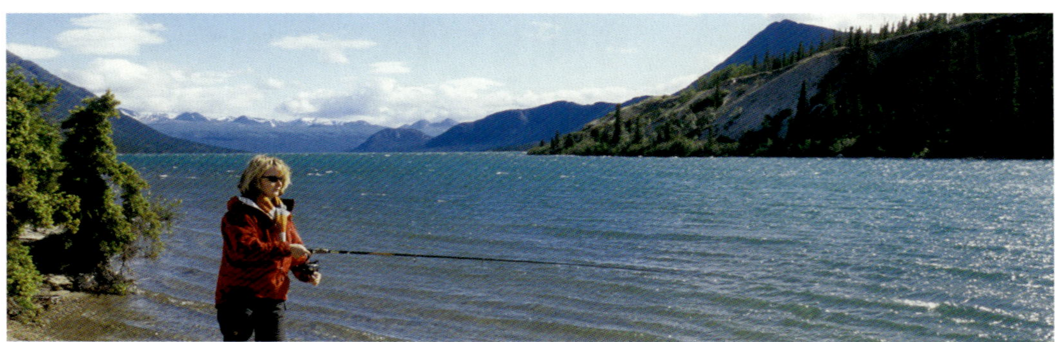

Nach unserem Camp legt der Takhini River wieder etwas an Fließgeschwindigkeit zu und windet sich flott, bis er schließlich unter der **Alaska Highway Brücke** hindurchtaucht. Von hier aus sind es noch etwa 39 Kilometer bis zum Erreichen des Yukon River. *Einige alte Zäune und eine Pferdeherde am Ufer hinter der Brücke machen uns deutlich, dass ein Großteil dieser Ebene als Farmland genutzt wird.* Von der Brücke aus macht der Takhini River einen weiten Bogen, bis nach 21 Kilometer erneut der Alaska Highway in Sicht kommt.

Gegenüber einer Farm schlagen wir schließlich zwischen Astern und den kleinen blauen Blüten von wildem Flachs unser Lager auf einer hoch gelegenen Uferbank auf.

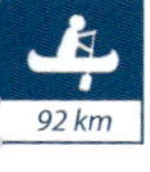

Kurz nachdem der Fluss wieder Abstand vom Highway nimmt, paddeln wir an den Resten einer alten Brücke vorbei. An dieser Stelle überquerte früher der **Dawson Overland Trail** den Takhini River und verband damit Whitehorse und Dawson City. In der nächsten Kurve liegt eine kleine Siedlung am linken Ufer. Vom Ende der Siedlung an der nächsten scharfen Rechtskurve sind es nur zweieinhalb Kilometer die schmale Straße entlang zu den bekannten **Takhini Hot Springs**. *Geologisch betrachtet ist das Takhini-Tal eine Besonderheit im Yukon. Mit etwa 45 Grad Celcius sprudeln an den heißen Quellen etwa 340 Liter mineralhaltiges Wasser pro Minute aus der Erde. Ein Freibad wurde hier eingerichtet und ist das ganze Jahr über geöffnet.*

Auch in der Nähe der Alaska Highway Brücke gibt es mineralhaltige Quellen. An einer Stelle, etwa einen Kilometer in Richtung Whitehorse, kommt salzhaltiges Wasser an die Oberfläche, und der undurchlässige Boden an dieser Stelle lässt eine kleine Salzebene entstehen.

Auch nach dieser Siedlung am Fluss sind auf der Strecke bis zum Yukon River immer wieder Häuser am Ufer zu sehen. Mal flott, dann wieder gemächlich windet sich der Fluss in seinem naturbelassenen Bett. Auffallend viele Biberburgen gibt es; einige Weißkopfseeadler sitzen am sandigen Steilufer. Leider sind gute Camps auf der ganzen Strecke seit Mendenhall Landing wirklich schwer zu finden.

Auf den letzen neun Kilometern hat es der Takhini River scheinbar plötzlich eilig, sein Wasser in den Yukon zu tragen. Die Strömung nimmt noch einmal deutlich zu, doch einige weit ausladende Kurven verzögern die Ankunft an der **Klondike Highway Brücke**. Hier liegt der Anleger am rechten Ufer direkt unterhalb der Brücke, während 200 Meter weiter das trübe Wasser des Takhini River auf die gletscherblauen Wasser des Yukon trifft. Der Platz unterhalb der Brücke lädt nicht gerade zum Übernachten ein. Am besten lässt man sich hier noch am Tage der Ankunft von einem Outfitter abholen oder paddelt weiter auf dem Yukon River (siehe Tour 1).

Eagle River, Porcupine River

Das Heer der Caribou

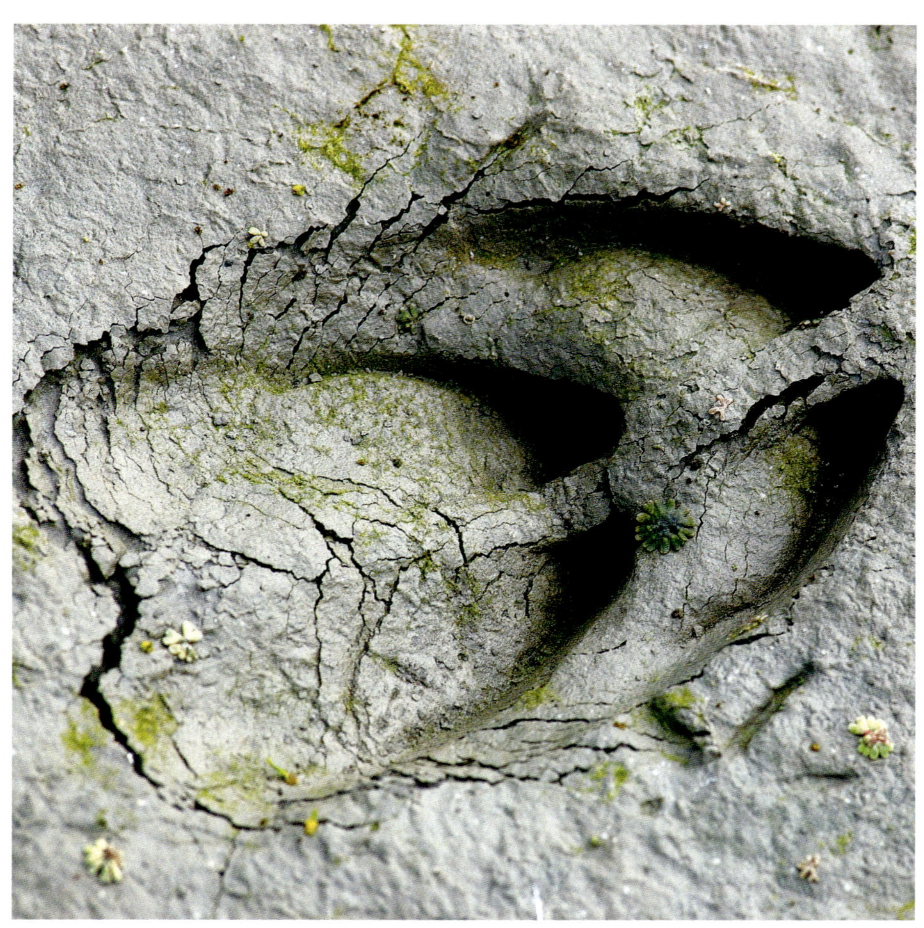

Tour 11

Kurzbeschreibung Kanutour Eagle River, Porcupine River

Länge der Tour:
Auf dem Eagle River bis zum Bell River, ca. 190 Kilometer, **weitere 190 Kilometer auf dem Bell River und Porcupine River bis Old Crow.**
Eagle River Brücke ca. 320 Meter ü. N.N., Old Crow ca. 240 Meter ü. N.N., Gefälle: 0,22 Meter / km.
Option: Weitere 490 Kilometer **von Old Crow bis Fort Yukon, Alaska**

Kanuvermieter:
Kanuvermietung und Transfer siehe Outfitter Seite 42-45.

An- und Abreise:
Anfahrt von Whitehorse über Klondike und Dempster Highway bis zur Brücke über den Eagle River. 880 Kilometer. Transfer ca. 1900 Dollar.
Abreise in der Regel mit dem Flugzeug von Old Crow nach Whitehorse; Flugkosten 260 Dollar.
Abreise von Fort Yukon/Alaska mit dem Flugzeug nach Fairbanks. www.flyairnorth.com

Infos & Wichtige Adressen:
Old Crow: www.oldcrow.ca
Eagle Plains Hotel, *Hotel, Restaurant, Tankstelle, Campground, Kleiner Shop, Waschsalon,* km 371 Dempster Hwy, Whitehorse, YT Y1A 3V5, Kanada, Tel. +1 (867) 993-24 53.

Wildwasser, Gefahren:
WW I Der Eagle River hat kein schwieriges Wildwasser.

Kartenmaterial:
Karten 1 : 250 000: 116-I Eagle River, 116-P Bell River, 106-O Old Crow.
Karten 1 : 50 000: 116-I/07, 116-I/10, 116-I/11, 116-I/14, 116-P/03, 116-P/05, 116-P/06, 116-O/08, 116-O/09, 116-O/10, 116-O/11, 116-O/12.

Eagle River, Porcupine River

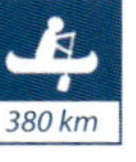

Charakter der Tour

Jenseits vom Trubel der vielbefahrenen Standardflüsse bietet die Kombination aus **Eagle River**, **Bell River** und **Porcupine River** die Möglichkeit, eine längere Tour im hohen Norden ohne Wildwasser zu paddeln. Der Startpunkt für eine Fahrt auf dem **Eagle River** liegt etwa zehn Kilometer nördlich des Hotels und Tankstelle **„Eagle**

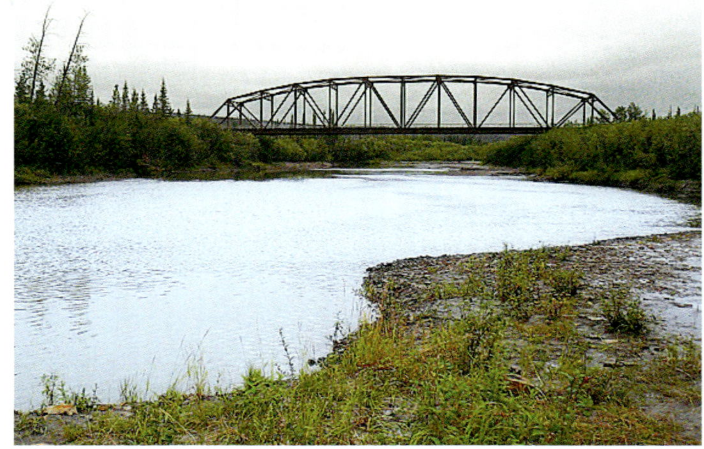

Plains“ an der Dempster Highway Brücke über den Eagle River *(Foto links unten)*.

In den ersten Tagen windet sich der schmale Fluss durch eine dünn bewaldete Hügellandschaft. Viele der schütteren Schwarzfichten am Ufer wachsen kreuz und quer in den abenteuerlichsten Schieflagen. Dieser „drunken forest“ ist ein Resultat von Gefrier- und Tauvorgängen an der Oberfläche des Permafrostbodens.

Nur langsam wird der Fluss breiter, mancherorts gibt es einige Abschnitte mit schneller Strömung. Auf den letzten Kilometern vor der Mündung in den **Bell River** fließt der Eagle River durch eine seenreiche Ebene.

Auf dem **Bell River** sind es noch weitere 40 Kilometer bis zum breiten Porcupine River. Der im unteren Abschnitt fast strömungslose Bell River kommt aus den Hochlagen der

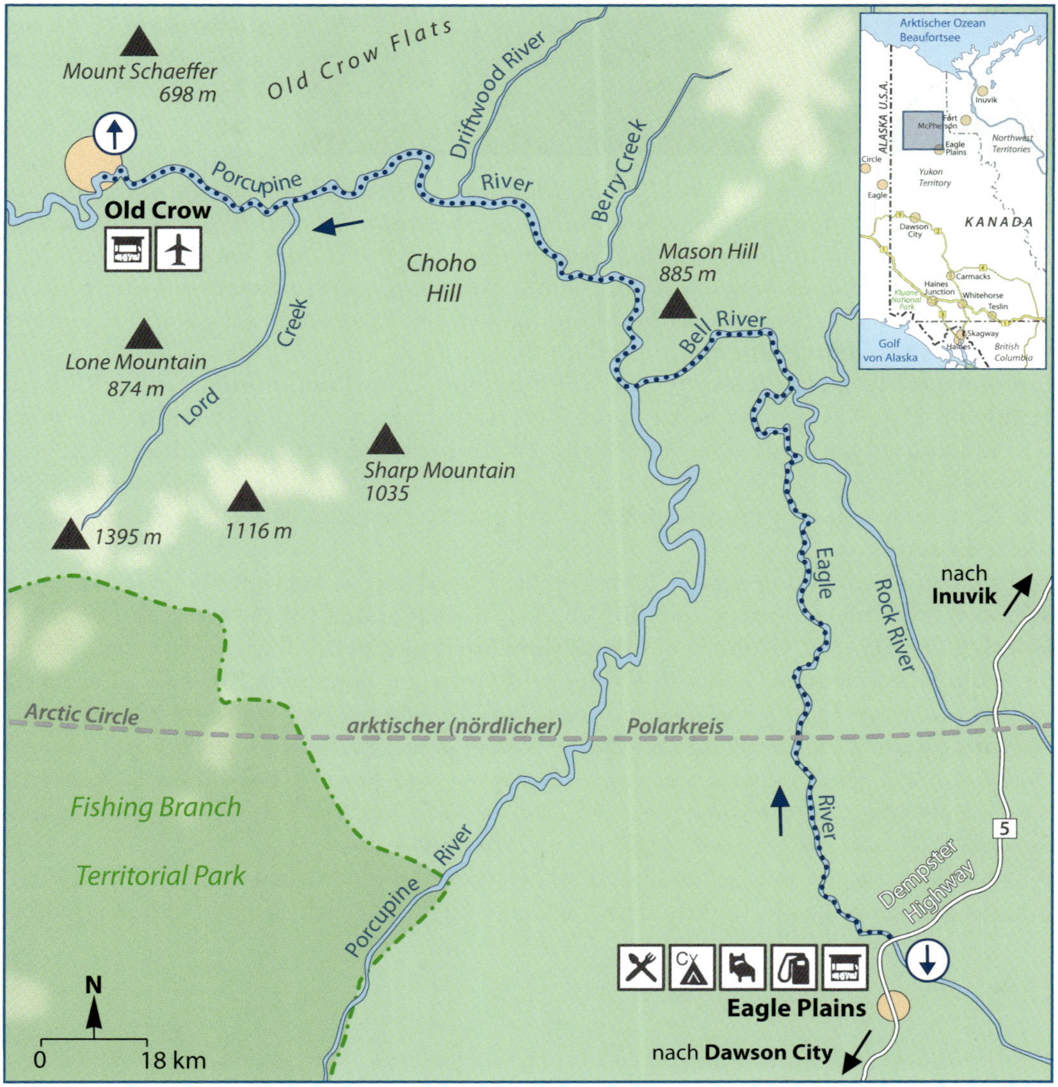

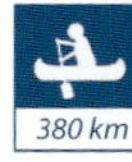

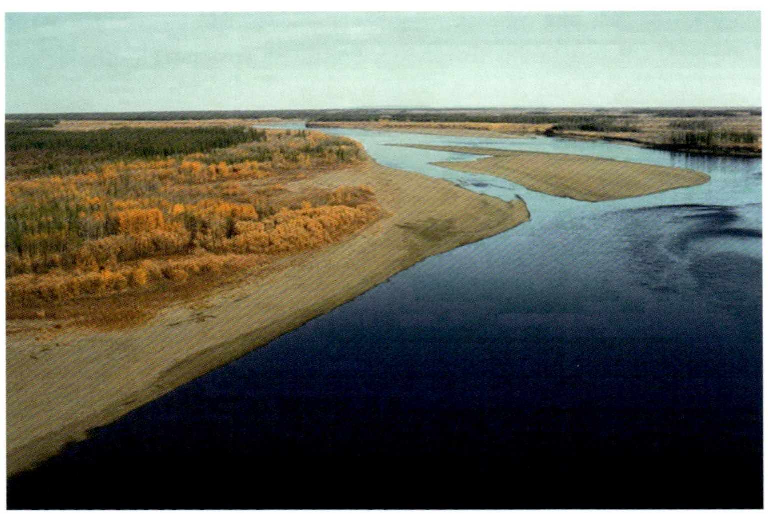

Richardson Mountains und bietet eine weitere Möglichkeit, den Porcupine River zu erreichen. Diese Variante erfordert jedoch einen teuren „Fly-in" von Inuvik zum etwa 320 Meter hoch gelegenen McDougall Pass in den Richardson Mountains. Danach folgen, je nach Wasserstand, einige Portage-Kilometer, bis auf dem Little Bell schließlich nach etwa 20 Kilometern der Bell River erreicht wird. Landschaftlich ist diese Variante noch deutlich schöner als die Tour auf dem Eagle River, eine Befahrung jedoch nur im Juni/Juli oder in sehr regenreichen Perioden empfehlenswert.

Der **Bell River** hat auf weiten Strecken kaum Strömung, und es ist meist schwierig, geeignete Campplätze zu finden. Von der Mündung des Bell River sind es noch 150 Kilometer auf dem breiten **Porcupine River** bis Old Crow.

Juni und Juli ist wohl die geeignetste Zeit, um eine Paddeltour auf dem Eagle River zu beginnen. Der Wasserstand ist zu dieser Zeit noch recht hoch, und es kommt kaum zu Grundberührungen in den flacheren Passagen. Dafür sollte man sich zu dieser Zeit aber auf unglaubliche Moskitoschwärme in den sumpfigen Wäldern dieser Region einstellen. Die Mitnahme eines Moskito-Kopfnetzes und gute Nerven sind einfach Voraussetzung zu dieser Jahreszeit.

Wer sich im Herbst auf den Eagle River begibt, muss damit rechnen, auf längeren Etappen sein Boot zu schieben (extra Zeit einplanen!). Als Belohnung für die Strapazen bestehen jedoch gute Chancen, Gruppen der **Porcupine Karibuherde** am Fluss anzutreffen, auf die auch die Bewohner des Gwich´in-Dorfes **Old Crow** am Porcupine River so sehnsüchtig warten. *Zu dieser Zeit beginnt die Herde von ihren Sommerweidegründen an der Eismeerküste südwärts zu wandern, um in den bewaldeten Tälern der Ogilvie Range nördlich von Dawson City und Mayo den Winter zu verbringen. In kleinen und großen Gruppen durchschwimmen die Tiere den Fluss auf ihrer Reise in den Süden. In Old Crow sind die Züge von Lachsen und Karibus noch heute Lebensgrundlage für die 450 Einwohner.*

Nicht zuletzt wegen des geltenden Alkoholverbots (gilt natürlich auch für Besucher!) konnte sich hier eine gut funktionierende Gemeinde der Gwich´in First Nation erhalten.

Dezadeash River

Klein aber fein

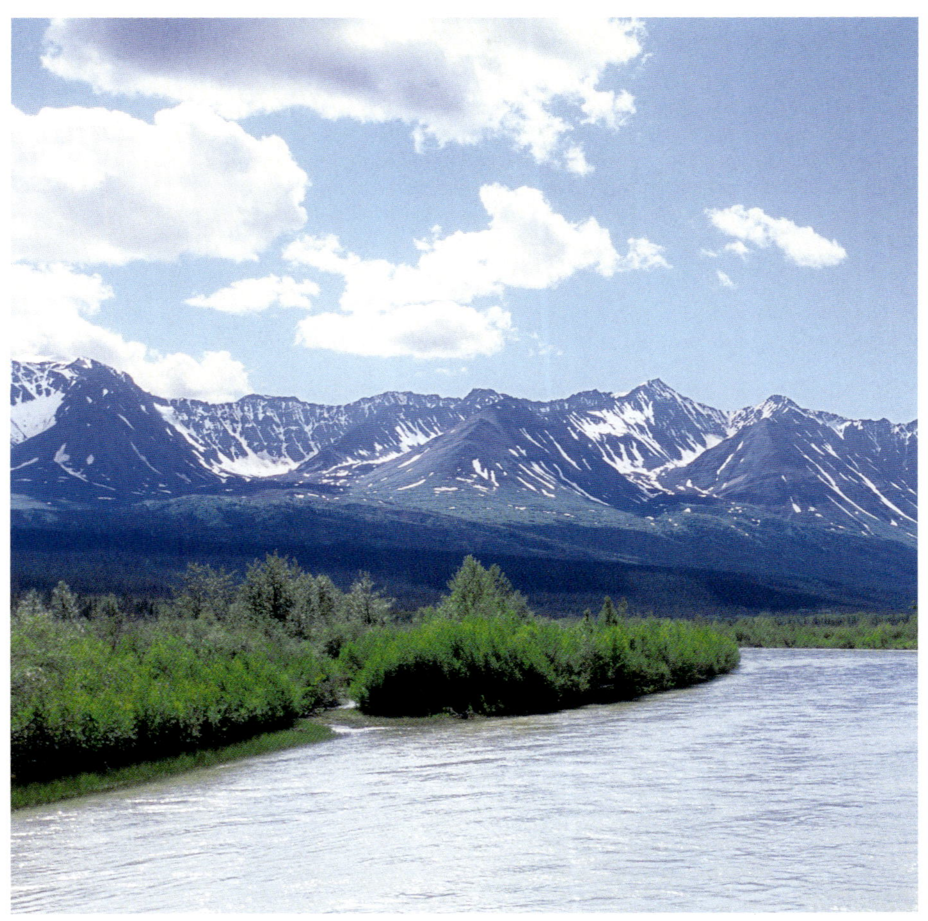

Tour 12

Kurzbeschreibung Kanutour Dezadeash River

Länge der Tour:
Vom Dezadeash Lake Campground bis Champagne, Ca. 75 Kilometer, 4-5 Tage.
Vom Dezadeash Lake bis Haines Junction, Ca. 150 Kilometer, 7-9 Tage.
Dezadeash Lake ca. 700 Meter ü. N.N., Haines Junction ca. 590 Meter ü. N.N., Gefälle: 0,73 Meter/km.

Kanuvermieter:
Kanuvermietung und Transfer siehe auch Outfitter Seite 42-45.

An- und Abreise:
Anfahrt über den Alaska Highway und die Haines Road bis zum Dezadeash Lake Campground. 210 Kilometer, Transfer ca. 370 Dollar. Es ist möglich, etwa 500 Meter nach der Dalton Trail Lodge über einen kleinen Fahrweg den See zu erreichen. Die Seenetappe lässt sich durch diese Option zwar um elf Kilometer abkürzen, der Weg führt jedoch über ein Privatgrundstück.
Rückfahrt von Champagne über den Alaska Highway nach Whitehorse, ca. 90 Kilometer, Transfer ca. 160 Dollar. Oder von der Haines Road Brücke bei Haines Junction nach Whitehorse, 158 Kilometer, Transfer ca. 280 Dollar.

Infos & Wichtige Adressen:
Dalton Trail Lodge, *Übernachtung, Essen, Veranstalter für Angel-, Wander-, Kanutouren, Outdoor-Touren,* Haines Junction, Yukon Y0B 1L0, Tel. +1 (867) 634-20 99, www.daltontrail.com
Otter Falls Cutoff, *Motel, Campground, Restaurant, Tankstelle, Lebensmittelladen, Waschsalon,* KM 1546 Alaska Highway, Haines Jct, Yukon, Tel. +1 (867) 634-28 12, www.otterfallscutoff.com

Wildwasser, Gefahren:
Der Dezadeash River hat kein schwieriges Wildwasser. Im Abschnitt zwischen Champagne und Haines Junction gibt es einige einfache Schnellen (WW I).
Treibholzhaufen und Sweeper *(oft unterspülte Bäume am Ufer, die dicht über der Wasseroberfläche hängen)* sind in schneller Strömung sicher zu umfahren.
Das größte Problem ist die lange Seenetappe. Der Dezadeash Lake ist durch das nahe Küstengebirge in noch höherem Maße starken Winden ausgesetzt. Dieser See kann durchaus auch über mehrere Tage hindurch unbefahrbar für offene Kanus sein (wir mussten leider auch diese Erfahrung machen).

Kartenmaterial: **Karten 1 : 250 000:** 115-A Dezadeash Range
Karten 1 : 50 000: 115-A/06, 115-A/10, 115-A/11, 115-A/14, 115-A/15, 115-A/16

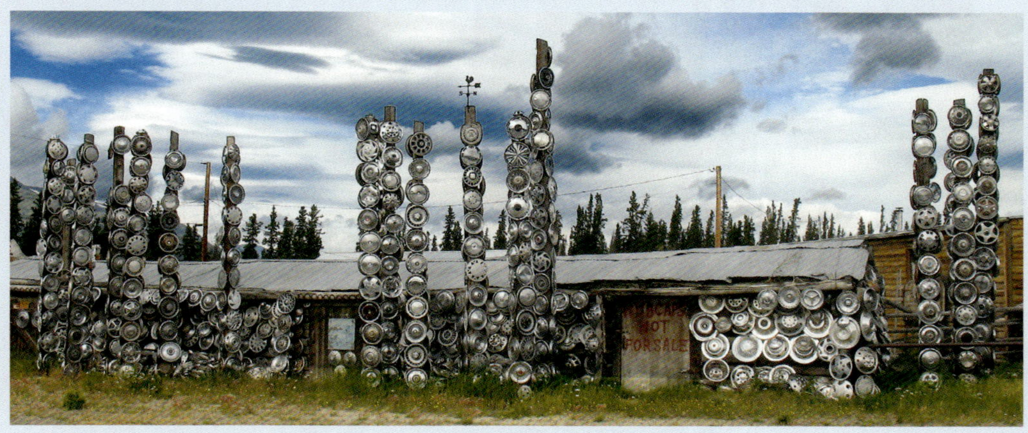

Radkappenskulptur in Champagne.

Dezadeash River

Charakter der Tour

Der **Dezadeash River** *(der indianische Name „Dezadeash“ wird „däs-di-äsch“ ausgesprochen)* ist ein kleiner, wenig beachteter Wiesenfluss am Rande der **St. Elias Mountains**.

Der Einsetzpunkt für diese Tour liegt am windgebeutelten **Dezadeash Lake**. Vom Campground am See geht es zunächst 22 Kilometer am linken Ufer entlang bis zum Auslauf. Diese Strecke ist dem Wetter extrem ausgesetzt; Campplätze sind am Ufer nicht einfach zu finden.

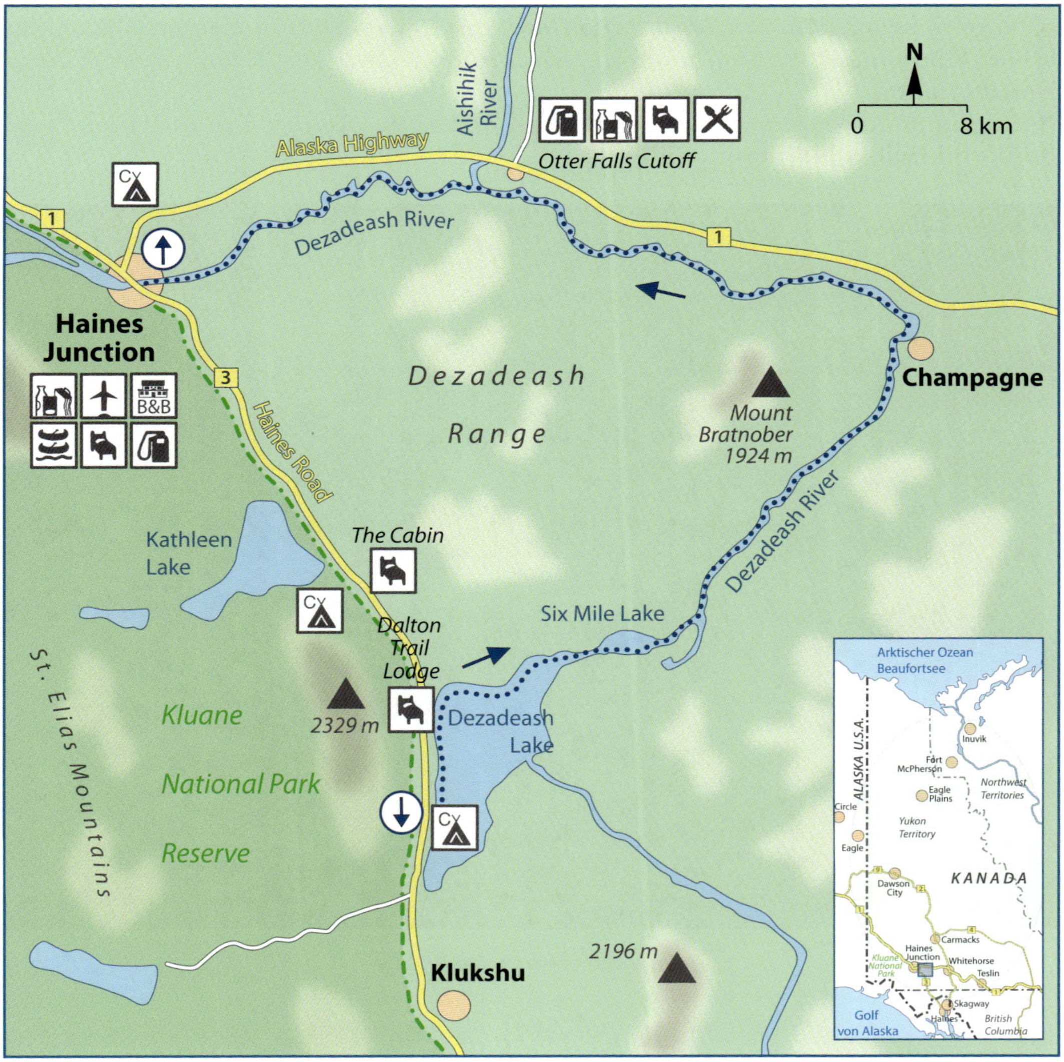

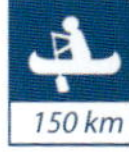

Danach folgt ein kurzer Verbindungsbach zum idyllischen **Six Mile Lake**. Der schmale und flache See wird von allerlei Wasserpflanzen bewachsen und erstreckt sich über ca. acht Kilometer, bis er schließlich am nordöstlichen Ende vom Dezadeash River entwässert wird.
Das Teilstück zwischen dem **Dezadeash Lake** und **Champagne** ist der schönste Abschnitt dieses Flusses. Sanft und mit langsamer Strömung windet er sich in seinem schmalen Bett durch ein mit Weidengebüsch bewachsenes, sumpfiges Tal. Große Felsen liegen im klaren Wasser, können aber problemlos umfahren werden.
Nach etwa 20 Kilometern wird der Fluss von Bergrücken eingeengt und fließt nun deutlich gestreckter, aber immer noch gelassen weitere 25 Kilometer bis zur Ortschaft **Champagne**. Hier kann die Tour beendet werden.
Ab Champagne ändert sich der Flusscharakter deutlich. Das mittlerweile trübe Wasser nimmt an Geschwindigkeit zu, und leichte Schnellen, enge Kurven und Treibholzhaufen erfordern ständige Konzentration. Der **Alaska Highway** begleitet den Fluss in einigem Abstand bis Haines Junction und stört mit Motorengeräuschen doch etwas den Wildnischarakter dieses Flussabschnittes.
Nach etwa 90 Kilometern erreicht man schließlich den Ausstiegspunkt an der Haines Road Brücke bei **Haines Junction.**

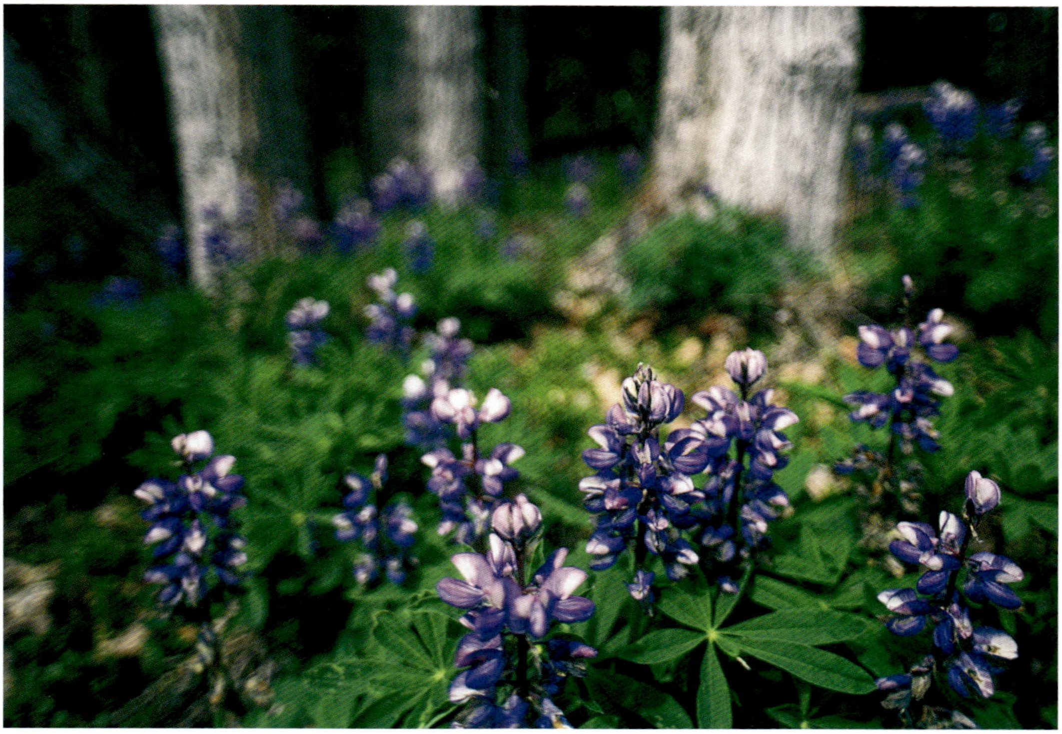

Blühende Lupinen am Fluss.

Wind River

Eine Traumtour

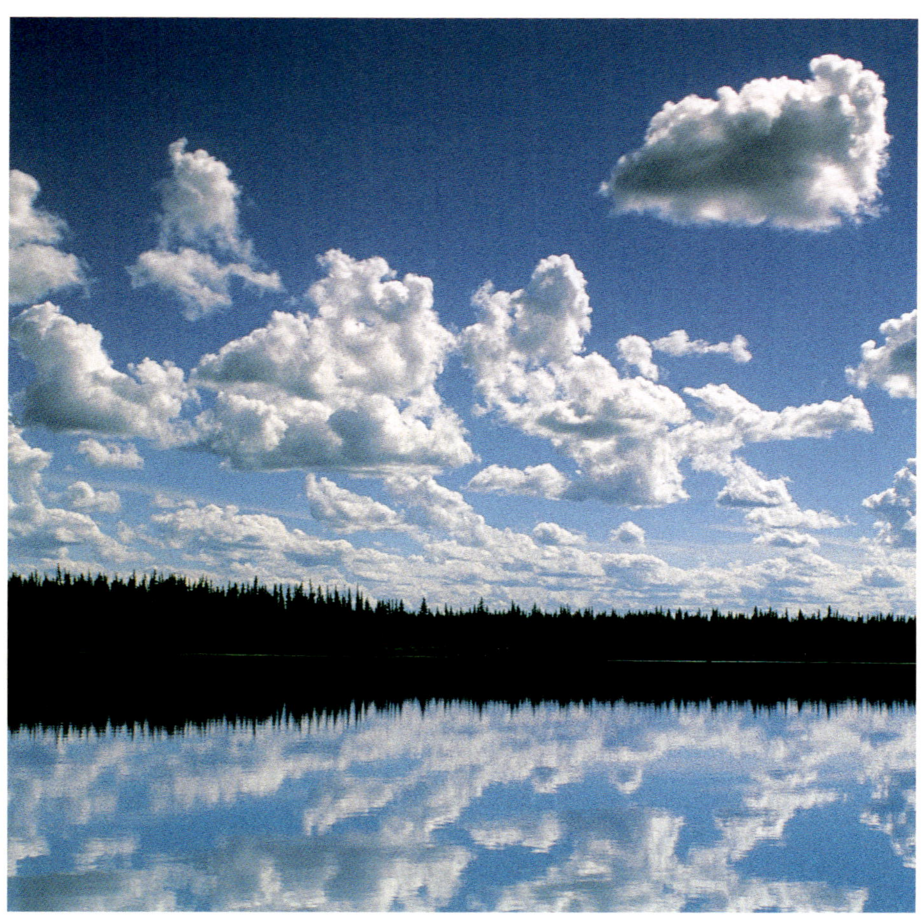

Tour 13

Kurzbeschreibung Kanutour Wind River

Länge der Tour:
Vom McClusky Lake bis zum Peel River, ca. 200 Kilometer, 5-7 Tage.
Weiter auf dem Peel River und Ausfliegen von der Taku Bar am Peel River unterhalb des Snake River, ca. 90 Kilometer 2 Tage.
Oder 320 Kilometer auf dem Peel River bis Fort McPherson, 7-12 Tage.
McClusky Lake ca. 900 Meter ü.N.N., Taku Bar ca. 100 Meter ü.N.N., Fort McPherson 6 Meter ü.N.N.
Gefälle Wind River: 3,2 Meter/Kilometer.

Kanuvermieter:
Kanuvermietung und Transfer siehe auch Outfitter Seite 42-45.

An- und Abreise:
Anfahrt von Whitehorse über den Klondike Highway und den Silver Trail bis Mayo (420 Kilometer), Transfer ca. 690 Dollar. Von hier fliegt man mit einem Wasserflugzeug 140 Kilometer bis zum McClusky Lake. Preis für eine Cessna 185 (2 Personen und Kanu): ca. 1.900 Dollar.
Die **Abholung** erfolgt durch ein Wasserflugzeug an der Taku Bar (Sandbank an der Mündung des Snake River). Rückflug nach Mayo (290 Kilometer). Preis für eine Cessna 185: ca. 3.900 Dollar.
Der Flug mit einer Otter kostet jeweils etwa das Doppelte (dafür aber sechs Personen und drei Kanus).
Abreise von Fort McPherson nach Whitehorse 1.050 Kilometer, Transfer ca. 2070 Dollar.

Infos & Wichtige Adressen:
Charter Flüge: Black Sheep Aviation (Flüge von Whitehorse, Mayo und Watson Lake), PO Box 616, Watson Lake,YOA 1CO, Tel. +1 (867) 668-77 61, Mobil: +1 (867) 335-00 11, www.flyblacksheep.ca

Wildwasser, Gefahren:
Der Wind River wird häufig unterschätzt, da er nur wenig Wildwasser (WW II) in seinem Verlauf aufweist.
Tatsächlich hat das Flussbett ein starkes Gefälle und zahlreiche Kehrwasser; harte Strömungskanten und Baumhindernisse im schnell fließenden Wasser verlangen solide Bootsbeherrschung und vorausschauendes Fahren.

Kartenmaterial:
Karten 1 : 50 000, Wind River/Peel River bis Taku Bar: 106-D/8, 106-D/9, 106-D/10, 106-D/15, 106-E/2, 106-E/3, 106-E/6, 106-E/11, 106-E/14, 106E/15, 106E/16
Karten 1 : 250 000, Wind River, Peel River bis Taku Bar: 105-D Nash Creek, 106-E Wind River
Karten 1 : 250 000, Peel River: 106-L Trail River, 106-K Martin House, 106-M Fort McPherson

Literaturtipp:
„The Wind, the Snake and the Bonnet Plume, Three Wild Northern Rivers“, *Madsen, Ken,* Published by Friends of the Yukon Rivers, Canadian Parks and Wilderness Society, 1998.

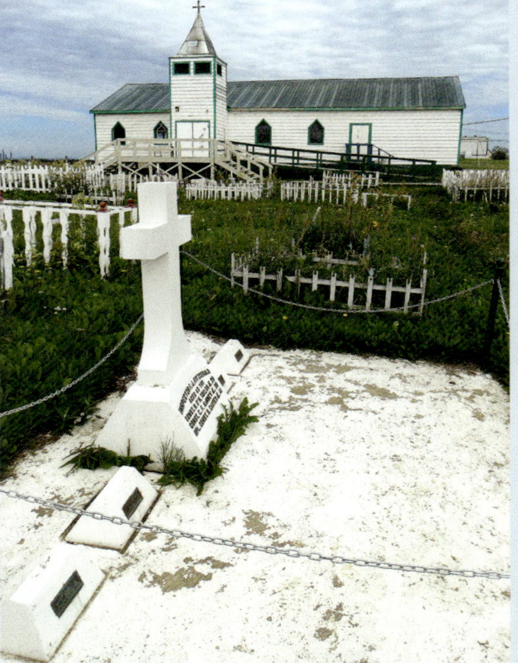

Ruhestätte von Inspektor F. J. Fitzgerald vor der anglikanischen Kapelle in Fort McPherson.

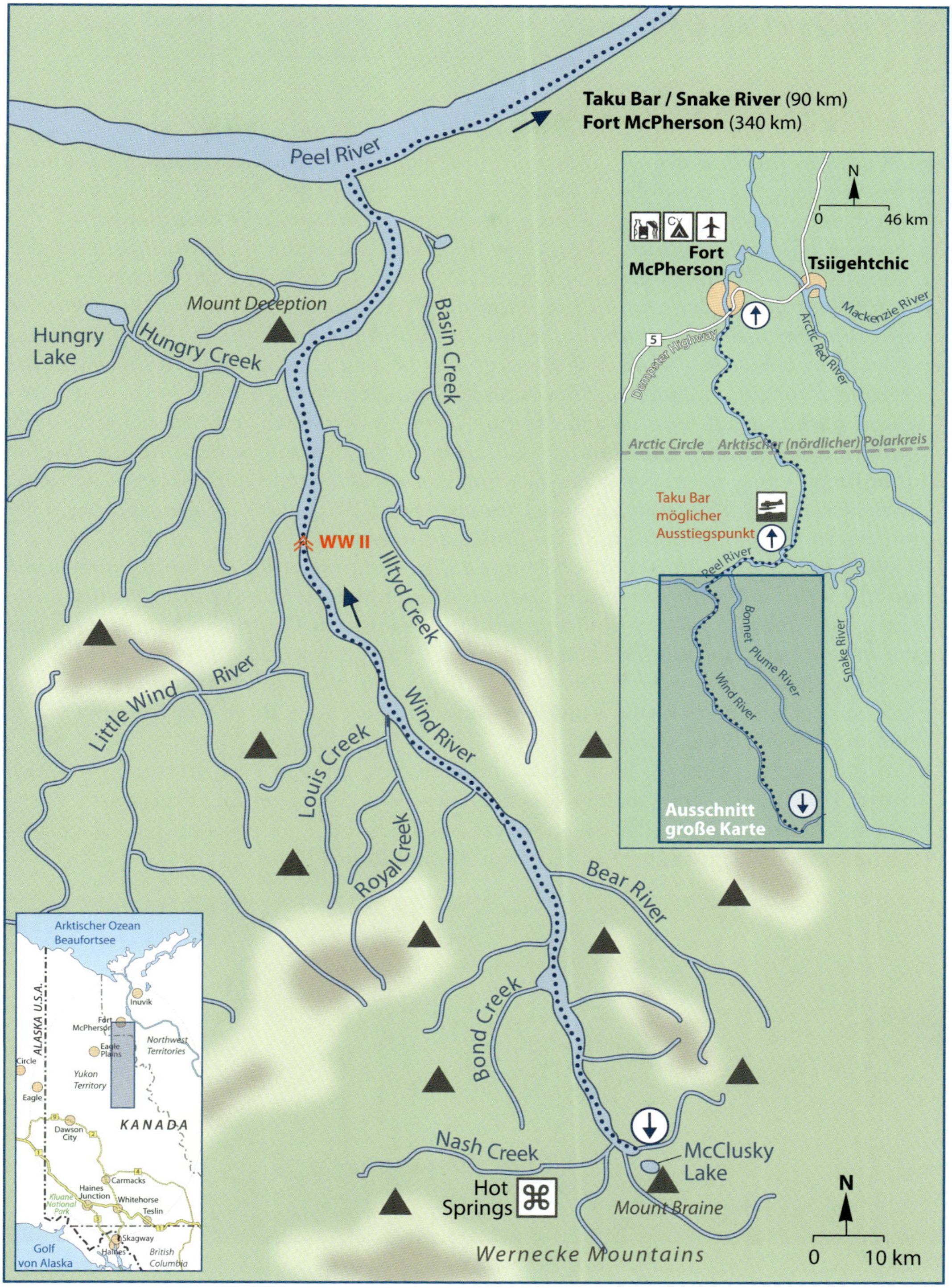

Taku Bar / Snake River (90 km)
Fort McPherson (340 km)

Peel River
Mount Deception
Hungry Lake
Hungry Creek
Basin Creek
WW II
Iltyd Creek
Little Wind River
Louis Creek
Wind River
Royal Creek
Bear River
Bond Creek
Nash Creek
McClusky Lake
Hot Springs
Mount Braine
Wernecke Mountains
N
0 10 km

N
0 46 km
Fort McPherson
Tsiigehtchic
Mackenzie River
Arctic Red River
5
Dempster Highway
Arctic Circle Arktischer (nördlicher) Polarkreis
Taku Bar möglicher Ausstiegspunkt
Peel River
Bonnet Plume River
Wind River
Snake River
Ausschnitt große Karte

Arktischer Ozean
Beaufortsee
ALASKA U.S.A.
Inuvik
Fort McPherson
Eagle Plains
Northwest Territories
Circle
Yukon Territory
Eagle
Dawson City
KANADA
Carmacks
Haines Junction
Whitehorse
Kluane National Park
Teslin
Skagway
Haines
Golf von Alaska
British Columbia

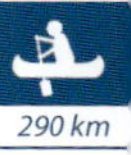

Wind River

Charakter der Tour

Der Wind River ist eine der „Traumtouren“ im Yukon. Zusammen mit anderen bekannten Flüssen wie dem anspruchsvolleren Snake River und dem wilden Bonnet Plume River, entspringt dieser wunderschöne Fluss in der rauen Bergwelt der **Wernecke Mountains**.
Nach dem Flug zum **McClusky Lake** müssen Boot und Ausrüstung zunächst ein kurzes Stück zu einem kleinen Wildbach getragen werden. Der Bach ist flach und hat reichlich Gefälle. Je nach Wasserführung hat man hier meistens die Wahl zwischen schieben und treideln, bis nach etwa zweieinhalb Kilometern schließlich der **Wind River** erreicht ist. Wer nicht schon am McClusky Lake einen Wandertag eingelegt hat, bekommt einen Kilometer später erneut Gelegenheit. Von links mündet hier der **Nash Creek** in den Wind River.
Nach einer anstrengenden Tageswanderung am Creek entlang durch anspruchsvolles Gelände erreicht man schließlich einige Hütten und kann sich in den aufgestauten heißen Quellen **„Hot Springs“** entspannen. Nicht nur hier, sondern am gesamten Oberlauf des Wind River sind täglich schöne Wanderungen in der faszinierenden Bergkulisse möglich – daher sollte schon bei der Planung zusätzliche Zeit einkalkuliert werden.
Der **Wind River** ist nur für erfahrene Kanuten geeignet und bietet einen abwechslungsreichen Flussverlauf. Auf weiten Strecken fließt das klare Wasser in mehreren Kanälen zwischen ausgedehnten Kiesbänken. Es ist manchmal schwierig, die günstigste Durchfahrt zu erkennen, und in der starken Strömung müssen häufig Hindernisse umfahren werden.
Etwa 90 Kilometer, bevor der Peel River erreicht ist, treten die hohen Berge in den Hintergrund. Kurz oberhalb des **Little Wind River** und im Bereich des **Illtyd Creek** sorgen leichte Schnellen mit WW II für Spannung.
Die meisten Kanugruppen paddeln noch etwa zwei Tage auf dem **Peel River**, bevor sie sich kurz nach der Mündung des **Snake River** von einem Wasserflugzeug abholen lassen.
Das letzte Wildwasser (WW II+) bei dieser Variante findet man im spektakulären Canyon des Peel River nach dem Zusammenfluss mit dem **Bonnet Plume River**.

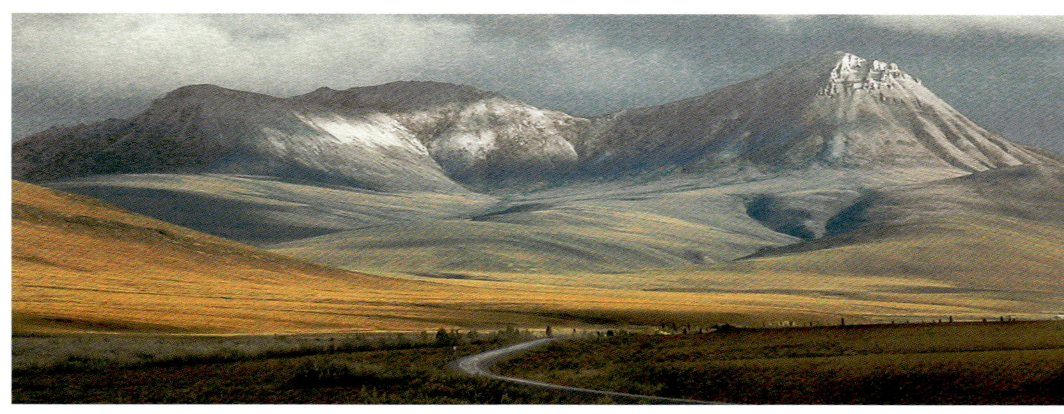

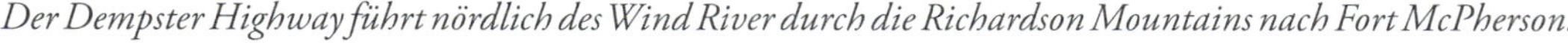

Der Dempster Highway führt nördlich des Wind River durch die Richardson Mountains nach Fort McPherson.

Slims West Trail

Gletscher und Bären

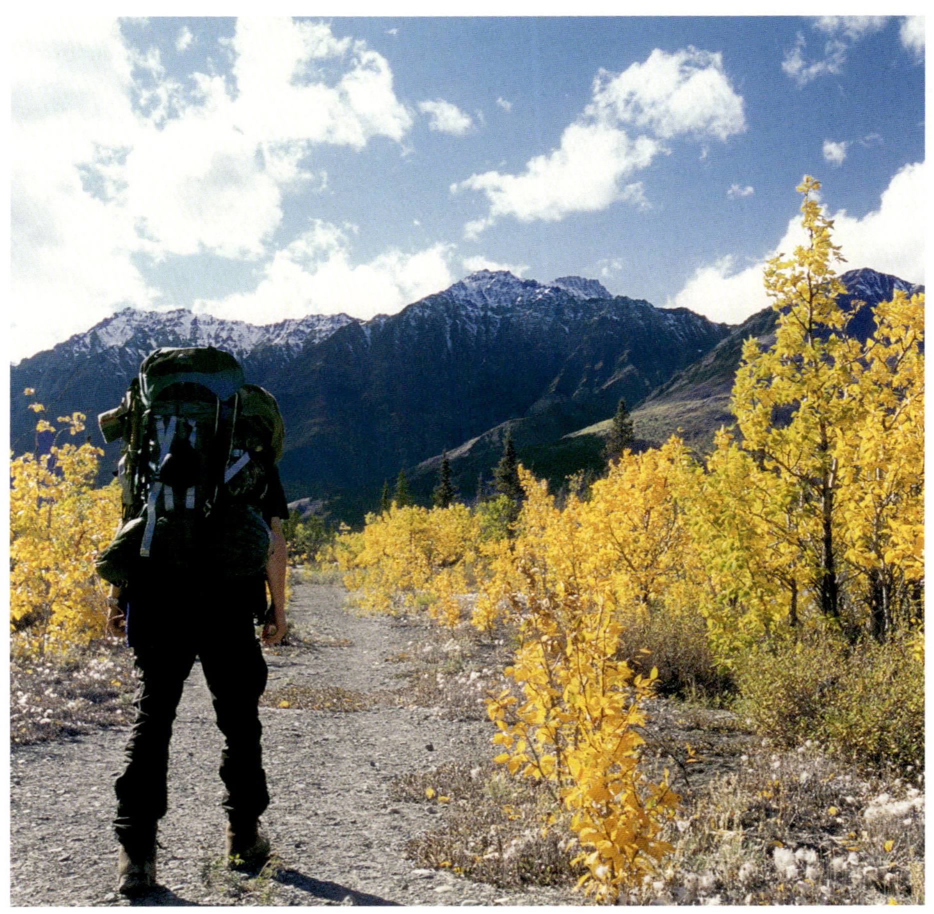

Tour 14

Wanderung Slims West Trail

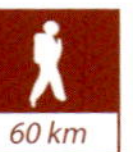

Charakter der Tour

Drei- bis fünftägige Wanderung zu einem Aussichtspunkt, von dem der grandiose Kaskawulsh-Gletscher in seiner ganzen Pracht zu bestaunen ist. Der Trail führt durch ein wunderschönes Tal zu einem einfachen Campplatz am Fuß des 2114 Meter hohen Observation Mountain. Bis zum Campplatz wird er von der Nationalparkverwaltung unterhalten, führt aber teilweise durch schlammige Abschnitte und erfordert einige Bachdurchquerungen. Vom Campplatz geht eine anspruchsvolle Route hinauf zu dem Aussichtspunkt am Berg bzw. auf den Gipfel des Observation Mountain.

Gefahren

Das Slims Valley hat die höchste Braunbärenpopulation des gesamten Yukon-Territoriums.
Bei zwei Bachdurchquerungen muss besonders zu Beginn der Saison mit viel Wasser gerechnet werden. Starke Fallwinde vom Gletscher können jederzeit auftreten. Steiler und rutschiger Aufstieg zum Observation Mountain (1300 Höhenmeter). Hier gibt es über weite Strecken keine Wegmarkierungen.

Kartenmaterial

Eine kostenlose, deutschsprachige Beschreibung des Trails und topografische Karten sind bei der Nationalparkverwaltung erhältlich.

Topografische Karte 1 : 50 000,
Slims River 115B/15.

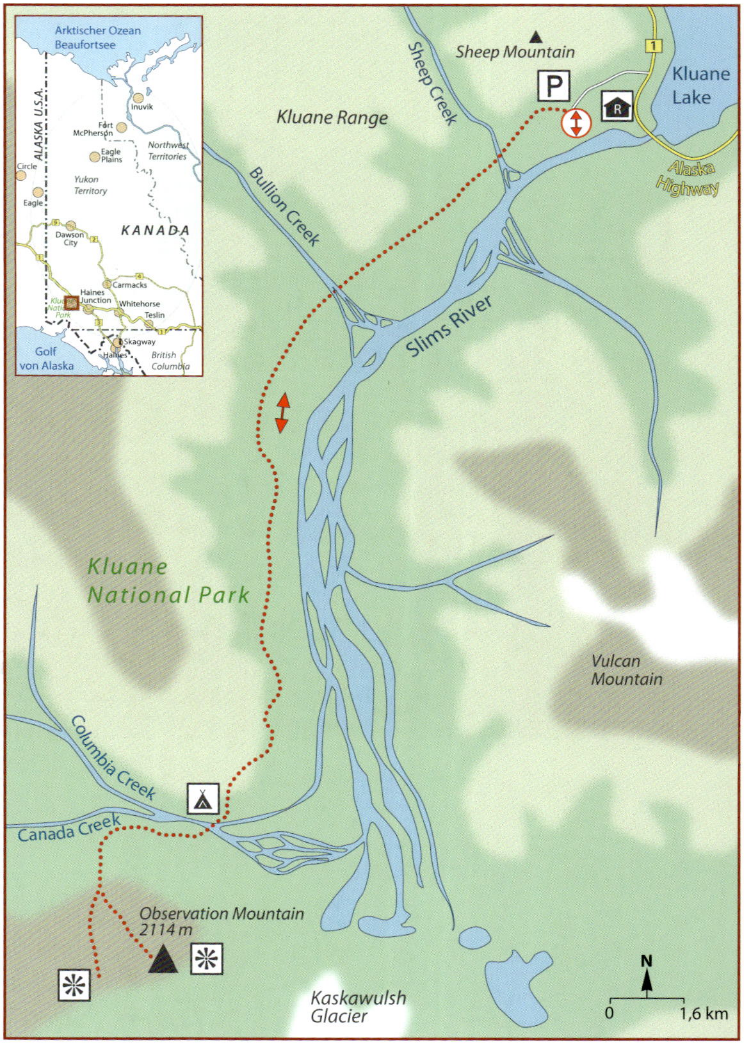

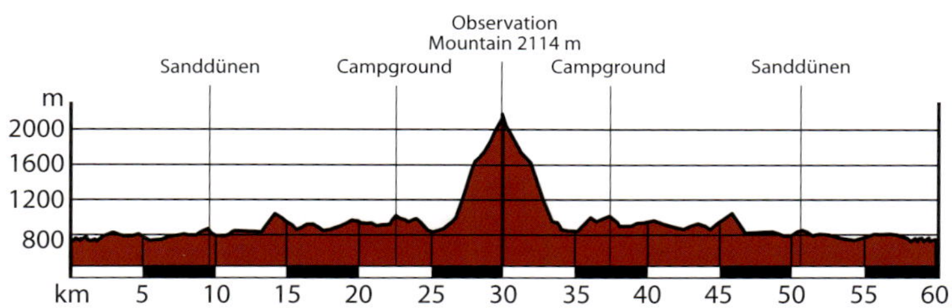

Schwierigkeit :	schwer
Länge der Tour :	60 km
Gehzeit:	3-5 Tage
Höhendifferenz:	1352 m
Höchster Punkt:	2114 m
Niedrigster Punkt:	762 m

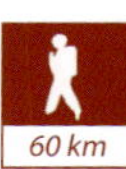

Wichtig:
Für die Übernachtung im Kluane National Park ist eine Registrierung bei der Parkverwaltung erforderlich. Die Gebühr beträgt 9,80 Kanadische Dollar pro Nacht. Die Anzahl der Wanderer auf dem Slims West Trail ist begrenzt und der Trail zu bestimmten Zeiten von der Nationalparkverwaltung wegen erhöhter Bärenaktivität reglementiert.
Eine Registrierung ist vorallem zur Hochsaison schon von zu Hause empfehlenswert.
Die Blütezeit des Alpen-Spitzkiel im Frühsommer lockt viele Bären an. Zu dieser Zeit werden oftmals nur größere Gruppen empfohlen, oder der Trail wird vollständig geschlossen. Bei einer Übernachtung im Kluane National Park muss ein bärensicherer Lebensmittelbehälter aus Kunststoff, der die Verpflegung einer Person für etwa sechs Tage fasst, mitgeführt werden. Dieser kann bei der Registrierung ausgeliehen werden.

Länge der Tour:
60 Kilometer, Gehzeit 3-5 Tage.

Start- & Endpunkt:
Tachál Dhäl (Sheep Mountain) Visitor Centre im Ä'äy Chù (Slim's River) Valley.

Anreise:
Auf dem Alaska Highway von Whitehorse ca. 240 Kilometer bis zum Sheep Mountain-Besucherzentrum (Leihwagen oder Transfer ca. 380 Dollar).

Übernachtung:
Unterwegs wild zelten, ein Campground bei Kilometer 22,5.

Infos & Registrierung:
Tachál Dhäl (Sheep Mountain) Visitor Centre vor Ort oder **Kluane National Park & Reserve Visitor Centre,** P.O. Box 5495, Haines Junction, Yukon, Y0B 1L0, Tel. +1 (867) 634-72 07, www.pc.gc.ca/kluane

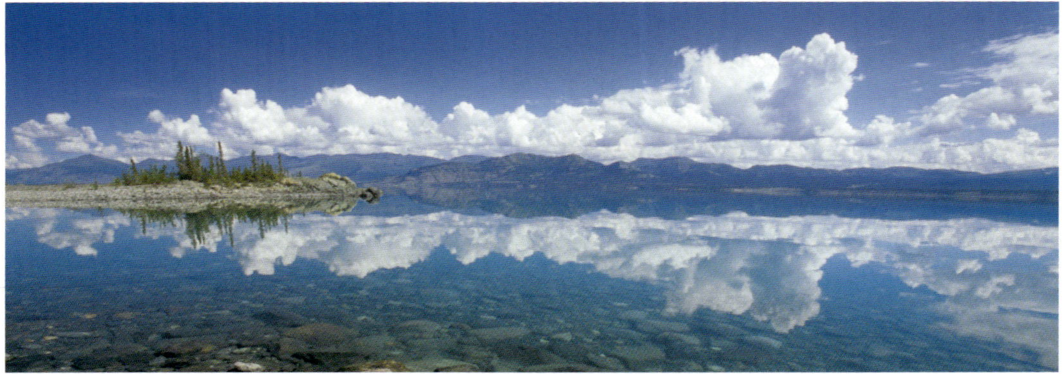

Traumwanderwetter am Kluane Lake.

Slims West Trail

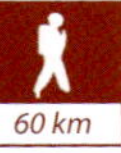

Tag 1

Es ist bereits spät am Nachmittag, als die Zentralverriegelung des Autos mit einem leisen Klack einrastet und ich mir den schweren Rucksack auf die Schultern werfe. Die Sonne brennt vom stahlblauen Himmel; durch die Sonnenbrille kann ich eine Vielzahl weißer Flecken am kahlen Berghang ausmachen. Es sind Dallschafe, die diesem Berg am südlichen Ende des Kluane Lake seinen Namen gaben und manchmal sogar direkt vom Sheep Mountain Besucherzentrum beobachtet werden können.

Die ersten Kilometer des **Slims West Trail** folgen dem Verlauf einer alten Bergbaustraße. *Im Jahre 1903 wurde am Bullion Creek Gold gefunden. Acht- bis zehntausend Menschen folgten daraufhin dem Lockruf des Goldes; am Bach entstand das geschäftige Bullion City. Nach wenigen Jahren waren die Goldvorkommen jedoch erschöpft, und die Stadt verschwand langsam wieder von der Landkarte.*

Nur Teile der alten Straße sind erhalten, und so ist nach zwei Kilometern der **Sheep Creek** erreicht. Wie bei allen Bachdurchquerungen auf dem Slims West Trail gibt es auch an dieser Stelle keine Brücke.

Ab hier verengt sich der Weg und es folgen einige sumpfige Passagen, auf denen nur meine Gamaschen verhindern können, dass ich nasse Füße bekomme. Ein frischer Bärentatzenabdruck im Schlamm mahnt zur

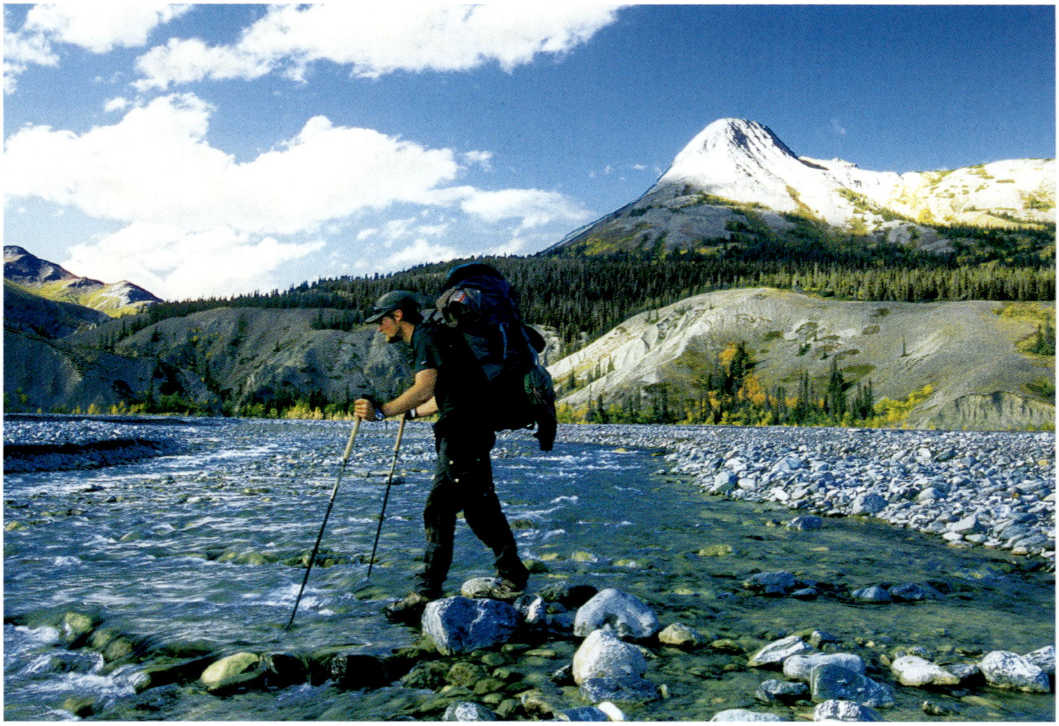

Im Herbst führt der Bullion Creek meist nur wenig Wasser.

Grizzlys

Respekt flößt der Anblick eines Grizzlys wohl jedem ein. Eine Begegnung mit dem größten Landraubtier der Erde gehört zu den beeindruckensten Erlebnissen, die eine Tour in der Wildnis des Yukons bieten kann. Mit einem Gewicht von bis zu 700 kg und einer Schulterhöhe von 1,5 m sind die küstennah lebenden Bären wirklich eine imposante Erscheinung. Die üppigen Lachszüge dieser Region bieten die Nahrungsgrundlage für die gigantischen Braunbären. Eine besonders große Unterart lebt auf der Insel Kodiak (Alaska). Die Inlandgrizzlys haben es da schon schwerer. Sie sind kleiner und müssen in ihrem Revier große Entfernungen zurücklegen, um ihren Lebensunterhalt zu bestreiten. Im Gegensatz zu den Schwarzbären scheinen Grizzlys eine deutliche Vorliebe für offene Flächen und die Tundra zu haben. Bei der Nahrungssuche dringen die Bären auch in hochalpine Zonen vor. Oft gehören auch bewaldete Flusstäler und Sumpfgebiete zum Lebensraum. Meistens kommen Schwarz- und Grizzlybären hier gemeinsam vor. Bei einer hohen Bestandsdichte werden die Schwarzbären jedoch verdrängt – oder gefressen. Schwarzbären gehören genauso wie Elch und Karibu zum Beutespektrum der Grizzlys. Mit einer Spitzengeschwindigkeit von bis zu 60 km/h sind sie effektive Jäger. Als Allesfresser stehen aber meistens kleinere Tiere, Aas, Insekten, pflanzliche Kost oder Fisch auf dem Speiseplan. Ähnlich wie Schwarzbären durchschlafen Grizzlys die kalte und nahrungsarme Zeit in einer Höhle. Zwischendurch kann es aber immer wieder sein, dass die Bären aufwachen. Etwa alle zwei bis drei Jahre bekommen die Grizzlyweibchen während dieser Winterruhe ein bis drei, sehr selten auch vier Junge. Bei der Geburt sind die winzigen Bären noch blind und taub. Im April sind sie aber schon groß genug, um der Mutter folgen zu können. In der Wildnis haben sie eine durchschnittliche Lebenserwartung von etwa 30 Jahren.

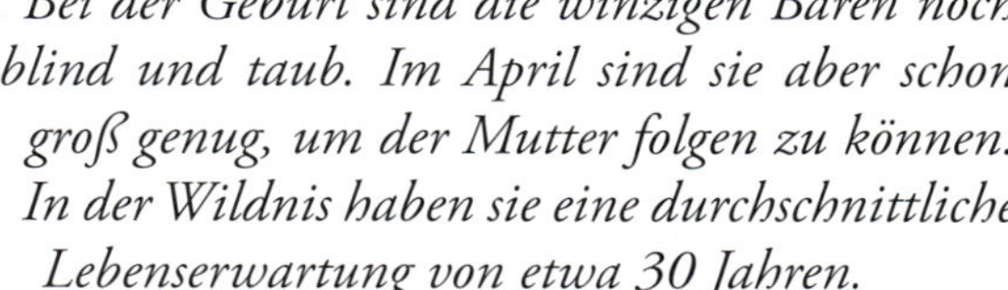

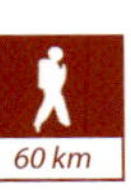

Vorsicht, da nun der Weg von hüfthohen Soapberry-Büschen gesäumt ist. *Die durchscheinend roten Soapberrys (Kanadische Büffelbeere) gehören im Herbst zu den Lieblingsspeisen von Meister Petz.*

Auch der wasserreiche **Bullion Creek** muss wieder durchwatet werden. Bei gutem Wetter im Herbst ist das kein Problem, im Frühsommer und nach starken Regenfällen kann der Bach jedoch sehr tief sein und ein echtes Hindernis darstellen. Erst nach der Bachdurchquerung darf gezeltet werden. Ab hier ist der Trailverlauf nicht mehr eindeutig zu bestimmen. Über Schotter und Geröll geht es durch lichtes Buschwerk voran. Die Trailmarkierungen beschränken sich auf wenige Pfähle, die in größeren Abständen aufgestellt sind. Nachdem die markanten Sanddünen bei Kilometer 9,3 passiert sind, wird die Wegfindung wieder einfacher. Mal durch dichtes Buschwerk, dann wieder durch hohes Gras führt der Pfad am Rande des breiten **Slims River** das weite Tal hinauf. Besonders wenn der Weg nahe am Fluss entlangführt, ist es ziemlich sumpfig. Die etwa zwei Kilometer breite Schlammfläche, die der verästelt fließende Slims River auf seinem Weg zu Kluane Lake gebildet hat, sollte besser gar nicht erst betreten werden. Das feine Gletschersediment bildet hier mitunter sehr gefährliche Treibsandflächen.

Nach etwa vier Stunden auf dem Trail legt sich langsam die Dämmerung über das Tal, und die in warmes Licht getauchten Gipfel

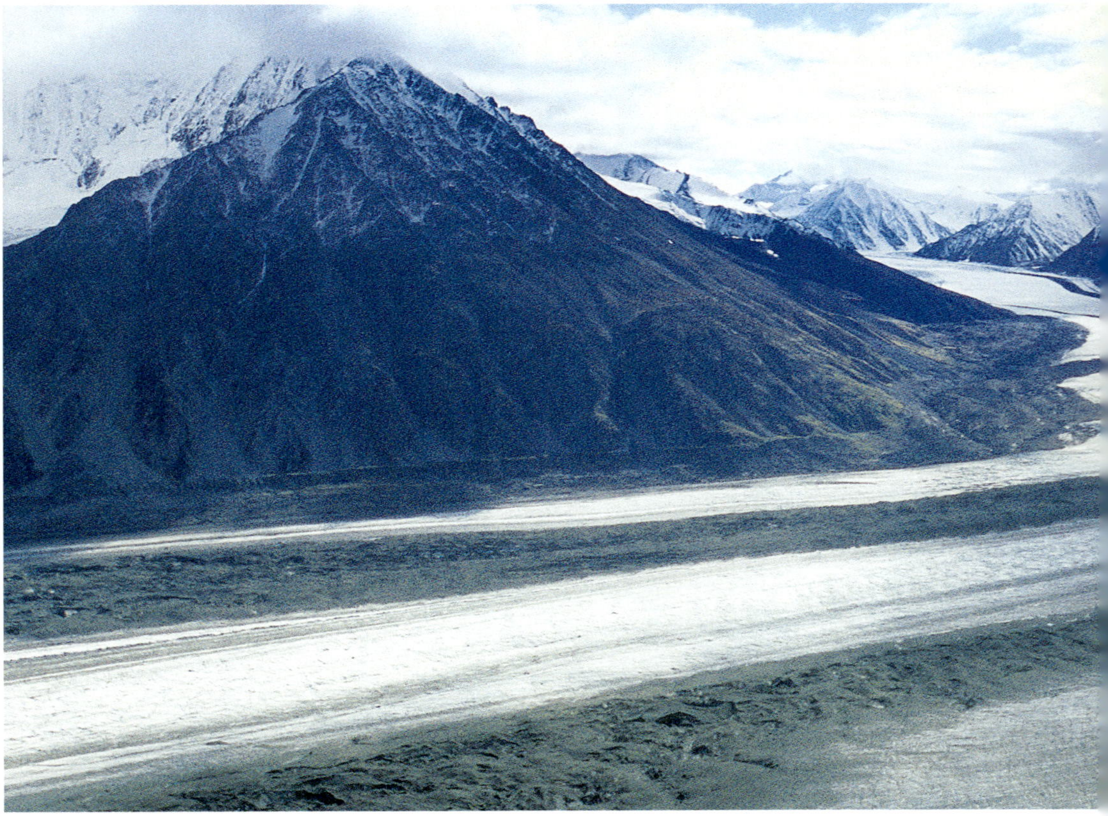

Lohn der Mühe: Blick auf den Kaskawulsh Gletscher.

der 2500 Meter hohen Berge zeigen, dass nicht mehr viel Zeit bleibt um einen Zeltplatz zu finden. Bei Kilometer 17,8 finde ich schließlich einen ebenen Platz für mein Zelt.

Tag 2

In der Nacht gibt es einen Wettersturz. Das Pfeifen des Windes wird nur noch von den abgehenden Steinschlägen im Hochgebirge übertönt, und tief hängende Wolken verdecken die Berghänge, als ich mich am nächsten Morgen wieder auf den Weg mache. Die letzten Kilometer bis zum Campground bei Kilometer 22,5 sind noch einmal besonders anstrengend. Der Weg führt in ständigem Auf und Ab über eine Felsklippe, um dann wieder zum Zusammenfluss von Slims River und **Canada Creek** hinunterzuführen.

Hier befindet sich auch der kleine Campplatz, auf dem bereits ein verlassenes kleines Zelt zwischen den schütteren Fichten steht. Erst spät kommt das junge Paar erschöpft von seiner Tagestour zum Aussichtspunkt am Observation Mountain zurück. Leider hatten den beiden die tief hängenden Wolken mit Regen und Schneeschauern einen Ausblick auf den Gletscher verwehrt. Ich hoffe auf besseres Wetter am morgigen Tag. Von der nahen Anhöhe lassen sich bereits die letzten Ausläufer des mächtigen **Kaskawulsh-Gletschers** erkennen. *Auf seiner etwa 50 Kilometer langen Reise von den riesigen Gletscherfeldern, aus dem auch der 5959 Me-*

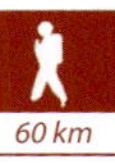

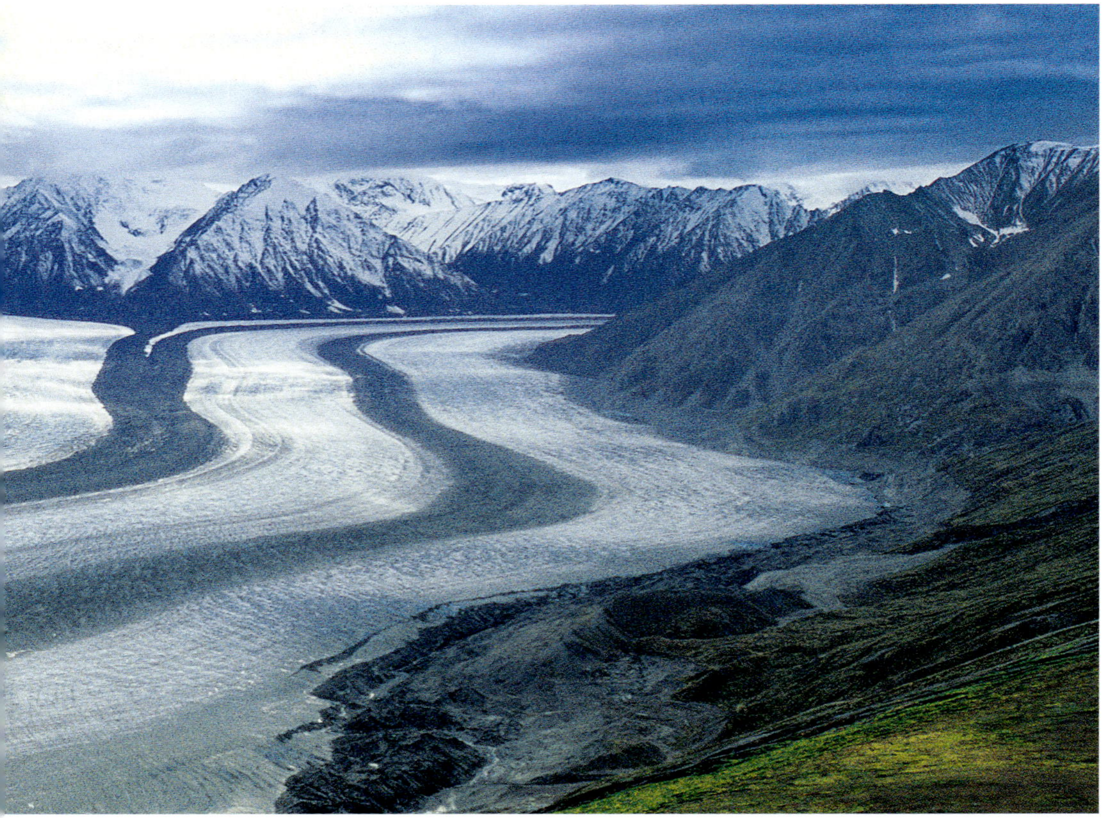

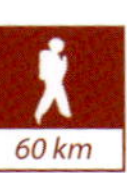

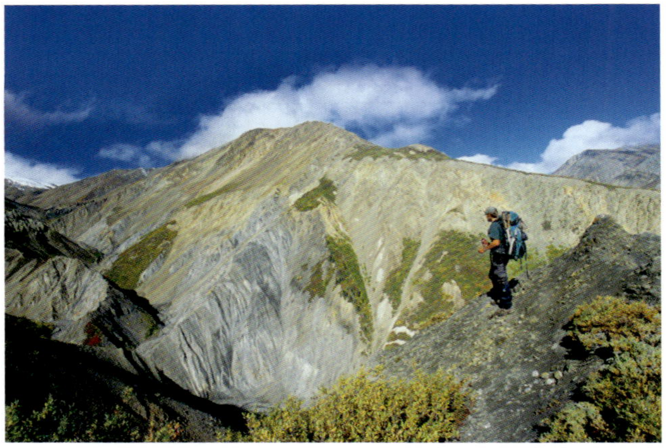

Aufstieg zum Observation Mountain.

ter hohe Mount Logan emporsteigt, vereinigt er die Eismassen vieler anderer Gletscher zu einem breiten Strom aus Eis und Geröll. Am Ende speist sein Schmelzwasser den Slims River auf der westlichen und den Kaskawulsh River auf der östlichen Seite der Gletscherzunge. Das Wasser des Slims River macht sich auf eine über 3000 Kilometer lange Reise durch den Kluane Lake, den Donjek River, den White River und den Yukon River hin zur Beringsee, während der Kaskawulsh River in den wilden Alsek River und nach weniger als 300 Kilometern in den Pazifik mündet.

Tag 3

Die Morgendämmerung liegt noch über dem Tal, als ich mir den Tagesrucksack überwerfe und über die weite Kies- und Geröllfläche vor dem Campground in Richtung **Canada Creek** laufe. Auf dem letzten Kilometer, bevor dieser Gebirgsbach in den Slims River mündet, bildet der Bach ein weites Delta von fast drei Kilometern Breite. Bis zum Hauptarm weisen dem Wanderer noch aufrecht stehende Pfähle den Weg über die kahle Fläche. Den Bach selbst kann ich heute mit Hilfe meiner Gamaschen sogar trockenen Fußes durchwaten. Danach folge ich dem Bachlauf und nehme Kurs auf das schmaler werdende Tal in westlicher Richtung. Nach viereinhalb Kilometern über lose Steine und Geröll erreiche ich schließlich die Mündung des **Columbia Creek** in den Canada Creek. Mittlerweile sind die Berghänge dicht zusammengerückt. Der tosende Columbia Creek begleitet mich noch ziemlich genau einen Kilometer durch eine felsige Schlucht, bevor an der rechten Seite ein unscheinbarer und steiler Pfad den Berghang hinauf führt. Dieser Anstieg ist bei Nässe nicht ungefährlich und führt über einen Grat bis auf ca. 1550 Meter. Trittsicherheit und Schwindelfreiheit sind unbedingte Voraussetzung für diesen Anstieg. Schließlich verläuft sich der Pfad in der Tundra am Berghang. Wer den 2114 Meter hohen Gipfel des **Observation Mountain** besteigen möchte, folgt am besten weiterhin diesem Berghang bis zum Gipfel. Da dieser seit zwei Stunden leider in dichte Wolken gehüllt ist, halte ich mich weiter rechts und folge der 1700 Meter-Höhenline über ein breites Tundraplateau. Nach etwa drei Kilometern über weiches Moos und trockene Tundra öffnet sich schließlich ein gewaltiges Panorama vor mir. Ein Blick auf die Gletscherzunge entschädigt bei weitem für alle Mühen des Anstieges. Nach einer Stunde am Rand des Plateaus entschließe ich mich, von hier noch etwas die Bergflanke des Observation Mountain hinauf zu steigen. Bei 1900 Meter Höhe erreiche ich jedoch die Wolkengrenze. Eine kleine Gruppe Bergziegen ist durch den Nebelschleier über mir zu erkennen. Leichter Nieselregen setzt ein, und ich mache mich mit einer tiefen Befriedigung im Herzen an den langen Abstieg zum Camp auf.

Am nächsten Morgen wandere ich zurück zum **Sheep Mountain-Besucherzentrum**.

Auriol Trail

Eine Nacht in den Bergen

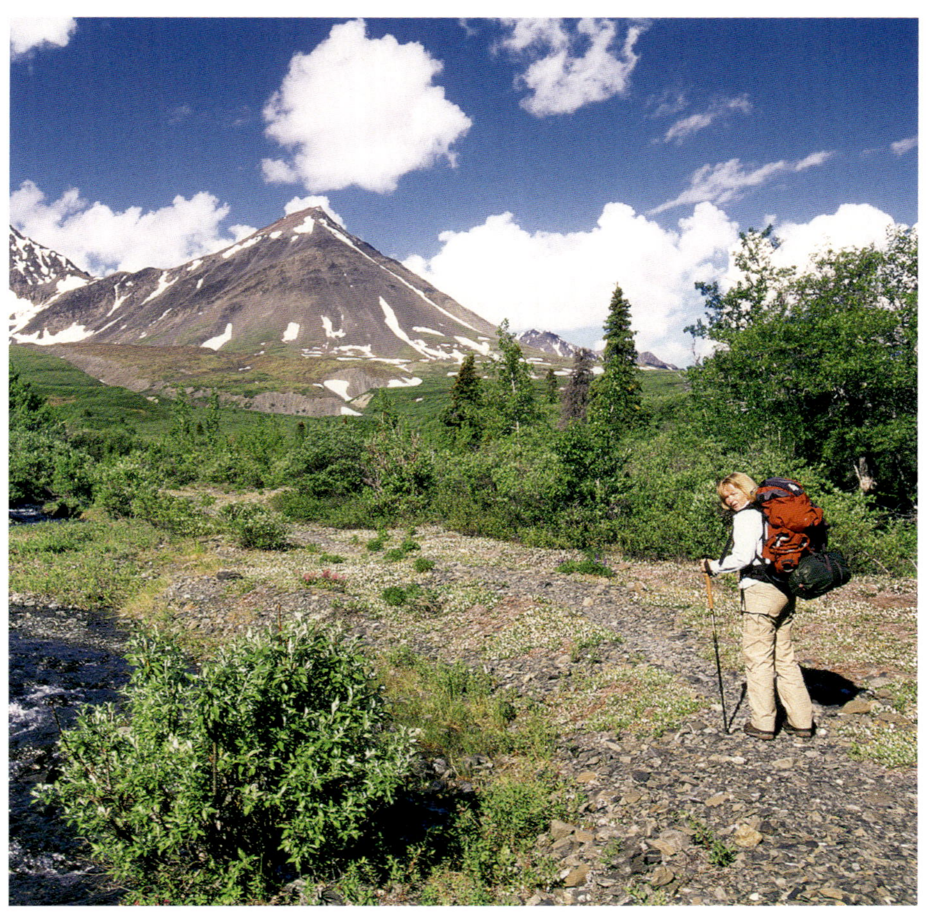

Tour 15

Wanderung Auriol Trail

Charakter der Tour

Einfacher und beliebter Rundwanderweg im Kluane National Park. Der Auriol Trail führt durch dichten Wald bis in die subalpine Zone der Kluane Mountains. Zwei Aussichtspunkte bieten einen guten Blick auf Haines Junction und das weite Tal des Dezadeash River. Auf halber Strecke ist ein Zeltplatz eingerichtet mit Feuerstelle, Toilette und einer Stange zum bärensicheren Verstauen der Vorräte. Bei einer Übernachtung ist eine Registrierung bei der Nationalparkverwaltung erforderlich. Der Zeltplatz ist ein hervorragendes Basislager, von dem aus die Gipfel der Auriol Range erkundet werden können. **Winter:** Der Auriol Trail ist ein Vierjahreszeiten-Weg, den man auch mit Schneeschuhen oder Langlaufski gehen kann. Im Winter ist oft eine Loipe als 9 km Rundtour auf dem südlichen Weg gespurt.

Gefahren

Mögliche Bären- oder Elchbegegnungen, da der Trail durch dichten Wald führt, der die Sicht begrenzt. Unliebsame Begegnungen durch Rufen oder laute Geräusche vermeiden!

Kartenmaterial:

Eine kostenlose, deutschsprachige Beschreibung des Trailverlaufs sowie topografische Karten sind bei der Nationalparkverwaltung erhältlich. **Karte 1 : 50 000**: 115 A/12 (nicht unbedingt erforderlich).

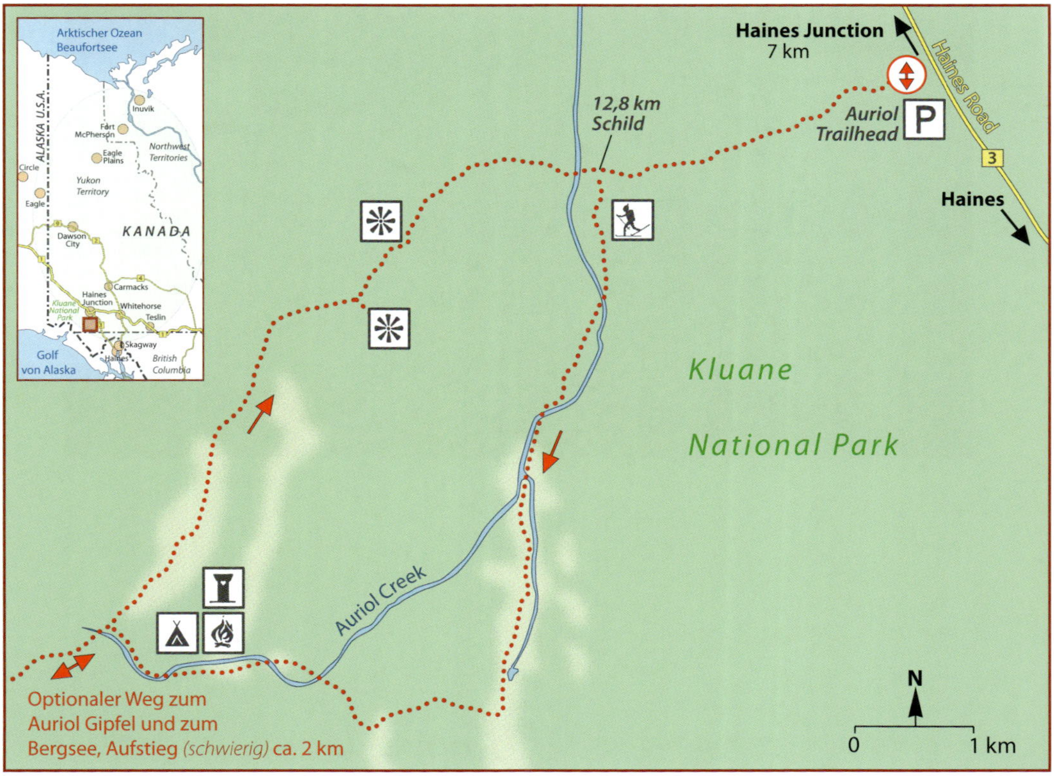

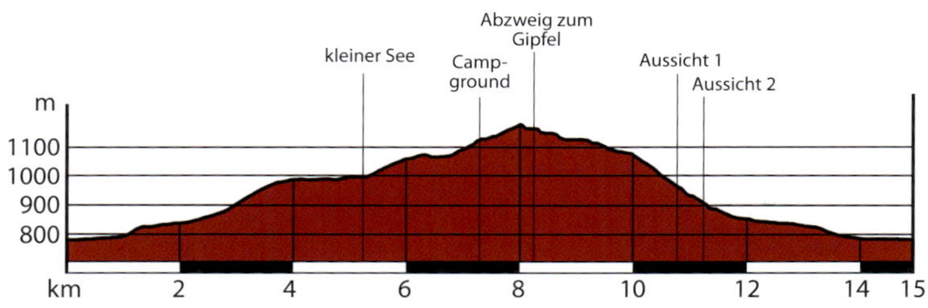

Schwierigkeit:	leicht
Länge der Tour:	15 km
Gehzeit:	4 - 6 Std.
Höhendifferenz:	369 m
Höchster Punkt:	1164 m
Niedrigster Punkt:	795 m

Wichtig:
Für die Übernachtung im Kluane National Park ist eine Registrierung bei der Parkverwaltung erforderlich. Die Gebühr beträgt 9,80 Kanadische Dollar pro Nacht.
Eine Registrierung ist vorallem zur Hochsaison schon von zu Hause empfehlenswert.

Länge der Tour:
15 Kilometer, Gehzeit 4-6 Stunden.

Start- & Endpunkt:
Parkplatz am Beginn des Wanderweges „Auriol Trailhead" an der „Haines Road".

Anreise:
Von Whitehorse ca. 158 Kilometer bis Haines Junction, dann sieben Kilometer auf der Haines Road in südlicher Richtung bis zum Trailbeginn.

Übernachtung:
Auf dem kleine **Zeltplatz auf dem Auriol Trail** bei km 7,3 (Registrierung erfoderlich).
Kathleen Lake Campground, Kathleen Lake Rd, Destruction Bay, YT Y0B 1H0, Kanada.
Übernachtungs-Tipps: Hütten The Cabin Yukon & Kluane Ecotours *(bei km 219 Haines Road gegenüber Kathleen Lake Campground)*, Tel. Sommer: +1 (867) 634-26 00 oder Tel. Winter: +1 (867) 634-26 26, P.O. Box 5334 Haines Junction, Yukon, Y0B1L0, www.thecabinyukon.com
Glanzmann Tours *(Hütten etwas südlich vom Kathleen Lake Campground)*, P.O. Box 2107, Haines Junction, YOB 1LO Yukon, Tel. +1 (867) 634-20 01, www.yukon-glanzmanntours.com

Infos & Registrierung:
Kluane National Park & Reserve Visitor Centre, P.O. Box 5495, Haines Junction, Yukon, Y0B 1L0, Tel. +1 (867) 634-72 07, E-Mail: kluane.info@pc.gc.ca, www.pc.gc.ca/kluane

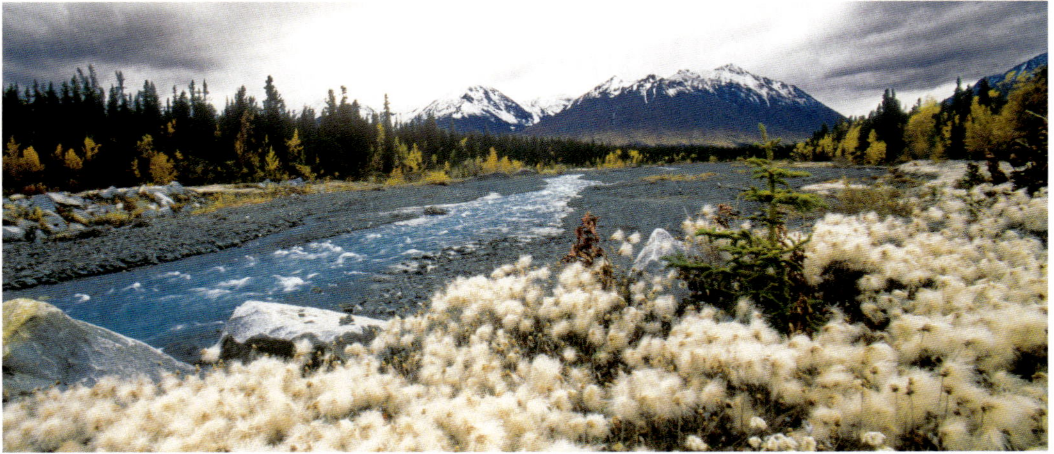

Die Auriol-Bergkette von der Haines Road aus gesehen.

Auriol Trail

Tag 1

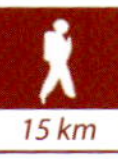

Bereits beim Packen unserer Rucksäcke auf dem kleinen Parkplatz geraten wir ins Schwitzen. Es ist schwül, und dunkle Wolkentürme stehen drohend über den fast 2500 Meter hohen Gipfeln der **Auriol-Bergkette**. Besonders den Moskitos gefällt dieses Wetter. Schon nach den ersten Metern auf dem breiten Wanderweg hat jeder von uns einen beachtlichen persönlichen Fanclub im Schlepptau. Noch kann die chemische Keule unsere zahlreichen Verehrer auf Distanz halten, doch bald hilft nur noch das Kopfnetz.

Nach zwei Kilometern teilt sich der Pfad. Wir entscheiden uns, den Rundweg links herum zu beginnen, da der rechte Anstieg steiler ist. Durch dichten, feuchten Fichtenwald steigen wir langsam durch das Tal eines kleinen Baches aufwärts. Beeindruckend ist die Vielfalt der Blumen am Wegesrand. Jetzt, Anfang Juli, blüht es überall, und wir zählen bereits über 20 verschiedene Arten, als sich der Wald lichtet und ein kleiner Teich vor uns auftaucht. Neben vereinzelten Orchideen sind besonders Lupinen und Läusekraut häufig.

An der Waldgrenze, die wir kurz danach erreichen, sind es besonders Enzian und Arnika, die farbige Akzente setzen. An feuchten Stellen finden wir immer wieder die Spuren von Elchen und Schwarzbären. *Hier oben auf etwa 1150 Meter beginnt die subalpine Buschzone.*

Das offenere Gelände bietet oft schöne Ausblicke auf den **Mount Martha Black** und andere, namenlose Gipfel der **Auriol Range**. Nach zweieinhalb Stunden erreichen wir schließlich den kleinen Campplatz bei Kilometer 7,3. An einem kleinen Bach gelegen, bietet er mit vier Zeltplätzen, Feuerstelle, Trockentoilette und bärensicherer Lebensmittelaufbewahrung einiges an Komfort für müde Wanderer.

Tag 1

Am nächsten Morgen folgen wir dem kleinen Bach bis zum Kilometerpfosten 8,2. Von hier aus haben (erfahrene!) Wanderer die Möglichkeit, die Gipfel und Gletscher der **Auriol Range** auf eigene Faust zu erkunden. *Am besten folgt man dem Bach, der von den Gletschern der Hauptgipfel gespeist wird. Für die schwierigen Gipfelanstiege der Auriol Range wird das Mitführen eines Eispickels empfohlen; Bergerfahrung ist sowieso unerlässlich. Wer plant, den eigentlichen Trail zu verlassen, sollte unbedingt vor Tourbeginn nähere Informationen zu den möglichen Routen und aktuellen Zuständen im Visitor Center in Haines Junction einholen.*

Für uns beginnt an diesem Punkt der Abstieg zurück ins Tal. Durch den trockenen Fichtenwald kommen wir zügig voran und machen nur an den Aussichtspunkten eine ausgedehnte Pause. Der Blick schweift nach Norden weit über **Haines Junction** und den **Shawak Graben**. *Diese Erdfalte trennt die scharfkantigen Gipfel der Kluane Mountains von der östlich liegenden Ruby Range-Bergkette.* Der weitere Abstieg ist eigentlich kein Problem mehr. Ein frischer Bärenhaufen mitten auf dem Weg ermahnt uns aber auch hier zur Vorsicht. Einige Wegabschnitte sind recht steil und durch den gestrigen Regen etwas rutschig.

Nachdem der Weg bei Kilometerschild 12,8 wieder Anschluss an den Hauptweg findet, ist das Auto nicht mehr weit.

King´s Throne Trail

Königliche Aussichten

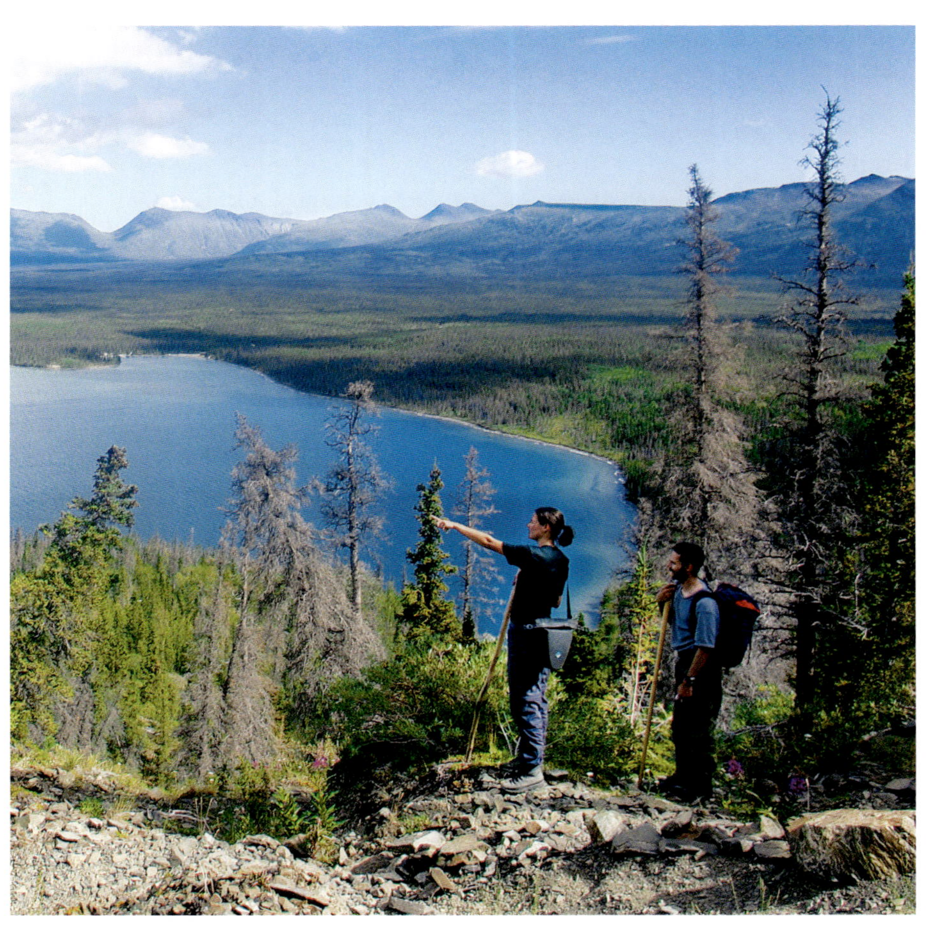

Tour 16

Wanderung King´s Throne Trail

Charakter der Tour

Kurzer, aber anstrengender Anstieg zu einem beliebten Aussichtspunkt. Vom höchsten Punkt des Trails schweift der Blick weit über den blauen Kathleen Lake und die Bergwelt der Kluane Mountains. Der King´s Throne Trail führt durch dichten Wald bis in die subalpine Zone der Kluane Mountains. Für erfahrene Bergwanderer bietet sich die Möglichkeit, den Anstieg zu verlängern und über eine schwierigere Route den 1.990 Meter hohen Gipfel des Berges zu erwandern.

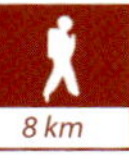

Gefahren

Mögliche Bären- oder Elchbegegnungen. Der Trail führt teils durch dichten Wald, der die Sicht begrenzt. Unliebsame Begegnungen durch Rufen oder laute Geräusche vermeiden! Loses Geröll am Berg. Wanderstöcke und festes Schuhwerk sind empfehlenswert. In den Höhenlagen muss mit Wetterstürzen und schlechter Sicht (Wolken) gerechnet werden. Ausreichend Wasser mitnehmen!

Kartenmaterial

Eine kostenlose, deutschsprachige Beschreibung des Trailverlaufs sowie topografische Karten sind bei der Nationalparkverwaltung erhältlich. Karte 1 : 50.000, 115 A/11

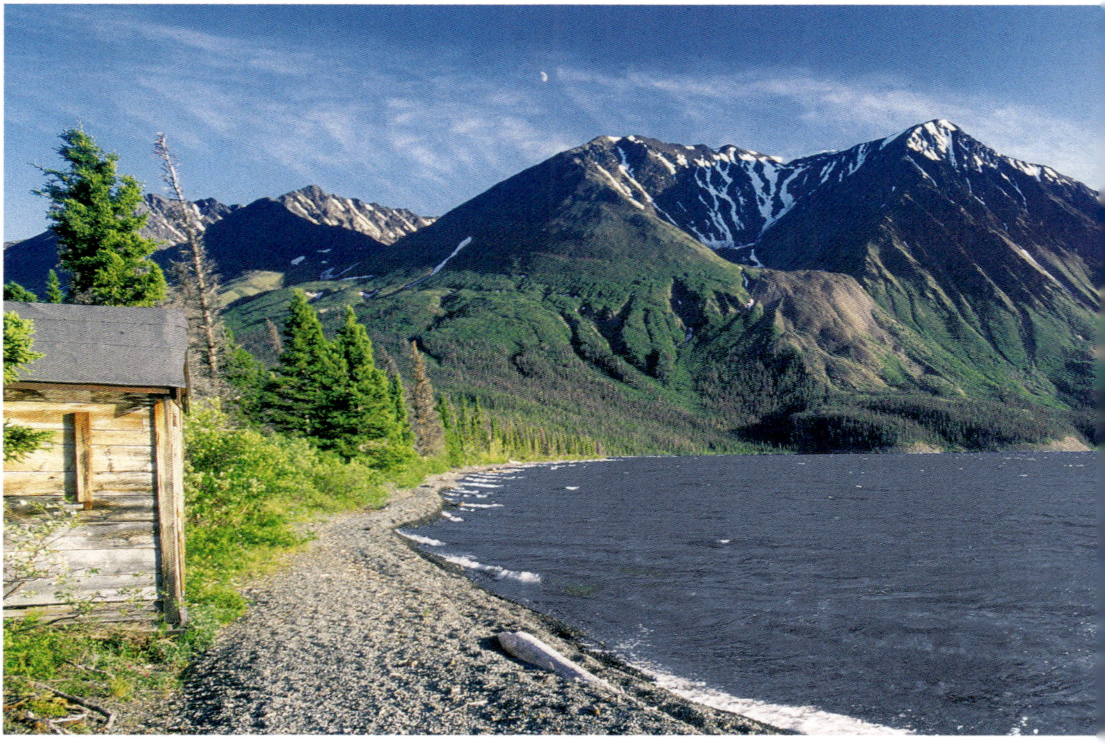

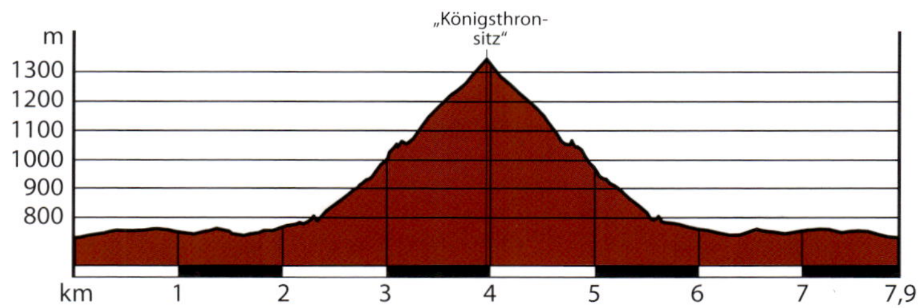

Schwierigkeit:	schwer
Länge der Tour :	ca. 8 km
Gehzeit:	4 - 6 Std.
Höhendifferenz:	611 m
Höchster Punkt:	1342 m
Niedrigster Punkt:	733 m

Start- & Endpunkt:
Parkplatz Kathleen Lake day-use area, Kathleen Lake Road, Abzweig vom Highway 3 „Haines Road".

Anreise:
Von Whitehorse ca. 158 Kilometer bis Haines Junction, dann 27 Kilometer auf der Haines Road (Highway 3) in südliche Richtung bis zum Kathleen Lake day-use area.

Übernachtung:
Kathleen Lake Campground, Kathleen Lake Rd, Destruction Bay, YT Y0B 1H0, Kanada

Übernachtungs-Tipps:
Hütten The Cabin Yukon & Kluane Ecotours *(bei km 219 Haines Road gegenüber Kathleen Lake Campground)*, Tel. Sommer: +1 (867) 634-26 00 oder Tel. Winter: +1 (867) 634-26 26, P.O. Box 5334 Haines Junction, Yukon, Y0B1L0, www.thecabinyukon.com
Glanzmann Tours *(Hütten etwas südlich vom Kathleen Lake Campground)*, P.O. Box 2107, Haines Junction, YOB 1LO Yukon, Tel. +1 (867) 634-20 01, www.yukon-glanzmanntours.com

Infos und Registrierung:
Kluane National Park & Reserve Visitor Centre, P.O. Box 5495, Haines Junction, Yukon, Y0B 1L0, Kanada, Tel. +1 (867) 634-72 07, E-Mail: kluane.info@pc.gc.ca, www.pc.gc.ca/kluane

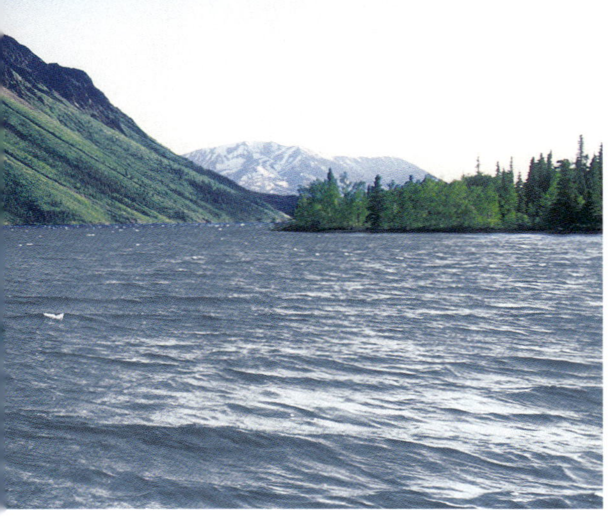

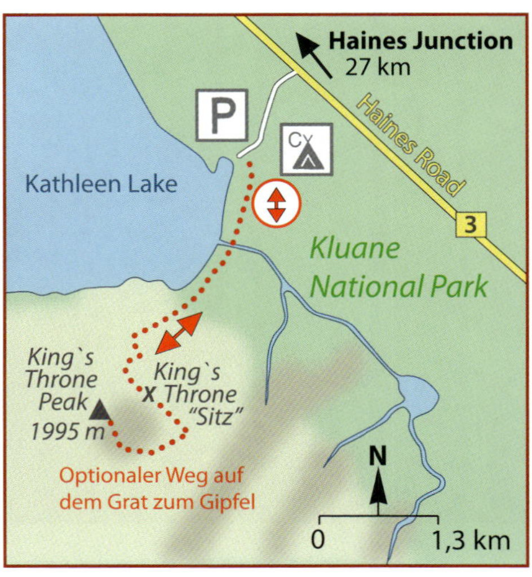

10 km

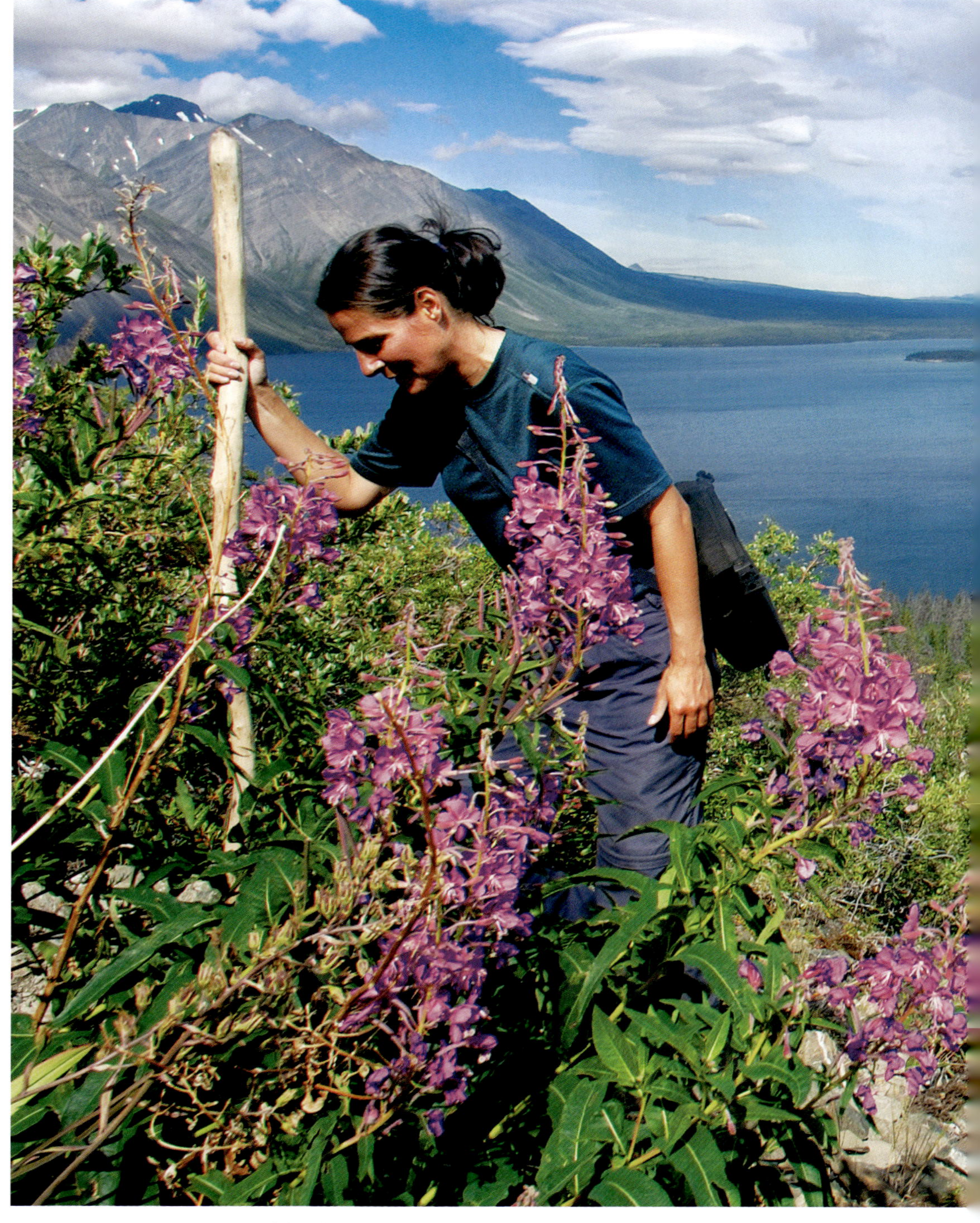

Auf dem losen Geröll ist festes Schuhwerk unerlässlich.

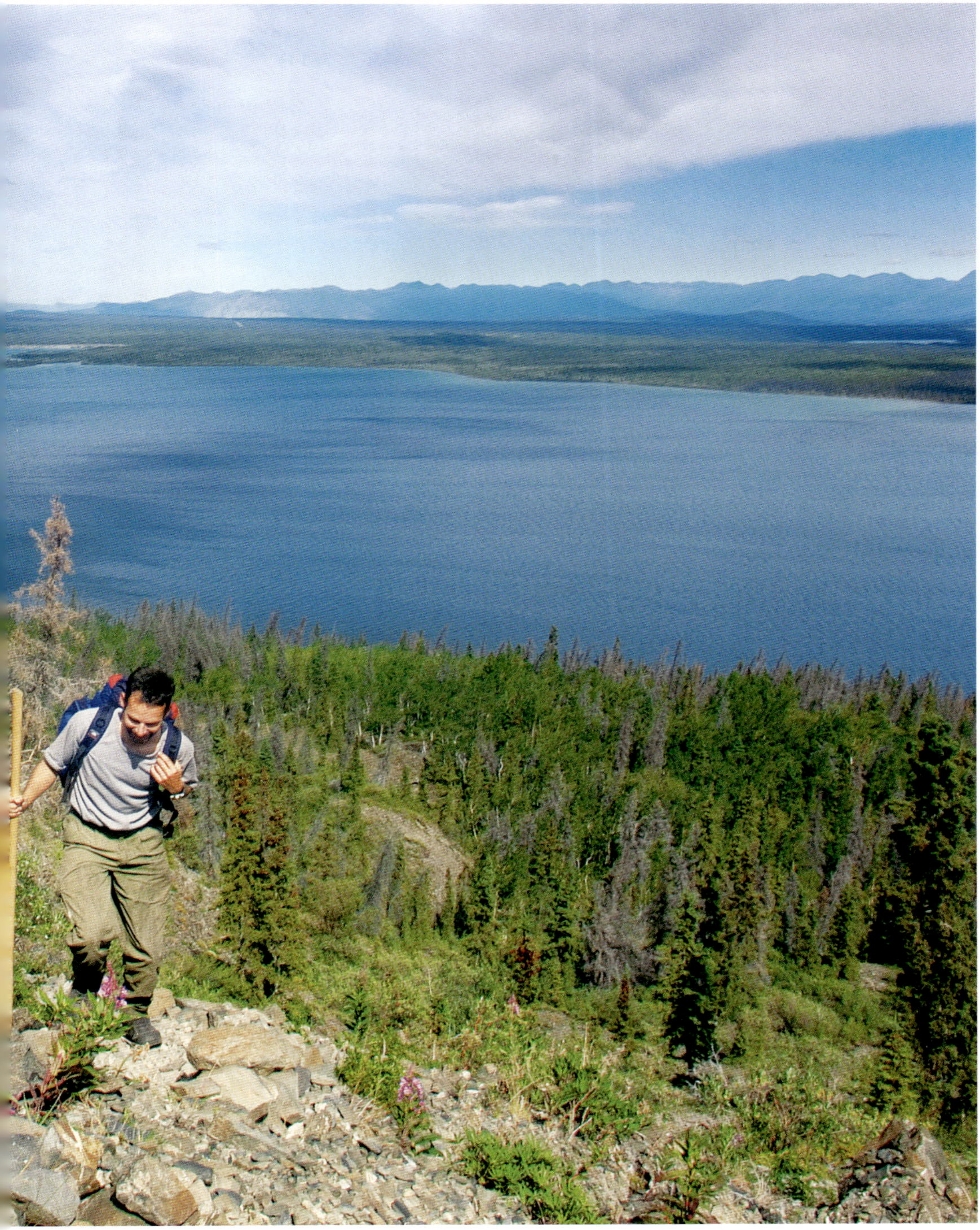

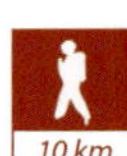
10 km

King´s Throne Trail

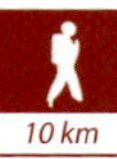

Wir staunen nicht schlecht, als wir vier aus dem Leihwagen steigen. Hohe Wellen laufen gegen den Kiesstrand am **Kathleen Lake**. Hinter den aufgewühlten, aber glasklaren Wassermassen hebt sich der Gipfel des **King´s Throne** in den wolkenlosen Himmel. Die Altschneefelder am fast 2000 Meter hohen Gipfel blinken in der Sonne, das tief eingeschnittene, U-förmige Tal darunter liegt dagegen noch im Schatten. Dieser „Sitz im Königsthron" ist das Ziel unserer heutigen Tagestour. Zum Glück wollen wir heute wandern und nicht Kanu fahren!

Der Beginn des Trails liegt etwas vom See entfernt an der Straße. Auf einer alten Bergbaustraße geht es zunächst komfortabel etwa zwei Kilometer am Seeufer entlang zum Fuß des Berges. Hier gabelt sich der Weg. Während wir uns links halten und einem unbefestigten Pfad den Berg hinauf folgen, führt der **Cottonwood Trail** weiter den See entlang. *Mit einer Länge von insgesamt 83 Kilometern ist es der längste Wanderweg im Kluane National Park. In vier bis sechs Tagen sind auf der beliebten Tour zwar keine großen Höhenunterschiede zu bewältigen, dafür fordern jedoch einige schwierige Bachfurten Wanderern einiges ab.*

Mit unseren leichten Tagesrucksäcken ist der Anstieg durch den dichten Wald bald geschafft; oberhalb der Baumgrenze öffnet sich zum ersten Mal der Blick hinunter auf den Kathleen Lake. Von hier aus geht es weiter in steilen Serpentinen über ein langgezogenes Geröllfeld, bis wir schließlich auf 1.342 Meter Höhe den „Sitz" des Königsthrons erreichen. Dieses tief eingeschnittene Hochtal ist der Endpunkt des Trails und bietet eine phantastische Aussicht über den dunkelblauen **Kathleen Lake** und die dahinter liegende **Dezadeash Range**.

Kaum zu glauben, dass dieses weite Tal noch vor 200 Jahren von einem großen See bedeckt war. Zu jener Zeit blockierte der Lowell Gletscher den Alsek River unterhalb von Haines Junction mit einem Damm aus Eis. Nach und nach entstand ein riesiger See – bis im Jahr 1850 der Druck zu groß wurde und das Wasser in einer gewaltigen Flutwelle das Alsektal hinab rauschte. In nur zwei Tagen wurde der See entwässert; der Alsek River erreichte dabei etwa die Durchflussmenge des Amazonas. An der Mündung in den Pazifik wurde bei diesem Ereignis ein Indianerdorf ausgelöscht. Die einzigen Hinweise auf diese lange zurückliegende Katastrophe sind einige Kies- und Felsanhäufungen sowie das Lachsvorkommen im Kathleen Lake. *Diese Kokanee genannten Fische bleiben jedoch deutlich kleiner als ihre Artgenossen, die im Meer aufwachsen. Da zuerst der Lowell Gletscher und später der Turnback Canyon (WW VI) am Alsek River ihnen den Rückweg ins Meer verwehrte, laichen sie seitdem in den kleinen Bächen der Umgebung.*

Nachdem wir uns satt gesehen haben, machen wir uns wieder an den Abstieg. Wer an dieser Stelle noch genügend Kraft für weitere 650 Höhenmeter hat und zudem etwas bergerfahren ist, kann von hier über den linken Grat zunächst ein Plateau und dann den Gipfel erreichen. Bei gutem Wetter reicht die Sicht vom Gipfel bis zu den weiten Eisfeldern im Herzen des Parks. Bei schlechtem Wetter versucht man am besten erst gar nicht erst über diese steile und manchmal vereiste Route zu gehen.

Scharfe Grate über der Tundra

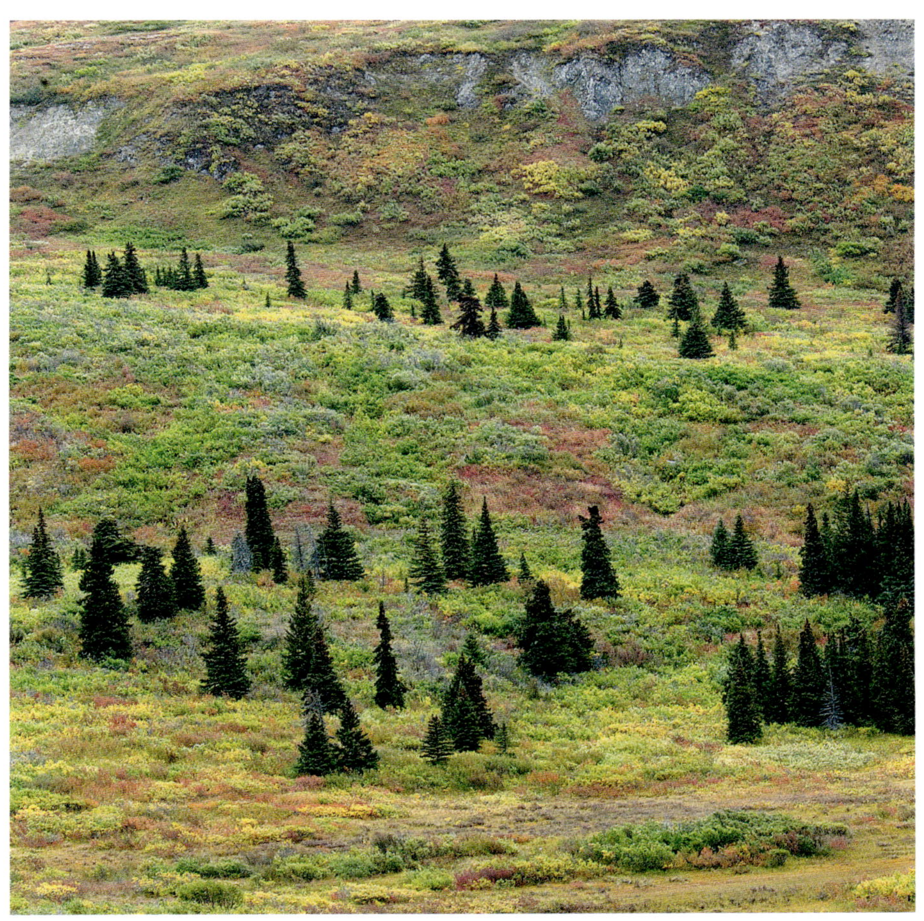

Tour 17

Kurzbeschreibung Wanderung Tombstone Mountains, Grizzly Lake

Länge der Tour:
Grizzly Lake Trail, anstrengende, schwierige Wanderung, 12 Kilomter (one-way), 6-8 Stunden.

An- und Abreise:
Von Whitehorse ca. 530 Kilometer auf dem Klondike und Dempster Highway bis zum **Tombstone Mountain Campground** (Transfer ca. 930 Dollar oder Leihwagen).

Infos & Wichtige Adressen:
An den Seen **Grizzly, Divide und Talus Lake** darf zum Schutz der empfindlichen Ufervegetation nur noch auf den eingerichteten Zeltplattformen gecampt werden (12 CAD/Nacht/Zeltplatz).
Diese Plattformen müssen im persönlich Interpretive Center oder online gebucht werden. Die Buchung ist kostenlos, **kann aber maximal zwei Tage vor Beginn einer Wanderung erfolgen????**. Bärensichere Lebensmittelbehälter können kostenlos (40 Dollar Pfand) im Interpretive Centre geliehen werden.
Zeltplattform Reservierungen online: https://yukon.goingtocamp.com
Tombstone Interpretive Centre, km 71.5 Dempster Highway, Jun-Sep Mo-So 9-17,
E-Mail: tombstonecentre@gmail.com
Environment Yukon, Dawson City, Tel. +1 (867) 993-77 14 oder -78 99, Yukon Parks Main office, Whitehorse, Tel. +1 (867) 667-56 48, **Park Ranger** Tel +1 (867) 993-56 51, www.environmentyukon.gov.yk.ca

Gefahren:
Der Tombstone Territorial Park befindet sich nur etwa 200 Kilometer südlich des Polarkreises und ist mit einer durchschnittlichen Höhe von über 1.000 Meter ü.N.N. von einem sehr rauen Klima geprägt. Auch Tageswanderer sollten auf plötzliche Wetterstürze vorbereit sein. Im weglosen Hinterland muss mit allen Schwierigkeiten und Gefahren einer echten Wildnistour gerechnet werden.

Kartenmaterial & Literaturtipp:
Tombstone Territorial Park Hiking Map. Karte 1 : 250 000: 116B Dawson. **Karten 1 : 50 000:** 116B/09 North Fork Pass, 116B/08 Upper Klondike River (mit Grizzly Lake), 116B/07 Tombstone River.
Die Kartenblätter sind auch im Dempster Highway Interpretive Centre erhältlich.
„Yukon´s Tombstone Range and Blackstone Uplands“, *by Canadian Parks and Wilderness Society,* enthält detaillierte Infos zu den Wanderrouten, Natur, Geschichte und Geologie der Tombstone Region.

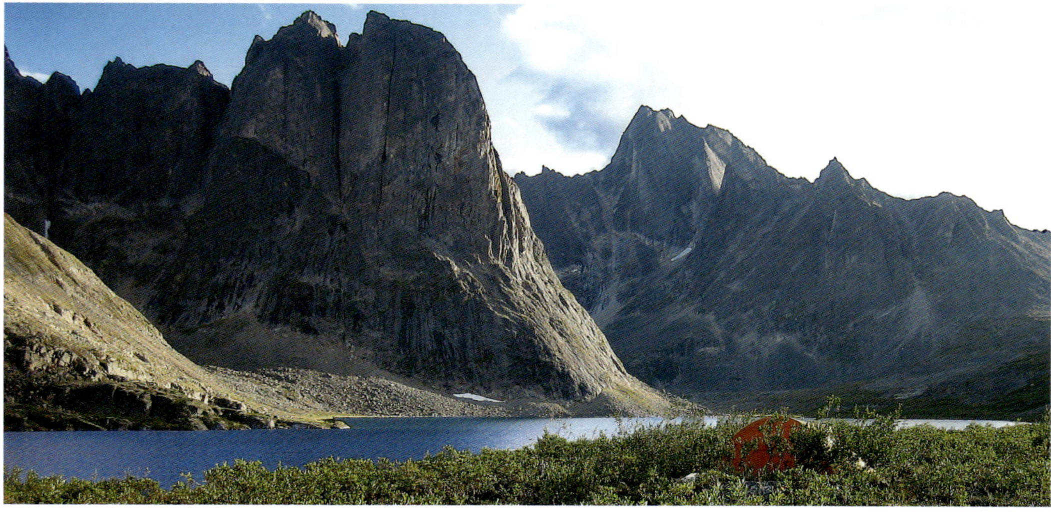

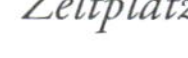

Zeltplatz am Divide Lake (6 km vom Grizzly Lake) mit dem Mount Monolith im Hintergrund.

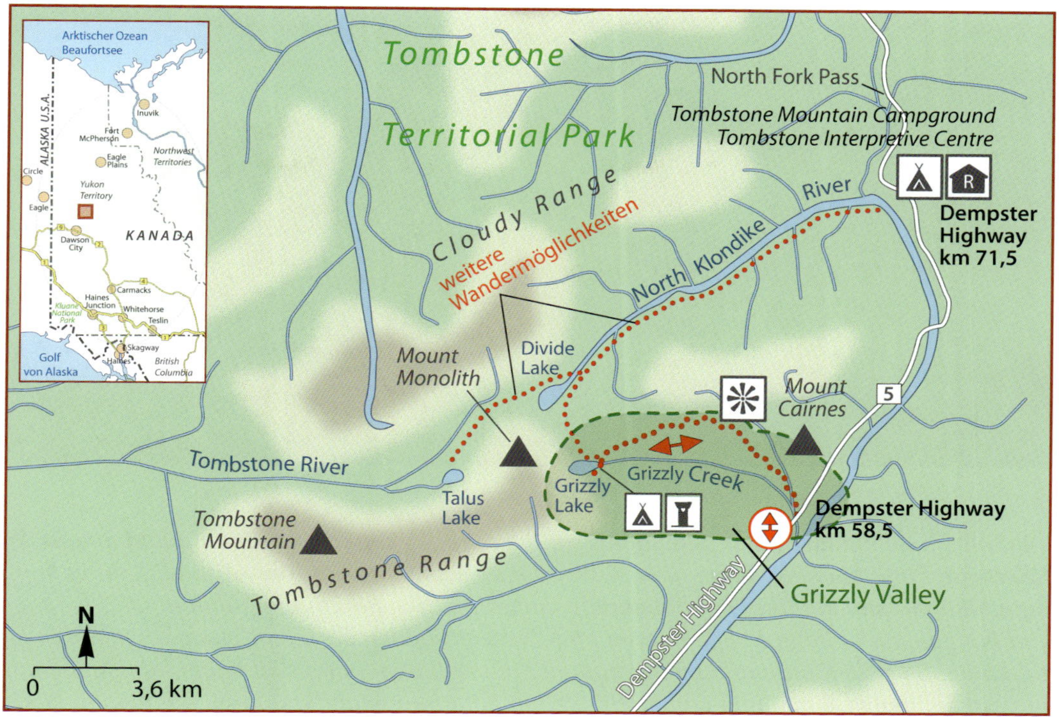

Charakter der Tour

Die **Tombstone Mountains** gehören eindeutig zu den schönsten Flecken im Nordwesten Kanadas. Scharfe Berggrate und zerrissene Granittürme ragen hier im Zentrum der Bergkette aus der subarktischen Tundra. Klare, kalte Bergseen schmiegen sich in die Täler, und Karibuherden grasen auf wettergebeutelten Bergrücken. Neben den Trails im Kluane National Park ist diese unwirkliche Urlandschaft ein weiteres Traumziel für Wanderer und Naturliebhaber im Yukon. Das größte Potential dieses Gebietes liegt wahrscheinlich in der Vielfalt der möglichen Touren. Zwar fehlen weitgehend markierte und unterhaltene Trails im **Tombstone Territorial Park**, dafür bietet das Hochland jedoch eine Vielzahl an Routen, die kurze Tagestouren vom Highway aus genauso möglich machen wie mehrwöchige Wanderungen im höchsten Schwierigkeitsgrad. Quasi direkt neben dem **Dempster Highway** beginnt hier die Wildnis des Nordens mit ihrer rauen Schönheit und einer vielfältigen Tier- und Pflanzenwelt. Wer die Strapazen einer längeren Gepäcktour auf sich nimmt, sollte jedoch über ausreichend Wildniserfahrung verfügen und mit Karte und Kompass umgehen können. Auch muss man sich im Vorfeld vor Augen führen, dass das Gelände besonders in den Tälern aus sumpfiger Tundra und verfilztem Buschwerk besteht und nur mit hohem Zeit- und Kraftaufwand zu bewältigen ist.

Für alle Wandertouren in der Umgebung ist der **Tombstone Mountain Campground** das perfekte Basislager. Hier trifft man Gleichgesinnte und kann von Juni bis September im angeschlossenen **Dempster Highway Interpretive Centre** aktuelle Informationen und Beratung zu geplanten Wanderrouten erhalten.

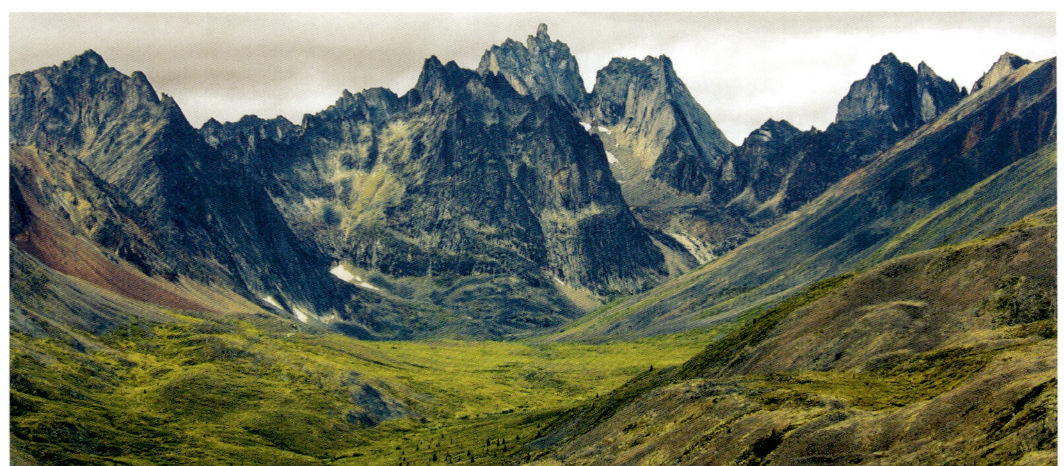

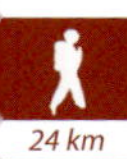

Blick in das Grizzly Tal mit dem eindrucksvollen Mount Monolith.

Die beliebteste Wanderung in den Tombstone Mountains ist zweifellos eine Tour zum **Grizzly Lake**. Am Fuße des senkrechten, über 2.000 Meter hohen **Mount Monolith** liegt dieser wunderschöne Bergsee auf fast 1.400 Metern in einem Bett aus Felsen und Tundra.

Der Aufstieg ins Grizzlytal beginnt etwa 13 Kilometer südlich des Campgrounds am Highway Kilometer 58,5. Ein kleiner Parkplatz *(ca. 920 Meter ü.N.N.)* liegt hier neben der Straße; im dichten Fichtenwald dahinter schlängelt sich ein gut erkennbarer Trail den Berg hinauf. Nach etwa vier Kilometern führt dieser Weg auf einen Bergrücken zum Aussichtspunkt mit tollem Blick auf den **Mount Monolith** und das **Grizzly Valley**. Unerfahrene Wanderer kehren an dieser Stelle am besten wieder um. Von hier aus verliert sich der Wegverlauf zunehmend auf dem Bergrücken, und das Gelände wird deutlich anspruchsvoller.

Vom Aussichtspunkt folgt man ein Stück dem Bergrücken, oft weisen auch kleine Steinpyramiden den richtigen Weg, und beginnt dann mit dem Abstieg zum See. Wer zu früh den Bergrücken verlässt, findet sich schnell im verfilzten Gestrüpp der alpinen Buschzone wieder. Nach insgesamt etwa 11 anstrengenden Kilometern erreicht man schließlich das Ufer des Sees. Zum Zelten muss man sich registriert und einen Zeltplatz gebucht haben. Es gibt 10 Plätze, ein Toilettenhäuschen sowie eine Kochplattform.

Die meisten Wanderer gehen den gleichen Weg zurück, von hier gibt es jedoch auch die Möglichkeit, über den nördlich gelegenen **Glissade Pass** und den **Tombstone Pass** sein Abenteuer zu verlängern, um einen Blick auf das Herz der **Tombstone Range** mit dem 2.196 Meter hohen **Tombstone Mountain** zu werfen. Auch gibt es wunderschöne Bergseen zu bestaunen, und das Panorama auf die zerrissenen Bergkämme ist grandios!

Die beste Zeit für eine Wandertour in den Tombstones ist Mitte August bis Anfang September. Zwar muss man um diese Jahreszeit bereits mit kalten Nächten und Schnee in den höheren Lagen rechnen, aber die Tundra leuchtet dann in den wunderschönsten Herbstfarben, und mit dem Sinken der Nachttemperatur nimmt die Zahl der Moskitos merklich ab. Im Juni behindern oftmals noch ausgedehnte Altschneefelder das Vorankommen in den Höhenlagen. Im Juli blühen die unterschiedlichsten Blumen in der Tundra um die Wette, aber es ist gleichzeitig die Hochzeit der überaus lästigen Moskitoschwärme.

Grey Mountain, Hidden Lakes

Zwei Tagestouren um Whitehorse

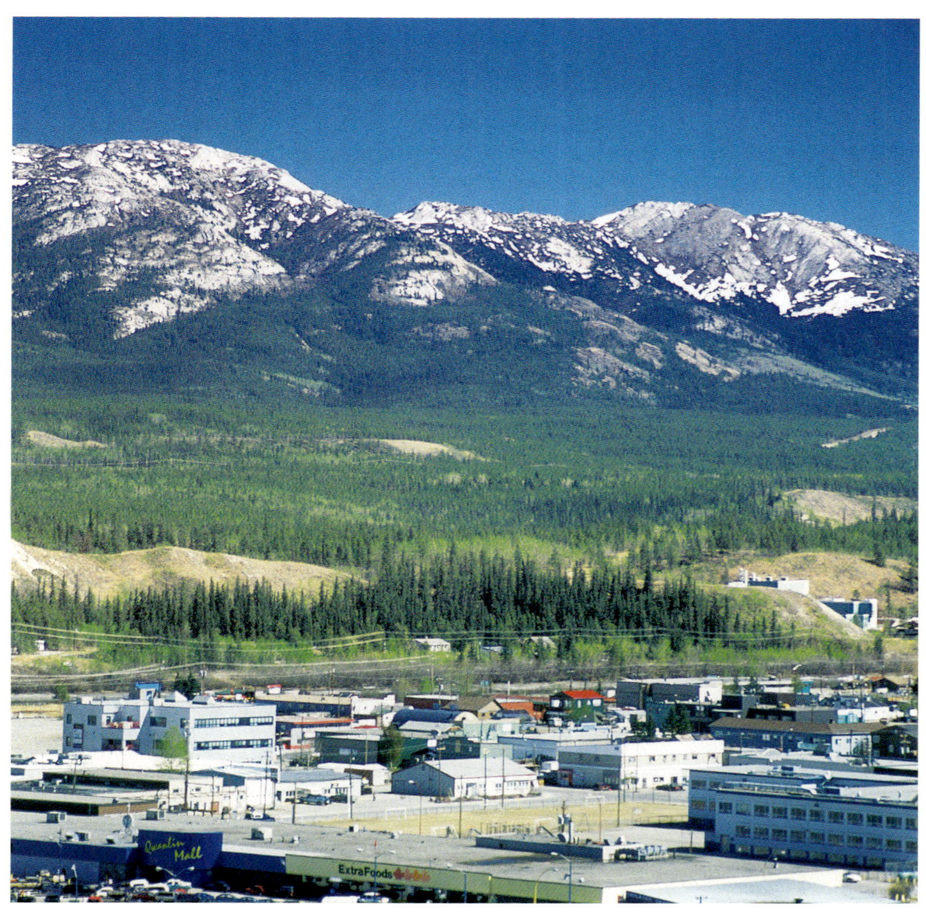

Tour 18

Kurzbeschreibung Wanderungen Grey Mountain & Hidden Lakes

Grey Mountain

Charakter der Tour

Unkomplizierte Wanderung auf den „Hausberg" von **Whitehorse**. Schon der Startpunkt am Rande der Grey Mountain Road bietet einen schönen Blick auf den Ortsteil Riverdale und den Yukon River.

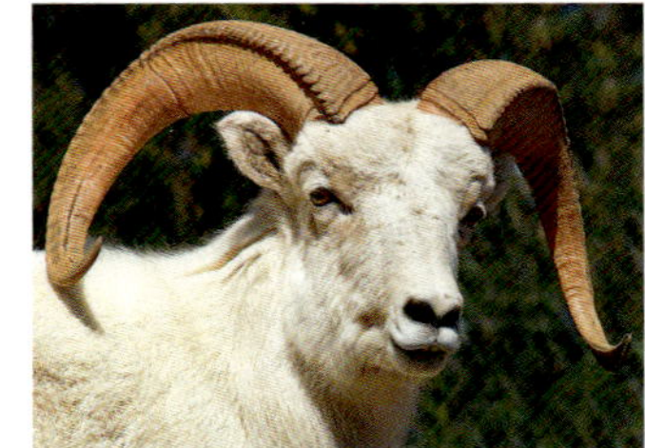

Vom Parkplatz aus folgt man einfach der **Grey Mountain Road** den Berg hinauf. Dieses Teilstück ist nur noch für allradgetriebene Fahrzeuge geeignet und endet an einer Sendemastanlage. Weiter geht es über den Bergrücken bis zum Gipfel (1495 Meter). Neben der wunderschönen Aussicht auf Whitehorse und das Yukon River-Tal vom Marsh Lake bis Lake Laberge sind in Gipfelnähe auch gelegentlich Dallschafe anzutreffen.

Länge der Tour Grey Mountain:
Ca. 14 Kilometer hin und zurück, 4-6 Stunden, ca. 600 Meter Höhenunterschied.

An- und Abreise Grey Mountain:
Vom Stadtzentrum aus folgt man zunächst der 2nd Avenue und überquert am Raddampfer S.S. Klondike die Brücke über den Yukon River. An der zweiten Straße biegt man links in den Alsek Boulevard, um dann erneut die zweite „Straße" links, den Berg hinauf, abzubiegen. Die Grey Mountain Road ist eine raue Schotterstraße und führt nach sechseinhalb Kilometern zu einem Parkplatz auf der rechten Seite der Straße. Von hier aus geht es zu Fuß weiter.

Gefahren:
Mögliche Bären- oder Elchbegegnungen. Wanderstöcke und festes Schuhwerk sind empfehlenswert. In den Höhenlagen muss mit Wetterstürzen und schlechter Sicht (Wolken) gerechnet werden. Ausreichend Wasser mitnehmen!

Kartenmaterial:
Karte Grey Mountain 1 : 50 000: 115 D/10.

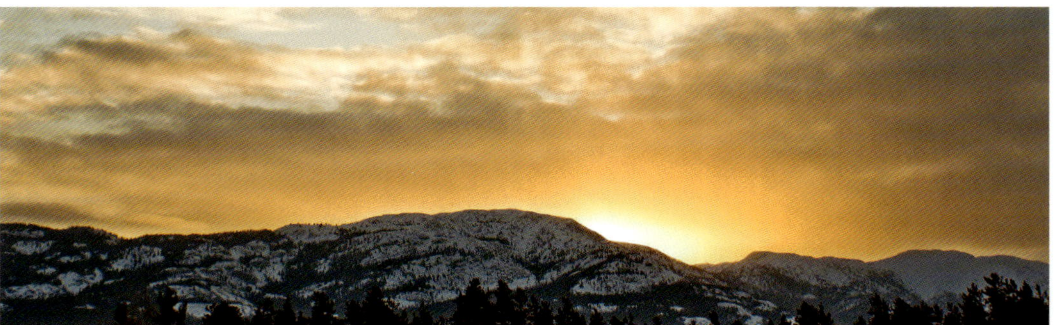

Sonnenaufgang über dem Grey Mountain, Whitehorse.

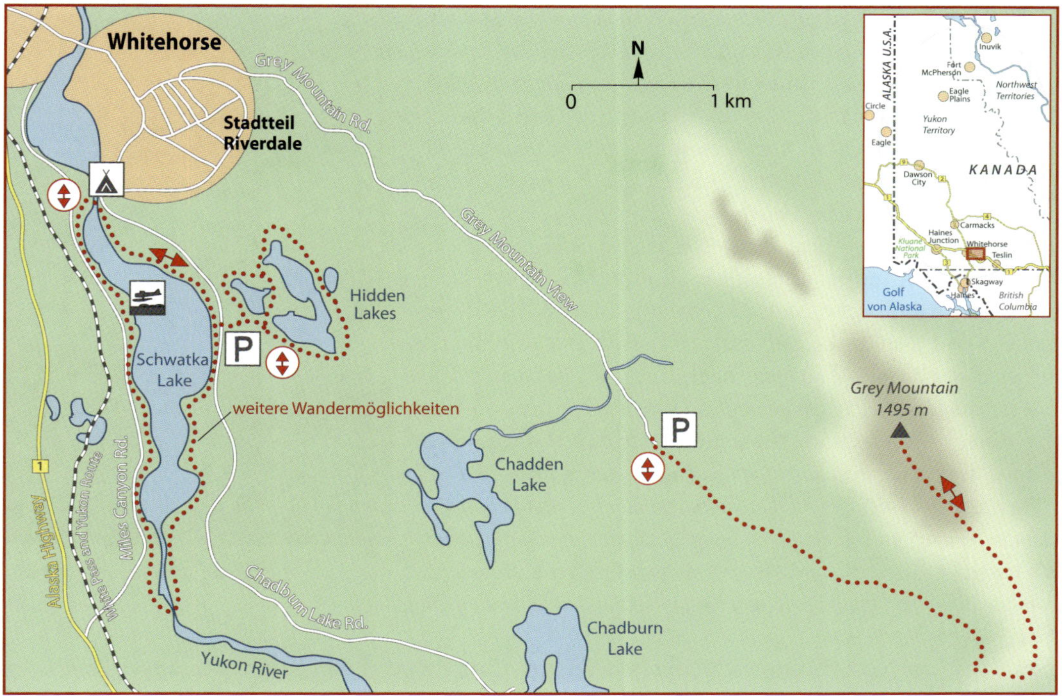

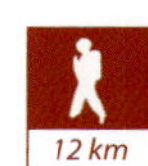

Miles Canyon, Hidden Lakes

Länge der Touren Hidden Lakes:
Ca. zwölf Kilometer Rundweg und ca. drei Kilometer Hidden Lakes Rundweg.

An- und Abreise:
Vom Stadtzentrum aus folgt man zunächst der 2nd Avenue und biegt vor dem Raddampfer S.S. Klondike rechts in den Robert Service Way ein. Am Ufer des Yukon Rivers beginnt die Wanderung am **Robert Service Campground**.

Kartenmaterial & Literaturtipp:
Karte Hidden Lakes 1 : 50 000: 115 D/10, 115 D/11
„Whitehorse & Area; Hikes & Bikes“, *Yukon Conservation Society*, Lost Moose & Harbour Publishing.

Charakter der Tour

Eine Wanderung zu den **Hidden Lakes** und/oder am **Miles Canyon** entlang ist eine gute Möglichkeit, in der Gegend um Whitehorse ein paar schöne Stunden in der Natur zu verbringen. Beginnen kann man z.B. direkt am **Robert Service Campground** (www.robertservice-campground.com) am Ufer des Yukon River.
Ein ausgebauter Fußweg führt von hier stromaufwärts bis zu einer Hängebrücke über den Fluss. Häufig kann man in den Stromschnellen unterhalb des Kraftwerks Wildwasserfahrern in ihren

Kajaks zuschauen, die in den Wellen und Walzen spielen. Ein Staudamm blockiert nur wenige 100 Meter stromauf den Yukon River und bildet so eine unüberwindbare Hürde für Königslachse, die im Spätsommer den Fluss hinauf ziehen. *Am linken Ufer wurde aus diesem Grund eine hölzerne Fischtreppe gebaut. Zur Zeit des Fischzuges kann man durch eingebaute Glasscheiben einen Blick auf die weitgereisten Lachse werfen und sich umfassend informieren.*

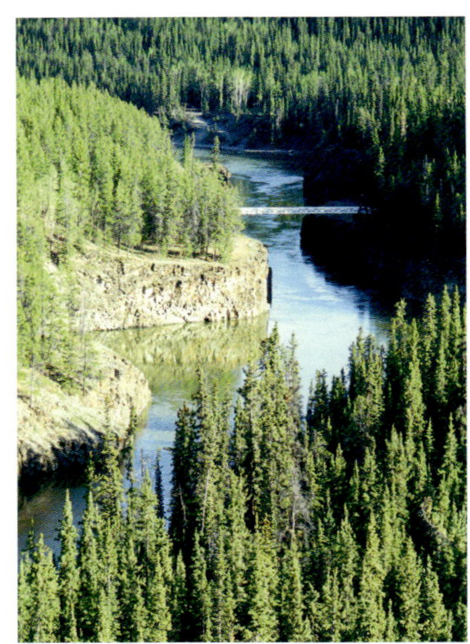

Miles Canyon.

Von der Fischtreppe aus folgt man einem Trail am Ufer des **Schwatka Lakes** (Stausee) entlang, bis die Chadburn Lake Road von links auf den Trail trifft. Wenig später biegt ein schmaler Fahrweg nach links ab, der nach 300 Meter an einem Parkplatz endet. Ein Trail führt von hier zu den wunderschön gelegenen **Hidden Lakes.** *Erst durch den Bau des Staudammes und der damit verbundenen Anhebung des Grundwasserspiegels entstand diese Ansammlung von kleineren Seen. Von der Fischereibehörde wurden Forellen, Saiblinge und sogar Lachse ausgesetzt, sodass jeder mit einer gültigen Angellizenz auf einen guten Fang hoffen darf.*

12 km

Neben einem Netz an unterschiedlichen Wegen führt ein etwa drei Kilometer langer Rundweg um den zweiten und zugleich größten See herum. Trotz der Stadtnähe sind hier manchmal Elche zu beobachten, während Weißkopfseeadler und Eistaucher Jagd auf Fische machen.

Zurück an der **Chadburn Lake Road** folgt man weiter der Straße oder hält sich möglichst dicht am Ufer des Schwatka Lake, bis die Seeufer schließlich zu den steilen Felsufern des **Miles Canyon** zusammenrücken. Nach etwa einem Kilometer spannt sich eine Fußgängerbrücke über das grüne Wasser. Am gegenüberliegenden Ufer führt die asphaltierte **Miles Canyon Road** zurück zum Schwatka Lake und schließlich zum Robert Service Campground.

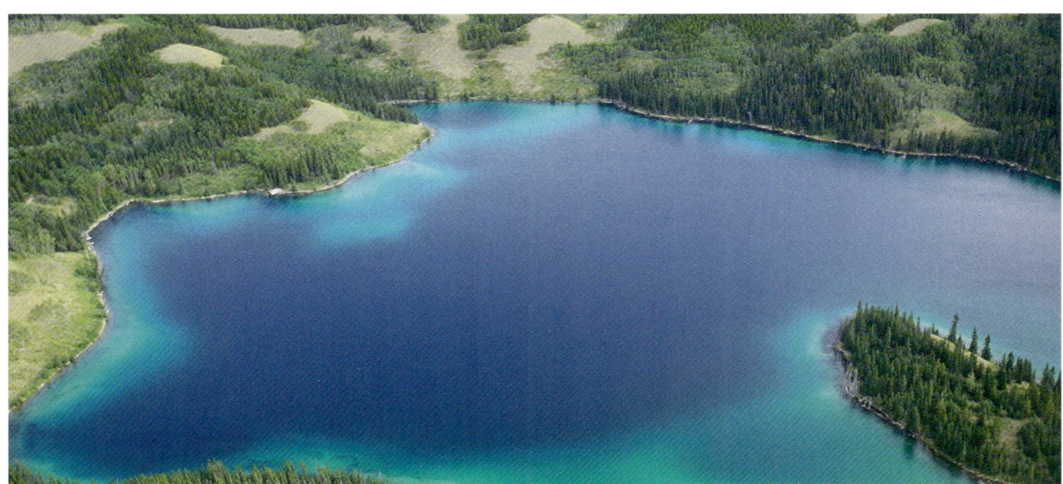

Der Chadburn Lake aus der Vogelperspektive.

Chilkoot Trail

Die goldenen Stufen

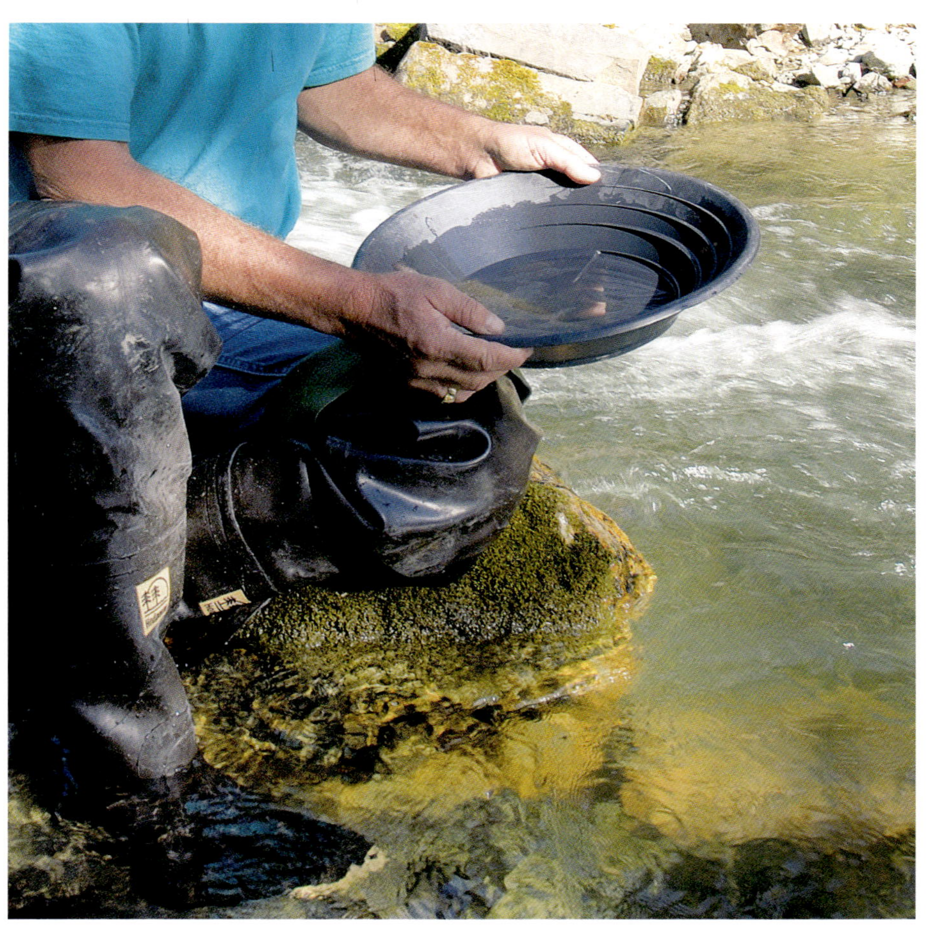

Tour 19

Kurzbeschreibung Wanderung Chilkoot Trail

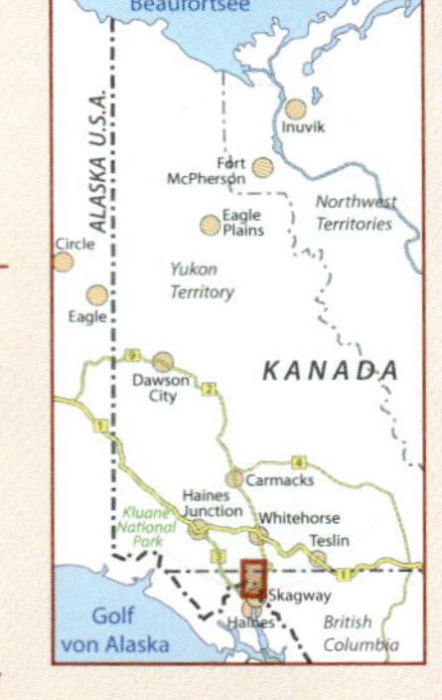

Länge der Tour:

Von Dyea zum **Lake Bennett** *656 Meter ü. N.N.*, ca. 66 Kilometer, 3-6 Tage.
Startpunkt: Dyea, Alaska, ca. *15 Meter ü. N.N.*,
Höchster Punkt: Chilkoot Pass, *1140 Meter ü. N.N.*
Endpunkt: Lake Bennett *656 Meter ü. N.N.* oder
Log Cabin am South Klondike Highway, *ca. 880 Meter ü. N.N.*

An- & Abreise:

Alle Transfers sollten rechtzeitig im Voraus aufeinander abgestimmt und gebucht werden. Am einfachsten überlässt man die komplette Buchung und Organisation einem Outfitter in Whitehorse!
Anreise von Whitehorse auf dem South Klondike Highway und der Dyea Road bis Dyea (200 Kilometer, Transfer ca. 370 Dollar). Oder von Whitehorse mit dem Bus bis Skagway und weiter mit dem Taxi bis Dyea.
Abreise vom **Lake Bennett** mit dem Zug der *White Pass & Yukon Route Railway* bis Fraser am South Klondike Highway, weiter mit dem Bus der gleichen Firma bis Whitehorse (ca. 99,- CAD pro Person).

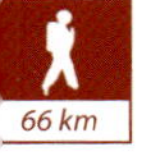

Oder vom Lake Bennett 13 Kilometer zu Fuß entlang der Bahnschienen bis zum South Klondike Highway. Dort mit dem Outfitter bis Whitehorse (ca. 150 Kilometer, 265 Dollar). **Alternativ** mit einem Wasserflugzeug vom Lake Bennett bis Whitehorse **oder** mit einem gecharterten Boot bis Carcross.

Wichtiges & Übernachtung:

Eine Wanderung auf dem Chilkoot Trail erfordert eine detaillierte Vorausplanung und eine gute Einschätzung der eigenen Leistungsfähigkeit. Die Anzahl der Wanderer ist auf 50 pro Tag beschränkt. Die Genehmigung (engl. Permit) für die Überschreitung des Chilkoot Passes kostet 54,60 CAD pro Person. 42 Permits können für 11.70 $ Gebühr im Voraus reserviert werden. Acht Permits pro Tag werden nach dem Prinzip „wer zuerst kommt…" ausgegeben. Die Tagesetappen müssen vor Antritt der Tour geplant werden; die geplanten Übernachtungen auf den acht möglichen Campplätzen am Trail werden vorab registriert. Der Trail ist normalerweise von Juni bis September begehbar. Anfang Juni kann jedoch noch extrem viel Schnee liegen; dann besteht eine erhöhte Lawinengefahr.

Gefahren:

Hauptprobleme auf dem Chilkoot Trail sind eindeutig Wetterstürze und Selbstüberschätzung. Im Juni ist der obere Passbereich oftmals noch tief verschneit; an warmen Nachmittagen steigt die Lawinengefahr. Auch im Hochsommer muss in den alpinen Lagen mit Sturm, Schneeschauern und kalten Temperaturen gerechnet werden. Bei Regenwetter und tiefhängenden Wolken beträgt die Sicht manchmal nur wenige Meter. Besonders der letzte Teil des Passanstieges ist sehr steil und führt über loses Geröll. Hier ist Trittsicherheit und Schwindelfreiheit unerlässlich.
Natürlich ist auch auf dem Chilkoot Trail mit Bären zu rechnen. Besonders im Bereich der laut rauschenden Gebirgsbäche ist Vorsicht angesagt.

Kartenmaterial & Literaturtipps:

„A Hiker´s Guide to the Chilkoot Trail" *Klondike Gold Rush National Historical Park,* Alaska Natural History Association (engl.).
„Chilkoot Trail, Klondike Gold Rush", National Geographic Maps (engl.).
„Chilkoot Trail", *Dieter Reinmuth (deutsch),* Conrad Stein Verlag.

Infos & Wichtige Adressen:

Reservierungen & Infos: Parks Canada, Chilkoot Trail National Historic Site, 205-300 Main Street, Whitehorse, Y1A 2B5, Tel. +1 (867) 667-39 10, www.pc.gc.ca/chilkoot
White Pass & Yukon Route Tickets: Tel. +1 (867) 668-72 45, info@whitepass.net, www.wpyr.com
Skagway Visitors Bureau: Skagway, Alaska 99840, Tel. +1 (907) 983-28 54, www.skagway.com

Chilkoot Trail

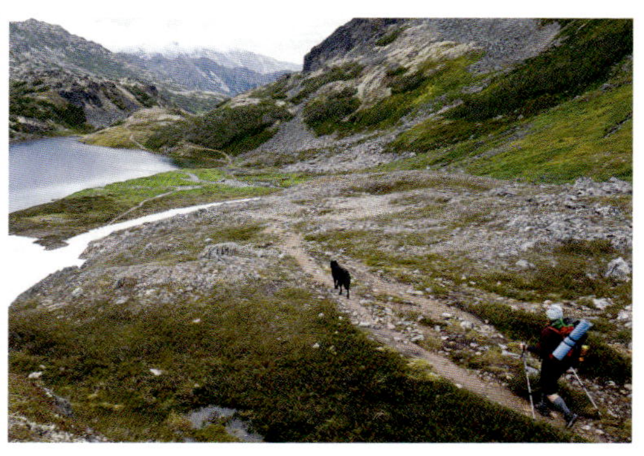

Charakter der Tour

Kaum ein Wanderweg in Kanada erreicht diesen internationalen Bekanntheitsgrad wie der **Chilkoot Trail**. Er steht als Synonym für den großen Goldrausch von 1898, für Willenskraft und Entbehrung. In jedem Jahr steigt eine große
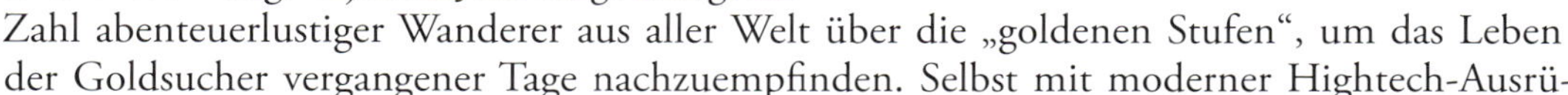
Zahl abenteuerlustiger Wanderer aus aller Welt über die „goldenen Stufen", um das Leben der Goldsucher vergangener Tage nachzuempfinden. Selbst mit moderner Hightech-Ausrüstung ist die Überschreitung des Chilkoot Passes immer noch eine körperliche Herausforderung für die meisten Wanderer. Spätestens aber in der alpinen Zone am Passaufstieg fragt sich ein jeder, wie die goldbesessenen Greenhorns von damals die vorgeschriebenen 1000 Kilogramm Ausrüstung pro Person in bis zu 50 Gängen über den Pass bringen konnten. So mancher, der heute aufgrund der Widrigkeiten des Weges oder wegen fehlender körperlicher Leistungsfähigkeit fast kapituliert, sieht das Leben der „Oldtimer" mit anderen Augen. *Das große Glück vor Augen, bezwangen im Winter 1897-1898 etwa 22.000 Goldsucher den Pass, um dann am Lake Bennett auf den Eisaufbruch zu warten. Im Frühsommer startete schließlich eine ganze Flotte von selbstgebauten Booten ein Wettrennen den Yukon River hinab. Von den Frauen und Männern, die nach diesen Strapazen in Dawson City ankamen, bekamen die wenigsten den erträumten Claim auf den Goldfeldern am Bonanza Creek, da sich die bereits in der Region befindlichen Goldsucher die besten Claims gesichert hatten.*

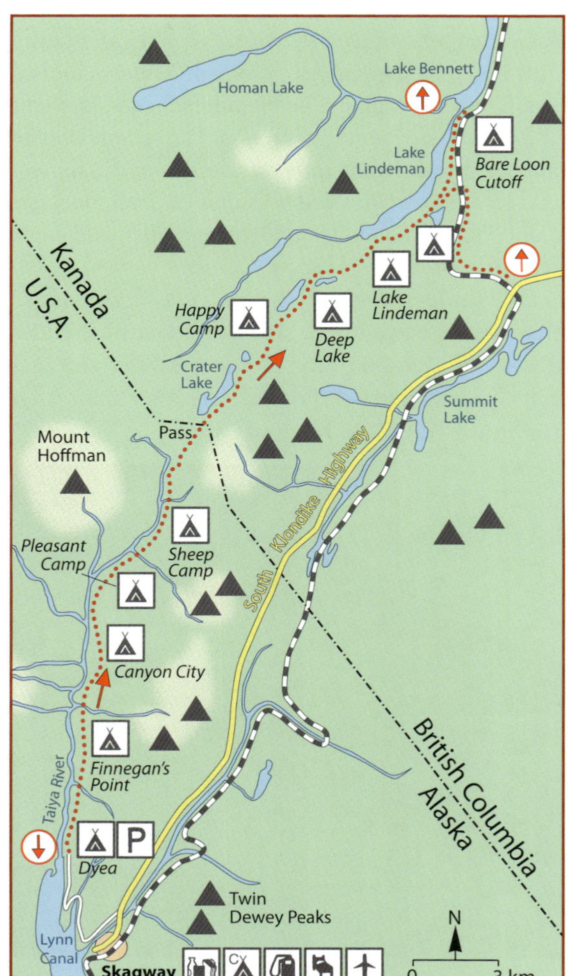

Von der ehemals so geschäftigen Kleinstadt **Dyea** am **Lynn Canal** nahe dem heutigen Skagway ist heute nicht mehr viel übrig geblieben.

Die schwerbeladenen Dampfer aus Seattle brachten hier diejenigen an Land, die dem „Lockruf des Goldes" gefolgt waren, um sogleich mit Volldampf zurückzukehren und die nächste Schiffsladung Mensch und Material in den Norden zu bringen.

Heute beginnt eine Wanderung auf den Spuren der Goldsucher an der Straßenbrücke über den **Taiya River.** Auf einem gut ausgebauten Weg geht es die ersten Kilometer durch den dichten pazifischen Regenwald. Die feuchte Pazifikluft schlägt sich an den Berghängen der **Coast Mountains** nieder und sorgt so für reichlich Regen in diesen üppig mit Farnen und Flechten bewachsenen Urwäldern. Nach einigem Auf und Ab entlang des Flusstals gewinnt der Trail langsam an Höhe, bis man nach 21 Kilometern **Sheep Camp** erreicht, das von den meisten Wanderern als letzte Übernachtungsmöglichkeit vor dem Pass genutzt wird.

Von hier aus sollte man früh am Morgen und nur bei gutem Wetter den finalen Passanstieg beginnen. Die Strecke von Sheep Camp bis Happy Camp ist lang und anstrengend. Mit etwa acht bis zwölf Stunden Gehzeit muss gerechnet werden. Der Weg wird nun immer steiler, und nach etwa sieben Kilometern erreicht man die **„Scales"** am Fuße des letzten und steilsten Wegstückes unterhalb des Passes. *Hier pausierten die Goldsucher vor der letzten Etappe bergauf.* Häufig ist das letzte Stück des Anstiegs in Wolken gehüllt und es weht ein steifer Wind. Mit annähernd 45 Grad Steigung geht es über Steine und Geröll stetig bergan. Die wunderschöne Aussicht können die meisten Wanderer wohl erst auf der Passhöhe so richtig genießen. Bei gutem Wetter geht der Blick von hier bis hinab zum fjordähnlichen **Lynn Inlett** und wandert über die teilweise vergletscherten Gipfel der **Coast Mountains**. Der höchste Punkt des Chilkoot Trail markiert auch gleichzeitig die Grenze zwischen Alaska und Kanada. Über ein Altschneefeld und loses Geröll geht es langsam hinab zum **Crater Lake** und weiter zum **Happy Camp**.

Auch die nächsten 20 Kilometer führen vorbei an wunderschönen Bergseen, Wasserfällen und alpinen Wiesen. Immer wieder sind kleine Anstiege zu bewältigen. Am **Lake Bennett** endet schließlich der Trail an der Eisenbahnstation der White Pass & Yukon Route Railway. Von hier aus kann man entweder mit dem Zug bis nach Skagway zurück fahren oder aber man folgt einfach für 13 Kilometer den Schienen bis zum South Klondike Highway.

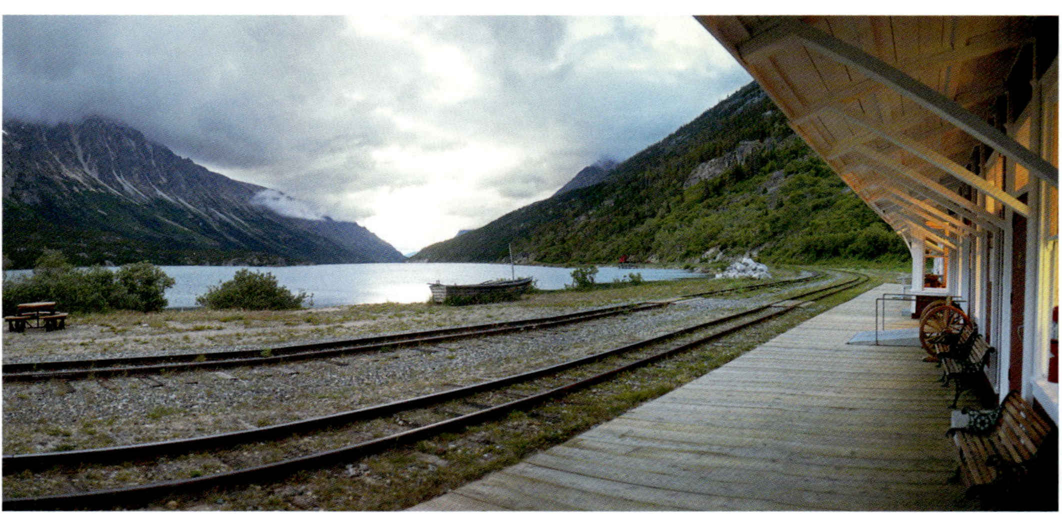

Am Ende des Chilkoot Trails, Bahnstation Lake Bennett.

Dempster Highway

736 km Schotter und Wildnis

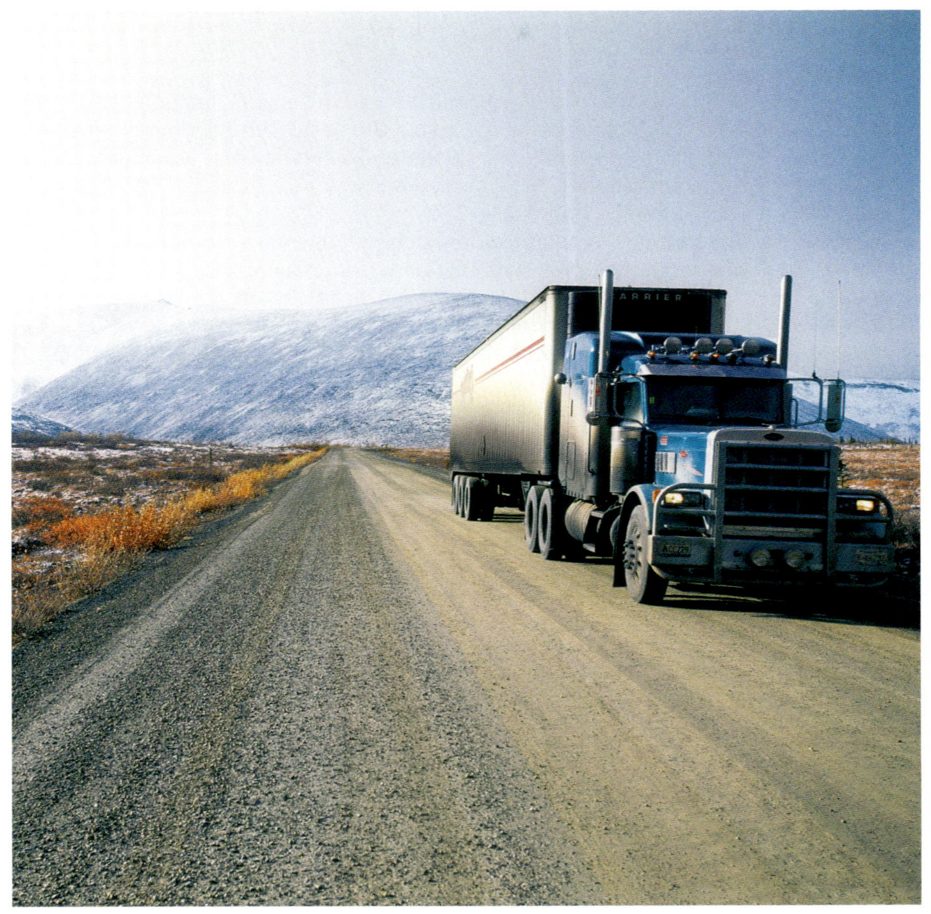

Tour 20

Infos Autotour Dempster Highway

Länge der Tour:

Vom **Klondike Highway** bis **Inuvik** sind es 736 Kilometer, mindestens 12-16 Stunden Fahrzeit. Für die Strecke hin und zurück braucht man ca. 4 Tage.
Von **Whitehorse** bis **Inuvik** 1232 Kilometer.

An- und Abreise

Anfahrt z.B. von **Whitehorse** oder **Dawson City** (40 Kilometer) über den Klondike Highway.

Geeignete Fahrzeuge:

Grundsätzlich ist auf dem Dempster Highway vom Kleinwagen bis zum riesigen Laster fast jeder Fahrzeugtyp zu finden. Um Reifenpannen durch spitze Steine zu vermeiden, haben sich jedoch besonders Fahrzeuge mit größeren und damit robusteren Reifen bewährt. Auch allradgetriebene Fahrzeuge sind bei pistenunerfahrenen Mitteleuropäern sehr beliebt und bieten bei rutschigen Verhältnissen ein kleines Plus an Sicherheit.
Geländewagen, Pick-Ups und Busse haben zudem den Vorteil einer erhöhten Sitzposition.
Beim Anmieten eines **Mietwagens** für die Fahrt auf dem Dempster Highway sollte auf jeden Fall im Vorfeld geklärt werden ob der Vermieter die Fahrt auf dieser Route erlaubt. Manche Autovermieter erlauben die Fahrt nur mit SUVs oder Pickups.
Manchmal ist es auch möglich spezielle **Zusatzversicherungen** abzuschließen und zusätzliche **Ersatzreifen** zu mieten.

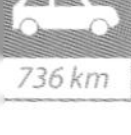

Neben Autos sind auch **Wohnmobile** für eine Fahrt auf dem Dempster Highway sehr beliebt. Vom kleinen Van oder Pick-Up-Camper bis hin zum großen Motorhome ist die Auswahl sehr groß. Im Frühjahr, Sommer und Herbst sind besonders die kleineren, leicht zu fahrenden Wohnmobile auf der recht rauen Straße beliebt.
Aus Sicherheitsgründen können im Winter meist nur größere Modelle mit eigenem Stromgenerator angemietet werden. Diese sind zur Nebensaison dann aber relativ günstig.

Gefahren:

Bei gutem Wetter und einer vernünftigen Fahrweise ist die Fahrt auf dem Dempster Highway kein großes Problem. Die raue Fahrbahndecke und der teilweise anspruchsvolle Straßenverlauf erfordern jedoch ständige Konzentration und machen ausreichende Erholungspausen wichtig. Bei Gegenverkehr bremst man am besten stark ab und hält sich weit am rechten Straßenrand, um Steinschlag zu vermeiden.
Besonders die großen Trucks bremsen kaum ab und ziehen manchmal einen „Steinhagel“ nach sich. Die Strecke um Eagle Plains und bis zu den Richardson Mountains ist für scharfkantigen Schotter berüchtigt. Besonders am Straßenrand ist die Gefahr groß, einen scharfkantigen Stein zu erwischen.
Zudem ist diese Strecke bei Regenwetter besonders rutschig und unangenehm zu fahren.
Die Entfernung zwischen den einzelnen Tankstellen sind am Dempster Highway teilweise enorm weit. Es ist also ratsam, bei jeder Gelegenheit den Tank zu füllen!

Infos & Wichtige Adressen:

Bevor man eine längere Fahrt auf dem Dempster Highway beginnt, sollte man sich die Zeit nehmen und dem **Western Arctic Visitors Information Centre** in Dawson City einen ausgedehnten Besuch abstatten (Juni bis September). Hier bekommt man neueste Informationen über Straßenzustände, Baustellen, Fährenfahrpläne und mögliche Tierbeobachtungen.
Dempster Highway Info Hotline: Tel. +1-800-661-0750, www.dempsterhighway.com
Information über Inuvik: www.inuvik.ca www.inuvikinfo.com
Outfitter in Inuvik: www.arcticnaturetours.com

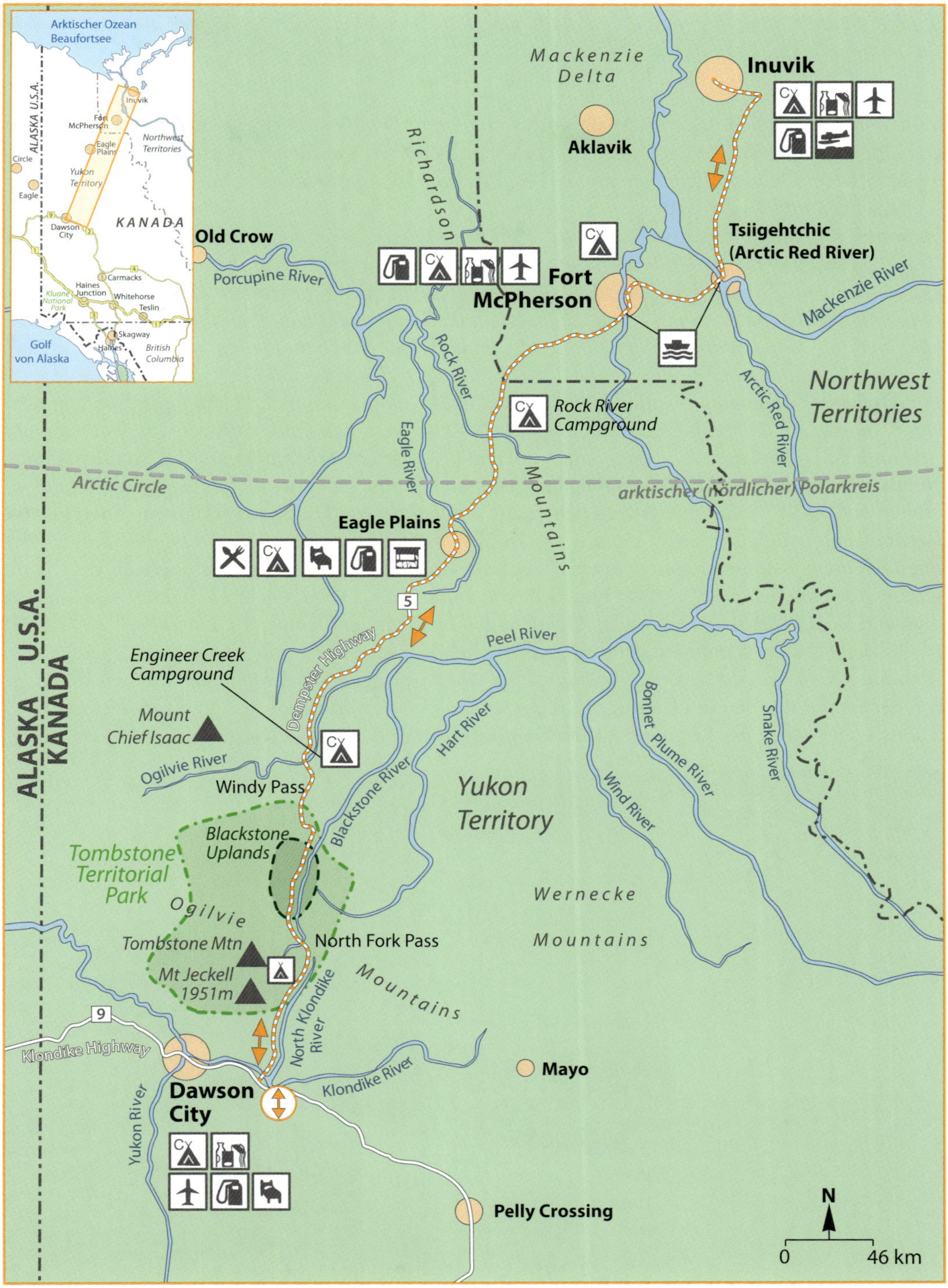

Arktischer Ozean
Beaufortsee
ALASKA U.S.A.
Inuvik
Fort McPherson
Eagle Plains
Northwest Territories
Circle
Yukon Territory
Eagle
KANADA
Dawson City
Carmacks
Haines Junction
Whitehorse
Kluane National Park
Teslin
Skagway
Haines
British Columbia
Golf von Alaska

Mackenzie Delta
Inuvik
Aklavik
Richardson
Old Crow
Porcupine River
Fort McPherson
Tsiigehtchic (Arctic Red River)
Mackenzie River
Rock River
Rock River Campground
Northwest Territories
Arctic Red River
Eagle River
Mountains
Arctic Circle
arktischer (nördlicher) Polarkreis
Eagle Plains
5
Peel River
Dempster Highway
Engineer Creek Campground
Mount Chief Isaac
Hart River
Bonnet Plume River
Snake River
Ogilvie River
Windy Pass
Blackstone River
Yukon Territory
Wind River
ALASKA U.S.A.
KANADA
Blackstone Uplands
Tombstone Territorial Park
Ogilvie
Wernecke Mountains
Tombstone Mtn
North Fork Pass
Mt Jeckell 1951m
Mountains
North Klondike River
9
Klondike Highway
Dawson City
Klondike River
Mayo
Yukon River
Pelly Crossing
N
0 46 km

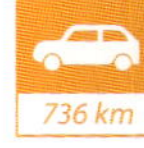

Dempster Highway

Charakter der Tour

Manch einer wird sich fragen, was eine Fahrt auf einem Highway in einem Buch über Kanu- und Trekkingtouren zu suchen hat – aber eine Fahrt auf dem 736 Kilometer langen Dempster Highway ist einfach ein kleines Abenteuer für sich und bietet gleichzeitig Zugang zu einer Vielzahl unterschiedlicher Outdooraktivitäten.

Im Jahre 1959 wurde mit dem Bau dieses scheinbar endlosen Schotterbandes begonnen. Nach einem längeren Baustopp wurde 1979 der Dempster Highway dann schließlich als Allwetterstraße für den öffentlichen Verkehr freigegeben. Seitdem wird an der Straße ständig gearbeitet. Um dem vorherrschenden Permafrostboden zu trotzen, liegt die Fahrbahndecke aus (mehr oder minder…) feinem Schotter auf einem bis zu zweieinhalb Meter hohen Wall aus Schutt und Schotter. Ohne diese Isolationslage würde die Straße in den Sommermonaten im auftauenden Boden versinken.

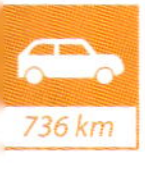

Der **Dempster Highway** beginnt 40 Kilometer östlich von Dawson City am Klondike Highway. Die Klondike River Lodge bietet hier die letzte Möglichkeit, den Tank zu füllen (nächste Gelegenheit nach 371 Kilometern!!). Nach einem kurzen asphaltierten Stück begleitet die Straße bald den **North Klondike River** in seinem Tal. Langsam, aber stetig gewinnt das braune Schotterband an Höhe, und nach 72 Kilometern erreicht man schließlich das **Dempster Highway Interpretive Centre** (und Campground) im Herzen des **Tombstone Territorial Park** *(siehe Tour 17 Seite 207)*. Die folgenden Kilometer führen durch fesselnde Landschaft und erklettern oberhalb der Baumgrenze zunächst den 1.289 Meter hohen **North Fork Pass**. Danach geht es durch das weite Tundraplateau der **Blackstone Uplands** *(Kilometer 87-132)*, bis der Dempster Highway schließlich den 1.060 Meter hohen **Windy Pass** erklimmt. Zwischen Kilometer 170 und 200 färben Mineralien die Bäche in verschiedenen Farben. Hellblaues Wasser entspringt mit schwefeligem Geruch direkt neben der Straße; das Bett des **Engineer Creeks** leuchtet in verschiedenen Rot- und Orangetönen. Bei Kilometer 194 liegt der **Engineer Creek Campground** und bietet Gelegenheit zum Übernachten.

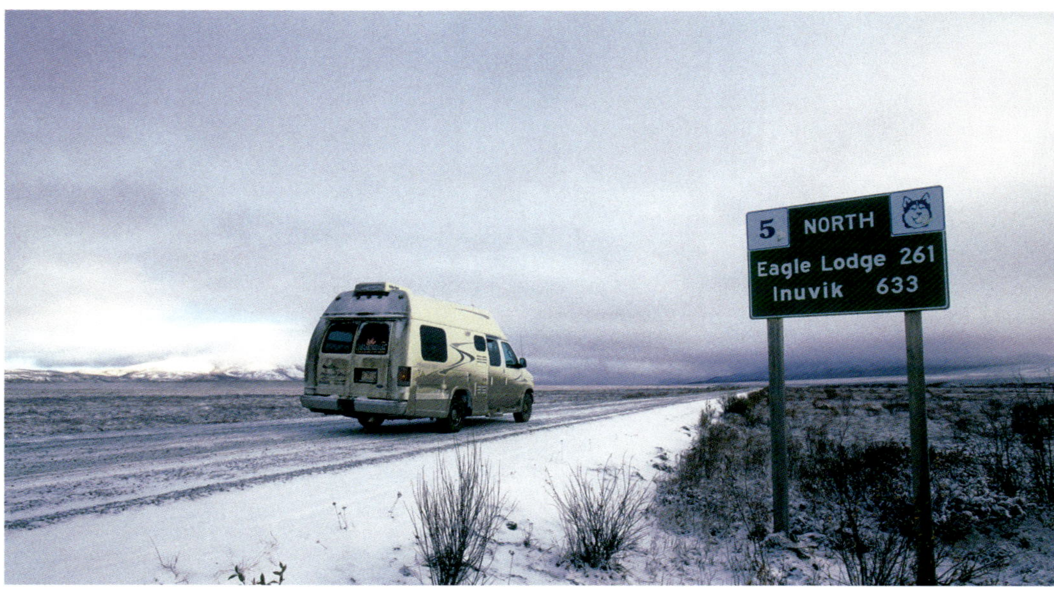

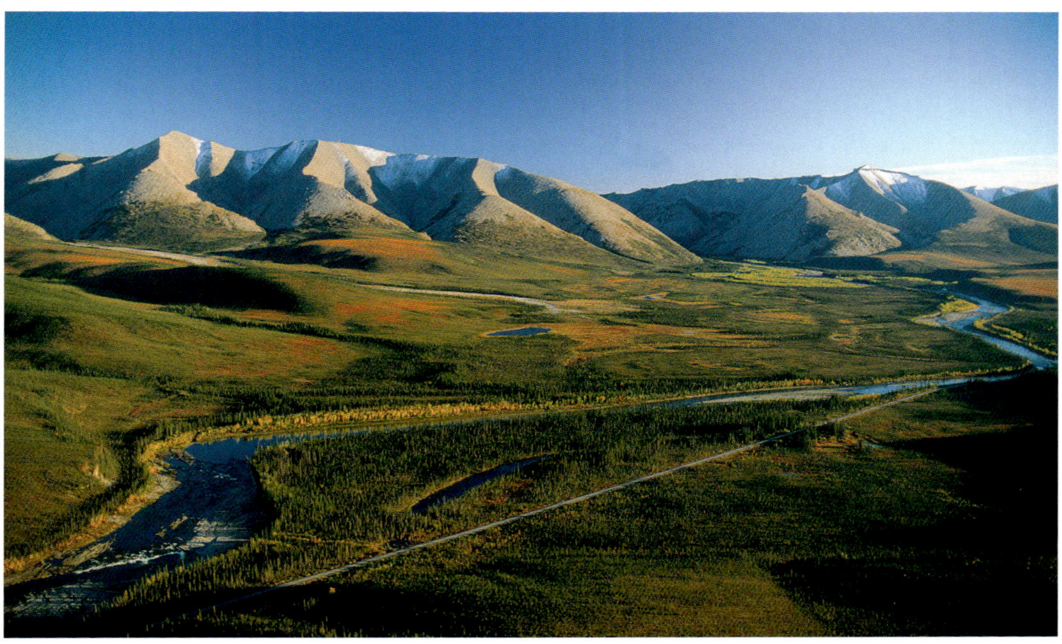

Dempster Highway und Ogilvie River mit Ogilvie Mountains im Hintergrund. Indian Summer im Yukon.

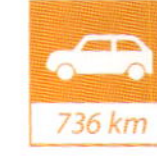

Nur einen Kilometer weiter nach der ersten Brücke über den Creek beginnt auf der rechten Seite ein unscheinbarer Wanderweg auf den **Sapper Hill**. *Neben faszinierenden Felsformationen und einer spektakulären Aussicht sind besonders die hier brütenden Wanderfalken eine Attraktion. Diese sensiblen Tiere sollten vor allem in der Brutzeit keinesfalls gestört werden! (Infos im Dempster Highway Interpretive Center).* Für etwa 50 Kilometer folgt der Dempster Highway nun dem **Ogilvie River**, um dann erneut in die Berge aufzusteigen. Die Straße bleibt größtenteils hoch auf den abgerundeten Bergrücken, bis bei Kilometer 369 die Tankstelle **Eagle Plains** erreicht ist. Neben Benzin und Diesel gibt es auch ein Hotel, Restaurant, Waschsalon und eine Reifenflickstation.

Von hier sind es noch rund 35 Kilometer bis zum Polarkreis mit dem ersten Blick auf die **Richardson Mountains**. Von nun an bewegt man sich im Reich der Mitternachtssonne. Arktische Tundra und die kahle Bergkette der Richardson Mountains auf der rechten Seite bestimmen das Bild. Im Winter kommen Schneeeulen aus der Arktis bis in dieses Gebiet; im Sommer 2007 wanderte sogar ein Eisbär am Highway südwärts. Bei Eagle Plains wurde er schließlich eingefangen und wieder an die Küste gebracht, nur um danach erneut gen Süden zu laufen.

Zunächst begleitet der Dempster Highway die Richardson Mountains in einigem Abstand, dann geht es hinauf in die steinige Bergwelt. Die Grenze zu den Nordwest-Territorien markiert gleichzeitig auch den letzten hohen Pass, bevor der Dempster Highway langsam in das **Mackenzie Delta** absteigt. An der Fähre über den **Peel River** ist schließlich fast wieder Meereshöhe erreicht. Zehn Kilometer nach dieser Fähre liegt das Indianerdorf **Fort McPherson**. *In dieser überwiegend von Gwich´in –Indianern bewohnten Ortschaft (950 Einwohner) gibt es natürlich erneut Gelegenheit zu tanken. Eine Firma, die klassische Trapperzelte und hochwertige Baumwolltaschen herstellt, kann besichtigt werden.* Nach Fort McPherson geht die Fahrt durch eine eintönige, bewaldete Ebene. Bei Kilometer 608 erreicht man schließlich die weite Wasserfläche des **Mackenzie River**. Dieser gewaltige Strom entwässert die fünffache Fläche Deutschlands. Von rechts mündet an dieser Stelle der

Arctic Red River in den Mackenzie; am anderen Ufer liegt das kleine Indianerdorf **Tsiigehtchic**. Mit einer Fähre kann sowohl der Highway am anderen Ufer des Mackenzie als auch das Indianerdorf erreicht werden. *In Tsiigehtchic scheinen die Uhren noch etwas langsamer zu gehen; ein Großteil der 170 Bewohner lebt auch heute noch vom Fischen und Jagen.* Vom Fähranleger sind es weitere 128 Kilometer durch das bewaldete **Mackenzie River-Delta** bis Inuvik. In **Inuvik** steuert man am besten erst einmal das **Western Arctic Visitor Centre** an. Hier bekommt man alle wichtigen Informationen und Kontaktadressen. Sehenswerte Schautafeln und Sammlungen laden zum Verweilen ein. *Mit fast 3500 Einwohnern und einer kompletten Infrastruktur gilt Inuvik als das „Tor zur Arktis". Öl- und Gasvorkommen in der Gegend lassen die Kleinstadt boomen; es gibt Flugverbindungen zu vielen Inuitdörfern in der Arktis. Von Inuvik sind es noch etwa 120 Kilometer Luftlinie bis zum Eismeer.*
Im **Sommer** ist auf dem Dempster Highway kaum mit größeren Problemen zu rechnen. Es ist praktisch rund um die Uhr taghell. Einzig längere Regenperioden können die Fahrbahn aufweichen und zu Erdrutschen und anderen Problemen führen. Ab Ende **August** beginnt die Herbstfärbung in den Höhenlagen. Im September erstrahlt die Tundra dann in leuchtenden Farben.
Ende **September** sind die Bergpässe oftmals schon verschneit und nicht immer leicht zu befahren. Wer im Oktober auf dem Dempster unterwegs ist, wird wahrscheinlich Zeuge der großartigen Wanderung der **Porcupine Karibuherde**. *Zwischen den Blackstone Uplands und dem Polarkreis überqueren jährlich im Herbst Tausende Karibus die Straße und locken damit zahlreiche Schaulustige und Jäger in diese Gegend. Im März und April wandert die Herde wieder nach Norden und trifft dabei erneut auf den Highway.*

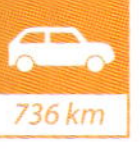

Auch wenn der Dempster Highway als Allwetterstraße ausgeschrieben ist, so gibt es doch zwei Zeitfenster im Jahr, in denen die Verbindung nach Inuvik unterbrochen ist. Etwa Mitte Oktober stoppt der einsetzende Eisgang die Fähren am Peel und Mackenzie River.
Ende November trägt das Eis dann genug, um den Highway erneut zu öffnen. Bis Ende April sind die Eisbrücken selbst für Trucks bis 64 Tonnen geöffnet! Anfang Juni geht es dann wieder mit der Fähre über die Flüsse. Von Januar bis April führen zwei „Straßen" über das Eis des Mackenzie-Deltas und verbinden so Inuvik mit den abgelegenen Ortschaften Aklavik und Tuktoyaktuk. **Aklavik** liegt am westlichen Rand des Deltas, während sich das kleine Inuitdorf **Tuktoyaktuk** direkt an die Eismeerküste schmiegt und nach fast 200 Kilometern auf der „Iceroad" erreicht wird.
Auch im Sommer ist ein Flug über das faszinierende Delta nach Tuktoyaktuk ein Erlebnis.

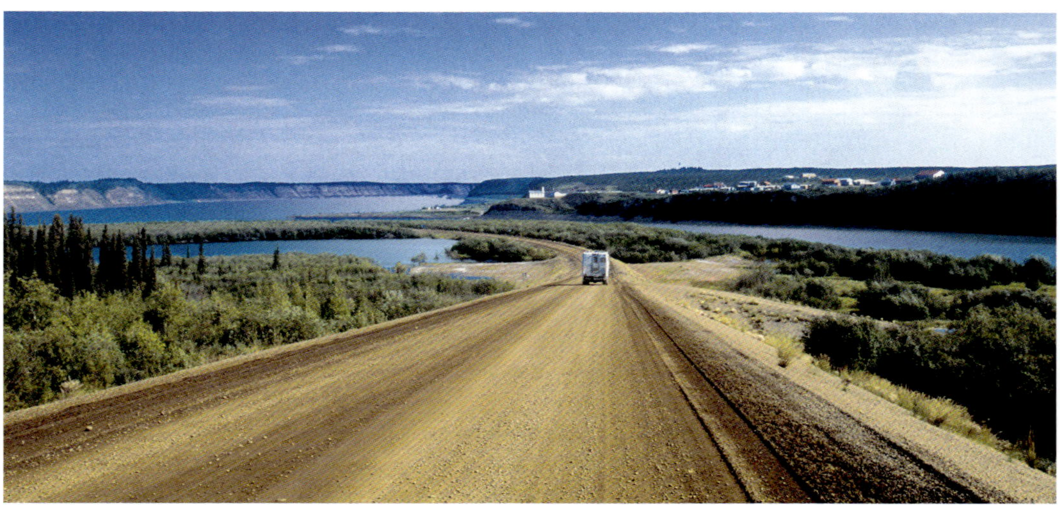

weitere Kanurouten

Pelly River

Ross River

Alsek River

Tatshenshini River, Alsek River

Hess River, Stewart River

Beaver River , Stewart River

Wolf River

Hyland River

South Nahanni River

Blackstone River, Peel River

Bonnet Plume River

Snake River

weitere Trails

Dena Cho Trail

Cottonwood Trail

Ridge Road Heritage Trail

Dawson Overland Trail

North Canol Heritage Trail

Pelly River

Ross River bis Pelly Crossing, 330 km, 6-8 Tage, WW I-II
Charakter: Volumenreicher Fluss mit zügiger Strömung. Vorsicht im Granite Canyon bei Hochwasser! Eine relativ neue Stelle mit hohen, stehenden Wellen ist im Flussverlauf entstanden. Aktuelle Zustände und die genaue Position bei den Outfittern erfragen! Häufig wird die Tour von Pelly Crossing bis Dawson City (340 km) verlängert.

Ross River

Sheldon Lake an der North Canol Road bis zur Ortschaft Ross River, 160 km, 5-6 Tage, WW III
Charakter: Mittelgroßer Wildfluss mit vereinzelten Wildwasserabschnitten.

Alsek River

Haines Junction- Dry Bay (fly out), 290 km, 10-14 Tage, WW IV+VI
Charakter: Gewaltige Landschaft und gewaltiges Wildwasser. Der Alsek ist eine Klasse für sich! Der für normalsterbliche Kanuten unfahrbare Turnback Canyon wird in der Regel mit Hilfe eines Hubschraubers überwunden. Genehmigung erforderlich.

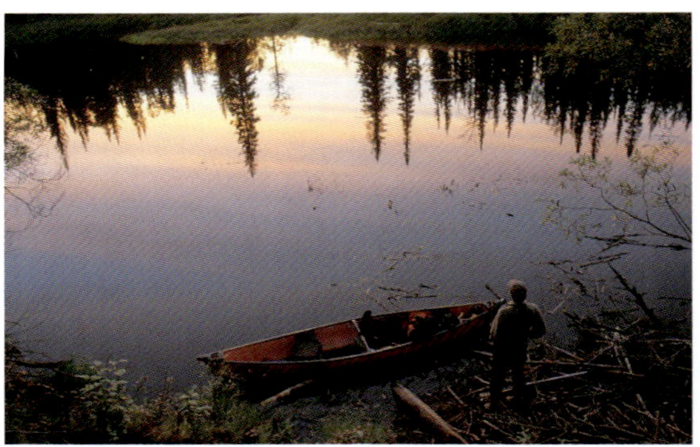

Tatshenshini River, Alsek River

Dalton Post- Dry Bay (fly out), 220 km, 7-14 Tage, WW III+
Charakter: Eine der schönsten Paddeltouren der Erde! Anspruchsvoll! Genehmigung erforderlich.

Hess River, Stewart River

Porter Lake (fly in) bis Mayo, WW III-IV (Hess) +V auf dem Stewart River. 500 km, 15-20 Tage
Charakter: Anspruchsvoller Wildwasserfluß, bei Hochwasser sehr schwierig!

Beaver River, Stewart River

McQuesten Lake bis Mayo, 235 km, 8-11 Tage, WW II-III +V auf dem Stewart River
Charakter: Nach einer kurzen Seenetappe, beginnt diese Paddeltour mit dem Hinauftreideln eines kleinen Baches. Danach muss ein Gewirr aus Seen und Teichen überwunden werden bis schließlich ein Bach zum Beaver River führt.

Wolf River

Wolf Lake (fly in) bis Teslin, 140 km, 4-5 Tage WW II-III +IV und Wasserfälle
Charakter: Relativ kurze, aber intensive Paddeltour auf einem kleinen Fluss. Hoher Wasserstand ist von Vorteil da der Oberlauf recht flach ist.

Hyland River

Nahanni Range Road (Abzweig vom Robert Campbell Highway nördlich von Watson Lake) bis Alaska Highway Brücke, 220 km, 5-6 Tage, WW III
Charakter: Wild- und Flachwasser wechseln sich ab bei diesem recht selten befahrenen Fluss.

South Nahanni River

Moose Ponds (fly in) bis Blackstone Landing am Liard Highway, 590 km, 15-20 Tage, WW III
Charakter: Der South Nahanni bietet die höchsten Wasserfälle und die tiefsten Canyons in Kanada. Dazu heiße Quellen und abwechslungsreiches Wildwasser, Die Logistik dieser Tour ist etwas aufwendig und teuer. Genehmigung des Nahanni National Park erforderlich.

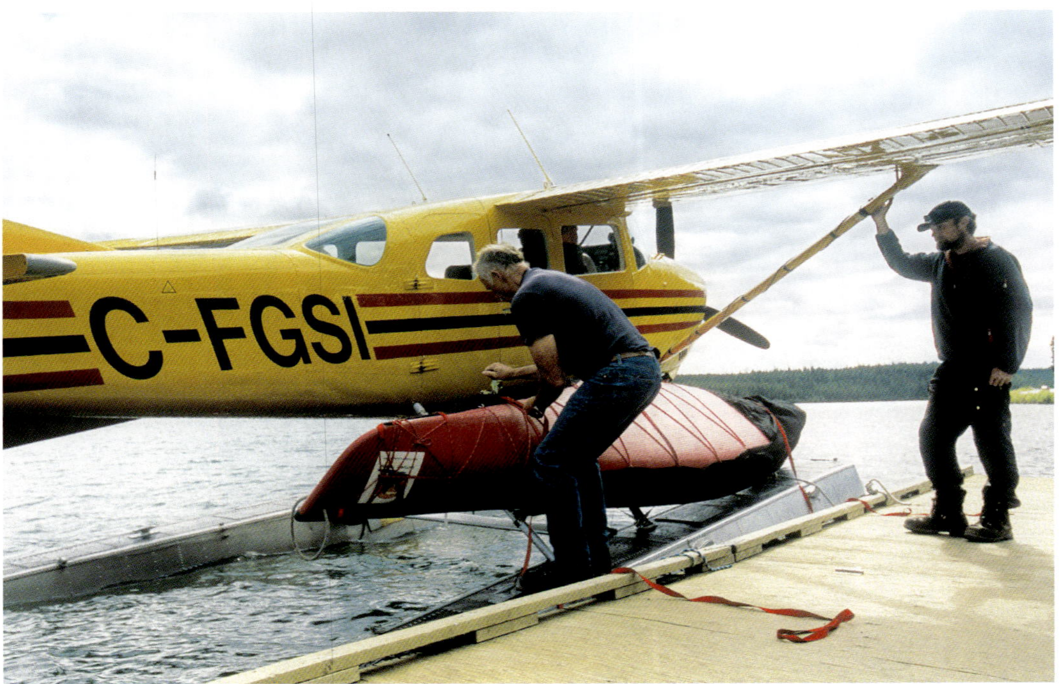

Einige Paddelflüsse im Yukon sind nur mit dem Wasserflugzeug erreichbar.

Blackstone River, Peel River

Dempster Highway bis Fort McPherson, 140 km + 420 km auf dem Peel River, 14-20 Tage, WW III-IV+VI
Charakter: Lange und anspruchsvolle Kanutour mit Straßenzugang. Am Peel River muss der unfahrbare Aberdeen Canyon umtragen werden. Portagelänge: 7 km!

Bonnet Plume River

Bonnet Plume Lake (fly in) bis Fort McPherson oder Abholung durch Wasserflugzeug (siehe Wind River Tour 18), 280 km + 290 km auf dem Peel River, 7-11 Tage auf dem Bonnet Plume und 5-9 Tage auf dem Peel River, WW III-IV + V10,2
Charakter: Anspruchsvolle Tour mit reichlich Wildwasser.

Snake River

Duo Lakes (fly in) bis Fort McPherson oder Abholung durch Wasserflugzeug (s. Wind River Tour 18), 300 km + 220 km auf dem Peel River, 6-10 Tage auf dem Snake und 4-8 Tage auf dem Peel River, WW II-III
Charakter: Mittelschwere Tour im wunderschöner Landschaft

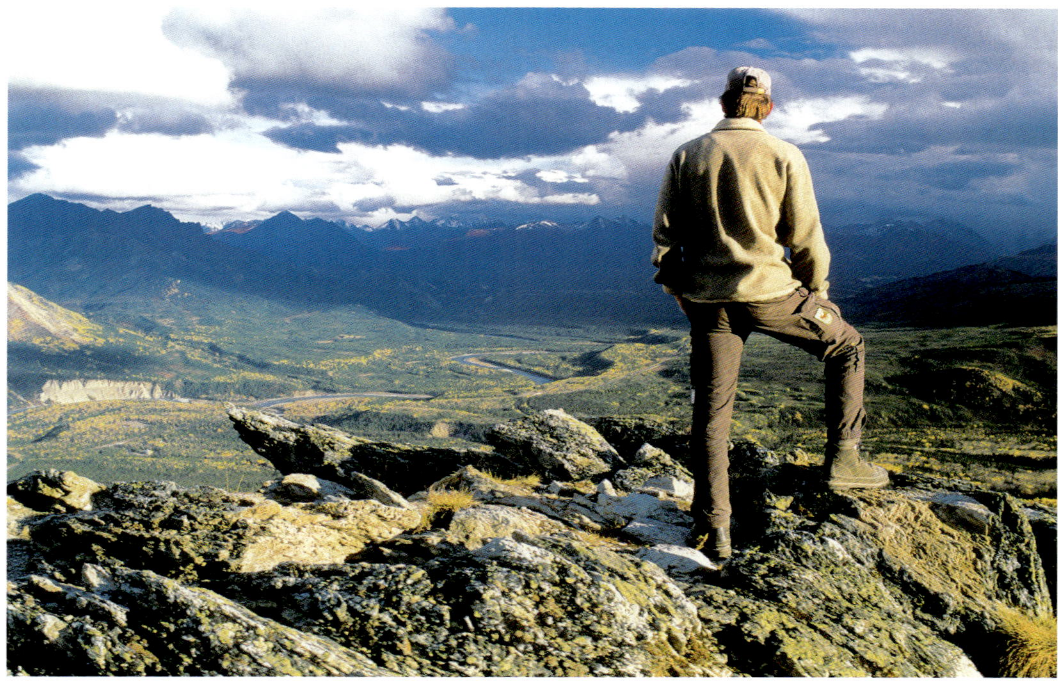

Die Flüsse des Nordens bieten vielfach hervorragende Wandergelegenheiten.

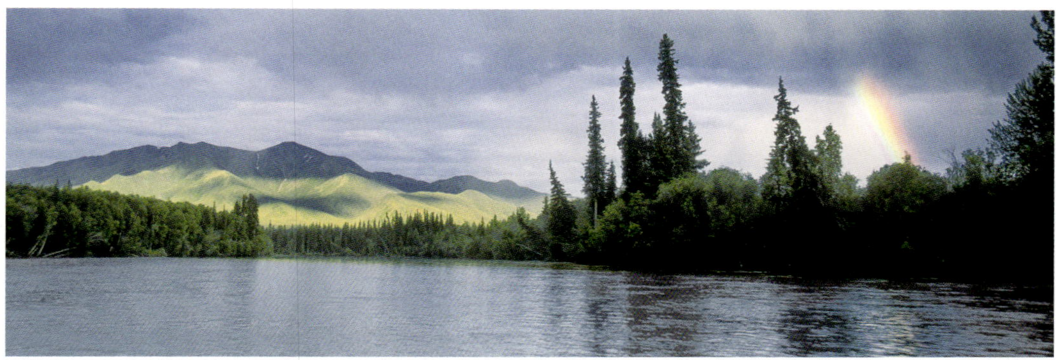

Blick auf den Dromedary Mountain am MacMillan River.

Dena Cho Trail

Ross River bis Faro, 68 km. ***Charakter:*** Alter Indianer-Handelsweg an den Ufern des Pelly River.

Cottonwood Trail

Kluane National Park, Kathleen Lake bis Dezadeash Lodge, 83 km. ***Charakter:*** Langer Trail ohne größere Höhenunterschiede. Registrierung erforderlich. Im Winter auch als Ski-Tour beliebt.

Ridge Road Heritage Trail

Nahe Dawson City, Callison Subdivision bis Upper Bonanza Road. 32 km.
Charakter: Die Ridge Road verband einst Dawson City mit den Goldminen am Dominion Creek. Bei Start an der Upper Bonanza Road beträgt das Höhengefälle 1.200 m. Beliebt auch bei Mountain Bikern.

Dawson Overland Trail

Nahe Takhini Hotsprings bis zur Braeburn Lodge am Klondike Highway, 100 km.
Charakter: Einst ein Abschnitt der Überland-Route nach Dawson City, heute ein Stück des Trans Canada Trails. Auch bei Mountain Bikern und im Winter bei Touren-Skigängern beliebt.

North Canol Heritage Trail

Macmillan Pass an der North Canol Road bis zum Ufer des Mackenzie River gegenüber von Norman Wells (Northwest Territories), 355 km.
Charakter: Ein Trail mit kompromisslosem Expeditionscharakter. Er folgt einem aufgegebenen Abschnitt der North Canol Road und führt auf ganzer Länge durch die abgelegene Wildnis der Mackenzie Mountains. Viele Teilstücke sind anspruchsvoll, Brücken oftmals nicht mehr vorhanden.

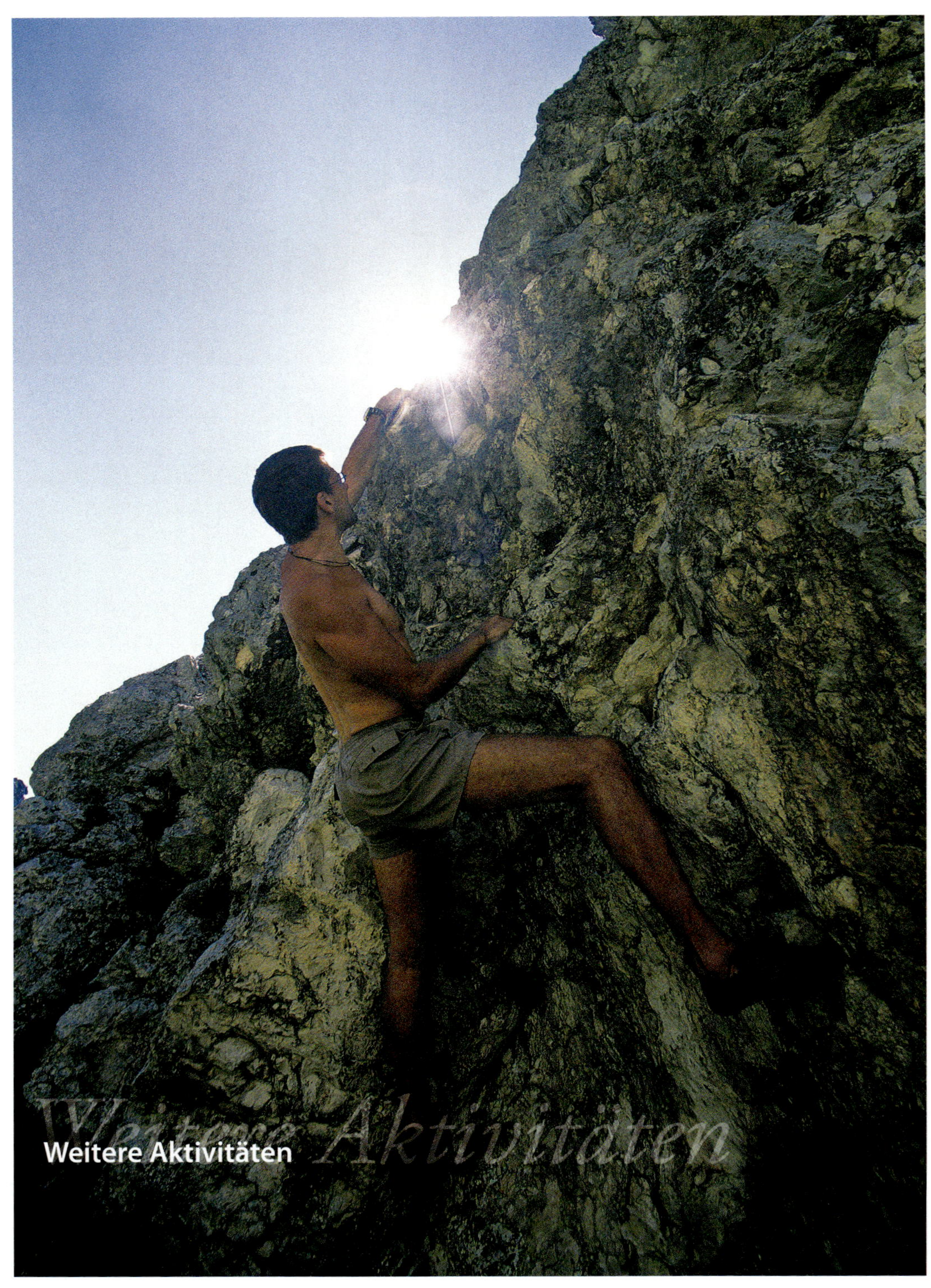

Weitere Aktivitäten

Weitere Aktivitäten

Bouldern ist im Yukon noch eine echte Randsportart.

Angeln

Der Yukon gilt unter Anglern als ein Paradies, doch muss das nicht heißen, dass einem immer und überall die Fische sozusagen ins Boot springen. Selbstgefangener Fisch ist zwar eine Bereicherung jeder Outdoorküche, doch sollte er keinesfalls beim Einkauf von Lebensmitteln für eine Tour mit eingeplant werden (gleiches gilt für Beeren und Pilze).
Eine normale **Angellizenz** kostet ca. 35 Dollar pro Jahr, 20 Dollar für 6 Tage oder 10 Dollar pro Tag und ist in allen Angelgeschäften und vielen Tankstellen erhältlich. Dazu gibt es ein Heft, das über die aktuellen Bestimmungen und Fangbegrenzungen informiert. Zum Lachsangeln muss eine Extralizenz (50 Dollar) erworben werden. Auch für die National Parks im Yukon gibt es gesonderte Anglekarten. Ohne Angellizenz den Fischen nachzustellen, ist nicht empfehlenswert. Kontrollen gibt es selbst in abgelegenen Gebieten; die Strafen sind erheblich. In vielen Gewässern gelten spezielle Sonderbestimmungen, z.B. die Verwendung von Einzelhaken ohne Widerhaken.

Die häufigste Beute beim Angeln in klaren Flüssen und Seen ist zweifellos die **Arktische Äsche** *(Thymallus arcticus)*. Diese nahe Verwandte der **Europäischen Äsche** *(Thymallus thymallus)* ist ein schlanker, forellenähnlicher Fisch mit charakteristischer, fahnenartiger Rückenflosse. **Arktische Äschen** haben weißes und grätenarmes Fleisch mit feinem Geschmack. Gebraten oder mit Kräutern in Alufolie gegart sind sie ein wirklicher Genuss des Nordens. **Kleinere Äschen** *(engl. Arctic Grayling)* sind meist silbrig- bis goldglänzend, während mit zunehmendem Alter eine deutliche Blau- bis Lilafärbung eintritt. Die durchschnittliche Größe liegt bei 30-40 cm. Nur wenige Exemplare erreichen 50 cm und mehr. Äschen kommen im gesamten Yukonterritorium vor und bevorzugen schnell fließende Flußabschnitte mit klarem Wasser. Kleine Schwärme finden oftmals an Bacheinmündungen, in großen Kehrwassern und in tief ausgespülten Außenkurven genug Nahrung in Form von Insekten, Insektenlarven und kleinen Fischen. In großen Seen führen die geselligen Äschen ein nomadisches Leben und ziehen auf der Suche nach Nahrung weite Strecken umher. Ringe an der Wasseroberfläche deuten oftmals auf insektenfressende Äschen und ein leckeres Abendessen für den Angler hin. Kleine Spinner der Größe 0-3, kleinste Löffelblinker oder künstliche Fliegen sind die gängigsten Köder.
Gute **Köderfarben** sind silber-blau, silber-rot und schwarz-gelb. Meine persönlichen Favoriten sind der Mepps Black Fury in Größe 2 an der Spinnrute oder eine Goldkopfnymphe Größe 10 an der Fliegenrute.

Der **Hecht** *(Esox lucius)* ist der wohl aggressivste Raubfisch im Yukon. Sein schlanker Körperbau, die grünliche Tarnfarbe und das entenschnabelartige Maul mit über 700 nadelspitzen Zähnen verlieh diesem Lauerjäger auch den Spitznahmen „Krokodil des Nordens“. Mit durchschnittlich 40-80 cm Größe sind sie kraftvolle Räuber, wobei auch immer wieder Exemplare von über einem Meter Länge gefangen werden. Besonders häufig findet man Hechte in langsamer Strömung oder in stehenden Gewässern. In der Deckung von Wasserpflanzen, Felsen oder Totholz lauern **Hechte** *(engl. Northern Pike)* hier ihrer Beute auf. Neben Fischen aller Art wird dabei auch vor kleineren Artgenossen, Entenküken oder Mäusen nicht haltgemacht. Künstliche Köder für Hechte können ruhig recht groß gewählt werden. **Löffelblinker**, **Spinner** oder **Wobbler** zwischen 5 und 20 cm Länge sind gängige Hechtköder im Yukon und sollten immer mit einem **Stahlvorfach** kombiniert werden, da die scharfen Zähne des Hechtes eine normale Angelschnur zerschneiden können. Wenn der Hecht nach aufregendem Kampf schließlich am Ufer liegt, muss besondere Vorsicht an den Tag gelegt werden! Der kraftvoll zappelnde Fischkörper zusammen mit einem zähnestarrenden Maul und evtl. noch freien Hakenspitzen bilden zusammen ein beträchtliches Gefahrenpotential, das leicht unterschätzt wird! Auch in der Küche hat der Hecht seine Liebhaber. Das weiße, fettarme Fleisch ist relativ fest und grätenreich, hat aber einen guten Geschmack. Kenner wickeln einen Hecht in Speck ein und achten auf nicht zu lange Garzeiten um ein Austrocknen zu vermeiden.

Die begehrte **Lake Trout** *(eine Saiblingsart)* ist vor allem ein Bewohner der klaren Seen und eine wirkliche Herausforderung für den Angler. Dieser forellenartige Fisch kann über einen Meter lang und 20 kg schwer werden. Solche Fische sind dann oftmals älter als ihr Fänger (40 Jahre und älter!) und sollten mit dem entsprechenden Respekt behandelt werden. Lake Trout sind Raubfische und ziehen auf der Suche nach Beute über weite Strecken durch die großen Seen. Sie meiden warmes Wasser und sind im Sommer oftmals in den tieferen (kälteren) Wasserschichten zu finden. Sie beißen bereitwillig auf größere **Kunstköder** und sind ein kulinarisches Erlebnis. Die lokalen gesetzlichen Bestimmungen für das Angeln auf Lake Trout können sehr unterschiedlich sein und sollten in jedem Fall befolgt werden. Durch das kalte und nahrungsarme Wasser der arktischen Seen sind die Zuwachraten nur gering und der Bestand eines Sees ist schnell überfischt.

Insgesamt fünf verschiedene **Lachsarten** kommen im Yukon vor. Im des **Yukon River** machen sich **Königslachs** *(Chinook oder King salmon, 5-20 kg)*, **Silberlachs** *(Coho oder Silver salmon, 3-6 kg)* und **Hundslachs** *(Chum oder Dog salmon, 1-4 kg)* auf die lange Reise bis in den kanadischen Flussteil. Im küsten-

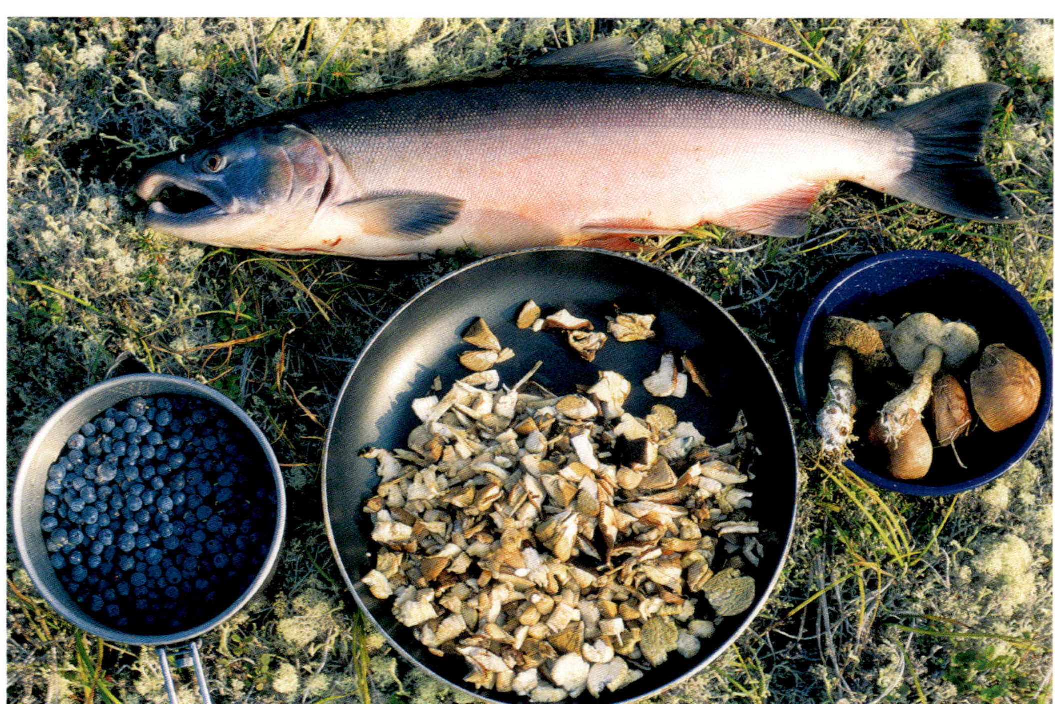

Silberlachs, Pilze und Blaubeeren.

nahen Flusssystem des **Alsek River** kommt zudem der **Buckellachs** vor *(Sockeye Salmon)*. In den Flusssystemen von **Liard** und **Peel River** gibt es keine Lachse. Ich selbst habe nie gezielt nach Lachsen im kanadischen Teil des **Yukon Rivers** oder seinen Nebenflüssen geangelt. Wenn die Fische nach einer mindestens 2400 km langen Reise gegen die Strömung an Dawson City vorbeikommen, haben sie bereits einen Großteil ihrer ursprünglichen Fettreserven verbraucht und somit eine deutlich minderwertigere Fleischqualität wie Lachse aus küstennahen Flüssen. Besonders wenn die Lachse zum Ende ihrer Reise an ihren Laichgründen wie z.B. im **Big Salmon River** ankommen sind, ist das Körperfett bereits aufgebraucht und das Fleisch wird grau und minderwertig im Geschmack. Dazu kommt, dass die Fische es nach diesen enormen Strapazen wirklich verdient haben, sich ungestört fortpflanzen zu können. Eine weitere Lachsart ist der Kokanee-Lachs. Hierbei handelt es sich eigentlich um kleinwüchsige Buckellachse, die ihr ganzes Leben im Süßwasser verbringen und in wenigen Seen, wie z.B. im **Kathleen Lake**, vorkommen.

Infos zu Lachsen im Yukon:
www.yssc.ca

Ein besonderer Fisch ist der **Inconnu** *(in Alaska auch Sheefish genannt)*. Der Name „Inconnu" bedeutet auf französisch so viel wie „unbekannter Fisch". Dieser große Raubfisch kommt besonders im Yukon und im Peel River sowie ihren Nebenflüssen vor. Inconnus haben einen länglichen Körperbau, silbrige, relativ große Schuppen und einen dunklen Rücken. Am leichtesten erkennt man diese große Renkenart am deutlich vorspringenden, zahnlosen Unterkiefer. Ein großer Inconnu kann durchaus 10 kg erreichen, während einzelne Exemplare isolierter Populationen im Norden Alaskas bis zu 35 kg schwer werden. Besonders in größeren Gewässern und hier an Fluss- oder Bacheinmündungen findet man die kampfstarken Inconnus. Ihr Fleisch ist stark ölhaltig und nicht bei jedermann beliebt. Gute Köder sind mittelgroße Blinker und Spinner.

Weitere Fischarten sind: Quappe *(Burbot)* beißt auf Fisch oder Fleischstücke an der Grundangel, verschiedene **Felchen** und **Renkenarten** (*Whitefisch*, Seen und Flüsse im gesamten Yukon), **Regenbogenforelle** (*Rainbow Trout*, Alsek River) und die Saiblingsarten: **Bull Trout** *(Stierforelle)* (**Liard River**-Flusssystem), **Dolly Varden** (**Peel River**- und **Alsek River-Flusssysteme)** und **Wandersaibling** (*Arctic Char*, wandert aus dem Polarmeer in das **Mackenzie-** und **Peel River- Flusssystem** und die Flüsse der nördlichen Küstengebiete).

Gefangene Fische mit einem kräftigen Schlag auf den Kopf oberhalb der Augen zuerst betäuben und dann mit einem Herzstich von unten zwischen Kiemenansatz und Brustflossen töten. Danach wird erst der Haken gelöst! Das „Schuppen" geht vor dem Ausnehmen am einfachsten. Dazu verwendet man z.B. die Rückseite einer Messerklinge und schabt vom Schwanz zum Kopf die Schuppen vom Körper. Zum Ausnehmen macht man danach einen Schnitt vom After bis zum Kopf. Damit die Gallenblase nicht verletzt wird, sollte dieser Schnitt nicht zu tief sein. Danach entfernt man alle Eingeweide. Auch die Niere, die als rotes Band direkt über der Wirbelsäule liegt, einritzen und ausschaben werden. Zum Braten in der Pfanne empfiehlt es sich, den Kopf und die Schwanzflosse abzuschneiden oder einen großen Fisch *(Hecht, Lake Trout)* in 2,5 cm dicke Steaks zu zerteilen. Soll der ganze Fisch dagegen in Alufolie gegart werden, lasse ich beides meistens dran. Da der Fischgeruch attraktiv auf Bären und andere Tiere wirkt, sollte der Kontakt mit Kanu, Ausrüstungsgegenständen und der Kleidung unbedingt vermieden werden. Am sichersten ist es, nur bei Zwischenstopps zu angeln und die Fische gleich vor Ort küchenfertig auszunehmen (evtl. auch gleich entschuppen, würzen und in Alufolie einwickeln) und dann geruchsdicht in einer Plastiktüte zu verstauen. So bleibt die Umgebung des Lagers sauber. Die Plastiktüte legt man zur Kühlung am besten direkt auf den Bootsboden. Ansonsten nimmt man die Fische in ausreichender Entfernung zum Lagerplatz aus. Fischreste und Eingeweide wirft man am besten weit genug in tiefes (fließendes) Wasser.

Zu meiner Angelausrüstung gehört immer eine ordentliche Kombizange oder ein Multitool mit Zange. Mit der Zange kann man z.B. Widerhaken andrücken oder den Haken aus dem zähnestarrenden Hechtmaul lösen. Kommt man in die äußerst unangenehme Situation, dass eine Hakenspitze des großen Lieblingsblinkers ein gutes Stück der eigenen Daumenkuppe durchstoßen hat, während die anderen beiden solide im Unterkiefer eines ca 80 cm langen und immer noch sehr lebendigen und zappelfreudigen Hechts verankert sind, wird auch der sonst so unscheinbare Drahtschneider plötzlich zum heißbegehrten Werkzeug. Mit ihm lässt sich nämlich hervorragend die Hakenspitze mitsamt dem Widerhaken abkneifen, um danach den verbleibenden Hakenbogen aus dem Finger zu ziehen (ist mir zum Glück nur ein einziges Mal passiert…)!

Wichtige Angelknoten

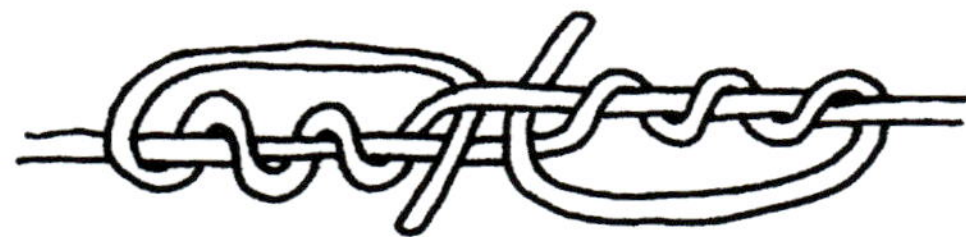

Zwei Schnurenden verbinden

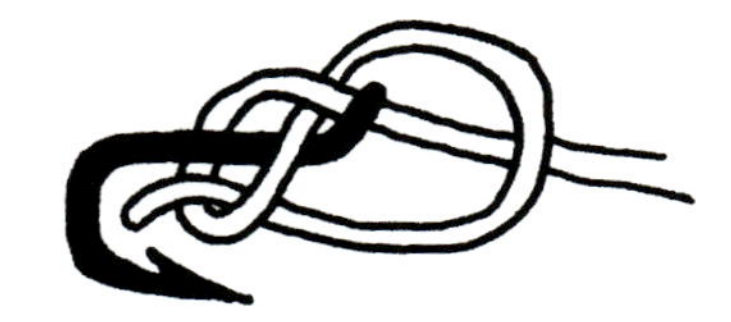

Anbinden von Öhr-Haken

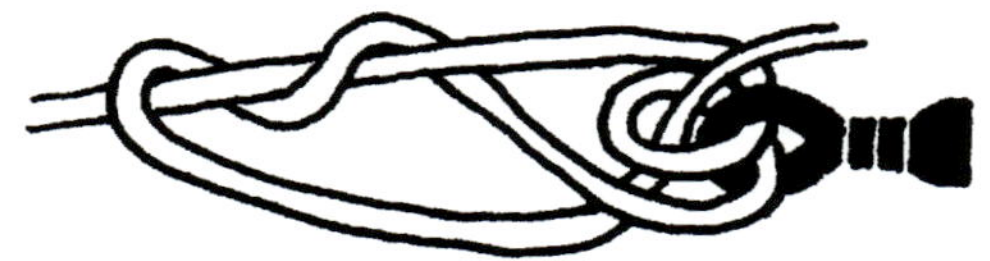

Knoten am Wirbel

Mein Tipp:
Lassen sie sich in den Angelgeschäften vor Ort beraten. Eine leichte Spinnrute sowie eine Auswahl Mepps-Spinner oder ähnliches der Größe 0-3 für Äschen oder Größe 5 mit Stahlvorfach für Hecht sollten auch dem Anfänger zu einem zünftigen Abendessen verhelfen.

Angelgeräte in Whitehorse

Sports North
408 Baxter St.

Canadian Tire
Industriegebiet am Two Mile Hill
Tel. +1 (867) 668-36 52

Infos zum Angeln unter

www.yukonfishing.com

Department of Renewable Resources
Fisheries section
10 Burns Road, Box 2703
Whitehorse, Yukon Y1A 2C6
Tel. +1 (867) 667-57 21
www.environmentyukon.gov.yk.ca

Yukon Fish & Game Association
1-4078 4th Avenue,
Whitehorse, Yukon Y1A 4K8
Tel. +1 (867) 667-42 63
www.yukonfga.ca

Geführte Angeltouren

***Spirit of the North Guides** (auch Kanutouren)*
(40 Minuten von Whitehorse entfernt)
Tel. +1 (867) 456-43 39
www.spiritnorth.ca

***Wilderness Fishing Yukon,** Whitehorse*
Tel. +1 (867) 667-28 46
www.fishingyukon.com

Bike-Touren

Aufgrund der großen Entfernungen zwischen den wenigen Ortschaften ist der Yukon nicht gerade das klassische Land für Bike-Touren. Wer es dennoch versucht, wird durch die spektakuläre Landschaft mehr als entschädigt.

www.yukonbiking.ca
www.be-yukon.com
www.montanamountain.ca

Mountainbikeverleih in Whitehorse:
Icycle Sport
9002 Quartz Road
Whitehorse
Tel. +1 (867) 668-75 59
www.icyclesport.com

Klondike Highway: 540 km, überwiegend Asphalt, schön und abwechslungsreich.
Alaska Highway: 1060 km, überwiegend Asphalt, schön, aber viel Verkehr.
Haines Road: 240 km, überwiegend Asphalt, spektakulär, hoher Bergpass, Stichstraße nach Haines, Alaska.
Campbell Highway: 580 km, überwiegend Schotter, abgelegen und wenig Verkehr.
Dempster Highway: 740 km, überwiegend Schotter, spektakulär und anspruchsvoll.
South Canol Road: 220 km, Schotter, schön und anspruchsvoll.
Atlin Road: 100 km, überwiegend Schotter, Stichstraße nach Atlin.
Silver Trail: 110 km, Asphalt und Schotter, Stichstraße nach Mayo und Keno.
Top of the World Highway, Taylor Highway: (66 km) 256 km, überwiegend Schotter, spektakulär und anspruchsvoll, Teilstück in Alaska.

Fotografieren

Mit seiner Vielfalt an spektakulären Landschaften, der reichen Tierwelt und den unglaublichen Wolkenstimmungen ist der Yukon ein wahres Eldorado für den Fotobegeisterten. Auf alle Technikdetails einzugehen, würde den Rahmen dieses Buches sprengen.
Bei Wandertouren hat sich bewährt, die Kamera in einem leichten und wasserdichten Beutel mit Rollverschluss unterzubringen. So ist sie auch bei Flussdurchquerungen und Dauerregen gut gegen eindringendes Wasser geschützt. Wem das Wühlen nach der Kamera zu lange dauert, kann auf die praktische Kameratasche der Firma Ortlieb zurückgreifen. Sie ist ebenfalls wasserdicht und kann direkt auf der Brust oder am Rucksackgurt getragen werden.
Bei einer Kanutour ist meine Kamera (wie andere empfindliche Gegenstände) in einem sehr robusten und wasserdichten, aber leider auch recht schweren Pelicase (www.pelishop.de) verpackt.

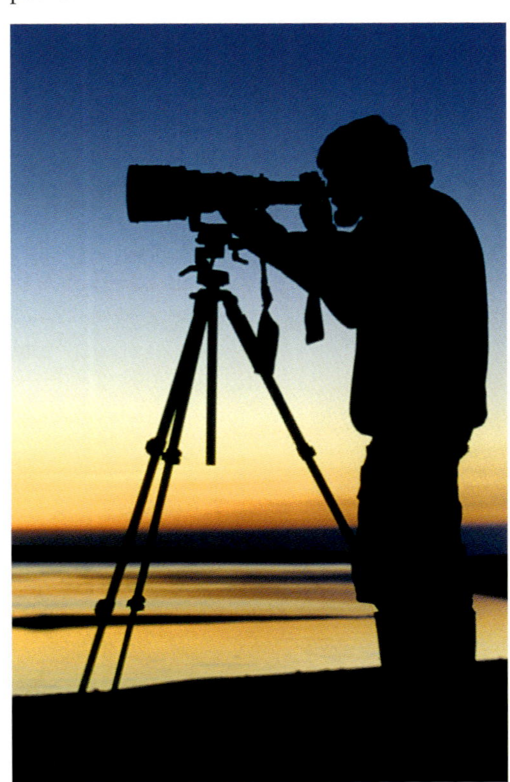

Lange Telebrennweiten sind vor allem für Tieraufnahmen von Vorteil.

Tierfotografie

Möglichst lange Brennweiten ermöglichen einen Sicherheitsabstand bei großen Tieren wie Bär und Elch. Auch kleine Tiere werden durch den vergrößerten Abstand nicht so schnell verschreckt und verhalten sich natürlicher. Ein Stativ sorgt auch hier wieder für verwackelungsfreie Bilder. Im Kanu ist ein moderner Bildstabilisator von unschätzbarem Vorteil.

Landschaftsfotografie

Ein kleines und leichtes Stativ ermöglicht stimmungsvolle Bilder unter schwierigen Lichtsituationen. Ein Grauverlauffilter gleicht die großen Kontraste zwischen hellen und dunklen Bildteilen aus.

Polarlichter

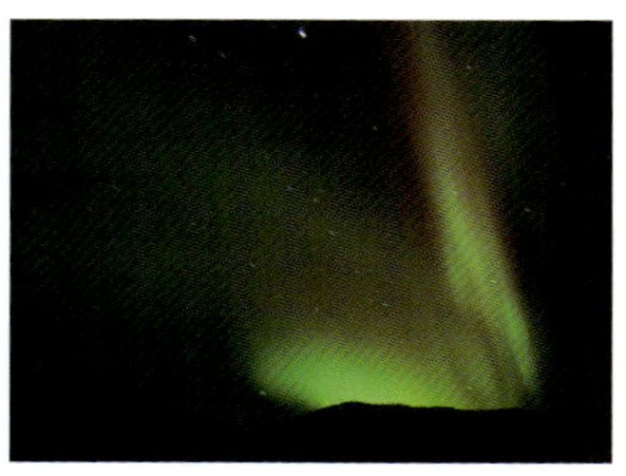

Ein Stativ ist hier unverzichtbar! Belichtungszeiten von etwa 30 Sekunden bei Blende 2,8 und Iso 400 bringen oftmals gute Ergebnisse. Die langen Belichtungszeiten, gepaart mit den frostigen Temperaturen einer klaren Septembernacht, lassen Batterien und Akkus rapide an Leistung verlieren. Lithiumbatterien halten in der Kälte deutlich länger.

Fotoreisen:

Glanzmann Tours (deutschsprachig)
Eva & Beat Glanzmann
P.O. Box 2107
Haines Junction, Yukon Y0B1L0
Tel. +1 (867) 634-20 01
www.yukon-glanzmanntours.com
www.beatglanzmann.com

Literaturtipp:
Fotografie: Berge - Landschaft - Outdoor - Action, *Bernd Ritschel,* Bergverlag Rother

Bergsteigen & Klettern

Die Fels- und Eisgipfel der **Saint Elias Mountains** sind natürlich Traumziele für ernsthafte Alpinisten. Auch am Rand des **Kluane Nationalparks** gibt es wunderschöne Gipfelanstiege in unterschiedlichen Schwierigkeitsgraden. Die vergletscherten Eisriesen im Zentrum des Parks sind da schon deutlich schwieriger zu erreichen. Die komplizierte Anreise zu den Basecamps, das extreme Klima und Gipfelhöhen bis 5959 Meter lassen hier oftmals selbst Profis dieses Sports scheitern.

Literaturtipp:
A Climbers Guide to the St. Elias Mountains, *Richard Holmes,* Icy Bay Press

Die Zahl der erschlossenen Kletterrouten im Yukon wächst zwar stehtig an, das vorhandene Potential ist noch nicht ausgeschöpft. Von den unzähligen Felswänden sind nur eine Handvoll mit Kletterrouten und entsprechenden Sicherungen eingerichtet. Die vorhandenen Routen und Klettergärten sind kaum länger als eine Seillänge. Dagegen steht die unglaubliche Vielzahl an unberührten Wänden, die fortgeschrittene Kletterer mit möglichen Erstbegehungen locken. Infos unter www.climbyukon.net

Einige der Klettergärten:

The Rock Gardens
Nahe Whitehorse, etwa 30 Routen bis 14 Meter Höhe im Schwierigkeitsbereich *5.6-5.11*

Golden Canyons
In der Nähe der Takhini Hot Springs, erstklassiges Klettergebiet in den Canyons, *5.7-5.12*

Crocus Bluffs
Am Klondike Highway, außerhalb von Dawson City, 5 leichtere Routen bis 15 Meter, *5.5-5.7*

Ibex Vally
Nordwestlich von Whitehorse. Der bewaldete Talboden ist übersät mit großen Granitblöcken. Das beliebteste Bouldergebiet im Yukon mit einem alljährlichen Bouldertreffen.

Reiten

Im Yukon gibt es mehrere Anbieter, die so genannte Trailriding-Touren anbieten. Die Angebote reichen vom kurzen Ausritt bis zur mehrtägigen Gepäcktour mit Vollpension. Aus verständlichen Gründen sind alle Touren geführt und somit nicht ganz billig.

Yukon Mountain Horses & More
Alaska Highway Km 1361
Marsh Lake
Tel. +1 (867) 660-59 15
www.yukonpferde.de *(deutschsprachig)*

Sky High Wilderness Ranches
Fish Lake Road (außerhalb Whitehorse)
Tel. +1 (867) 667-43 21
www.skyhighwilderness.com

Goldsuchen

Nahezu jeder Fluss und Bach im Yukon ist goldhaltig. Es ist jedoch immer die Frage wie viel Sand, Kies und Geröll man bewegen muss, um etwas zu finden... Wer heute sein Glück herausfordern möchte und mit Schaufel und Goldpfanne unterwegs ist sollte sich immer eins vor Augen führen: Gold ist etwa 19 mal so schwer wie Wasser und deutlich schwerer als Sand und Stein. Es lagert sich also immer an tiefen Stellen im Fluss, im Strömungsschatten hinter Felsen und Baumwurzeln oder in Bodensenken ab.
Ist eine solche Stelle ausgemacht, befüllt man seine Goldpfanne mit einer Schaufel voll Material und beginnt mit schüttelnden und kreisenden Bewegungen die Probe auszuwaschen. Die Goldpfanne wird dabei leicht schräg gehalten. Das schwere Gold (und auch das Katzengold) sinken dabei zum Boden der Pfanne, während Sand und Kies nach und nach über den Rand der Pfanne gleiten.
Vorsicht am Ende des Waschvorgangs! Feine Goldpartikel sind oftmals von einer dünnen Schicht schwarzem Sand (Magnetit) zugedeckt

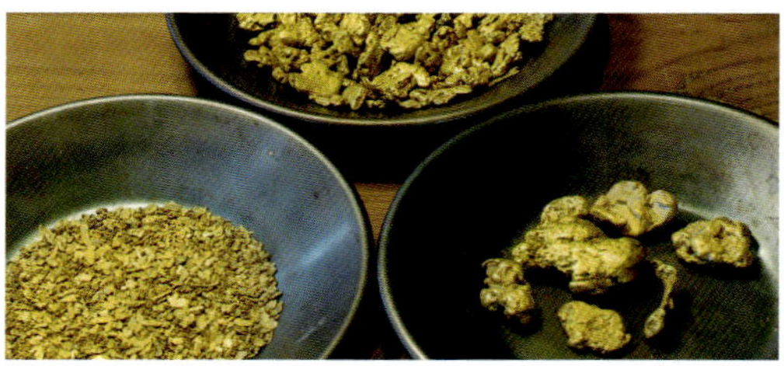

und bei Unachtsamkeit schnell über den Rand der Pfanne verschwunden.
Wer sich nicht sicher ist ob seine Technik richtig ist kann ganz einfach mit einem kleinen Stück Metall (eine kleine Schraube, Mutter oder ein Bleikügelchen) trainieren. Wer im Busch eine Plakette findet, die an einem Eisen oder Holzpfahl befestigt ist, befindet sich auf einem abgesteckten Miningclaim. Hier ist Goldwaschen natürlich tabu! Auch auf anderem Privatbesitz und auf First Nation Land sollte die Goldpfanne trocken bleiben.
Goldpfannen sind in Whitehorse zum Beispiel im Geschäft Canadien tire erhältlich.
Tipp: wer kein Glück gehabt hat kann seine Goldpfanne immer noch als Bratpfanne oder zum Bannockbacken nutzen....
Weitere Infos unter: www.yukonmining.com

Unter www.emr.gov.yk.ca/mlv_jump.htlm findet man eine detallierte Karte in der Claims und Schürfrechte eingetragen sind.

Wintertouren

In den langen und kalten Wintermonaten verirren sich deutlich weniger Touristen und Outdoorbegeisterte in den Yukon. Ein Grund dafür sind die möglichen Extremtemperaturen und Schneestürme, die unerfahrenen Outdoor-Enthusiasten leicht zur Gefahr werden (siehe auch Kapitel „Gefahren“ und „Ausrüstung“). Eine Wintertour im Yukon sollte der weniger Erfahrene nur über einen der Outfitter buchen (siehe Seite 42), der dann für die erforderliche Organisation sorgt.
Ein großer Vorteil im Winter ist die relativ leichte Zugänglichkeit der Landschaft. Flüsse,

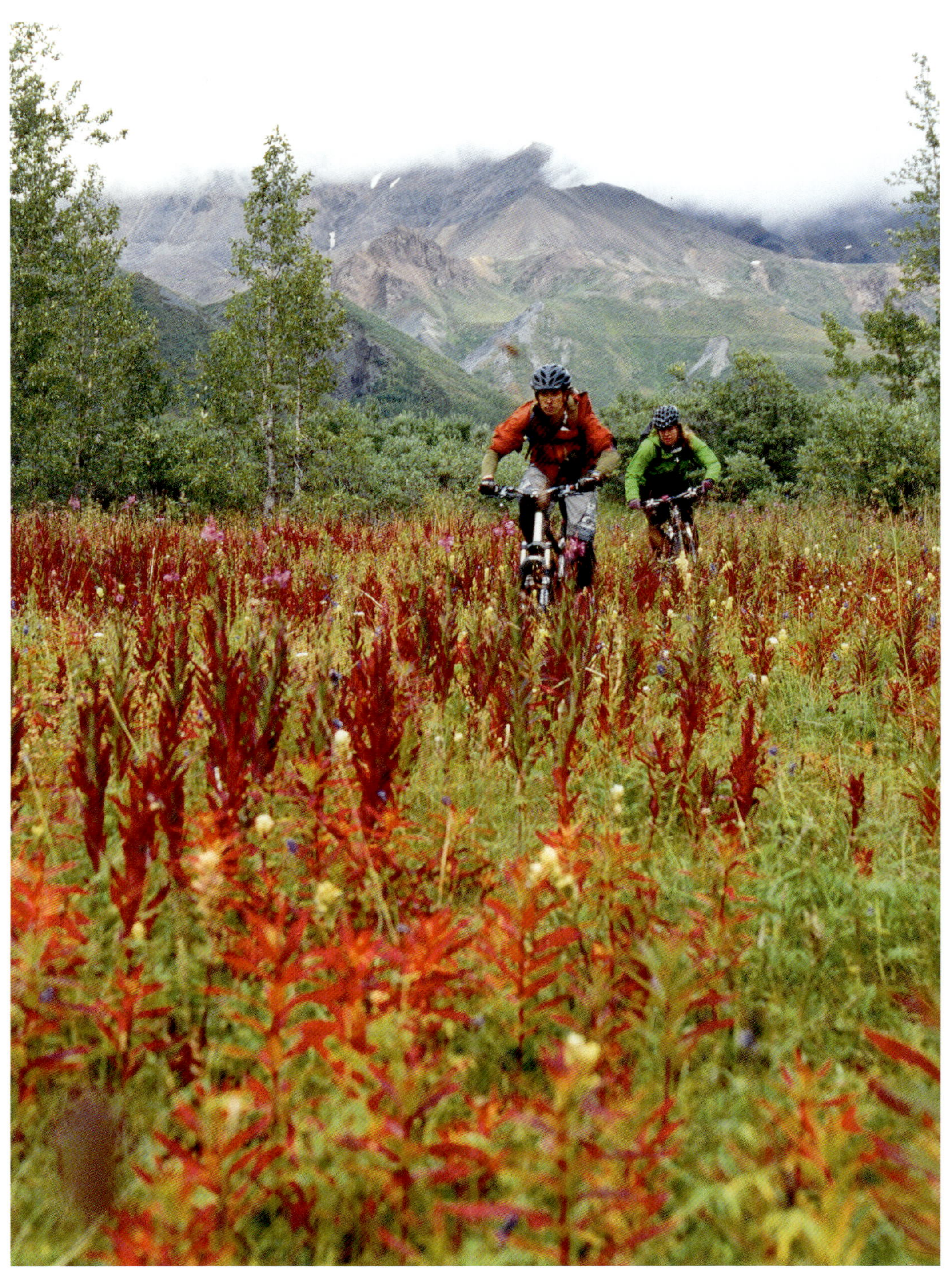

Mountainbiker fahren durch Wiesen mit Fireweed (Stauden-Feuerkraut) auf dem Cottonwood Trail im Kluane Nationalpark.

Seen und Sümpfe sind zugefroren und machen manche Gegenden erst im Winter erreichbar. Ganz unbedarft längere Querfeldein-Touren zu planen, ist jedoch trotzdem nicht immer möglich. Mit Skiern oder Schneeschuhen ist dichtes Buschwerk noch schwerer als im Sommer zu durchqueren, und wegen der tiefen Temperaturen ist der Schnee häufig sehr locker und pulvrig, weshalb man immer wieder tief einsackt. Die eigenständige Planung und Durchführung einer solchen Tour erfordert also ein gesundes Maß an Fitness und Erfahrung. Trotz der harschen Bedingungen ist der Yukon im Winter allemal eine Reise wert! Am Tage sind die Wälder lichtdurchflutet, und in der Nacht locken Stille und das faszinierende Schauspiel der Polarlichter Naturbegeisterte in die kalte Nachtluft hinaus. Besonders die Monate Dezember und Januar sind durch die Nähe zum Polarkreis sehr dunkel. Im Februar und März hat man schon deutlich mehr Sonnenstunden pro Tag, und es wird meistens nicht ganz so kalt.

Ski, Schneeschuhe

Geführte, aber auch ungeführte Touren bieten eine tolle Möglichkeit, die verschneite Landschaft zu erkunden. Vom kurzen Spaziergang bis zur mehrwöchigen Expedition – die Möglichkeiten im Yukon sind fast unbegrenzt.

Hundeschlitten

Mehrere Anbieter für Hundeschlittentouren sind im Yukon ansässig. In rasanter Fahrt von einem Huskygespann durch die winterliche Wildnis gezogen zu werden, gehört zu einem unvergesslichen Erlebnis. Aus nachvollziehbaren Gründen gibt es nur geführte Touren mit Vollpension. Bei vielen Veranstaltern sind jedoch auch kurze Ausflüge und sogar Sommertrainigsfahrten im Programm. Im Februar ist Whitehorse der Startpunkt für das Yukon Quest-Hundeschlittenrennen.
www.yukonquest.com

Eisangeln

Eine beliebte Winterbeschäftigung der Einheimischen ist das Eisangeln. Die Eisdecke der Seen ist dann dick genug, um mit Schneemobil oder Auto bis zur Angelstelle zu fahren. Ein spezieller Eisbohrer ist notwendig um ein Loch ins dicke Eis zu bohren. Danach hilft nur noch warten...

Motorschlitten

Motorschlitten sind im Winter ein ganz normales (wenn auch lautes) Fortbewegungsmittel und können bei einigen Veranstaltern stunden- oder tageweise gemietet werden.

Outfitter für Wintertouren

Northern Tales *(deutschsprachig)*
P.O. Box 31178
Whitehorse, Yukon Y1A5P7
Tel. +1 (867) 667-60 54
Fax +1 (867) 667-60 55
www.northerntales.ca
www.auroraborealisyukon.com

Ein breites Spektrum an Winteraktivitäten. Hundeschlitten, Schneeschuhwandern, speziellen Polarlichttouren und Reisen auf den winterlichen Straßen des Yukon.

Glanzmann Tours *(deutschsprachig)*
Eva & Beat Glanzmann
P.O. Box 2107
Haines Junction, Yukon Y0B1L0
Tel. +1 (867) 634-20 01
www.yukon-glanzmanntours.com
www.beatglanzmann.com

Individuelle Hundeschlittentouren mit Blockhütten- und Trapperzeltübernachtungen (oder auch im Expeditionsstil in unberührter Wildnis von Camp zu Camp) oder Schneeschuhtouren in kleinen Gruppen und familiärer Atmosphäre. Im Sommer auch geführte Kanu- und Fotoreisen.

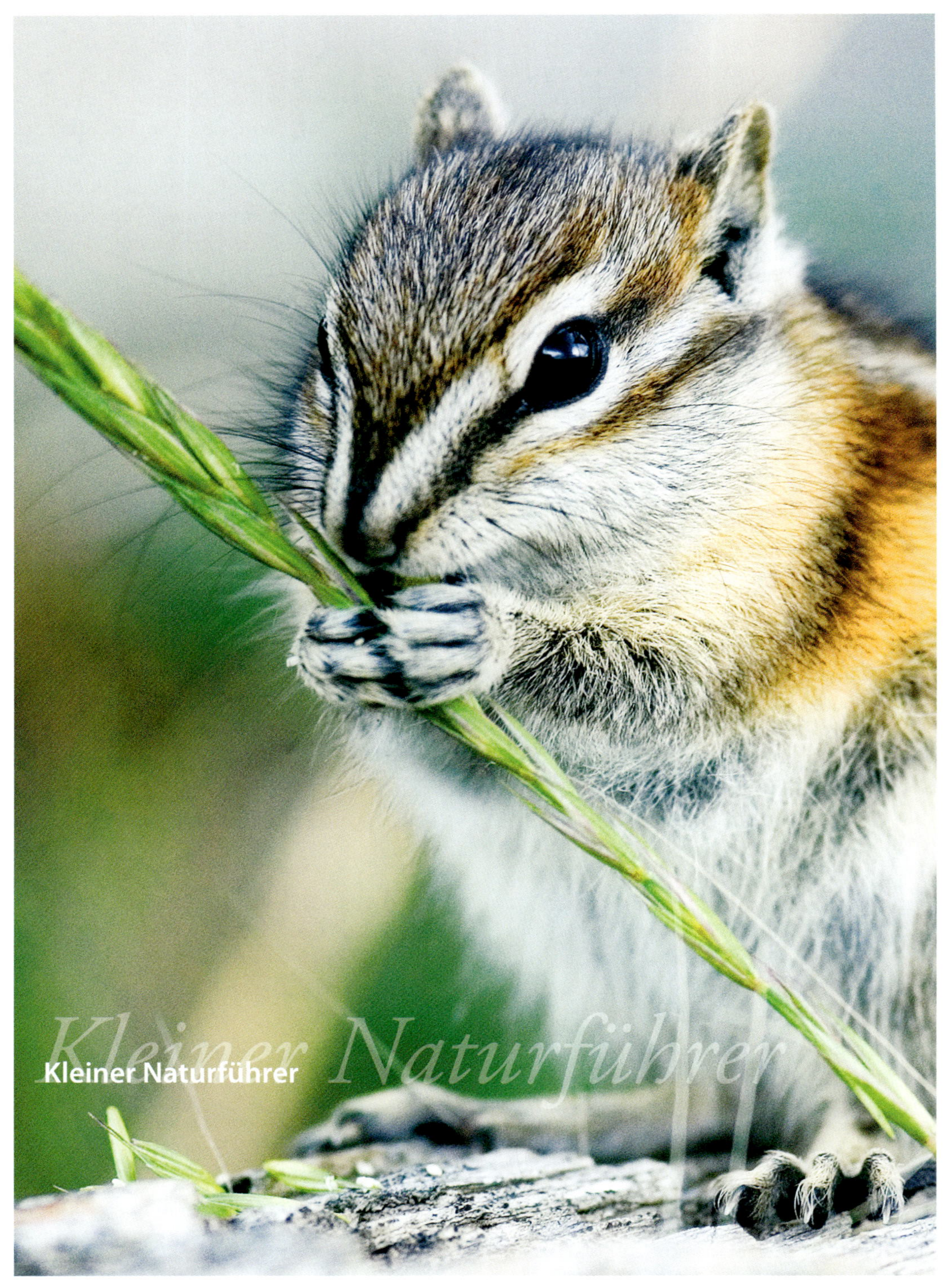

Streifenhörnchen sind manchmal recht zutraulich.

Tiere

Schneeschuh-Hase

Snowshoe Hare, Lepus americanus
Größe: etwa Kaninchengröße
Lebensraum: Wälder, Busch, offene Landschaft bis in die Tundra
Revier: 0,5 km²
Nahrung: Pflanzen, Rinde, Knospen
Paarungszeit: Februar bis Juli
Würfe pro Jahr: 1 - 4
Jungen pro Wurf: 1 - 6
Besonderes: Die Population des Schneeschuh-Hasen ist sehr großen Schwankungen unterworfen und fluktuiert in einem elf Jahre dauernden Zyklus. Die Gründe dafür sind unbekannt.
Der Schneeschuh-Hase bildet die Nahrungsgrundlage für den Luchs. Er unterliegt somit den gleichen Populationsschwankungen.

Streifenhörnchen

Least Chipmunk, Tamias minimus
Größe: etwa Rattengröße
Lebensraum: Busch, Steinhaufen, alte Blockhütten, Rastplätze
Revier: 0,1 km²
Nahrung: Körner, Nüsse, Früchte, Insekten
Paarungszeit: Februar bis April, Juni-August
Würfe pro Jahr: 1 - 2
Jungen pro Wurf: 3 - 7
Besonderes: Das Streifenhörnchen erreicht im mittleren Yukon sein nördlichstes Verbreitungsgebiet.

Rothörnchen

Red Squirrel, Tamiasciurus hudsonicus
Größe: wie europäisches Eichhörnchen
Lebensraum: Nadelwald , Nadel-Mischwald
Revier: 0,1 km²
Nahrung: Nüsse, Körner, Beeren, Knospen, Pilze
Paarungszeit: Februar bis März, Juni bis Juli
Würfe pro Jahr: 1 - 2
Jungen pro Wurf: 2 - 8
Besonderes: Stibitzt gern die Lebensmittel argloser Camper.

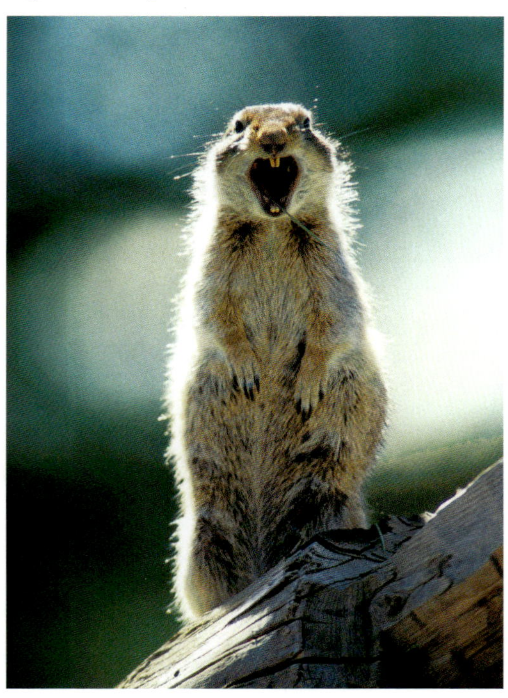

Warnendes Erdhörnchen.

Erdhörnchen

Arctic Ground Squirrel, Spermophilus parryii
Größe: wie europäisches Eichhörnchen
Lebensraum: offenes, trockenes Grasland
Revier: 0,1 km²
Nahrung: Gräser, Pflanzenteile, Pilze
Paarungszeit: Mai
Würfe pro Jahr: 1
Jungen pro Wurf: 5 - 10
Besonderes: Lebt in Kolonien v. 5 - 50 Tieren.

Baumstachler, Stachelschwein

Porcupine, Erethizon dorsatum
Größe: 50 - 70 cm, 8 -13 kg
Lebensraum: Wald
Revier: etwa 1 km²
Nahrung: Pflanzenteile, Baumrinde
Paarungszeit: September bis Dezember
Würfe pro Jahr: 1
Jungen pro Wurf: 1
Besonderes: Der Baumstachler ist ein eher langsamer und genügsamer Zeitgenosse. Bei Gefahr schützt ihn sein Kleid aus bis zu 30 000 biegsamen Stacheln. Bei den lokalen Indianergruppen wurden die Stacheln zum Nähen, Sticken und zur Schmuckherstellung genutzt. Für Schwierigkeiten kann die Vorliebe der Baumstachler für Gummi, weiche Kunststoffe und Salz (Handschweiß) sorgen. Es kann passieren, dass sie Schlauchkanus, Faltboote oder auch Paddelstiele anknabbern…

Biber

Beaver, Castor canadensis
Größe: 65 - 75 cm (ohne Schwanz), 15 - 32 kg
Lebensraum: Flüsse, Bäche und Seen
Revier: etwa 2 km um die Biberburg
Nahrung: Blätter, Baumrinde
Paarungszeit: Januar bis März
Würfe pro Jahr: 1
Jungen pro Wurf: 2 - 3
Besonderes: Biber sind die wahren Baumeister des Nordens. Mit ihren soliden, bis zu drei Meter hohen Dämmen sind sie in der Lage, große Teiche aufzustauen. So erleichtern sich die in Familienverbänden lebenden Biber den Zugang zu ihrer Nahrung und sorgen für einen gleichbleibenden Wasserstand in ihrer Behausung. Die Biberburg wird aus Ästen, Schlamm und Steinen am Rand der Gewässer gebaut.

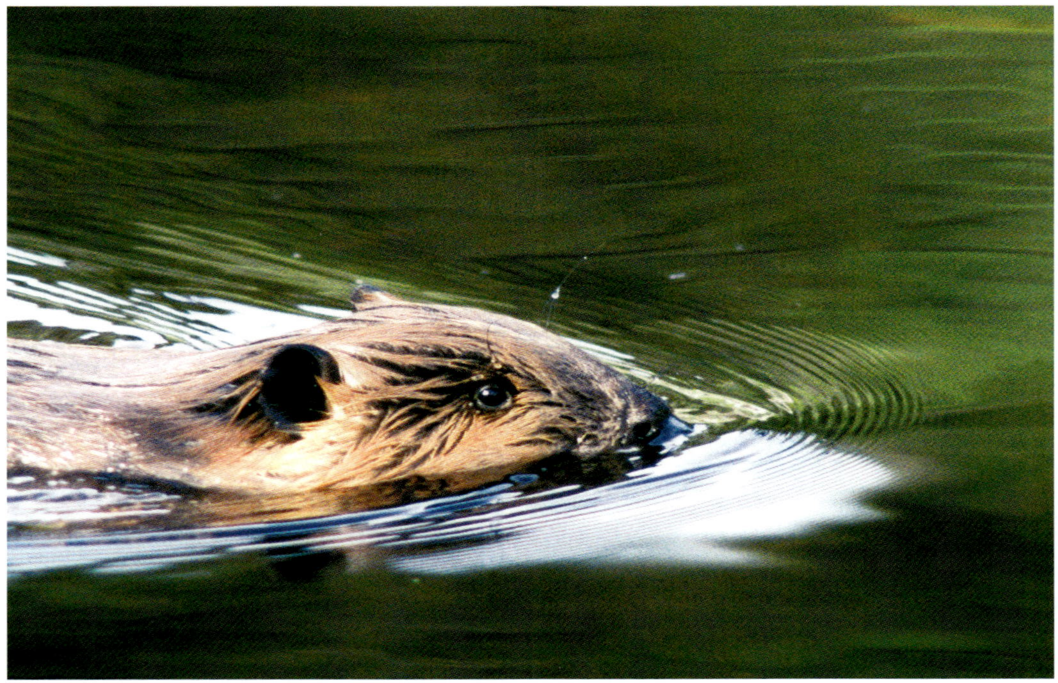

Biber.

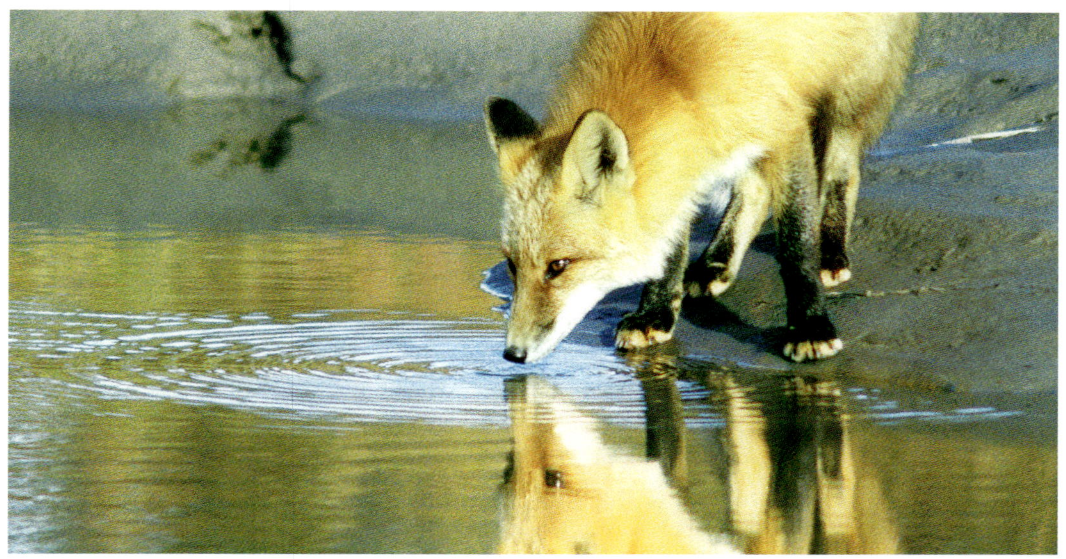

Rotfuchs.

Kojote

Coyote, Canis latrans

Größe: 1,0 - 1,3 m (ohne Schwanz), 60 - 70 cm Schulterhöhe, bis 23 kg

Lebensraum: Wälder, Busch

Revier: 12 - 65 km²

Nahrung: kleinere Säugetiere, Früchte, Beeren, Aas

Paarungszeit: Januar bis April

Würfe pro Jahr: 1

Jungen pro Wurf: 5 - 7

Besonderes: Kojoten leben in der Regel als Paar oder Einzelgänger. Allenfalls im Winter finden sich diese Tiere kurzzeitig zu einem kleineren Rudel zusammen. Kojoten sind extrem anpassungsfähig und verfügen über ein breites Spektrum von Lautäußerungen, inklusive Bellen und Heulen.

Rotfuchs

Red Fox, Vulpes vulpes

Größe: 50 - 65 cm (ohne Schwanz), 5 - 8 kg

Lebensraum: Wälder, Busch, Rand der Tundra

Revier: 2,5 - 14 km²

Nahrung: kl. Säugetiere, Aas, Insekten, Früchte

Paarungszeit: Dezember - März

Würfe pro Jahr: 1

Jungen pro Wurf: 5 - 10

Besonderes: Der Rotfuchs ist ein sehr anpassungsfähiges Tier, das mit den unterschiedlichsten Lebensräumen und Nahrungsquellen zurechtkommt.

Vielfraß

Wolverine, Gulo gulo

Größe: 65 - 105 cm, 20 - 32 kg

Lebensraum: Wald, Tundra

Revier: bis zu 2000 km²

Nahrung: kleinere Säugetiere, Aas, Vögel, Insekten, Beeren und Früchte. Mitunter werden sogar Elchkälber und Luchse erbeutet.

Paarungszeit: April bis Juli

Würfe pro Jahr: 1

Jungen pro Wurf: 2 - 4

Besonderes: Zahlreiche Mythen und Legenden ranken sich um dieses zweifellos kraftvolle und relativ furchtlose Raubtier.

Otter

River Otter, Lutra canadensis

Größe: 90 - 120 cm (ohne Schwanz), 5 - 15 kg
Lebensraum: Flüsse und Seen
Revier: 30 - 150 km²
Nahrung: Fische, kleine Säugetiere und Amphibien
Paarungszeit: Dezember bis April
Würfe pro Jahr: 1
Jungen pro Wurf: 2 - 4
Besonderes: Lebt in Familienverbänden.

(Fichten) Marder

Marten, Martens americana

Größe: 50 - 65 cm, 0,5 - 1,3 kg
Lebensraum: Nadelwald
Revier: 2 - 8 km²
Nahrung: kleine Säugetiere, Vögel, Insekten, Beeren und Früchte
Paarungszeit: Juni bis August
Würfe pro Jahr: 1
Jungen pro Wurf: 1 - 5
Besonderes: nachtaktiv

Dallschaf

Dallsheep, Ovis dalli

Größe: 1,3 - 1,8 m, 80 - 120 kg
Lebensraum: baumlose Bergregionen
Revier: Rudeltier, unternimmt keine ausgedehnten Wanderungen
Nahrung: Gräser, Flechten
Paarungszeit: November bis Dezember
Würfe pro Jahr: 1
Jungen pro Wurf: 1, selten 2
Besonderes: Ende Mai/Anfang Juni werden die Lämmer geboren. In dieser Zeit bitte Abstand halten!

Weitere Säugetiere im Yukon: Steinschaf (Stone Sheep), Bergziege (Mountain Goat), Wapitihirsch (Elk), Weißwedelhirsch (White-tailed Deer), Maultierhirsch (Mule Deer), Bison (Wood Bison), (sehr selten) Puma, Nerz (Mink), Hermelin (Weasel), Fledermaus (Bat), Spitzmaus, Bisamratte (Muskrat), Pfeifhase (Pika), Lemming, Gleithörnchen (flying Squirrel), verschiedene Mäuse (Mouse) und Murmeltiere (Marmots).
Verschiedene Wal- und Robbenarten sowie Polarfuchs, Moschusochsen und Eisbär an der Eismeerküste.

Luchs

Lynx, Lynx canadensis

Größe: 75 - 105 cm, 60 cm Schulterhöhe, 8 - 14 kg
Lebensraum: Wald und Buschland
Revier: 20 - 300 km²
Nahrung: Schneeschuh-Hasen, kleine Säugetiere, Vögel
Paarungszeit: März bis April
Würfe pro Jahr: 1
Jungen pro Wurf: 2 - 4
Besonderes: siehe „Schneeschuh-Hase“

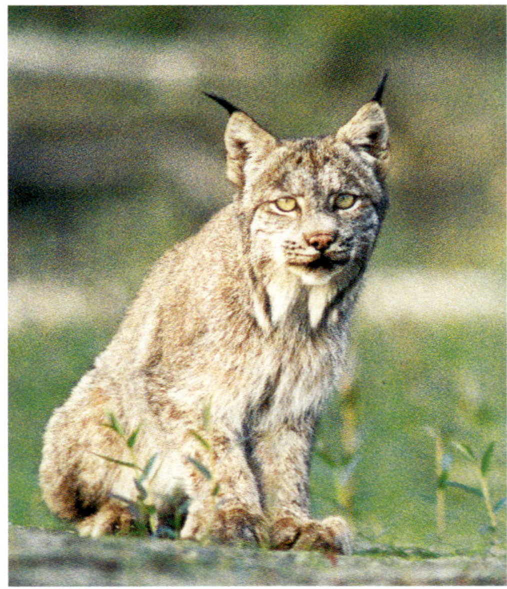

Luchs.

Küstenseeschwalbe

Arctic Tern, Sterna paradisea
Größe: 38 cm lang
Lebensraum: Flüsse und Seen mit Kiesbänken.
Nahrung: Kleine Fische, Insekten und Krebstierchen, die im Sturzflug ertaucht werden.
Brutzeit: Mai-Juli, 1 - 3 Eier
Besonderes: Brütet auf Kiesbänken, verteidigt das Gelege durch Sturzflüge und Kotattacken. Die Küstenseeschwalbe ist der Zugvogel mit dem längsten Zugweg der Welt. Zwischen ihren Brutgebieten auf der nördlichen Nordhalbkugel und ihren Winterquartieren in der Antarktis legen sie bis zu 30 000 km zurück.

Wanderfalke

Peregrine Falcon, Falco peregrinus
Größe: 40 - 50 cm, 100 cm Flügelspannweite, 600 - 1200 g
Lebensraum: Wälder, Flusstäler und Tundra
Nahrung: Meist Vögel die im Flug erbeutet werden.
Brutzeit: März-April, 3 - 4 Eier
Besonderes: Wanderfalkenpaare bleiben ein Leben lang zusammen. Nisten in der Regel auf Felsklippen. Wanderfalken halten den Geschwindigkeitsrekord aller Vögel (über 320 km/h).

Kolkrabe

Common Raven, Corvus Corax
Größe: bis 70 cm, 140 cm Flügelspannweite
Lebensraum: Wälder, Flusstäler, Tundra
Nahrung: Insekten, Beeren, Eier, Kleintiere, Aas
Brutzeit: Juni, 3 - 7 Eier
Besonderes: Rabenpaare bleiben ein Leben lang zusammen. Sie sind sehr intelligent und verfügen über ein breites Spektrum an Lautäußerungen. Raben spielen als Schöpfer der Welt eine Hauptrolle in der Mythologie der First Nations.

Eistaucher

Common Loon, Gavia immer
Größe: Etwa mit einer großen Ente vergleichbar
Lebensraum: Seen, größere Flüsse
Nahrung: taucht nach kleinen Fischen
Brutzeit: Juni, 1 - 2 Eier
Besonderes: An Land sehr unbeholfen, kanadischer Nationalvogel, sehr charakteristischer Ruf, Zugvogel.

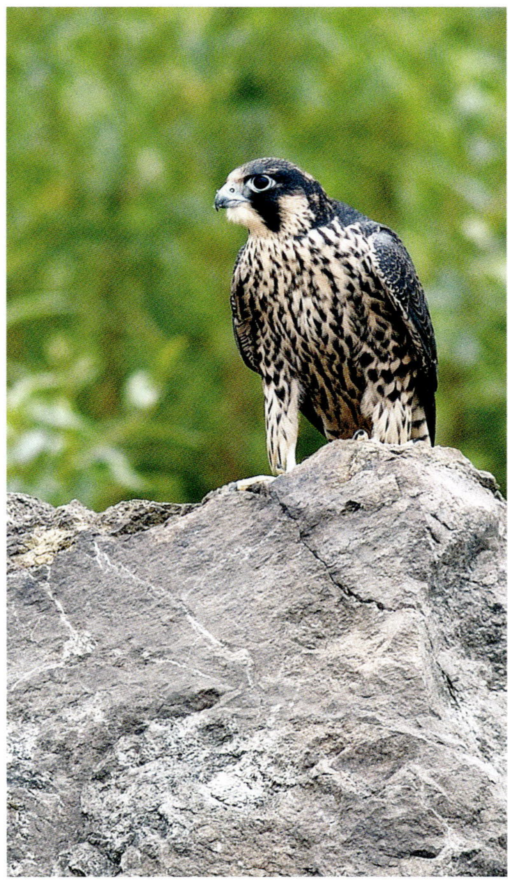

Wanderfalke.

Tannenhuhn

Spruce Grouse, Falcipennis canadensis
Größe: Hühnergroß
Lebensraum: Nadelwälder
Nahrung: Beeren, Pflanzenteile, Insekten, im Winter auch Fichtennadeln
Brutzeit: Juni, 6 - 8 Eier
Besonderes: Mitunter sehr zutraulich, früher wichtige Jagdbeute der First Nations, kein Zugvogel, kann in der Paarungszeit durch Flügelschlagen ein dumpfes, trommelndes Geräusch erzeugen.

Kanadagans

Canada Goose, Branta canadensis
Größe: 3,5 - 7 kg, bis 220 cm Flügelspannweite
Lebensraum: Stehende und langsam fließende Gewässer.
Nahrung: Pflanzenteile, besonders Gräser und Schachtelhalm.
Brutzeit: Mai bis Juli, 4 - 8 Eier.
Besonderes: Paare bleiben ein Leben lang zusammen; flugunfähig während der Brutphase (Mauser), Zugvogel.

Weitere Vogelarten im Yukon:

Raubvögel: Fischadler, Kornweihe, Steinadler, Rauhfußbussard, Gerfalke, Buntfalke, Merlin, Bartkauz, Schnee-Eule, Sperbereule, Sumpfohreule.

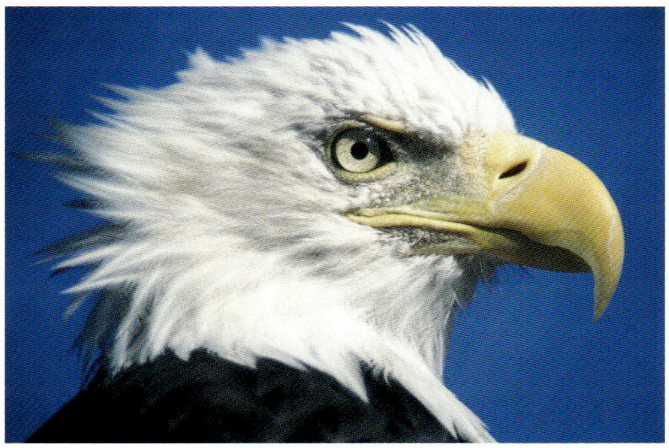

Weißkopfseeadler.

Wasservögel: Sterntaucher, Ohrentaucher, Rothalstaucher, Singschwan, Bläßgans, Enten, Säger, Blässhuhn, Odinshühnchen, Möwen.
Ufervögel: Goldregenpfeifer, Regenpfeifer, Brachvogel, Uferläufer, Sandhill-Kranich.
Andere Vögel: Schweifhuhn, Schneehuhn, Gürtelfischer, Meisenhäher, Westlicher Waldtyrann, Wasseramsel, verschiedene Spechte, Schwalben, Meisen, Ammern und andere Singvögel.

Wolf

Siehe Seite 170.

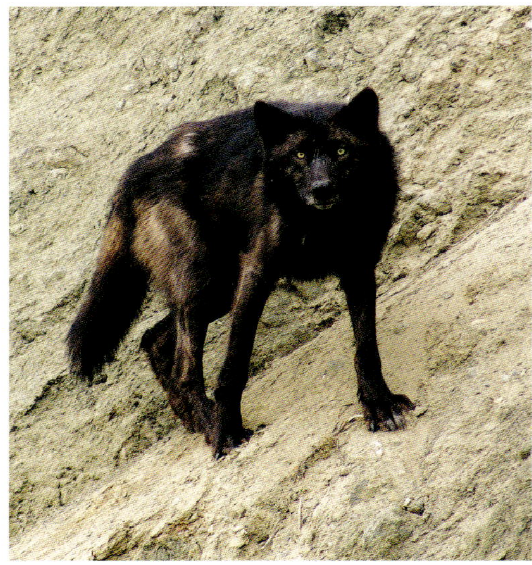

Timberwolf.

Schwarzbär

Siehe Seite 144.

Grizzlybär

Siehe Seite 193.

Elch

Siehe Seite 117.

Weißkopfseeadler

Siehe Foto links und Seite 104.

Pflanzenwelt

Im Yukon wurden über 1000 verschiedene Pflanzenarten nachgewiesen. Der lange Winter und die kurze Wachstumsperiode im Sommer lassen nur robuste oder besonders spezialisierte Pflanzenarten gut gedeihen. Bald nach der Schneeschmelze ist auf den Wiesen und Waldlichtungen, an Uferböschungen und Straßenrändern bereits ein Feuerwerk verschiedenster Blumensorten und Wildkräuter zu bestaunen. Pflanzenkenner freuen sich besonders über die unterschiedlichen Orchideenarten. Aber auch Enzian, Astern, Küchenschelle, Wildmohn, Wildrose, Wilde Geranien, Veilchen, Arnica, Ranunkelgewächse und natürlich das bekannte Fireweed (Buschwindröschen) bringen Farbtupfer in die Landschaft, wobei unterschiedliche Standorte natürlich sehr verschiedene Pflanzenarten beheimaten.

Wald

Die scheinbar endlosen Wälder im südlichen und mittleren Yukon werden eindeutig von Schwarz- und Weißfichten beherrscht. Die nordische Fichte hat sich besonders gut an die vorherrschenden Klimabedingungen angepasst, und nur stellenweise machen Baumarten wie Pappel, Birke oder Kiefer den immergrünen Nadelbäumen Konkurrenz. Der Boden dieser Wälder ist häufig von einer dicken Moosschicht bedeckt. Nach einem Waldbrand sind oftmals weite Flächen von Buschwindröschen (Fireweed) bewachsen. Die Blüten färben im Sommer mitunter ganze Berghänge rosa. Fireweed ist die Nationalpflanze des Yukon.

Tundra

Trotz des extremen Klimas in der nördlichen oder subalpinen Tundra finden einige Pflanzenarten hier perfekte Lebensbedingungen vor. Moose bedecken weite Flächen des sumpfigen Bodens. Beerensträucher, Zwergweiden und verschiedene Blumenarten sind hier zu Hause.

Flusstäler

Der Boden in den Flusstälern ist häufigen Veränderungen durch Hochwasser und Eisgang ausgesetzt. Während in der Außenkurve ständig am alten Waldufer genagt wird, bilden sich anderswo neue Sand- und Kiesflächen, die von Pionierpflanzen wie Weiden, Erlen, Buschwindröschen und Lupinen zurückgewonnen werden.

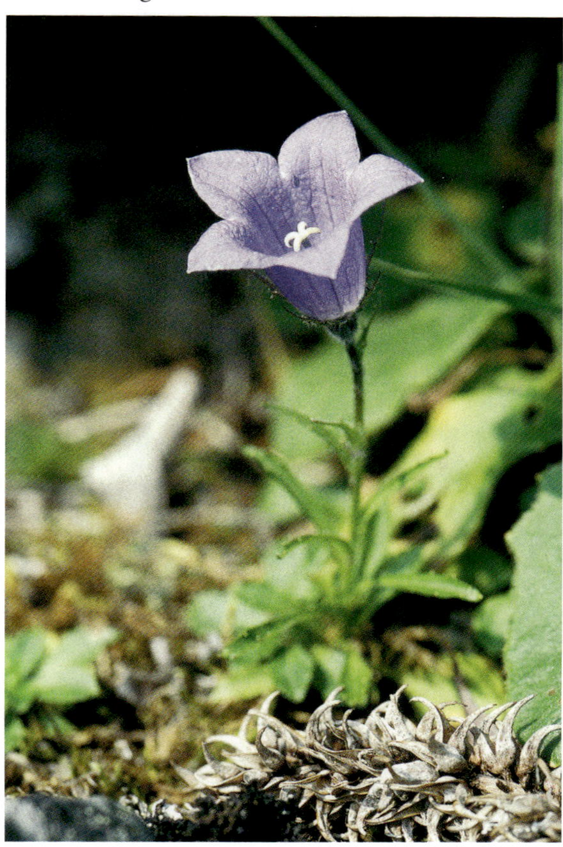

Glockenblume, Alpine Harebell.

Outdoor-Wörterbuch

Outdoor-Wörterbuch

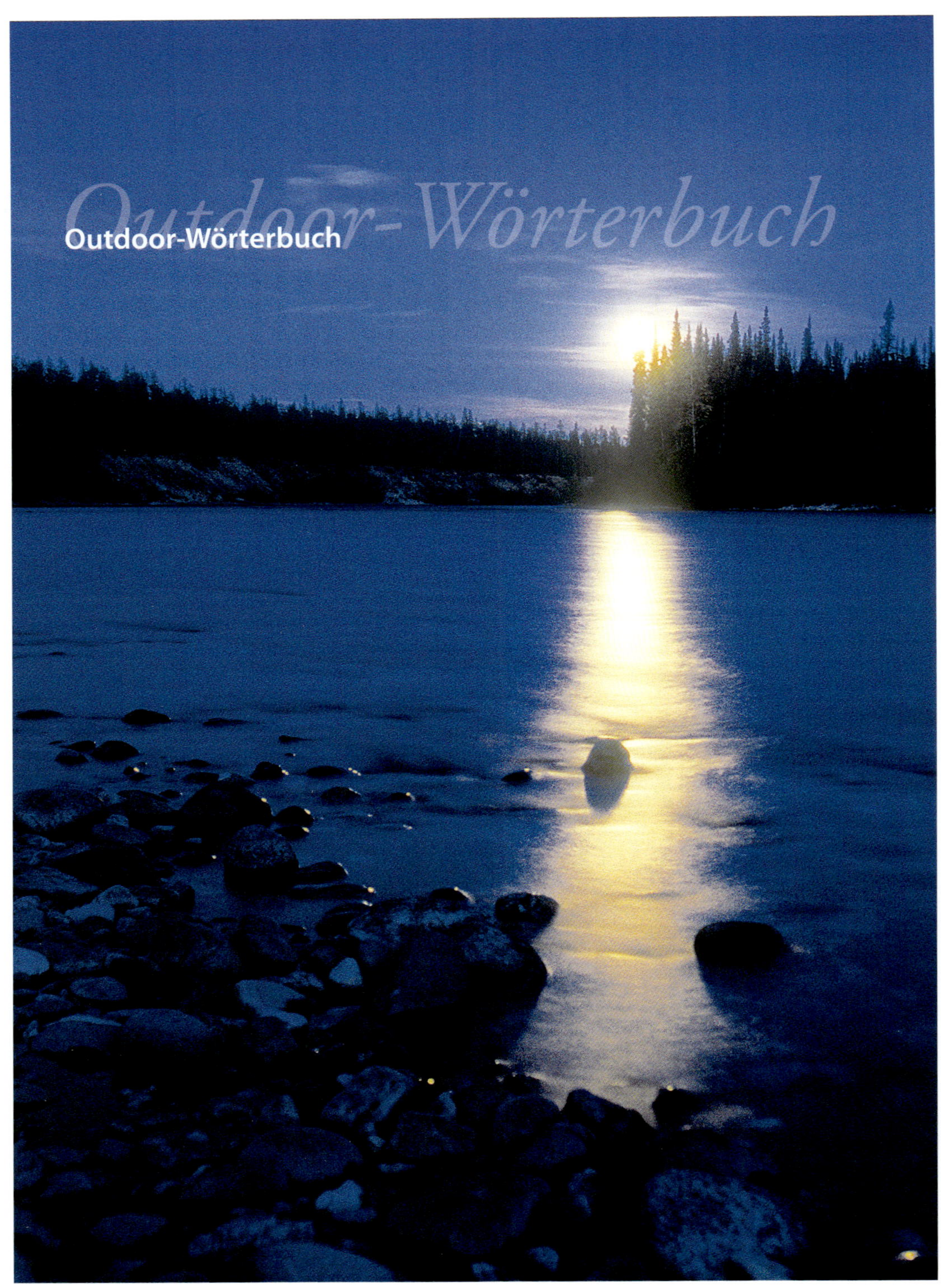

Mondaufgang über dem Liard River.

Outdoor-Wörterbuch

Da einige Flusskarten und Trailbeschreibungen nur in englischer Sprache verfügbar sind, dieses kleine Wörterbuch zum besseren Verständnis.

antler	Geweih
avalanche	Lawine
bench	ebene Fläche oberhalb eines Steilufers
bend	Kurve, Biegung
bluff	felsiges Steilufer, Kliff
boreal	nördlich
boulder	großer Felsen
buckbrush	dichtes Weiden-, Erlen- o. Zwergbirkengestrüpp, oftmals oberhalb der Baumgrenze
bugs	alle blutsaugenden Insekten
burn	abgebrannte Fläche
bushwack	querfeldein Wanderung durch dichte Vegetation
cairn	Steinhaufen oder Steinsäulen als Wegweiser
cabin	Hütte, Blockhütte
cache	kleiner, bärensicherer Speicher auf Pfählen zur Aufbewahrung von Lebensmitteln
cheechako	indianisches Wort für Grünschnabel
chutes	Wasserfälle, Stufen
clearing	Lichtung
choppy water	kleinere, kurze Wellen im Fluss
creek	Bach
current	Strömung
cut bank	Steilufer, ausgespültes Ufer
declination	Missweisung der Kompassnadel
eddy	Kehrwasser
esker	Sand- oder Geröllhügel
fork	Weg- oder Flussgabelung
game	Wild
hoodoo	durch Erosion herausgebildete Säulen aus Sand und Gestein
hypothermia	Unterkühlung
knoll	Anhöhe, Kuppe
ledge	Im Fluss: Felsriegel, Naturstufe; Alpin: Felsvorsprung
logpile, logjam	Treibholzhaufen, Treibholzverblockung
mammal	Säugetier
permit	Genehmigung
rapid	Stromschnelle
raptor	Raubvogel
riffle	kleine Stromschnelle, bewegtes Wasser
scree	alpines Geröllfeld (mit Steinen kleiner als eine Faust)
shallow	flach
silt	Sediment
slope	Hang
slough	Nebenarm, toter Flussarm (mit Verbindung zum Fluss)
sourdough	Sauerteig; alte Bezeichnung für erfahrene Goldsucher und Trapper
summit	Gipfel
swamp	Sumpf
sweeper	über die Wasseroberfläche hängende Bäume
talus	alpines Geröllfeld (mit Steinen größer als eine Faust)
trail	Pfad
trailhead	Beginn oder Ende eines Trails
tussocks	instabile Grassbüschel auf sumpfiger Tundra

Anderes

ambulance	Krankenwagen
drugstore, pharmacies	Drogerie, Apotheke
gas station	Tankstelle
general store	Gemischtwarenladen
gift shop	Souvenirladen
groceries	Lebensmittel
laundromat, laundry	(Münz)Waschmaschine, Wäscherei
R.C.M.P.; Royal Canadien Mounted Police	Polizei
tip	Trinkgeld
yield	Vorfahrt beachten

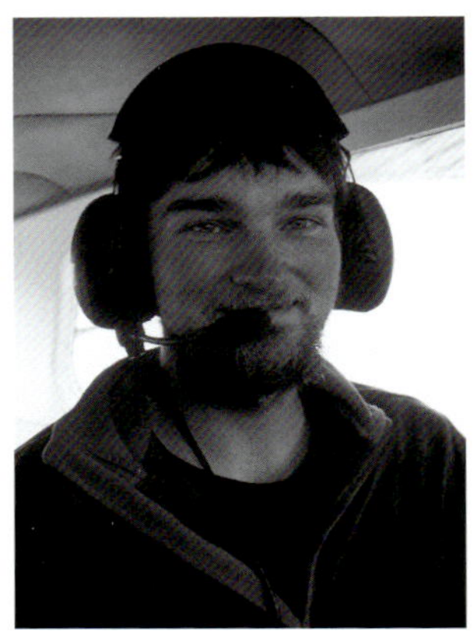

Über den Autor

Nils Bohn geb. 1978 in Bremen, Tischler; zahlreiche Reisen in Europa, Asien und Nordamerika. Als Nils zum ersten Mal im Jahr 2000 den Yukon bereiste, packte ihn das Nordlandfieber. Seit diesem Moment verbrachte er insgesamt etwa ein Jahr auf den Flüssen und Trails im Yukon und in Alaska. Neben der Liebe für die wilde Natur des Nordens, sind es besonders die Fotografie und kunsthandwerkliche Arbeiten, wie Messerschmieden und der Bau von Holzleistenkanus, die ihn faszinieren.

Danke an...

Ingrid Bohn, Maren Rickmann, Ingo Tietjen, Torsten Eder, Heinz Steinborn & Otto Mühlbach.

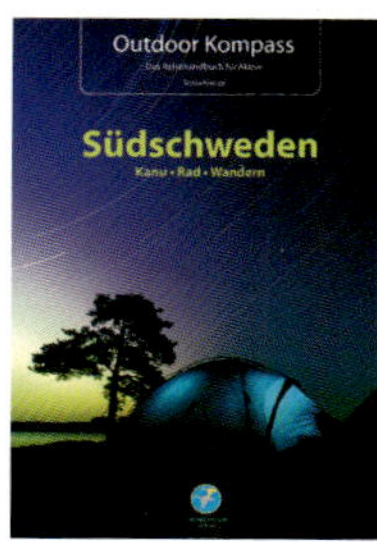

OUTDOOR KOMPASS
Südschweden
Kanu - Rad - Wandern

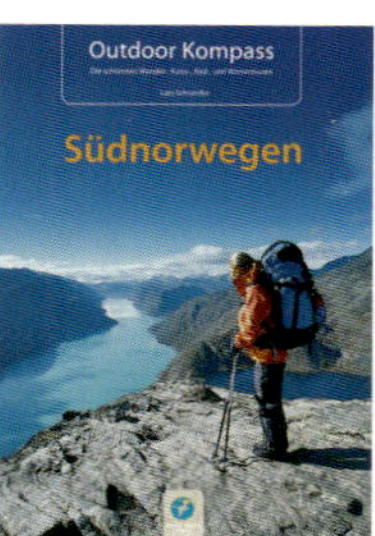

OUTDOOR KOMPASS
Südnorwegen
Wandern - Rad - Kanu - Winter

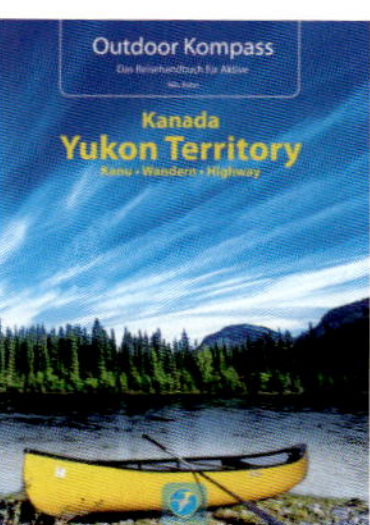

OUTDOOR KOMPASS
Yukon Territory
Kanu - Wandern - Highway

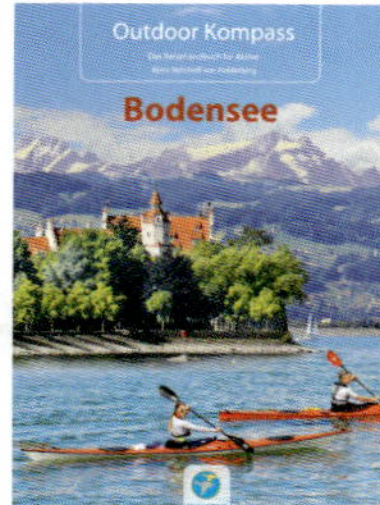

OUTDOOR KOMPASS
Bodensee
Kanu - Rad - Wandern

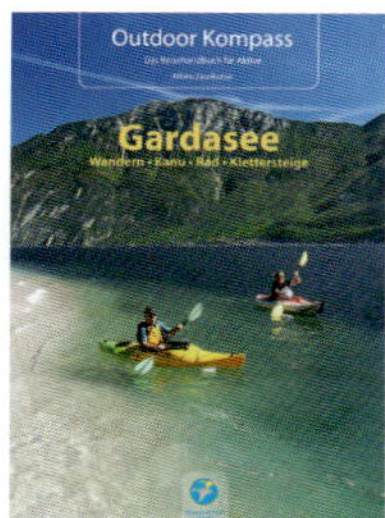

OUTDOOR KOMPASS
Gardasee
Wandern - Kanu - Rad - Klettersteige

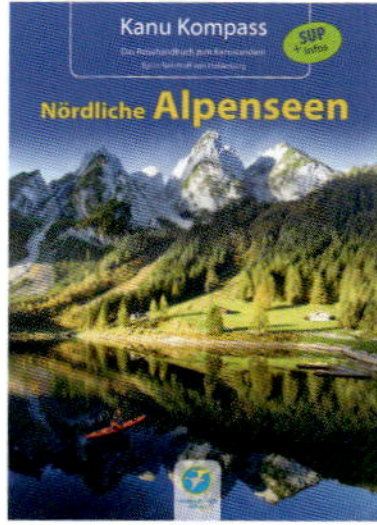

KANU KOMPASS
Nördliche Alpenseen

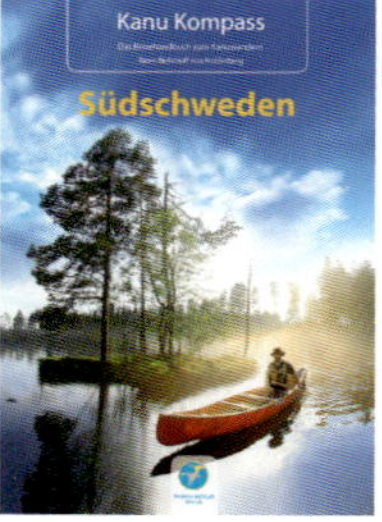

KANU KOMPASS
Südschweden

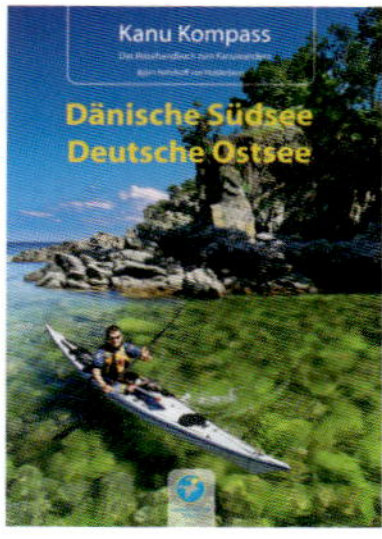

KANU KOMPASS
Dänische Südsee,
Deutsche Ostsee

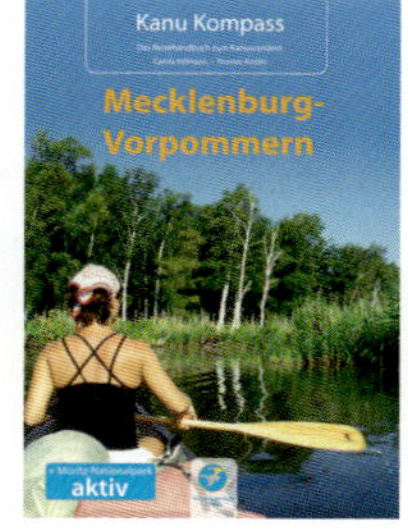

KANU KOMPASS
Mecklenburg-
Vorpommern

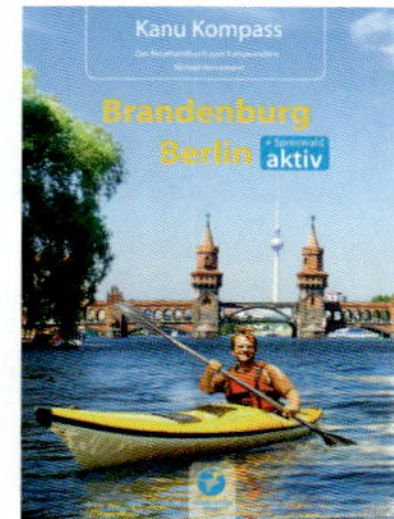

KANU KOMPASS
Brandenburg,
Berlin

19,90 €

Weiterer Titel: KANU KOMPASS Rund um Lahn, Fulda, Werra, Weser, Leine und KANU KOMPASS Deutschland Nordwest

Die neue Buchreihe KANU KOMPAKT

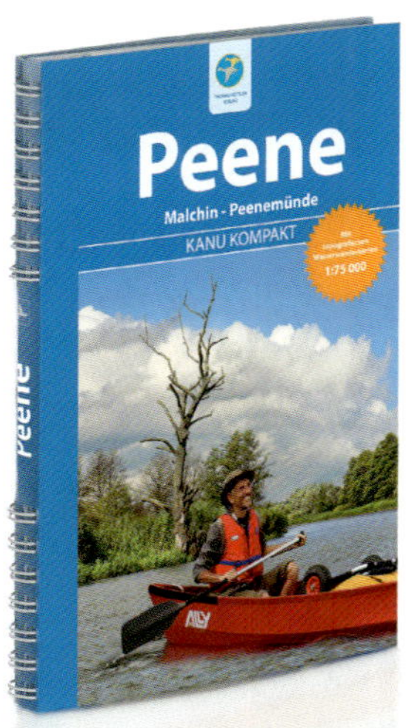

4 in 1

- **Kanutourenführer mit Ringbindung**
- **topografische Wasserwanderkarten**
- **Reiseführer**
- **Kanufahrschule**

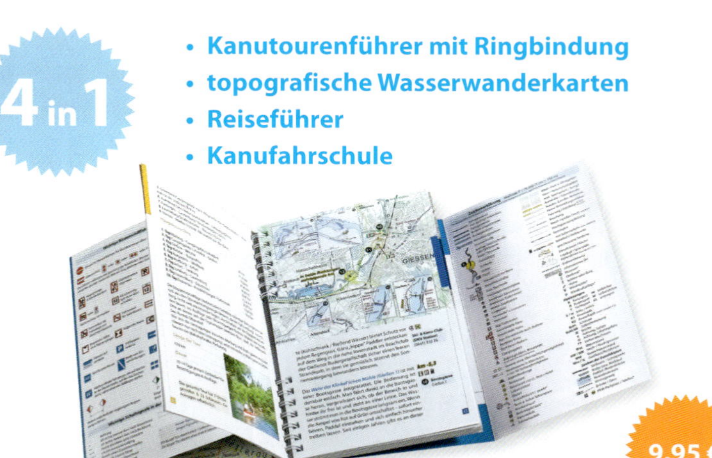

9,95 €

Bislang erschienen: Mecklenburgische Kleinseen 1 & 2, Peene, Berlin, Potsdam & Werder, Märkische Umfahrt, Spreewald, Werra, Weser, Lippe, Lahn, Mosel, Altmühl, Regen, Naab & Vils, Isar & Loisach, Dordogne, Loire 1.

Infos unter: www.thomas-kettler-verlag.de

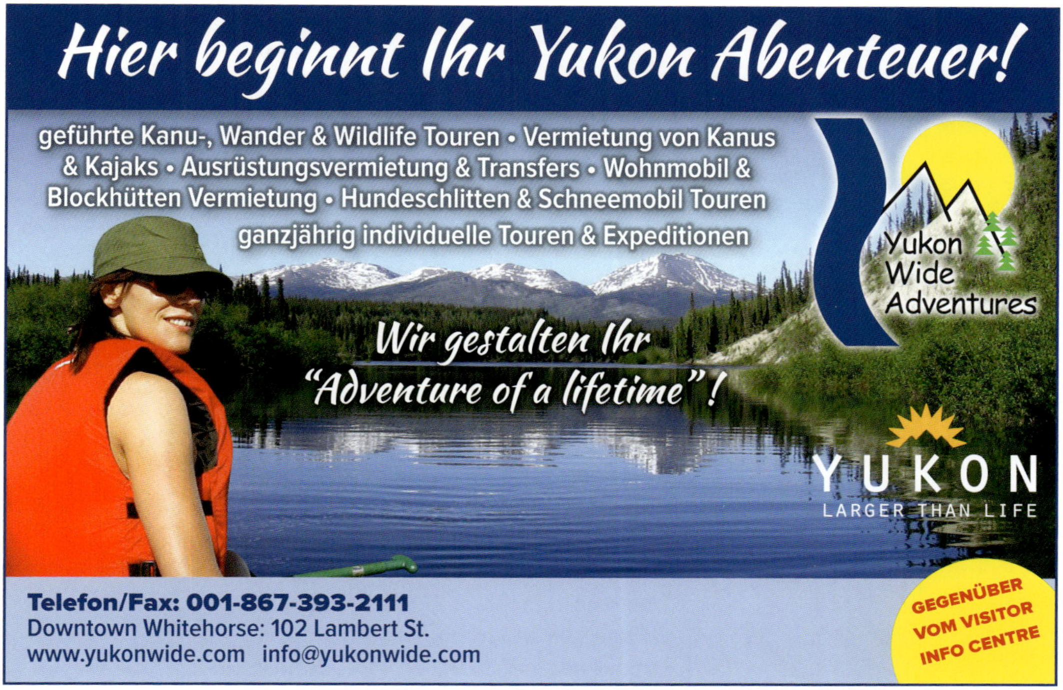

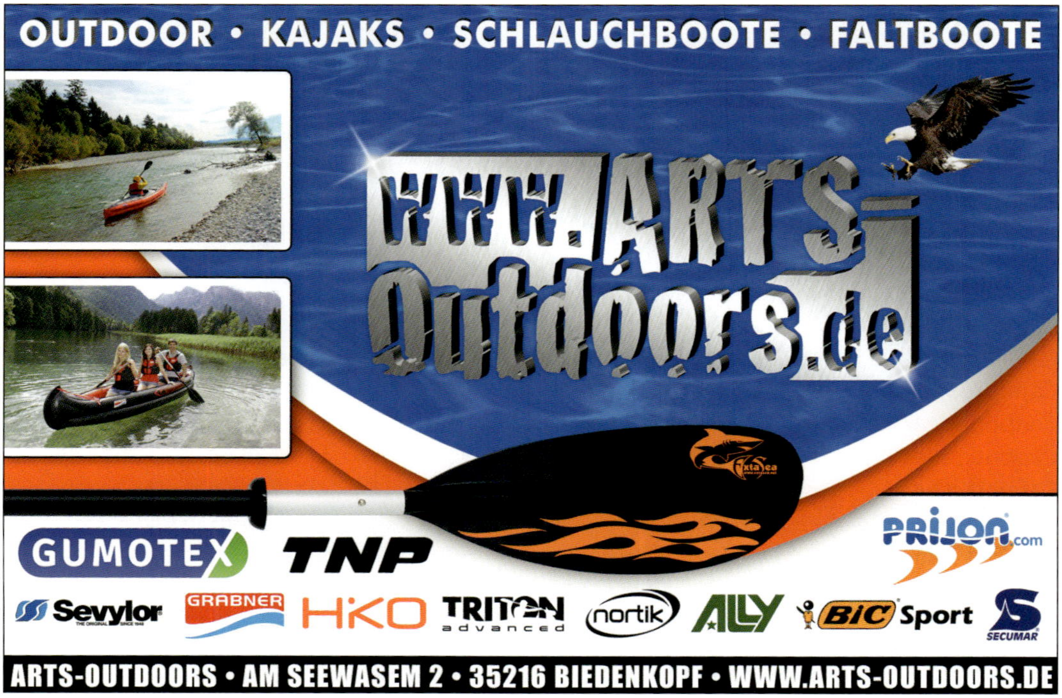

Register

Tourenübersicht

1 - Kanu: Yukon River 1, *Whitehorse – Dawson*
2 - Kanu: Yukon River 2, *Dawson – Eagle, Alaska*
3 - Kanu: Nisutlin River
4 - Kanu: Teslin Lake
5 - Kanu: Teslin River
6 - Kanu: Big Salmon River
7 - Kanu: Upper Liard River
8 - Kanu: South MacMillan River
9 - Kanu: McQuesten River
10 - Kanu: Takhini River
11 - Kanu: Eagle River, Porcupine River
12 - Kanu: Dezadeash River
13 - Kanu: Wind River
14 - Wandern: Slims West Trail
15 - Wandern: Auriol Trail
16 - Wandern: King´s Throne Trail
17 - Wandern: Grizzly Lake
18 - Wandern: Grey Mountain, Hidden Lakes
19 - Wandern: Chilkoot Trail
20 - Autotour: Dempster Highway

Weitere Kanurouten

Pelly River
Ross River
Alsek River
Tatshenshini River, Alsek River
Hess River, Stewart River
Beaver River, Stewart River
Wolf River
Hyland River
South Nahanni River
Blackstone River, Peel River
Bonnet Plume River
Snake River

Weitere Trails

Dena Cho Trail
Cottonwood Trail
Ridge Road Heritage Trail
Dawson Overland Trail
North Canol Heritage Trail